図説園芸学

荻原 勲

編著

朝倉書店

■**編著者**

荻原　勲　　東京農工大学大学院共生科学技術研究部

■**執筆者**（五十音順）

荻原　勲　　東京農工大学大学院共生科学技術研究部
馬場　正　　東京農業大学農学部農学科
平塚　伸　　三重大学生物資源学部生物圏生命科学科
山根　健治　宇都宮大学農学部生物生産科学科
山本　俊哉　農業・生物系特定産業技術研究機構果樹研究所遺伝育種部
吉田　裕一　岡山大学大学院自然科学研究科

■**コラム執筆者**（五十音順）

海保　富士男　東京都産業労働局農林水産部農業振興課
作田　竜一　　農林水産省生産局野菜課
鈴木　栄　　　東京農工大学大学院共生科学技術研究部
竹永　博　　　宇都宮大学農学部農業環境工学科
仲井　まどか　東京農工大学大学院共生科学技術研究部
野見山　敏雄　東京農工大学大学院共生科学技術研究部
樋口　幸男　　恵泉女学園大学人間社会学部人間環境学科
福嶋　正人　　前 農林水産省消費・安全局農産安全管理課
本間　知夫　　千葉科学大学危機管理学部環境安全システム学科
宮本　亮　　　農林水産省生産局種苗課
山根　健治　　宇都宮大学農学部生物生産科学科
山本　俊哉　　農業・生物系特定産業技術研究機構果樹研究所遺伝育種部

まえがき

　元農林省四国農業試験場長を歴任した松木五楼博士が書いた『施肥と栽培の七原則』（富民社，1958）という本がある．父から勧められた本であるが，いつの間にか愛読書となった．「七」という数字にこだわり，七で区切って解決していくと，案外わかりやすくなるということで，育苗の七原則，野菜作りの七原則などの章からなっている．農業技術としての情報は古くなったが，農業が好きになる法則，花咲爺さんの教え，稲作りは人作り，農家を動かすためのドジョウすくいの方法などと題して農業のおもしろさを伝え，農業の活性化を促しているところがいつ読んでも新鮮である．いつの時代でも地域の活性化をはかり，農業生産を維持・発展させる人たちをいかに多く輩出するかを考えなければならないが，特に，今後は生産者および指導者の不足が懸念されることを考えると，我々の責務は重大である．

　一方，大学では教育の個性を出すため，学年進行に伴ってカリキュラム改正を行う．授業科目の見直しを行うと，決まって専門基礎の充実，教養の見直し，新しい分野の先取りなどが検討される．結果として，新たな授業科目を導入するため，これまで開講されていた授業科目が統合されるのである．特に，農業生産学科，生物生産学科などの一分野を構成している中に園芸学がある場合は，これまで野菜園芸学，果樹園芸学，花卉園芸学および園芸利用学で構成されていた授業科目が園芸学概論の一つの科目になってしまう極端な場合もある．社会ではこのような状況は考慮されずに，諸先輩から大学卒業者の専門知識や経験に疑問の声が投げかけられる．このような状況下で我々大学人は，これまで蓄積された植物の法則や作物の生産技術の膨大な情報を，短期間で学生に理解してもらうための授業の工夫を考えなければならない．しかし，いざ講義をしてみると，すべての情報を伝えようとするため，早口になったりして十分理解してもらえない．一方，ゆっくり話すと，シラバス（授業計画）どおりに進まない．

　そこで，園芸学に興味をもって自らが学ぶ，すなわち自主，自立を援助するような学生の視点に立った参考書作りはできないかと考え，以下の7つの工夫を取り入れて本書の編集を行った．1) 大学では通常15～16回の授業が行われるので，15章に分割してから，それぞれの章の項目を決定した．2) 膨大な情報量を1冊の中に収めるには，本書の中でコースツリーを作ることが必要である．そこで，まず専門分野の各論に入る前に，共通する学問分野である遺伝・育種，繁殖・利用の分野を前半の章におき，次いで後半の章にそれぞれの各論を配置

した．また，園芸学では通常，果樹，野菜，花卉の順番に記載するが，草本性作物の特徴を理解した後に木本性作物を理解する方がよいので，野菜，次いで果樹，最後に草本性植物と木本性植物が混在する花卉を配置した．3) 図表をフレームの中にまとめて入れて，AV機器などを利用した授業に対応できるようにした．4) 国際社会に卒業生を輩出していくことを考えると，専門用語を英語として理解しておく必要があるので，重要な用語については各章末にキーワードとして日本語と英語を併記した．これは索引でも検索できる．5) 各章で何を理解しておいて欲しいかを明確にするため，各章末に演習問題を記載した．6) 基礎的な知識から最先端の情報，あるいは園芸の多面的機能などについて理解してもらうため，専門家に執筆を依頼しコラムとして記載した．7) 最後に，大学生が本書の内容を理解できているかどうかを確かめるため，原稿をセミナーで読み学生の意見を取り入れた．

　新しい試みを考えながら学部および短大の学生を対象にして本書をとりまとめてきたが，本書が園芸学を理解する一助になり，さらに園芸生産を維持・発展させて地域を活性化させるための原動力となることは執筆者一同の喜びである．また，記述の統一が不十分なところ，紙数の関係から十分な意をつくせなかったところもあるが，機会をみて補正をしていきたいと考えているので，ご批判，ご叱正をお願いする次第である．

　最後に，刊行の運びに至ったことは，この上なき喜びであり，身に余る光栄であると感じ，ここに執筆者ならびに本書の企画から出版までお世話をいただいた朝倉書店編集部に心から感謝申し上げる．さらに，原稿から校正まで全文をいく度も通覧してくれた東京農工大学の鈴木　栄講師および園芸学研究室所属の学生にお礼を申し上げる．

　　2006年2月

　　　　　　　　　　　　　　　　　　　　　　　　　　　　荻原　勲

目　　次

1. 園芸と園芸生産の特徴　　　　　　　　　　　　　　　　　　　　　　　　　　　　　　　［荻原　勲］…2
   - 1.1　園芸および園芸学…2
     - 1.1.1　園芸の定義…2
     - 1.1.2　園芸学の定義…2
     - 1.1.3　野菜，果樹，花きの定義…4
   - 1.2　園芸作物の種類と分類…6
     - 1.2.1　自然分類…6
     - 1.2.2　人為分類…8
   - 1.3　園芸生産の現状…8
     - 1.3.1　農家数…8
     - 1.3.2　作付け面積…8
     - 1.3.3　産出額…8
   - 1.3.4　生産量と生産地…10
   - 1.3.5　輸入と輸出…10
   - 1.3.6　消費量…12
   - 1.4　わが国における園芸生産技術の特徴…12
     - 1.4.1　優良品種の育成…12
     - 1.4.2　適地適作と生育環境の制御による周年供給…14
     - 1.4.3　高度な栽培技術…14
     - 1.4.4　収穫時期の判定と収穫後の鮮度保持技術…14
     - 1.4.5　今後の課題…14

2. 品種および育種法　　　　　　　　　　　　　　　　　　　　　　　　　　　　　　　　　［山本俊哉］…18
   - 2.1　生殖様式と育種法…18
   - 2.2　自殖性植物の育種法…18
   - 2.3　1代雑種育種法…20
   - 2.4　突然変異育種法…22
   - 2.5　倍数性育種法…24
   - 2.6　その他の育種法…24
   - 2.7　バイオテクノロジーを利用した育種法…24
   - 2.8　遺伝と遺伝子…26
   - 2.9　DNAマーカーや遺伝子地図を利用した育種…28

3. 繁殖方法　　　　　　　　　　　　　　　　　　　　　　　　　　　　　　　　　　　　　［吉田裕一］…34
   - 3.1　種子生産…34
   - 3.2　種子発芽…34
   - 3.3　セル成形苗生産…38
   - 3.4　挿木苗生産…38
   - 3.5　接木苗生産…40
   - 3.6　球根生産…42
   - 3.7　ウイルスフリー苗…44
   - 3.8　マイクロプロパゲーション…46

4. 施設栽培　　　　　　　　　　　　　　　　　　　　　　　　　　　　　　　　　　　　　［吉田裕一］…52
   - 4.1　施設の構造と被覆資材…52
   - 4.2　環境制御…54
     - 4.2.1　光…54
     - 4.2.2　温度…56
   - 4.2.3　CO_2…58
   - 4.3　土壌管理と養水分管理…58
     - 4.3.1　土壌伝染性病害虫…58
     - 4.3.2　塩類集積…58

	4.3.3 灌　水 …………………………………60	4.4 養液栽培 ……………………………………60
	4.3.4 養液土耕 ……………………………60	4.5 IPM（総合的害虫管理）………………62

5. ポストハーベストテクノロジー ………………………………………………………[馬場　正]…66

5.1 ポストハーベストの定義 ……………66	5.5 果物の品質管理技術 ……………………70
5.2 園芸作物の品質とその管理 …………66	5.6 切花の品質管理技術 ……………………72
5.3 園芸作物の品質評価技術 ……………68	5.7 プラスチックフィルム包装 …………74
5.4 野菜の品質管理技術 …………………68	

6. 野菜（花き）の形態と生理・生態的特性 ……………………………………[吉田裕一]…80

6.1 植物の栄養 ………………………………80	6.4.2 バーナリゼーション（春化）………84
6.2 野菜の種類，分類と原産地 …………80	6.4.3 花芽の発育 …………………………86
6.3 作　　型 …………………………………82	6.5 果実の発育 ………………………………88
6.4 花芽の分化と発育 ………………………84	6.6 休　　眠 …………………………………88
6.4.1 光周性 …………………………………84	6.7 植物ホルモン …………………………90

7. 野菜/葉茎菜類・根菜類の特性 …………………………………………………………[荻原　勲]…94

7.1 ホウレンソウ ……………………………94	7.4 タマネギ …………………………………100
7.2 ブラシカ属野菜 …………………………94	7.5 ダイコン …………………………………102
7.2.1 ハクサイ，キャベツ ………………96	7.6 サトイモ …………………………………102
7.2.2 ブロッコリー ………………………98	7.7 アスパラガス……………………………104
7.3 ネ　　ギ …………………………………98	7.8 葉根菜類の施肥…………………………104

8. 野菜/果菜類の特性 …………………………………………………………………………[吉田裕一]…108

8.1 ナス科野菜 ………………………………108	8.2.3 カボチャ類 …………………………114
8.1.1 ナス科野菜の着果習性……………108	8.2.4 スイカ ………………………………114
8.1.2 トマト ………………………………108	8.2.5 メロン（マクワウリ，シロウリ）
8.1.3 ナ　　ス ……………………………110	……………………………………114
8.1.4 トウガラシ（ピーマン）…………110	8.3 イ チ ゴ …………………………………116
8.2 ウリ科野菜 ………………………………110	8.4 スイートコーン …………………………116
8.2.1 ウリ科野菜の着果習性……………110	8.5 ダイズ（エダマメ，豆モヤシ）………118
8.2.2 キュウリ ……………………………112	8.6 インゲンマメ …………………………118

9. 果樹の基本的な形態，生理・生態特性 ……………………………………………[平塚　伸]…122

9.1 主要果樹のライフサイクル…………122	9.8 果実成長 …………………………………128
9.2 年間を通じた樹体の動き……………122	9.9 緑枝管理…………………………………130
9.3 主要果樹の生態的特性 ………………124	9.10 整枝，せん定 …………………………130
9.4 結　　実 …………………………………124	9.11 主要果樹の花芽・葉芽の形態と結果習性
9.5 摘花，摘果………………………………126	………………………………………132
9.6 生理落果 …………………………………128	9.12 台　　木 ………………………………132
9.7 袋 か け …………………………………128	9.13 土壌管理 ………………………………134

　　　　　　　　　　　　　　　　　　　　　　　　　　　　　　　　目　　次　v

　　9.13.1　肥　料 …………………… 134　　　　9.13.3　いや地現象 ………………… 134
　　9.13.2　土壌 pH ………………… 134

10．果樹/仁果類，つる性果樹などの特性 …………………………………………[平塚　伸]…**138**
　10.1　仁　果　類 ……………………… 138　　10.2.2　キウイフルーツ ……………… 146
　　10.1.1　リンゴ ……………………… 138　　10.3　その他の果樹類の特性 ………… 146
　　10.1.2　ニホンナシ ………………… 140　　　　10.3.1　カ　キ …………………… 146
　10.2　つる性果樹 ……………………… 142　　　　10.3.2　低木性果樹 ……………… 148
　　10.2.1　ブドウ ……………………… 142

11．果樹/核果類，堅果類などの特性 ………………………………………………[山本俊哉]…**152**
　11.1　モ　　モ ………………………… 152　　11.6　その他の核果類果樹 …………… 158
　11.2　ス　モ　モ ……………………… 154　　11.7　堅　果　類 ……………………… 160
　11.3　ウ　　メ ………………………… 156　　11.8　ク　　リ ………………………… 160
　11.4　ア　ン　ズ ……………………… 156　　11.9　ク　ル　ミ ……………………… 160
　11.5　オ　ウ　ト　ウ ………………… 158

12．果樹/常緑果樹類の特性 …………………………………………………………[平塚　伸]…**166**
　12.1　カンキツ類 ……………………… 166　　12.2　ビ　　ワ ………………………… 172

13．花き/一・二年草の特性 …………………………………………………………[山根健治]…**176**

14．花き/宿根草・球根類の特性 ……………………………………………………[山根健治]…**182**
　14.1　宿　根　草 ……………………… 182　　14.2　球　根　類 ……………………… 186
　　14.1.1　キ　ク …………………… 182　　　　14.2.1　ユ　リ …………………… 186
　　14.1.2　カーネーション …………… 184　　　　14.2.2　シクラメン ……………… 190

15．花き/花木・ラン類，他の特性 …………………………………………………[山根健治]…**192**
　15.1　花　　木 ………………………… 192　　15.3　その他の花き（観賞植物）……… 196
　15.2　ラン類の特性 …………………… 194

文　　　献 ………………………………………………………………………………………………… 201
索　　　引 ………………………………………………………………………………………………… 205

コラム

1. 東京における園芸の歴史……………………………………………………[海保富士男]… 17
2. 植物の形態Ⅰ…………………………………………………………………[鈴 木 栄]… 32
3. 植物の形態Ⅱ…………………………………………………………………[鈴 木 栄]… 49
4. 農業ロボット…………………………………………………………………[竹 永 博]… 64
5. お茶のカテキンの効能………………………………………………………[本 間 知 夫]… 78
6. 野菜の輸入……………………………………………………………………[作 田 竜 一]… 92
7. 広がる地産地消………………………………………………………………[野見山敏雄]…106
8. IPMとは ………………………………………………………………………[仲井まどか]…120
9. ブドウの果皮色が黄緑色から赤色に突然変異したメカニズムの解明………[山 本 俊 哉]…137
10. 遺伝子組換え農作物の安全性………………………………………………[福 嶋 正 人]…150
11. 植物新品種保護制度（品種登録制度）……………………………………[宮 本 亮]…164
12. 遺伝子組換えによる花色の改変……………………………………………[鈴 木 栄]…174
13. ビオトープ・ビオガーデン…………………………………………………[樋 口 幸 男]…180
14. 趣味園芸と園芸療法・福祉…………………………………………………[山 根 健 治]…191
15. コミュニティーガーデン……………………………………………………[樋 口 幸 男]…198

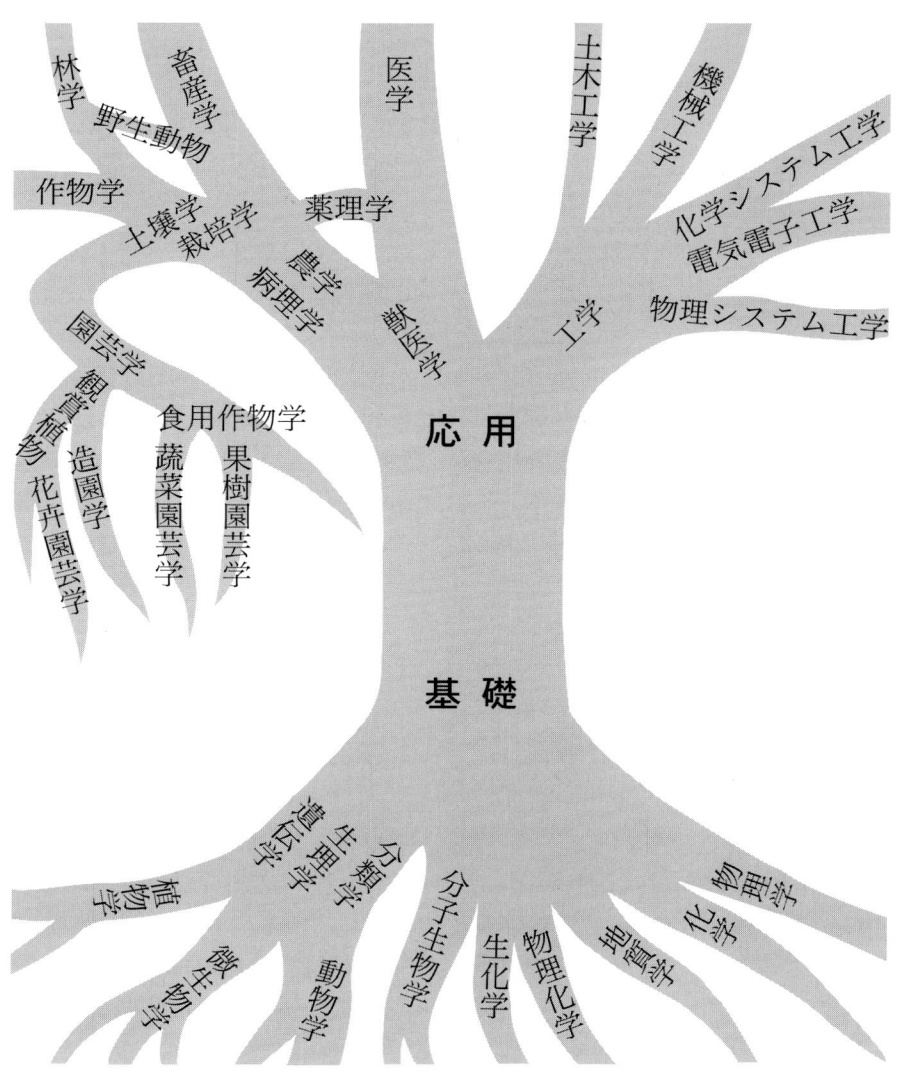

A tree of the natural sciences and their technologies. (Jules Janich：Horticultural Science, 4th ed., W.H.Freeman, 1986 より引用，一部改変)

農業技術の問題解決，持続的農業の構築には，一つの構成要素だけをみるのでなく，諸要素の相互関係を総合的にみることが必要なので，基礎から応用までの学問分野を総括的に理解するとともに，他分野との知の体系化が不可欠である．

1 園芸と園芸生産の特徴

1.1 園芸および園芸学

1.1.1 園芸の定義

園芸は園と芸とに分けられる．中国において，園は3000年ほど前の中国最古の詩集である『詩経』に，芸は旧漢字で藝と書き，最古の漢字字典である『説文解字』に出ている．園を解体すると，囲むという意味の「口」と人を表す「袁」とが組み合わされていることから，園は人を囲む垣根，城壁のある場所を意味し，広義には盗難，風水害などに対する施設をもった土地を意味する．一方，藝（芸）は草木を表す「艹」，土塊を示す「坴」，もつという意味の「丸」，繁殖を意味する「云」から成り立っていることから，藝とは農具を用いて土地に人間に有用な草木を植え，草木を増やして生育させることである．園と藝の字が組み合わされた園藝という言葉は，中国の書物『群芳譜』（1621年）に「灌園藝蔬」（畑に水をやって，野菜を作るという意味）として記載され，17世紀に園藝という言葉が生まれたようである．よって，園芸とは垣根，城壁などに囲われた土地を耕して，作物（収穫を目的として人間が栽培する植物）を栽培（人間による植物の世話）することである．

一方，園芸のことを英語でhorticultureという．この言葉は2つのラテン語に由来し，hortusは垣根，城壁などで囲った場所を意味し，culturaは栽培管理を意味し，これらを組み合わせてhorticultureという言葉が成立したといわれている．1867年に発行された『英華字典』（W. Lobscheide著）に，horticultureは園藝，種園之藝として紹介されている．わが国において，園藝という言葉は明治以前に見当たらない．福羽逸人氏が『英華字典』の内容を1872年に紹介し，園藝とhorticultureという言葉がわが国に導入されたのである．その後，政府機関の博物局に園藝課がおかれ，そして，明治22（1887）年には日本園藝会（現在の園芸学会）が組織され，この頃から園藝という言葉が一般的に使われるようになった．

1.1.2 園芸学の定義

園芸で扱う作物は野菜，果樹，花きで，これらを園芸作物という．また，野菜，果樹，花きを生産し，その生産物を流通させる農業形態を，それぞれ野菜園芸，果樹園芸，花き園芸という．

園芸作物の生産は，江戸時代までに築き上げられてきたわが国独自の農法に，諸外国の新しい農法を明治以降から取り入れ，わが国の環境条件に適合した品種の改良や，栽培体系の確立などが行われめざましく発展した（図1-1）．園芸作物の生産では，収量の増加と生産の効率化が求められるが，植物の成長の法則を明らかにできれば，人為的に成長を制御することや，作物特有な特性を引き出すことが可能となり，収量の増加につながる．よって，園芸学は園芸作物を植物学的，あるいは生産学的観点から科学する分野である（図1-2）．

作物の栽培は適地適作が基本であるので，栽培にあたっては，まず原産地の気象条件や土壌条件などを理解することが重要である．そこで，園芸学では，植物学的な観点から，野菜，果樹，花き分野における各作物の原産地（図1-3, 1-4），来歴を理解し，次いで各作物の特性を引き出すために，各器官の形態的特性，生殖，繁殖，栄養などの生理・生態的特性，諸形質の遺伝的特性を解析する．さらに生産学的観点から，これらの解析結果を基盤に，高品質の生産物を効率よく多収に

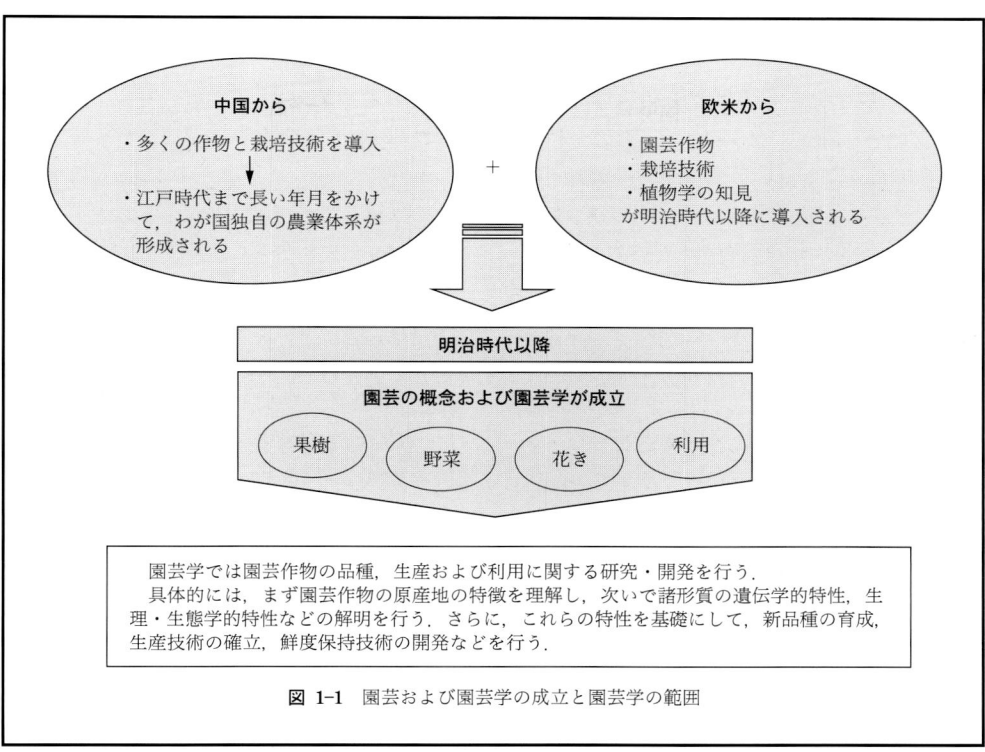

図 1-1　園芸および園芸学の成立と園芸学の範囲

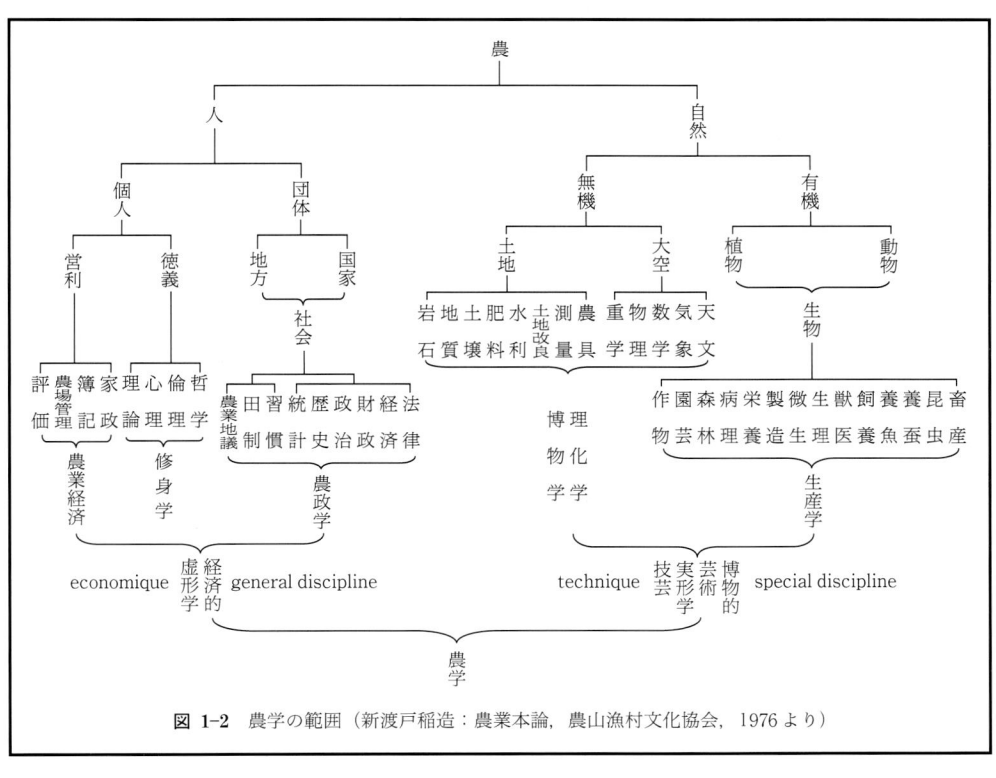

図 1-2　農学の範囲（新渡戸稲造：農業本論，農山漁村文化協会，1976 より）

栽培するための新しい品種の育成（育種），より効率的な栽培技術（生産）の確立，収穫後に生産物の鮮度を保持する技術（利用）の開発などを行う．よって生産学的観点からみれば，園芸学は園芸作物の品種，生産および利用に関する研究・開発を行う分野であり，作物別に野菜園芸学，果樹園芸学，花き園芸学に分けられている．

これまでは生産に着目して，研究・開発がされてきたが，近年では園芸の多面的機能の活用が見直され，園芸学で扱う分野が広がっている．たとえば，土地を耕したり花を植えたりする園芸活動を通じて自らの心を癒し，体力を回復するなどの身体的リハビリテーションの効果（園芸療法）などに注目が集まり，これら社会園芸の分野も扱っている（コラム14；p.191参照）．また，園芸作物に含まれるがん予防に関する機能性成分の解析が，医学，健康科学，薬学，栄養学などの学問分野と共同で研究が行われている（コラム5；p.78参照）．

1.1.3 野菜，果樹，花きの定義

野菜： 中国では，食用価値のある草本の総称として，菜（な），蔬（そ）をあて，初めは栽培したものと野生のものとは区別せずに用いていた．しかし，時代の経過とともに，菜および蔬は，主として食用価値のある栽培植物を示し，一方，野菜は凶作のときにも生育して収穫できる救荒作物として用いられ，栽培されていない野生の山菜などを示していた．菜と蔬を合成して，菜蔬あるいは蔬菜とした記述もみられるが，主に菜，蔬，あるいは野菜という言葉が用いられてきたようである．わが国でも江戸時代までは，それらの用語が使われていた．明治時代になって津田 仙氏が初めて「日本農業雑誌」（1875年）で蔬菜（そさい）を使い，その後，学術用語としては蔬菜という言葉を，行政および流通関係では野菜という言葉を用いるようになった．しかし，蔬が常用漢字にないため，現在では蔬菜を用いないで，野菜を一般的に使う．したがって，野菜は主穀を食べる際に添えられる副食物であり，また，ビタミンやミネラルなどの供給源として重要な草本性植物のことである（図1-5）．

野菜園芸は英語で olericulture，あるいは vegetable gardening というが，olus（複数形 olera）は野菜，culture は栽培の意味である．また，vegetabilis は活力を与えるという意味で，一方，「蔬」は草を食べると血液がさらさらになるという意味があることから，野菜は体調を整える，あるいは活力を与える作用があることが古くから知られている．

果樹： 中国では，樹木や灌木（低木の意味）に結実するものを果，艸（草）になるものを瓜といい，中国の農業書では，果に草冠をつけて菓を用い，果実をつける木本性植物を菓類として扱っている．一方，薬として植物を紹介している本草学の書物では，カキ，クリなどの木本性植物のほかに，アンズの核，サツマイモ，サトイモなどを含み菓類としている．この影響を受けて，わが国の『延喜式』（927年）ではヤマモモ，キイチゴ，クリ，ナシ，カキ，ユズ，タチバナ，ビワなどの木本性植物と，ヤマノイモ，レンコンなどの草本性の野菜類や甘味料も合わせて菓子の類として扱っている．その後，わが国に中国から菓子（現在の菓子に相当するもの）の製法が入ってくると，果実は木になっているものなので，「成り菓物」，あるいは「木（く）のもの」といった．また，「くのもの」がなまって「くだもの（果物）」となったといわれている．よって江戸時代までは，菓類，菓子類，成り菓物などの用語が使われていた．明治時代になると，西洋の農学や植物分類学の知見と中国の農書の概念が取り入れられ，主に果実を生産する木本性作物を果樹として扱うようになった．したがって，果樹は食用になる果実を生産するナシ，リンゴ，モモなどや，種子を生産するクリ，クルミなどの樹木，ブルーベリー，ブラックベリーなどの灌木，さらには熱帯果樹であるバナナ，パパイヤなどの多年生草本も含んでいる（図1-5）．

果樹園芸は fruit gardening，あるいは orcharding という．一方，果樹園芸学は pomology というが，これはラテン語で果実の意味の pomum と科学の意味の logy が組み合わされたもので，

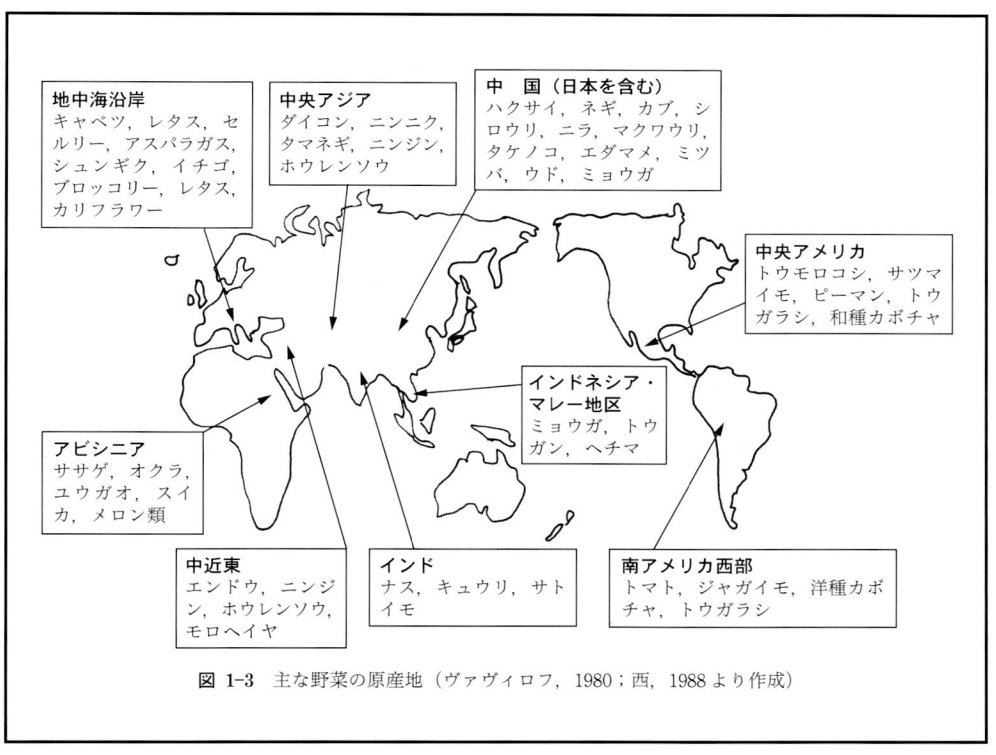

図 1-3 主な野菜の原産地（ヴァヴィロフ，1980；西，1988 より作成）

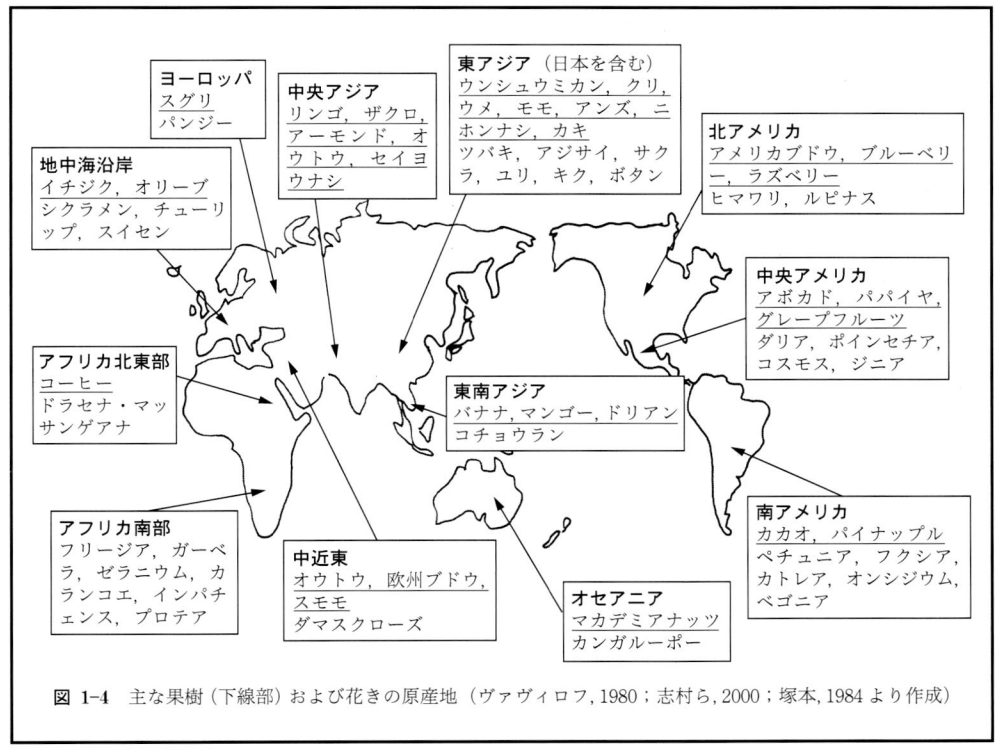

図 1-4 主な果樹（下線部）および花きの原産地（ヴァヴィロフ，1980；志村ら，2000；塚本，1984 より作成）

果実の科学という意味である．

花き： 中国の『二如亭群芳譜』（1630年）の花譜にはウメ，アンズ，モモ，ボタン，ユリ，ケイトウなど，卉譜にはバショウ，ショウブ，藻，コケなどが紹介されている．花は葉や茎が変化して，別の形態になるという字義であるが，発音は端（はな）にあって目立つということに由来しているといわれている．花は灌木，草本類の花を観賞するものの総称である．一方，『説文解字』に「草は百卉なり，卉（き）は草の総名なり」とあるように，卉は多様な草の意味で，転じて草本の総称であるので，観賞用の植物までも含まれる．中国では『事物異名録』（1748年）で初めて花卉の表現が用いられ，わが国でも中国からの影響で19世紀中期の書物に花卉が使われた．その後は花卉が通俗的に用いられてきたが，現在では卉の字は常用漢字にないため，花きと表している．したがって，花きは観賞目的で栽培される植物（花を観賞する木本性および草本性の植物や，観葉価値のある草本性の植物）の総称である（図1-5）．近年，観賞植物や観賞園芸なる用語が使われているが，観賞植物は草本，木本の花や茎葉を観賞する植物を含んでいるので，花きと同じ意味である．また，観賞園芸は生産・販売に主体をおいた花き園芸だけでなく，環境の緑化・美化，園芸療法などの分野も含んでいる．

なお，花きの発展は庭園の発達と密接に関係している．まず，王侯貴族の生活を美しくさせるための花が育成され，それが一般庶民に普及する，あるいは競って珍しい花を王侯貴族に献上するために，庶民による品種改良が行われ，種類や品種数が多くなる．特に，江戸時代においてはツバキ，アサガオ，キクなどの花型，花色の改良，マサキなどの斑入り植物の改良などが盛んに行われ，多くの品種が育成された．

1.2　園芸作物の種類と分類

園芸の分野で扱う作物の種類は多く，『園芸作物名編』（園芸学会編，養賢堂，1979）には果樹が166，野菜が154，花きが636，計956種類が記載されている．それらの特性を理解するためには，多様化した植物を分けることが必要である．作物の分類には遺伝的類縁関係から分類する自然分類，作物の生態や栽培特性，利用目的によって分ける人為分類がある．

1.2.1　自然分類

医師，植物学者，動物学者であるスウェーデンのリンネ（Carl von Linne）は，花の形，花のつき方などの形態に着目して，植物を大きなグループに分け，さらに自然交雑できるグループに分け，形態が類似し，交雑できる個体群を種とした（リンネ著『植物の種』，1753；復刻版，1935）．種が異なっていてもいくつかの共通点があり，種の間で偶然に交雑が起こるかもしれない関係にあるものを属とし，さらに科，目，綱，門，界に分類した．よって植物を形態，生態的特性，染色体の形や数などの類似性，あるいは交雑の難易などから分けたのが自然分類である．

表1-1に示したリンゴは，植物界，被子植物門，双子葉植物綱，バラ目，バラ科，リンゴ属で，種がリンゴとなる．一般に呼んでいるリンゴは種を表し，種の単位を種類と呼んでいる．しかし，リンゴは日本でしか通用しないので，国際植物命名規約に基づいて，属名（*Malus*）と種名（*pumila*）とを組み合わせて表す．たとえば，リンゴは，*Malus pumila* の2語で表し，イタリック体にする．これを学名という．専門書では *Malus pumila* Mill と，種の後に命名者の名前を入れることもある．また，学名の中に×あるいは＋記号がみられることがあるが，×の記号は異種間あるいは異属間の交雑（例：異種間 *Prunus*×*yedoensis*）を示し，＋の記号は異種間あるいは異属間の接木雑種（例：異種間 *Syringa*＋*correlata*）を示している．

さらに，園芸作物では種内での交雑から花色，花序などの変異が多くみられるため，小さい区分をする必要がある．そこで，栽培品種では属，種の後に品種名を入れて表記する三名法が用いられている．たとえば，モモの'あかつき'という品種では，*Prunus persica* 'Akatsuki' あるいは

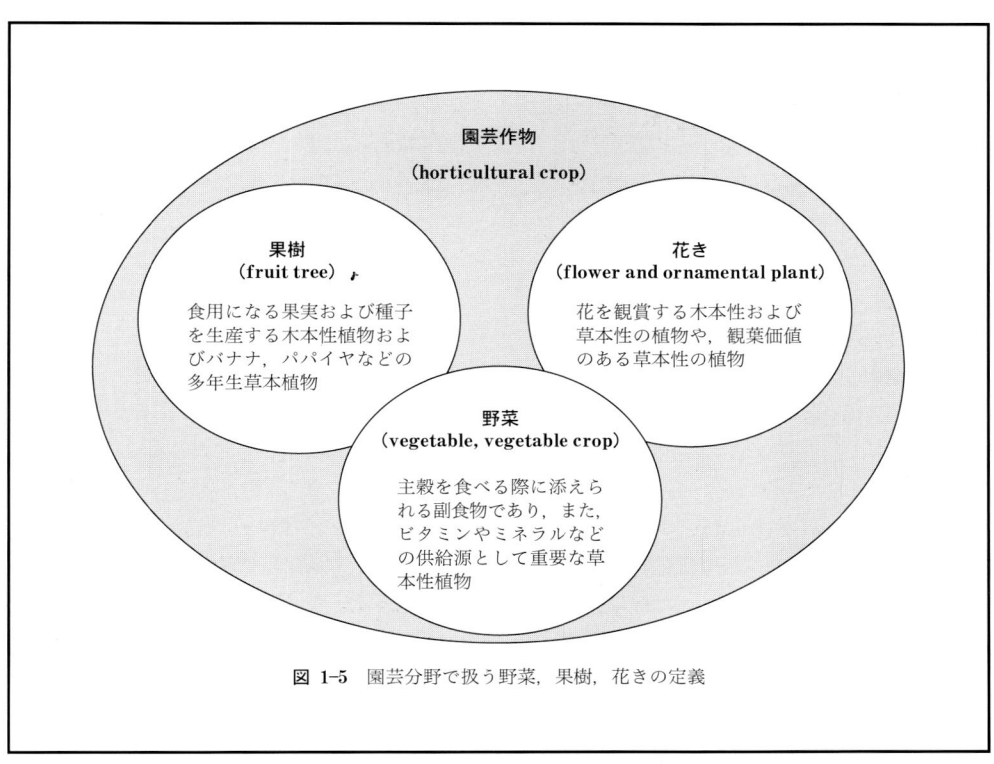

図 1-5　園芸分野で扱う野菜，果樹，花きの定義

表 1-1　リンゴ'ふじ'の自然分類

界	門	綱	目
植物界 Plantae	被子植物門 Spermatopyta	双子葉植物綱 Dicotyledonae	バラ目 Rosales

科	属	種	品種
バラ科 Rosaceae	リンゴ属 *Malus*	リンゴ *Malus pumila*	リンゴ'ふじ' *Malus pumila* cv. Fuji

表 1-2　野菜の人為分類（斎藤，1996）

分　類	種　類
ナス類	トマト，ナス，ピーマン，トウガラシなど
ウリ類	キュウリ，カボチャ，メロン，スイカなど
イチゴ・雑果類	イチゴ，オクラ，スイートコーンなど
莢菜類（マメ類）	エンドウ，インゲンマメ，エダマメ，ラッカセイなど
菜類	ハクサイ，キャベツ，チンゲンサイ，ブロッコリー，カリフラワーなど
生菜類	レタス，セルリー，ミョウガ，ウドなど
柔菜類	ホウレンソウ，アスパラガス，セリ，ミツバ，シュンギクなど
香辛菜類	ニンニク，ショウガ，コリアンダー，パセリ，シソなど
鱗葉球（鱗茎）類（ネギ，ユリ類）	ネギ，タマネギ，ニンニク，ニラ，ラッキョウなど
直根類	ダイコン，カブ，ニンジン，ゴボウなど
塊茎・塊根類	ジャガイモ，サツマイモ，サトイモ，ヤマイモ，ハス（レンコン）など
シダ類	ゼンマイ，ワラビ，クサソテツ，スギナなど
菌類	シイタケ，エリンギ，マツタケ，ナメコ，エノキダケなど

8   1. 園芸と園芸生産の特徴

Prunus persica cv. Akatsuki とする．ここでいう品種とは，特定の農業形質について遺伝的均一性を向上させた作物の一群であり，新品種を登録するにあたっては，区別性，均一性，安定性，未譲渡性，名称の適切性などの特性が必要になる（コラム 11；p. 164 参照）．

1.2.2 人為分類

作物の生産・流通から考えると，作物の生態や栽培特性，利用目的によって分ける人為分類は都合がよい．ここでは一般的に用いられている方法を紹介する．

野菜の分類を表 1-2 に示した．栽培，利用，さらに作物の形態を基本に，ナス類，ウリ類，イチゴ・雑果類，莢菜類，菜類，生菜類，柔菜類，香辛菜類，鱗茎類，直根類，塊茎・塊根類，シダ類，菌類の 13 に分類している．また，利用部位だけで分類すると，果菜類，葉茎菜類，根菜類に分けられ，果菜類にはナス類，ウリ類，イチゴ・雑果類，莢菜類が，葉茎菜類には菜類，生菜類，柔菜類，香辛菜類，鱗茎類が，根菜類は直根類，塊茎・塊根類が含まれる．農林水産省による分類ではメロン，スイカ，イチゴは果実的野菜として扱い，ブロッコリーなど花らいを利用するものを花菜類と呼んでいる．

果樹の分類を表 1-3 示した．栽培地域や果樹の生態を基本に温帯果樹，亜熱帯果樹，熱帯果樹の 3 つに分類し，次いで，温帯果樹は樹高や枝の形態に着目し，高木性果樹，低木性果樹，つる性果樹に分類している．さらに，高木性果樹は仁果類，核果類，堅果類，その他とし，低木性果樹はスグリ類，キイチゴ類，コケモモ類とその他に分類している．

花き植物の分類を表 1-4 に示した．生育習性，形態の特性から分けると，一・二年草，宿根草，球根，花木の 4 つに分類できる．しかし，生態に顕著な特徴があり，種類も多い植物として，サボテン・多肉植物，ラン類は別に扱っている．また，熱帯・亜熱帯原産で冬季に温室で育てている植物を温室植物といい，葉の形や色彩が観賞の対象となる植物を観葉植物という場合がある．農林水産省ではキク，カーネーション，球根切花，切葉，切枝などを含む切花類，シクラメン，洋ラン類，観葉植物，花木類，サボテンなどを含む鉢物類，パンジー，サルビアなどの花壇用苗もの類，ユリ，チューリップなどの球根類の 4 つに分類している．

1.3 園芸生産の現状

1.3.1 農 家 数

農林水産省統計情報部による園芸統計の 2000（平成 12）年度のデータをみると，総人口は 1 億 2692 万 6000 人で，総就業人口 6446 万人のうち農業就業人口は 290 万人（総人口の 23%，総就業人口の 4.5%）である．290 万人の 46.2% が 65 歳以上である．

総農家数は 303 万戸で，18% が専業農家である．販売農家数 234 万戸のうち園芸分野の販売農家数は 98 万戸で 37.6% を占める．45 万戸が野菜農家，33 万戸が果樹農家，10 万戸が花き農家である．

1.3.2 作付け面積

1955（昭和 30）年以降に野菜の作付け面積は減少し，果樹はやや増加し，花きは著しく増加した．2000（平成 12）年度の野菜，果樹および花きの作付け面積は，それぞれ 61 万 9500 ha，28 万 6200 ha，2 万 4535 ha である（表 1-5）．作付け延べ総面積 456 万 4535 ha のうち園芸の作付け延べ面積は 93 万 235 ha（20.4%）で，稲作のほぼ半分である．

ガラス室あるいはパイプハウスに作物を栽培することを施設栽培というが，この施設栽培による作付け延べ面積は 5 万 3000 ha（1999（平成 11）年）である．作物別にみると，花きでは 36.3% が，野菜では 6.1% が，果樹では 0.3% が施設栽培されている．

1.3.3 産 出 額

2000（平成 12）年度の国内総生産額は 513 兆 60 億円である．農業総生産額（1 カ年の間に生産

表 1-3 果樹の人為分類（志村ら，2000）

分類			種類
I. 温帯果樹	高木性果樹	仁果類	リンゴ，ナシ，カリンなど
		核果類	ウメ，モモ，スモモ，オウトウなど
		堅果類	クリ，クルミ，アーモンドなど
		その他	カキ，イチジク，ザクロなど
	低木性果樹	スグリ類	スグリ，フサスグリなど
		キイチゴ類	ラズベリー，ブラックベリーなど
		コケモモ類	ブルーベリー，クランベリーなど
		その他	ユスラウメ，グミなど
	つる性果樹		ブドウ，キウイフルーツなど
II. 亜熱帯果樹（常緑性）			カンキツ，オリーブ，ヤマモモなど
III. 熱帯果樹（常緑性）			パパイヤ，アボカド，バナナなど

表 1-4 花きの人為分類（阿部ら編，1986；農林水産省統計情報部編，2002より作成）

	分類		種類
A	生育習性や形態特性に基づく分類	一・二年草	コスモス，インパチェンス，ジニア，ニチニチソウなど
		宿根草	クレマチス，ジギタリス，キキョウ，ノコギリソウなど
		球根	チューリップ，スイセン，スカシユリ，クロッカスなど
		花木	バラ，アジサイ，ツバキ，ツツジ，ハナミズキなど
	上の中で特に種類数の多いものなどをまとめたもの	サボテン・多肉植物	シャコバサボテン，アロエ，ベンケイソウなど
		ラン類	カトレア，シンビジウム，コチョウラン，エビネなど
		観葉植物	ポトス，ドラセナ，インドゴムノキ，チランジアなど
B	農林水産省による分類	切花	バラ，カーネーション，キク，トルコギキョウなど
		鉢物	シクラメン，ペラルゴニウム，サイネリアなど
		花壇用苗	ペチュニア，パンジー，マリーゴールド，サルビアなど
		球根類	チューリップ，スイセン，スカシユリ，クロッカスなど

表 1-5 園芸作物の作付け延べ面積（ha）（農林水産省統計情報部編，2002）

作付け延べ面積	1960年（昭和35年）	全作付け面積に対する割合	2000年（平成12年）	全作付け面積に対する割合	1960年対比
全耕地面積	6,071,000		4,830,000		
全作付け延べ面積	8,129,000	100	4,563,000	100	
野菜	811,600	10.0	619,500	13.6	0.76
果樹	254,300	3.1	286,200	6.3	1.13
花き	—		24,535	0.5	
園芸分野合計	1,065,900	13.1	930,235	20.4	
水稲	3,124,000	38.4	1,763,000	38.6	0.56

表 1-6 園芸各分野の総産出量（億円）（農林水産省統計情報部編，2002）

総算出額	1960年（昭和35年）	農業全体の総産出額に対する割合	2000年（平成12年）	農業全体の総産出額に対する割合	1960年対比
農業全体	19,148		91,224		
耕種部門	15,415	100	65,990	100	
野菜	1,741	11.3	21,124	32.0	12.13
果樹	1,154	7.5	8,091	12.3	7.01
花き	87	0.6	4,412	6.7	50.71
園芸分野合計	2,982	19.3	33,627	51.0	11.28
水稲	9,074	58.9	23,246	35.2	2.56

された農産物や加工農産物について，生産量に農業庭先価格を乗じた額）は9兆1224億円で，全体の1.8%を占めている（表1-6）．そのうちの耕種部門が6兆5990億円，畜産部門が2兆4541億円である．耕種部門を分けると，コメが2兆3246億円（25.5%），園芸が3兆3627億円（36.9%）である．さらに分野別にみると，野菜が2兆1124億円（23.2%），果樹が8091億円（8.9%），花きが4412億円（4.8%）である．野菜は1955（昭和30）年には7.2%であったのが，今日では3倍以上に増大し，コメ，あるいは乳用牛，肉用牛などを総合した畜産部門に匹敵するほど大きい農業生産分野の1つとなっている．

園芸作物を生産している農家は98万戸（販売農家数の37.6%）で，作付け延べ総面積20.4%の耕地を用いて，農業総生産額の36.9%を産出していることから，作付け面積当たりの産出額が大きい特徴があり，コメ生産に比べて集約型の農業といえる．特に，施設の割合が高い花き生産では単位面積当たりの収益性が高い．

1.3.4　生産量と生産地

野菜の栽培面積を表1-7に示した．第1位はダイコンで，次いでキャベツ，スイートコーン，タマネギ，ホウレンソウの順である．近年，面積が減少した作物はダイコン，サトイモ，ハクサイ，カリフラワー，ナス，キュウリなどで，重量野菜や漬物に利用する野菜の減少が目立つ．一方，増加した作物は健康志向の影響で，ブロッコリー，レタス，ホウレンソウ，カボチャなどの緑黄色野菜である．収穫量はダイコン，キャベツ，タマネギ，ハクサイが多く，1kg当たりの価格はイチゴが最も高く，次いでサヤインゲン，ホウレンソウ，メロン，エダマメなどが高い．ダイコンは北海道，千葉県，キャベツは愛知，群馬，千葉県，タマネギは北海道，佐賀，兵庫県，ホウレンソウは千葉，埼玉，群馬県，レタスは長野，茨城県，トマトは熊本，千葉県，キュウリは群馬，埼玉，宮崎県，イチゴは福岡，栃木県が主な生産地である．野菜の総産出額からみると，北海道，千葉，茨城，愛知，熊本，群馬，茨城，静岡県などが高く，野菜園芸は北海道，関東，東海，九州が主要な生産地であるといえる．また，近年の生産の動向をみると，北海道，東北の野菜生産が伸びている．

果樹の栽培面積を表1-8に示した．ミカンが第1位で，次いでリンゴ，クリ，カキ，ブドウの順である．生産量はミカンが多く，次いでリンゴ，ニホンナシ，カキ，ブドウである．1kg当たりの価格はサクランボが著しく高く，次いでビワ，ブドウ，ウメの順である．ミカンは愛媛，和歌山，静岡，熊本県，リンゴは青森，長野県，ブドウは山梨，長野，山形県，ニホンナシは鳥取，千葉，茨城県，モモは山梨，福島県が生産地である．総産出額から主産地をみると，和歌山，長野，青森，山梨，愛媛，山形県などである．

花きの栽培面積を表1-9に示した．栽培面積は切花類が最も多く，次いで鉢物類，花壇用苗もの類，球根類である．なかでも切花類のキク，ユリ，リンドウ，バラ，球根類のチューリップ，鉢物類のシクラメン，花壇用苗もの類のパンジーが多い．価格は鉢物類が高く，特に洋ラン類が高い．切花類は愛知，静岡，長野県，球根類は新潟，富山，鹿児島県，鉢物類は愛知，埼玉，福岡，新潟県，花壇用苗もの類は埼玉，愛知，千葉県が生産地である．総産出額から主生産地をみると，愛知，千葉，静岡，佐賀，埼玉県などである．

1.3.5　輸入と輸出

2000年の輸入の総額40兆9384億円のうち農産物の輸入額は3兆9711億円で，9.7%を占める．果実は384万7000トンが国内で生産され，輸入量が484万3000トン，輸出量が6万8000トンで，自給率は44.3%である（表1-10, 1-11）．バナナ，パイナップルはフィリピンから，グレープフルーツ，オレンジ，レモンはアメリカから輸入されている．

野菜の国内生産量は1372万2000トン，輸入量が300万2000トン，輸出量が2000トンで，自給率は82%である．近年は生鮮野菜や冷凍野菜の輸入が増加し，輸入先は中国が最も多く，次いで

1.3 園芸生産の現状

表 1-7 野菜の栽培面積，収穫量，出荷量，単価および主な生産地（2002年）
（農林水産省統計情報部編，2002）

品目	栽培面積(千ha)	収穫量(千t)	出荷量(千t)	価格(円/kg)	主な生産地（栽培面積による順位） 1位	2位	3位
ダイコン	45,700	1,876,000	1,419,000	81	北海道	千葉	青森
キャベツ	36,900	1,449,000	1,225,000	73	愛知	群馬	千葉
スイートコーン	29,200	289,200	218,100	189	北海道	千葉	栃木
タマネギ	26,900	1,247,000	1,072,000	72	北海道	佐賀	兵庫
ホウレンソウ	25,200	316,400	250,100	419	千葉	埼玉	群馬
ネギ	25,100	536,700	347,800	275	千葉	埼玉	茨城
ハクサイ	22,700	1,036,000	779,900	58	長野	茨城	愛知
ニンジン	22,300	681,700	593,600	113	北海道	千葉	徳島
レタス	21,700	537,200	497,100	197	長野	茨城	香川
サトイモ	18,800	230,500	138,300	212	千葉	宮崎	埼玉
カボチャ	17,700	253,600	184,900	123	北海道	鹿児島	茨城
スイカ	16,900	580,600	497,900	157	熊本	千葉	山形
キュウリ	15,200	766,500	644,500	264	群馬	埼玉	宮崎
メロン	13,800	317,500	289,700	359	茨城	熊本	北海道
トマト	13,600	806,300	708,500	299	熊本	千葉	愛知
ナス	13,300	476,900	352,500	277	高知	福岡	熊本
エダマメ	12,700	80,800	52,500	331	新潟	群馬	千葉
ゴボウ	10,700	189,900	153,000	182	茨城	青森	千葉
ヤマノイモ	8,880	201,200	156,300	308	青森	北海道	群馬
サヤインゲン	8,690	63,900	39,400	661	福島	千葉	鹿児島
ブロッコリー	8,150	82,900	69,800	266	埼玉	愛知	北海道
イチゴ	7,450	205,300	186,300	1,129	福岡	栃木	静岡
カブ	6,470	187,200	145,400	120	千葉	埼玉	山形
サヤエンドウ	5,500	37,300	24,200	445	鹿児島	福島	和歌山
レンコン	4,660	75,500	58,900	329	茨城	徳島	愛知
ピーマン	4,110	171,400	146,400	307	宮崎	茨城	高知
カリフラワー	1,740	31,800	25,200	172	愛知	長野	徳島
セルリー	723	39,900	37,600	238	長野	静岡	福岡
合計	540,000	15,667,000	12,694,000				

表 1-8 果樹の栽培面積，結果樹面積，生産量，単価および主な生産地（2002年）
（農林水産省統計情報部編，2002）

品目	栽培面積(ha)	結果面積(ha)	生産量(t)	価格(円/kg)	主な生産地（結果樹面積による順位） 1位	2位	3位
ミカン	61,700	58,400	1,143,000	221	愛媛	和歌山	静岡
（ハウスミカン）		1,270	62,300		佐賀	愛知	愛媛
リンゴ	46,800	43,900	799,600	270	青森	長野	岩手
クリ	27,800	26,400	26,700	418	茨城	熊本	愛媛
カキ	26,700	24,700	278,500	204	和歌山	福岡	奈良
ブドウ	22,200	20,200	237,500	718	山梨	長野	山形
ウメ	19,000	17,400	121,200	518	和歌山	群馬	長野
ニホンナシ	17,700	16,700	392,900	273	鳥取	千葉	茨城
モモ	11,600	10,700	174,600	454	山梨	福島	長野
イヨカン	9,050	8,870	188,400	125	愛媛	佐賀	和歌山
サクランボ	4,360	3,820	17,100	1952	山形	北海道	青森
ナツミカン	4,350	4,330	84,500	127	愛媛	熊本	静岡
スモモ	3,550	3,220	26,600	405	山梨	和歌山	長野
ハッサク	3,370	3,370	67,100	116	和歌山	愛媛	広島
キウイフルーツ	3,000	2,960	44,400	285	愛媛	静岡	和歌山
ビワ	2,270	2,210	8,190	1105	長崎	鹿児島	千葉
セイヨウナシ	1,950	1,690	31,400	268	山形	青森	長野
ネーブルオレンジ	1,450	1,450	18,900	171	広島	愛媛	和歌山
合計	286,200	250,800	3,260,000				

アメリカ，ニュージーランドである．

一方，花きの国内生産が切花類で56億本，鉢物類3億鉢，花壇用苗もの類9億本，花木類1億6000万本，球根類2億6000万球，芝58億ha，地被植物5000万本である．また，切花（生鮮）が2万トン，球根類が680トン，その他を含めて合計で19万トンが中国，タイ，オランダ，アメリカなど多くの国から輸入されている．

2000年の輸出の総額51兆6541億円のうち農産物の輸出額は1685億円で，0.3％を占める．輸出品目にはリンゴ，ナシ，カキ，サクランボ，ナガイモ，チャ，リンドウ，観葉植物のフェニックスなどがある．

1.3.6 消費量

2000年の1人1年当たりの消費量（供給粗飼料ベース；国内生産量＋在庫量＋輸入量－輸出量－輸送時などによる消耗量）は，野菜が118.4 kg，果実が56.7 kgである（表1-11）．これを1人1日に換算すると野菜は324.5 g，果実は155.3 gである．野菜や果実は，ビタミン，ミネラル，食物繊維などの重要な供給源であること，がんなどの生活習慣病の予防にも効果があることから，これらの摂取は健康的な生活を送る上できわめて重要である．成人の摂取目標は野菜が350 g，果実が200 gであるといわれている．しかし，20～30代の消費量が少なく，摂取目標に達していない状況である．そこで，「毎日，野菜5皿分（350 g）と果物200 gを」をスローガンに消費の拡大運動が展開されている．

花きでは年間1人当たりの購入量は切花類が50本，鉢物類が2.6鉢，花壇用苗もの類が7本である．近年のガーデニングのブームによって，花きの購入する種類が多様化している．なお，粗放的に大規模で生産する作物は field crop といい，手間をかけ，小規模に生産する作物を garden crop という．今日使われているガーデニングは，人間の居住地の近くで花や野菜などの園芸作物を小規模に作ることに重点をおいて使用している場合が多い．

1.4 わが国における園芸生産技術の特徴

作物の収量は，主に品種，栽培環境，栽培技術の3つの要因に影響されるといわれている（図1-6）．わが国では，明治時代以降に中国，アメリカ，ヨーロッパの諸外国から多くの種類および品種が導入され，まず，これらの品種を用いて新品種の育成が，試験研究機関，生産者，種苗会社などで進められた．また，研究機関において各作物の形態・生態・生理が解明されると，作物の特性を生かした好適な環境条件下での栽培が行われ，加えて様々な栽培法が開発され収量が増加した（図1-7）．さらに，収穫時期や収穫後の保存状態が品質に影響するので，収穫適期の判定法や鮮度保持技術が開発された．その結果，品質のよい生産物が食卓に並ぶようになった．しかし，高品質な農産物の大量生産を行う上で農薬や肥料が多投されており，近年では農産物の安全性が疑問視される状況となった．現在は収量や品質は低下させずに，安全な農産物を持続的に生産すること，あるいは健康に関する高付加価値な作物を生産することが目標であり，その開発が行われている．

以下に，これまでの園芸生産に関する品種，栽培技術について主な事例を紹介する．

1.4.1 優良品種の育成

果樹では枝変わり（突然変異），あるいは品種間の交雑が行われ，リンゴの'ふじ'，ブドウの'巨峰'など大果で高品質の品種が育成された（2.4節参照）．

野菜では，ハクサイなどのアブラナ科で自家不和合性を利用したF_1の採種法が確立した．F_1品種は多収で均一性が高く，耐病性などの有用な因子を付加できるので，今日では種子繁殖をするほとんどの野菜はF_1種子となった（2.3節参照）．

花きにおいては，コスモス，ペチュニアなどの一年草の育種が盛んに行われ，品種が多様化した．

表 1-9 花きの栽培における農家数，栽培面積，単価および主な生産地（2002年）
（農林水産省統計情報部編，2002）

区　分	農家数	品　目	栽培面積(ha)	価格(円/本,鉢)	主な生産地（栽培面積による順位） 1位	2位	3位
切花類	78,100		19,700	52	愛知	沖縄	静岡
		キク	6,260	48	愛知	沖縄	鹿児島
		切枝	4,430	69	和歌山	静岡	茨城
		球根切花（ユリ，チューリップ）	2,170	60	新潟	高知	千葉・鹿児島
		切葉	747	26	東京	千葉	沖縄
		リンドウ	646	96	岩手	福島	長野
		バラ	585	65	静岡	愛知	福岡
		カーネーション	491	42	長野	愛知	北海道
		洋ラン類	228	97	徳島	沖縄	福岡
鉢物類	9,740		21,500	346	愛知	埼玉	鹿児島
		花木類	4,910	384	新潟	愛知	埼玉
		観葉植物	3,610	381	愛知	鹿児島	埼玉
		洋ラン類	2,770	2,069	愛知	福岡	徳島
		シクラメン	2,390	600	愛知	長野	千葉
		プリムラ類	720	143	埼玉	愛知	青森
花壇用苗もの類	7,540		16,900	51	埼玉	愛知	千葉
		パンジー	3,730		愛知	埼玉	静岡
		ペチュニア	850		愛知	千葉	愛知
		マリーゴールド	830		愛知	埼玉	北海道
		サルビア	670		愛知	埼玉	千葉
球根類	3,010		9,950		新潟	富山	鹿児島
		チューリップ	4,300		富山	新潟	
		ユリ	2,180		鹿児島	北海道	宮崎
		グラジオラス	950		茨城	千葉	
合　計	98,390		68,050				

表 1-10 食料自給率の推移（農林水産省，2003）

	1985年(昭和60年)	1990年(平成2年)	1996年(平成8年)	2000年(平成12年)
コメ	107	100	102	95
コムギ	14	15	7	11
マメ類	8	8	5	7
（うちダイズ）	5	5	3	5
野菜	95	91	86	82
果実	77	63	47	44
供給熱量総合食料自給率	52	47	42	40
主食用穀物自給率	69	67	63	60

品目別自給率，主食用穀物の算式は，自給率＝国内生産量/国内消費仕向量×100（重量ベース）によって算出した．

供給熱量総合食料自給率の算式は，自給率＝国産供給熱量/国内総供給熱量×100（カロリーベース）によって算出した．

表 1-11 園芸作物の供給と消費量（2000年）（農林水産省統計部，2005；食生活情報サービスセンター編，2002）

	国内生産量(千t)	輸入量(千t)	輸出量(千t)	国内消費仕向量(千t)	1人1年当たり(kg)	1人1日当たり(g)
野菜	13,722	3,002	2	16,722	118.4	324.5
果実	3,847	4,843	68	8,691	56.7	155.3
コメ	9,490	879	462	9,988	71.3	196.4

1.4.2 適地適作と生育環境の制御による周年供給

園芸作物の栽培では，適地適作が基本である．わが国は南北に長く標高差があるので，各地域において気温，日照時間，降水量などの気象条件に違いがあり，また地域によって土質，地形などが異なる．木本性植物の果樹は同一場所で長い期間栽培されるので，適した気象や土壌に栽植され，産地が形成された．一方，草本性植物の野菜や花きでも露地で栽培する作物は，異なった環境条件を利用して，夏は冷涼地域，あるいは高冷地，春と秋は温暖な地域，あるいは平坦地，冬は暖地で栽培され，大都市に周年供給を行っている（6.3節参照）．

1955（昭和30）年以降，ビニルの開発によってパイプハウスを作り，内部の温度，CO_2，風速などの環境条件を任意に調節することによって，作物の生育に適した環境を作り，トマトなどでは周年栽培ができるようになった（第4章参照）．また，作物の生育に必要な養水分を培養液により与えて作物を栽培する養液栽培法が確立し，トマト，イチゴなどで行われている（4.4節参照）．さらに，冷房，人工光源なども加わりそれらを自動的に制御し，工業的に作物を栽培する植物工場も誕生している．果樹でも施設栽培が行われており，ブドウでは休眠が破れた後から加温して収穫期を早め，'巨峰'では8月から収穫できる技術が確立している（10.2.1項参照）．また，キクでは花芽形成が日長に影響されるので，夜間の電照によって開花を制御し周年供給が行われている（14.1.1項参照）．

1.4.3 高度な栽培技術

果樹では，収穫労力を低減するためのわい性台木を利用した低樹高栽培法（10.1.1項参照），大果生産のための人工授粉（9.4節参照），適正な着果量や樹種にあった整枝・せん定（9.5節参照），高品質生産のための有袋栽培（9.7節参照），病害虫防除，根域や灌水量の制限による高糖度果実の生産などの技術（9.5，9.10節参照）が開発された．

野菜では，均一な生産物を栽培するための育苗法（3.3節参照），低温耐性，耐病性を付与するための接木法（3.5節参照），品種の特性に合わせた整枝法（8.2.2項参照），軽労化のための工夫や機械化（コラム4；p.64参照），施肥量を減少させるための養液土耕栽培法（4.3.4項参照）などの技術が開発された．

花きでは大量増殖のためのミスト繁殖法（3.4節参照）および組織培養法（3.8，15.2節参照），セル成型苗を用いた育苗法，草姿改善のための化学調節（ケミカルコントロール）（第13章参照），開花調節のための日長処理（14.1.1項参照），温度処理（第13章参照）および植物成長調節物質（植物ホルモン）処理（14.2節参照），樹勢を制御するための整枝・せん定法（15.1節参照）などの技術が開発された．

1.4.4 収穫時期の判定と収穫後の鮮度保持技術

果実ではカラーチャートを用いた収穫適期の判定，果実にある特定の波長の光をあてて，破壊することなく糖度を測定する光センサーを用いた果実の選別（5.3節参照），低温下でO_2とCO_2の調節を行い，貯蔵性を増進させるCA貯蔵などの技術（5.5節参照）が開発され，高品質の生産物が供給されている．

野菜では収穫後に直ちに品温を下げると呼吸活性を抑制できるので，収穫直後に真空によって品温を下げる真空予冷技術（5.4節参照）と低温下で流通する低温流通技術（コールドチェーン）が開発され，鮮度の低下が軽減された．

花きでは低温管理に加えて，植物成長調節物質，殺菌剤，老化を促進するエチレンの作用を抑制する薬剤などが使われ，切花の花持ちは著しく向上した（5.6節参照）．

1.4.5 今後の課題

消費者の生産物に対する不安感の増大，健康志向を背景に，今後の園芸作物生産の主な課題は，高品質性，高機能性，安全性を付加した農産物を消費者に提供することであろう．また近年，生産

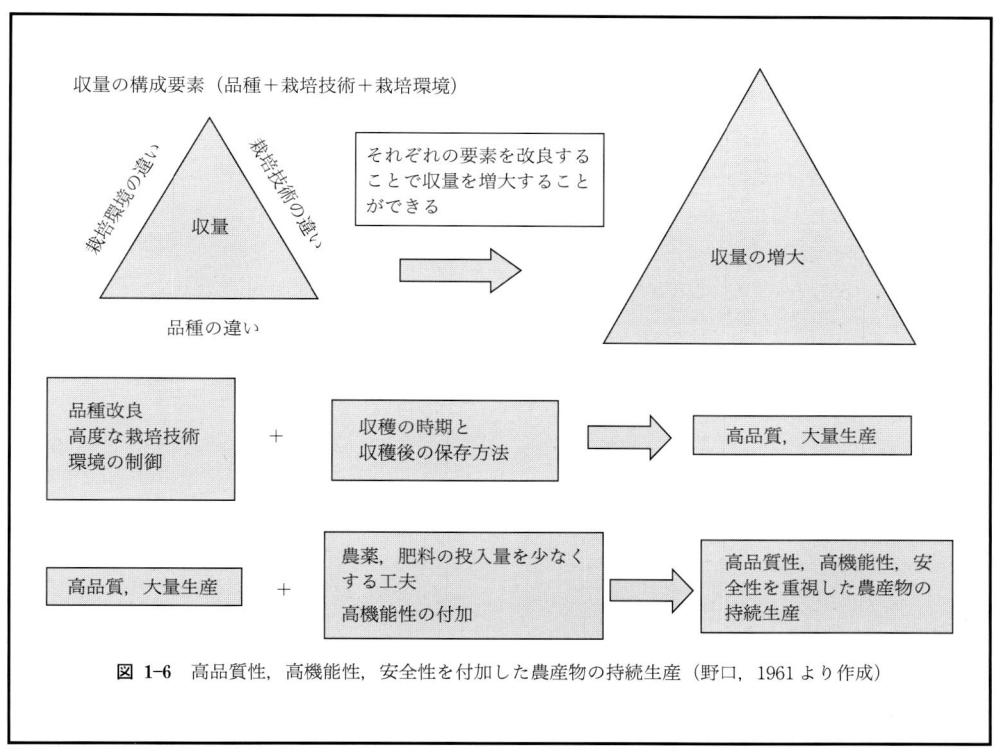

図 1-6　高品質性，高機能性，安全性を付加した農産物の持続生産（野口，1961 より作成）

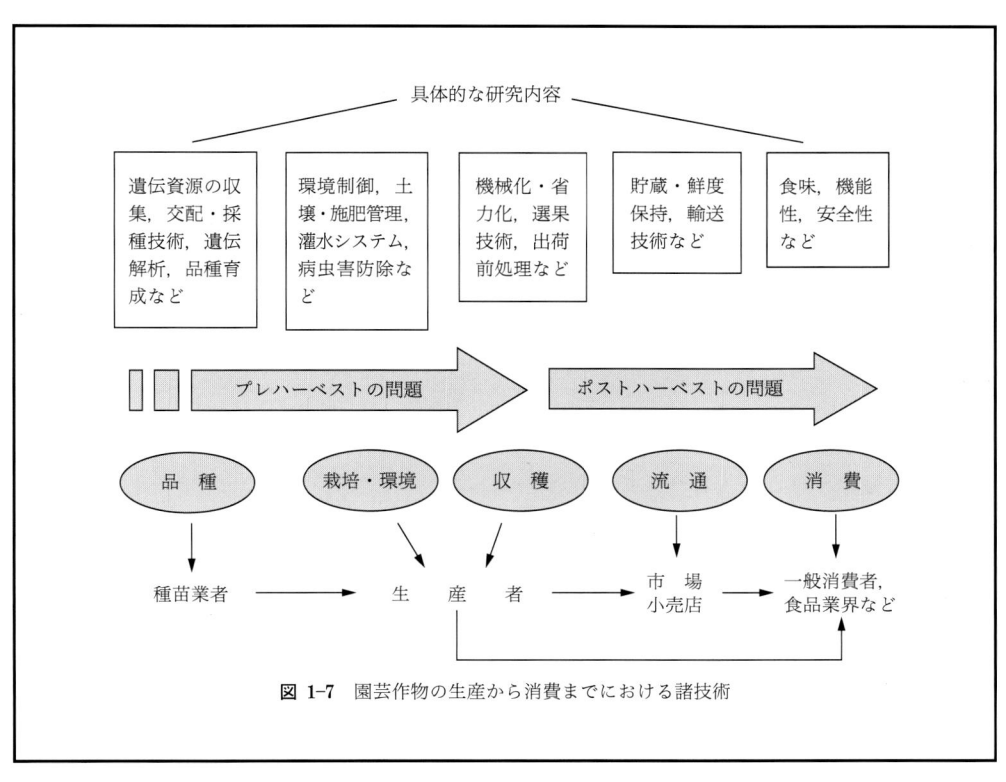

図 1-7　園芸作物の生産から消費までにおける諸技術

者の高齢化と後継者不足，農業の不活性化，低価格の野菜，果実・果汁などの輸入の増加など解決すべき問題も山積している．

これらの問題を解決するためには，①多収で高品質で，かつ病害虫に抵抗性を示す品種，あるいは高機能性品種の育成，②新品種を育成するために必要な新たな遺伝資源の探索・評価・保存，③高品質性，高機能性，安全性を付加した農産物の栽培技術の開発，④安心で安全な農産物の流通システムの開発，⑤環境と調和した生産技術の開発などが必要である．さらに，⑥輸入増加あるいは就農率の低下に関しては，生産および流通に関する低コスト・省力化技術の開発，作業の快適性の確保などの研究が必要である．また，⑦地球の温暖化によって，果樹では産地が移動する，あるいは開花期が早くなり凍霜害が発生しやすくなるなどの問題が懸念されるため，これらの研究も必要である．

[荻原　勲]

キーワード

1.1.1 園芸 (horticulture)，作物 (crop)，栽培 (culture)
1.1.2 野菜 (vegetable, vegetable crop)，果樹 (fruit tree)，花き (flower and ornamental plant)，園芸作物 (garden crop, horticultural crop)，野菜園芸 (vegetable gardening, olericulture)，果樹園芸 (fruit gardening, orcharding)，花き園芸 (floriculture, flower gardening)，園芸学 (horticultural science)，原産地 (provenance, place of origin)，野菜園芸学 (vegetable crop science)，果樹園芸学 (pomology, fruit science)，花き園芸学 (floricultural science)，園芸療法 (horticultural therapy)
1.1.3 草本性植物 (herbaceous plant)，灌木 (shrub)，木本性植物 (arbor plant)，観賞植物 (ornamental plant)，観賞園芸 (ornamental horticulture)
1.2 自然分類 (natural classification)，人為分類 (artificial classification)
1.2.1 自然交雑 (interbreed freely)，種 (species, 省略形 sp., 複数形 spp.)，属 (genus, 複数形 genera)，科 (families)，品種 (cultivar, 省略形 cv., variety)
1.2.2 果菜類 (fruit vegetable)，葉茎菜類 (leaf and stem vegetable)，根菜類 (root vegetable)，温帯果樹 (temperate fruit tree)，亜熱帯果樹 (subtropical fruit tree)，熱帯果樹 (tropical fruit tree)，一・二年草 (annual and biennial plant)，宿根草 (perenial)，球根 (bulbous plant)，花木 (ornamental tree and shrub)，切花類 (cut flower and foliage)，鉢物類 (potted plant)，花壇用苗もの類 (seedling for flower garden)，球根類 (bulb and tuber)
1.3.1 園芸統計 (national horticultural statistical data)，農業就業人口 (population engaged in own farming)，総農家数 (total number of farm household)，専業農家 (full-time farm household)，作付け面積 (planted area)，農業総生産額 (total production for the market)，主な生産地 (leading region of production)，自給率 (self-supplied ratio)，ガーデニング (gardening)
1.4 栽培技術 (cultivation technique, cultural practice)，品種の育成 (breeding)，周年栽培 (year-round cultivation)，高齢化 (ageing of farmer)，後継者不足 (shortage of farm successor)

■ 演習問題

問1　野菜，果樹，花きの定義を述べなさい．
問2　自然分類と人為分類の違いを述べなさい．
問3　わが国における園芸は米作と比べて集約度の高い農業であるが，その理由を述べなさい．
問4　栽培面積が多い果樹および野菜の種類のトップ5と，それらの学名，原産地および主産地（都道府県名）を述べなさい．
問5　野菜，果樹，花きの消費を増やすための戦略をそれぞれについて述べなさい．
問6　わが国では品質を重視した園芸作物生産が行われているが，それを支える技術を3つ取り上げ，それらの詳細を述べなさい．
問7　園芸生産の現状と今後の課題を述べなさい．

コラム1

東京における園芸の歴史

　東京における園芸の歴史は，400年前の徳川家康による江戸幕府開府から始まる．江戸時代になると，埋立てや水路掘削のための労働者が全国から集められ，また参勤交代制度により大名が家臣団とともに移ってきた．米は年貢米でまかなうことができたが，急激な人口増加に伴い新鮮な野菜不足が問題となった．そこで，幕府は江戸東部の深川や砂村を埋め立て，入植者には年貢を免除するなどの優遇をし，野菜生産を奨励した．その後，野菜産地は江戸東部から西部，武蔵野台地へとしだいに拡大していった．さらに，地元篤農家による野菜の品種改良が行われ，小松菜，砂村なす，練馬大根，滝野川ごぼうなど，東京の地名のついた多くの優良品種が作られた．野菜の促成（早出し）栽培は，市中から出たゴミなどを堆積し，その発酵熱を利用する方法を用いて，江戸時代に砂村で始まった．また，武家屋敷では庭園のツツジなどの花木類，町民の間ではキク，アサガオなどの鉢物が愛好され，花や植木の栽培も盛んになった．いまでも入谷の朝顔市や浅草のほおずき市などの縁日が開かれ，江戸末期に駒込（染井）の植木業者が売り出した桜のソメイヨシノは全国に広まっている．江戸川の河口付近や多摩川流域ではナシが栽培され，幕府にも献上していた．

　明治時代になると，内藤新宿試験場（後の新宿御苑）や三田育種農場が設置され，外国から新しい野菜や花，栽培技術を導入し，試作や教育が行われた．当時珍しい西洋の野菜や花が，東京でいち早く栽培された．また，この頃にキュウリの支柱栽培が，馬込周辺で育成された'馬込半白節成り'とともに全国へ普及した．さらに，ガラス室によるトマト，メロン，カーネーションなどの温室栽培も始まった．大正時代になると，現在の世田谷区と大田区の境辺りの多摩川沿いに玉川温室村ができ，企業的な温室栽培が行われた．昭和初期におけるカーネーションやバラの生産量は，東京が日本一であった．

　第2次世界大戦後まもない頃，消費者がまだ食べ方もわからないセルリー，カリフラワー，ブロッコリー，レタスなどの西洋野菜が全国に先がけて導入され栽培された．昭和20年代後半に農業用ビニルが登場すると，トマト，キュウリのトンネル早熟栽培が始まった．さらに，トンネルを2重に被覆するなど様々な工夫が加えられ，これらの技術は全国に普及した．しかしながら，昭和30年代後半から始まる高度経済成長期以降，東京では急速な都市化が進み，農耕地は宅地化し，減少の一途をたどった．

　現在，東京都の農業生産額は6割近くが野菜，2割が花・植木，1割弱が果樹となっている．野菜は100種類以上が栽培されており，その半分以上が直売などの市場外流通で販売されている．その中で，コマツナ，ウド，アシタバは，中央卸売市場で東京産の割合が上位の出荷量を誇り，ワサビや芽もの・つまものも出荷され貴重な存在となっている．

　花きでは，伝統的なアサガオなどの鉢物や花壇苗ものが市場出荷されているほか，シクラメンは生産者が温室で直接販売し，贈答用として喜ばれている．島しょ地域で生産しているレザーファンやフェニックス・ロベレニーなどの切葉は，市場の高い占有率を誇っている．また，植木のグランドカバープランツの生産も東京が全国のトップの位置にある．

　果樹では，ナシとブドウを中心に，カキ，キウイフルーツ，ブルーベリーなども栽培され，そのほとんどが直売により販売されている．特に，他県にはないナシの'稲城'やブドウの'高尾'などの品種が人気を呼んでおり，固定客の予約販売が中心になっている．

　このように，東京における園芸の特徴は，都市部から山間，島しょ地域まで含めた多様な立地条件を生かし，江戸時代から現代まで，時代とともに変化する都市生活者のニーズに対応し，常に新しい栽培技術と品種・品目を作り上げ，それを日本中に広めてきたことである．　　　［海保富士男］

2 品種および育種法

　栽培されている植物や栽培することを目的に育成された個体の総称として，「品種」という言葉を一般的に使う．新品種の保護や品種登録に関する制度として，種苗法という法律が制定されている．その中には，「品種とは，重要な形質に係わる特性の全部または一部によって他の植物体の集合と区別することができ，かつ，その特性の全部を保持しつつ繁殖させることができる一の植物体の集合をいう」と記述されている．種苗法では，品種登録の際の要件として以下の5項目がある．すなわち，①区別性（既存品種と形状，品質，耐病性などの形質で区別できること），②均一性（播種した種子などからすべて同じものができること），③安定性（何世代増殖を繰り返しても同じものができること），④未譲渡性（種苗を事前に売っていないこと），⑤名称の適切性（既存の品種名，登録品種と区別されること）である．

　2001（平成13）年度の種苗法に基づく新品種の出願件数は1157件，品種登録件数は約1210件となっており，年々増加の傾向にある（図2-1）．草花類，観賞樹，果樹，野菜といった園芸作物が全体の80％以上を占めている．その中で最も多いのは草花類で814件，次いで観賞樹が159件，果樹が58件，野菜が48件（2001年度）となっている．一方，作物種別では「バラ」が最も多く，累計で出願数1678件，登録数1265件，次いで「キク」が出願数1598件，登録数1119件，「カーネーション」が出願数1316件，登録数900件となっている．

　国際的な品種の保護を目的に，1961年にUPOV条約（Union internationale pour le Protection des Obtentions Vegetales：植物新品種の保護に関する国際条約）が制定されている．日本は，1982年にUPOVに加盟し，現在では世界の約50カ国が加盟している．

2.1　生殖様式と育種法

　園芸作物は，多種多様な生殖様式や繁殖様式をもち，その違いによって様々な方法で育種がなされている．すなわち，①自殖性の種子繁殖作物では，純系で遺伝的にホモの固定品種が主流であり，イネ，ムギ類，ダイズと同様の集団育種法や系統育種法が新品種育成に用いられる．②雑種を作成したときの雑種強勢を利用した1代雑種育種法（F_1雑種育種法）が，多くの野菜で用いられている．③γ線などの放射線照射，変異誘発化合物，自然突然変異を利用した突然変異育種法は，特定の形質を改良するためによく用いられる育種法である．④三倍体，四倍体，六倍体などの倍数体では，栄養器官や草勢が強くなる傾向があり，倍数性育種が用いられている．

　多くの果樹や花きでは，接木，挿木，球根，鱗茎を用いて，親と遺伝的に同一なクローンとして増殖される．そのため，交雑によって1個体の優良個体が得られれば，品種として成立する．

　また，近年のバイオテクノロジーの進歩により，新しい育種方法が提唱され，実際の育種に用いられつつあり，組織培養を利用した育種法，遺伝子組換え技術を利用した育種法，DNAマーカーを利用した育種法などがある．以下，育種方法の詳細について説明する．

2.2　自殖性植物の育種法

　トマト，レタス，ナス，ナタネ，タバコ，エンドウ，インゲンマメなどの自殖性の種子繁殖性作物では，100年ほど前から確立されている集団育

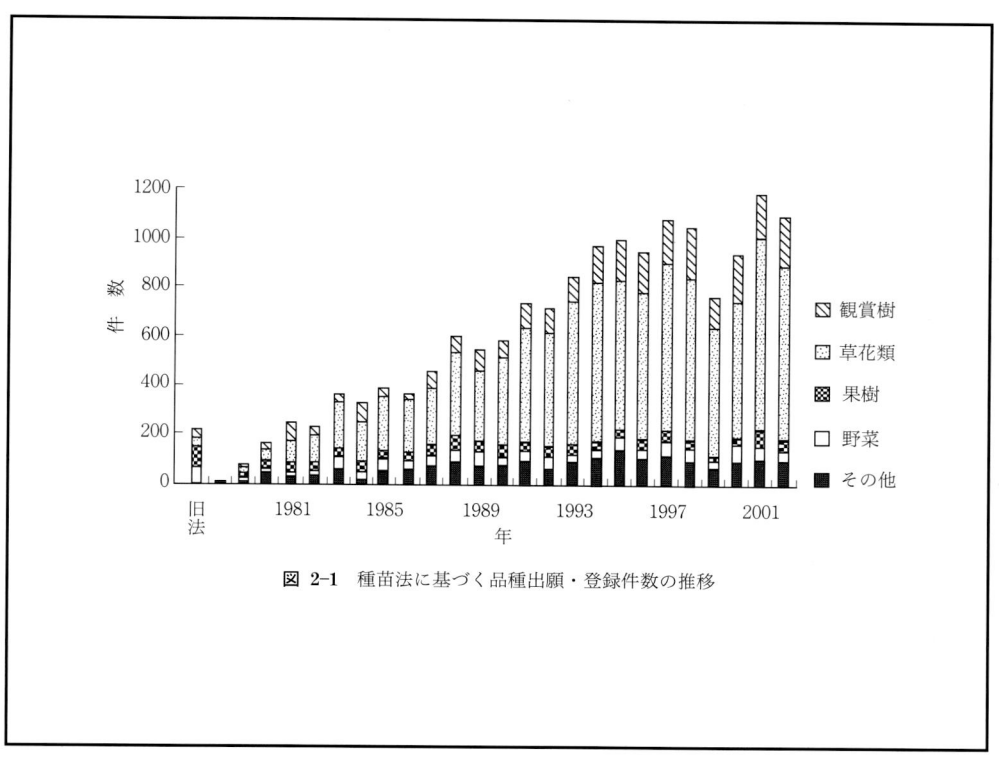

図 2-1 種苗法に基づく品種出願・登録件数の推移

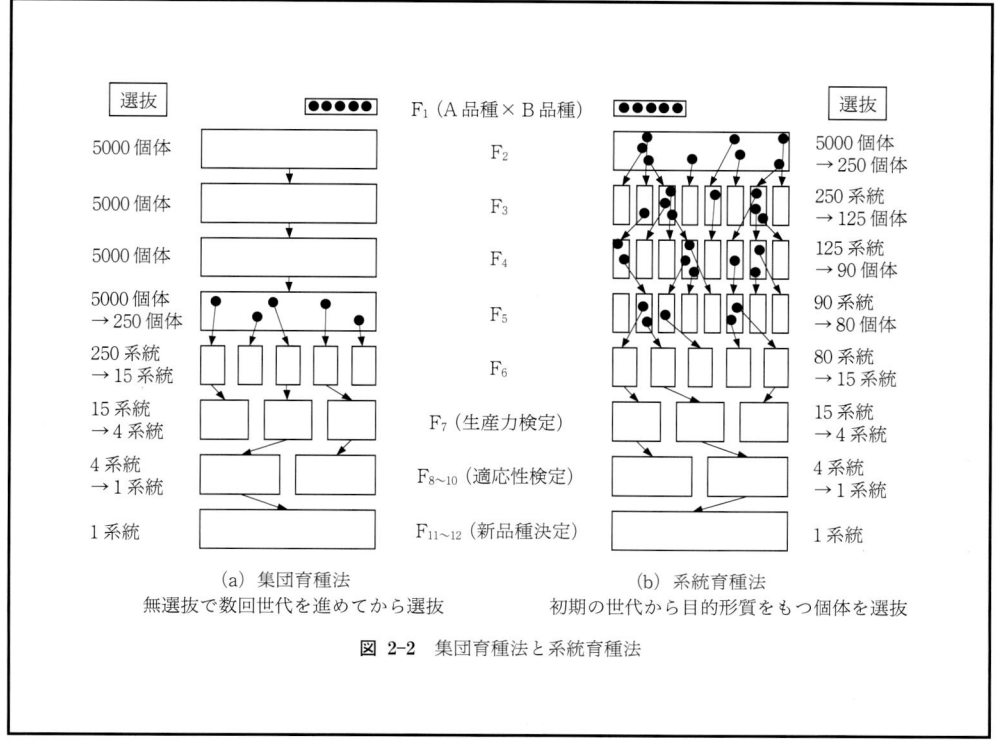

(a) 集団育種法
無選抜で数回世代を進めてから選抜

(b) 系統育種法
初期の世代から目的形質をもつ個体を選抜

図 2-2 集団育種法と系統育種法

種法や系統育種法が主に品種育成に用いられてきた．集団育種法では，2つの品種を交雑してF_1雑種を作成し，無選抜で数回自殖させることにより世代を進めて遺伝的な固定を行い，F_5～F_6世代で優良な個体を選抜する（図2-2）．選抜個体を系統や系統群で数年間評価を行い，F_{10}～F_{12}世代で品種として確立する．トータルで10世代以上の自殖により，理論的には，99.9％の遺伝形質がホモになり固定される．

系統育種法は，初期の世代から優良個体の選抜を行う点で集団育種法と異なる．F_2世代で優良個体を数十個体程度選抜し，世代を進める．自殖次世代の系統から1～数個体を選抜し，さらに自殖を行う．この操作を数世代繰り返し，その後優良な系統を選抜し，10世代以上かけて新品種として育成していく．系統育種法は，育種目標やそれに関連する植物特性が明確な場合に適している．集団育種法と系統育種法との間の折衷方法もある．

複数回の交雑により，特定の遺伝子形質を移入する育種法として，戻し交雑法がある．戻し交雑法では，目標とする特性をもつ品種（A品種）とその遺伝形質を導入したい品種（B品種）を用いて繰り返し交配する方法で，A品種にB品種を数～10回程度交配する（図2-3）．この場合，A品種を1回親，B品種を反復親という．目標とする特性が1～2の主働遺伝子に支配されている場合に有効である．たとえば，B品種が普及した栽培品種，A品種が病害抵抗性をもつ在来品種や近縁野生種の場合である．

2.3　1代雑種育種法

1代雑種育種法（F_1雑種育種法）は，2つの品種をかけ合わせた雑種の世代で雑種強勢が現れることを利用した育種法で，固定品種に代わって多くの園芸作物で利用されている．相同染色体の遺伝子がヘテロになることによって，栄養器官が大きくなったり，草勢が強くなったりすることがある．これを雑種強勢というが，そのメカニズムについては明らかになっていない．1代雑種育種法では，まず雑種を作成したときに性能が高くなるように，組合わせ能力（雑種強勢が強く現れる親の組合わせ）を調べる必要がある．また，両親のもつ形質が優性であれば，F_1雑種の世代で形質が現れるため，片親に異なる優性の有用形質をもたせることにより，両方の優良形質を合わせもったF_1雑種を作ることができる．なお，F_1雑種品種では自殖するとF_2世代になるため，形質が分離してしまい，自家採種ができなくなるので，農家は毎年種子を購入する必要がある．種苗会社では，F_1品種の両親が流出しない限り勝手に増殖されることはないので，品種の権利保護を確保することができる．

さらに，他殖でヘテロな種子繁殖作物では，均一な形質をもつ品種を育成することが困難であった．近年では，ニンジン，タマネギ，スイートコーンなどの作物で均一性を向上させるために，F_1品種が実用化されている．両親を6～8回自殖または近親交雑させて均一性を高め（ただし，ある程度の近交弱勢が起こる），F_1雑種にすることにより均一性を保ちながら近交弱勢を回復させる．

F_1雑種を作成するためには，両親を確実に交雑させるための採種の工夫が必要になってくる．最もシンプルなのが手交配である．母親の受粉前にあらかじめ雄しべ（花粉，雄花）を除去しておき，開花時に人工的に花粉を交配する．この方法は，トマト，ナス，キュウリ，メロンなど採種量が多く，交雑が容易な作物で用いられる．

手交配が利用できない場合には，雄性不稔性や自家不和合性が利用される．雄性不稔では，遺伝的に雄しべや花粉の機能を失ったものを母親として用いる．雄性不稔には，核遺伝子支配の不稔と細胞質遺伝子支配の不稔があるが，後者の方が一般的に用いられる．細胞質雄性不稔を用いるF_1品種育成法では，雄性不稔系統（母親），維持系統，稔性回復系統（父親）の三者を用いる（図2-5(a)）．すなわち，①雄性不稔系統では花粉形成が阻害されるので，正常な花粉をもつ維持系統を交雑することにより，雄性不稔系統を維持する．稔性回復系統は，核に雄性不稔を回復させる遺伝子をもたせる．②雄性不稔系統と稔性回復系

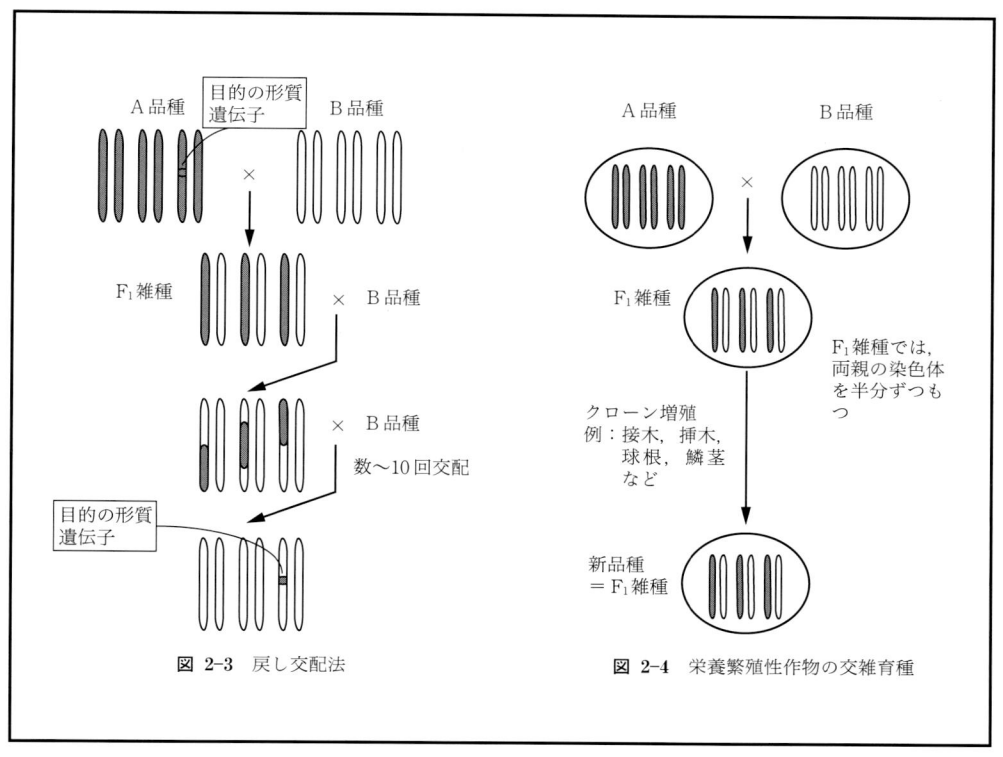

図 2-3 戻し交配法

図 2-4 栄養繁殖性作物の交雑育種

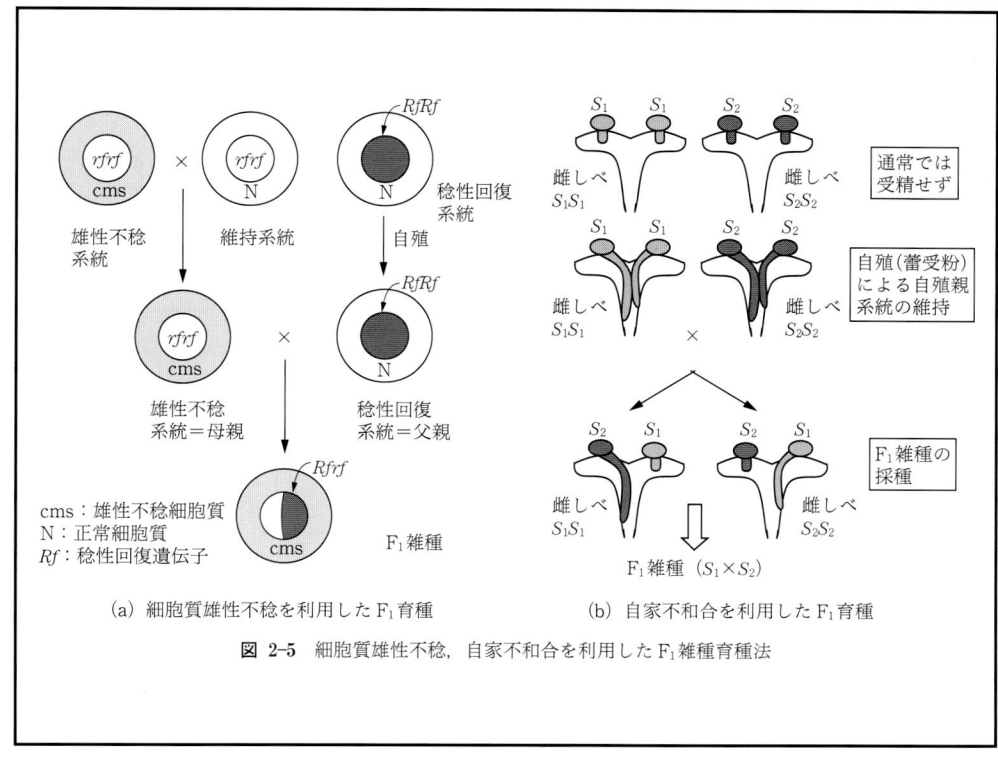

(a) 細胞質雄性不稔を利用したF_1育種

(b) 自家不和合を利用したF_1育種

図 2-5 細胞質雄性不稔, 自家不和合を利用したF_1雑種育種法

統の交雑で雑種強勢が現れるような組合わせを選ぶ．交雑したF_1雑種では，稔性が回復して正常な受精が起こるので，種子が形成される．

キャベツやハクサイなどのアブラナ科作物では，自家不和合性を利用してF_1品種が育成されている（図2-5(b)）．自家不和合性とは，自己と非自己の花粉を認識して，非自己の花粉で受粉する性質のことであり，大別して胞子体型と配偶体型がある．胞子体型の自家不和合性は，アブラナ科植物（ハクサイ，キャベツ，ダイコン）にみられ，花粉の表現型は花粉を生じた親植物によって決定される．親個体は二倍体なので，その対立遺伝子間に優劣の関係があり，花粉親においてS_1がS_2に対して優性の場合，それから生じる花粉はすべてS_1の表現型になる．実際の採種においては，蕾受粉（蕾の雌ずいに成熟花粉を受粉させること）によって，自殖種子の採種と維持を行い，組合わせ能力の高い親を選んで，集団採種によりF_1雑種種子を得る．また，もう1つの自家不和合性タイプである配偶体型は，ナス科（野生タバコ），バラ科（リンゴ，ナシ），マメ科（アカクローバー）などにみられる．

園芸作物では，種子繁殖性か栄養繁殖性かによって扱いが異なるが，栄養繁殖性のものは，接木，挿木，球根，鱗茎，株分け，ランナーなどによって増殖される．そのため，交雑によって1個体の優良なF_1雑種個体が得られれば，栄養繁殖により容易に増殖することができる（図2-4）．現在の果樹や花きの多くの品種は，交雑によって育成されたF_1雑種をクローン増殖したものである．

2.4　突然変異育種法

優良品種の主要特性を維持したまま1ないし2つの特定の形質を改良するためによく用いられるのが，突然変異を利用した育種法である．色の変異，早晩生，病虫害抵抗性などの形質の付与を目的として育成された品種が多い．

自然に誘発される突然変異（枝変わり，変異体）が古くから利用されており，カーネーション，バラ，キクで花色の枝変わり品種が，リンゴやモモで枝変わり品種が育成されている（表2-1）．ウンシュウミカンの極早生～晩生の品種群はすべて枝変わりまたは珠心胚実生（胚のうを取り囲む母親組織の珠心に由来する胚のことで，無性的に形成される実生）である．グレープフルーツでは，種々の突然変異を利用して品種の改良がなされている（図2-6）．また，栄養繁殖系が確立している花きでは，枝変わりや芽条変異から得られた変異品種が非常に多い．バラのポリアンサ系では，調査した品種のうち50％以上が，キクでは30％，カーネーションでは25％，冬咲きベゴニアでは70％が変異品種であるという数字が出ている．チューリップ，ヒヤシンス，アザレアでも20～40％が変異品種であるとされている．特に，カーネーションの代表的品種である'ウィリアム・シム'からは300以上の枝変わり品種が出現している．

一方，人為的に突然変異を起こすことも可能である．変異の誘発方法として，ガンマ（γ）線や中性子線などの放射線照射，EMS（エチルメタンスルフォネート）やNMU（ニトロソメチルウレタン）などの変異誘発化合物が利用されてきた．グレープフルーツの'ハドソン'に熱中性子処理して得た無核の'スタールビー'を例にあげることができる．放射線育種場のガンマフィールドでは，コバルト60のγ線照射で，黒斑病抵抗性のニホンナシ品種'ゴールド二十世紀'，'おさゴールド'，'寿新水'などの品種・系統が育成されている．キクやカーネーションなどの主要花きでも，放射線照射による突然変異育種が行われており，すでに実用化されている．キクでは，桃色の花色の品種から，白色，銅色，赤色，黄色，褐色など種々の花色変異が出現することが明らかになっている．

最近では，新しい放射線として，重イオンビームが注目されるようになり，研究が進められている．ペチュニアやバーベナの改良に用いられ，後者では開花期間の長い品種が商品化されている．また，放射線育種場ではキク'太平'の花弁や葉の組織培養物に重イオンビームを照射して，花色が

表 2-1　突然変異によって育成された品種の例

品種名	作物名	方　法	特　徴　な　ど
ゴールド二十世紀	ニホンナシ	γ線照射	'二十世紀'の黒斑病抵抗性
寿新水	ニホンナシ	γ線照射	'新水'の黒斑病抵抗性
おさ二十世紀	ニホンナシ	枝変わり	'二十世紀'の自家和合性変異
マーシュシードレス	グレープフルーツ	自然突然変異	種あり→種なしへの変異
ニュー・カリーナ	バラ	枝変わり	'カリーナ'の変異, 'カリーナ'から多数の枝変わり出現
ベータータイムス	バラ	枝変わり	'コロンビア'の変異, 'コロンビア'の枝変わり多数
黄東亜	キク	枝変わり	'新東亜'の花色変異（白→黄色）
イエローデラウェア	キク	放射線照射＋キメラ	赤→黄色への花色変化
スケニア	カーネーション	枝変わり	'ウィリアム・シム'の枝変わり, 'ウィリアム・シム'から300以上の枝変わり品種出現
ノラ	カーネーション	枝変わり	'ロリータ'の枝変わり
佳玉	トマト	放射線照射＋交雑	根腐萎ちょう病抵抗性

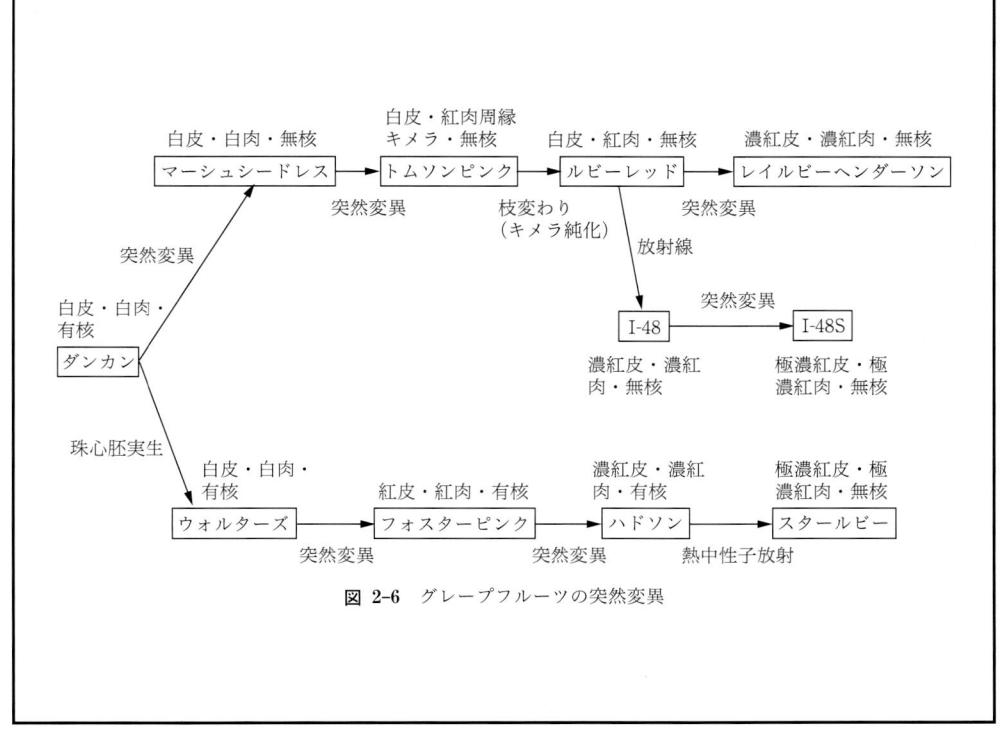

図 2-6　グレープフルーツの突然変異

異なる品種を育成している．γ線照射ではみられなかった変異が出現したり，安定した変異が得られている．

2.5 倍数性育種法

　三倍体，四倍体，六倍体などの高次倍数体では，栄養器官が巨大化したり，花や草勢が旺盛になるなどの形態変化が起こり，また晩生化することも多い．たびたび不稔になることを利用した種なしの育成などの手段としても，倍数性育種が用いられている．自然界に存在する倍数体を利用したり，また人為的に倍数化することも可能である．自然界に存在する倍数体としては，異質四倍体（複二倍体）のタバコ，コムギ，ナタネ，ワタ，リンゴ，四倍体のジャガイモ，ラッカセイ，シロクローバー，コーヒー，ブドウ，バラ，トルコギキョウ，六倍体のカキやセイヨウスモモ，八倍体のイチゴやダリア，四～十倍体のキクなどがある．コルヒチンなどの化合物処理によって，パンジー，ペチュニア，シクラメン，コスモスの四倍体が実用化されている．

　三倍体では，不稔のために種なしになったり，栄養器官が強勢になることから，スイカ，クワ，チャ，テンサイ，バナナ，ブドウ，ベゴニア，チューリップ，スイセンなどで利用されている．栽培バナナは長い栽培の過程で選択された三倍体で，種なしになっている．種なしスイカは，コルヒチンを用いて育成した四倍体の個体に二倍体の花粉を交雑して作成した三倍体である．

2.6 その他の育種法

　キメラ植物とは，同一個体内に遺伝子型の異なる組織が混在する植物のことで，育種に利用されている．被子植物の多くは，茎頂が3層の起源層から構成されている．3層のうちの1つで突然変異が起こった場合，突然変異は細胞単位で起こるので，周辺キメラとなる．グレープフルーツの'トムソンピンク'は，'マーシュシードレス'（果皮表面と可食部が着色していない品種）の第Ⅰ層（L-Ⅰ）に突然変異が起こり，可食部のみが着色した品種である（図2-7）．次に，'トムソンピンク'において，第Ⅱ層（L-Ⅱ），第Ⅲ層（L-Ⅲ）に突然変異が生じ，全層が着色するようになったのが，'ルビーレッド'（果実表面および可食部が着色する）である．種子繁殖性の作物では，キメラ状態になったとしても，受精時にキメラが解消されるが，果樹や花きのように栄養繁殖性の作物では，キメラ状態が維持されるので，品種として成立する．

　他殖性作物の育種に用いられる方法として，合成品種育種法があり，多くの牧草類やテンサイなどに利用されている．すなわち，組合わせ能力検定に基づいて選んだ数系統を用いてランダムに多元交配させ，その後の世代を実用品種として採用するものである．1代雑種育種法と同様に，雑種強勢を積極的に利用する育種法である．合成品種では，多様な遺伝子型が含まれるため，世代を進めても比較的高い雑種強勢（ヘテロシス）が維持されるという特徴がある．

2.7 バイオテクノロジーを利用した育種法

　1950年代から組織培養の研究が始まり，今日では葯培養，花粉培養，培養変異，細胞融合，遺伝子組換え，DNAマーカーを利用した育種法が試みられ，一部の作物では実用化されている．葯培養や花粉培養では，花粉由来の細胞から半数体が作出できる場合があり，さらにこの半数体をコルヒチンなどの化合物処理によって染色体を二倍体に倍加することにより，形質を遺伝的に固定することができる．集団育種法や系統育種法において遺伝的な固定を行う初期の数世代を省略することができるので，育種年限を短縮することが可能である．アブラナ科野菜など自家不和合性のため，他殖性で純系が得られにくい場合にも有効である．タバコ品種'みかわF 57'，イチゴ品種'アンテール'，ハクサイ品種'オレンジクイン'，ブロッコリー品種'スティックセニョール'などが葯培養により育成されている（表2-2）．

　細胞融合は，プロトプラストという細胞壁を取

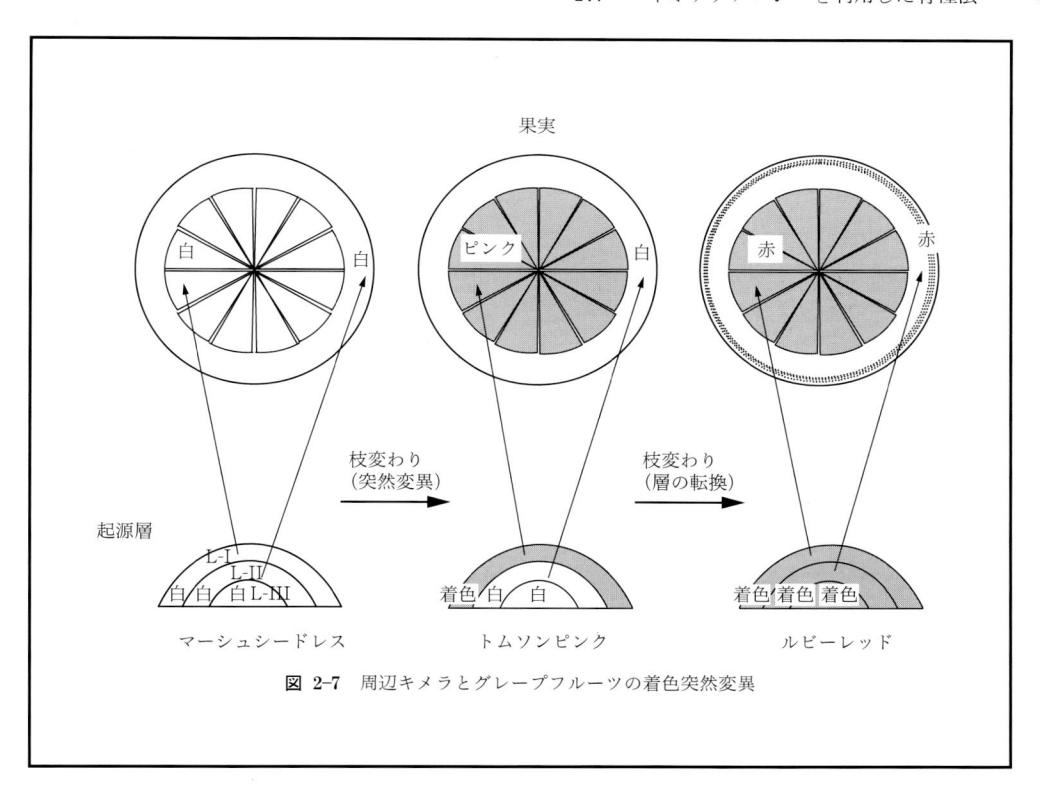

図 2-7 周辺キメラとグレープフルーツの着色突然変異

表 2-2 バイオテクノロジーによって育成された品種の例

品種名	作物名	方　法	特徴など
アンテール	イチゴ	葯培養	'女峰'の葯培養
オレンジクイン	ハクサイ	葯培養	ハクサイ品種などの葯培養
スティックセニョール	ブロッコリー	葯培養	葯培養と交雑により育成
みかわF57	タバコ	葯培養	半数体個体をコルヒチン処理で倍加
ジャガキッズパープル90	ジャガイモ	プロトプラスト培養	'ネオデリシャス'のプロトプラスト培養
ホワイトバロン	ジャガイモ	プロトプラスト培養	'男爵薯'のプロトプラスト培養
MS-F224	タバコ	細胞融合	核を不活化した'MSバーレー21'と'つくば1号'との部分細胞融合
アキタベリー	イチゴ	組織培養	黒斑病抵抗性
ひまつり	イチゴ	組織培養	'とよのか'の培養変異
福頭	サトイモ	組織培養＋メチルニトロソウレア処理	球形の調理加工に適した親芋形
天鈴	スイカ	交雑＋組織培養による増殖	組織培養により増殖する固定品種
越のルビー	トマト	雑種第3代を組織培養で増殖	青枯病抵抗性

り除いた裸の細胞どうしを融合する方法である（図2-8）．電気パルスやポリエチレングリコールなどの化合物で，プロトプラストどうしを融合させることができる．電気融合の場合，まずプロトプラストに高周波をかけることにより，プロトプラストがつながりパールチェーンができる．次に直流電気パルスにより，プロトプラスト細胞を融合させる．細胞融合を異なる種間，属間の植物に利用することにより，従来の交雑育種ではできなかった新しい種・属間雑種の作成が可能である．メルヒャーらが，1978年にジャガイモとトマトを融合させた細胞から再分化植物を得たのが最初の成功例である．この植物はポマトと呼ばれた．その後オレンジとカラタチの雑種のオレタチ（'オレンジカラタチ中間母本農1号'），細胞融合雑種により得られたナス台木品種の'ナクロス'，核を不活化した'MSバーレー21'と'つくば1号'との細胞の部分融合により育成されたタバコ品種'MS-F 224'，イネとタイユビエの雑種のヒネなどが作成された．細胞融合ではないが，胚培養などを用いた人工雑種植物として，ハクサイとキャベツ類の雑種のバイオハクラン，キャベツとコマツナの雑種である'千宝菜1号'，キャベツとハクサイの雑種（合成ナタネ）である'千宝菜2号'が育成されている．

遺伝子組換え技術を利用した育種法として，アグロバクテリウム感染法，遺伝子銃法（パーティクルガン），電気穿孔法（エレクトロポレーション），ウイルス法，マイクロインジェクション法があげられる（図2-9）．アグロバクテリウム感染法では，土壌細菌である*Agrobacterium tumefaciens*が自然界で植物に感染し，T-DNAという遺伝子群を植物ゲノムに導入して，クラウンゴールと呼ばれる腫瘍細胞を形成することを原理とする．すなわち，T-DNAに含まれる植物ホルモン合成遺伝子やオパイン産生遺伝子の代わりに，導入したい有用遺伝子を入れることにより，遺伝子組換えができる．現在では，方法の改良により，自然界でアグロバクテリウムに感染する植物のみならず，それ以外の多数の作物で遺伝子組換えに利用されている．遺伝子銃法では，金やタングステン粒子の表面を導入したい有用遺伝子でコーティング後，植物の細胞に機械的に打ち込む．打込みには，火薬や圧縮ガスを利用する．電気穿孔法では，プロトプラスト化した細胞と遺伝子を混ぜ，電気的にプロトプラストに穴を開けることにより，遺伝子を細胞内に導入する．遺伝子銃法や電気穿孔法により植物細胞に導入された遺伝子は，ごく低い確率（$10^{-4} \sim 10^{-5}$）ではあるが植物の核ゲノムに遺伝子組換えされる．

アメリカでは，BT（*Bacillus thuringiensis*）トキシン遺伝子の導入による害虫抵抗性，ウイルスの外被タンパク質遺伝子の導入によるウイルス病抵抗性，*bar*遺伝子による除草剤抵抗性，キチナーゼやグルカナーゼなどの遺伝子を導入した病害抵抗性，細胞質分解酵素遺伝子の抑制により日持ち性向上などの形質を付与した遺伝子組換え植物が広範囲に栽培されている（表2-3）．特にダイズ，ワタでは栽培面積の75%以上，トウモロコシで約半分が組換え体になっている（表2-4）．日持ち性を向上させたトマト（商品名フレーバーセーバー），ウイルス病抵抗性のトマト，ジャガイモ，パパイヤも実用化されている．

2.8 遺伝と遺伝子

オーストリアのメンデルが1865年に遺伝の法則を発見した．その後，1944年に遺伝物質の本体がDNA（デオキシリボ核酸）であることが発見され，4種類の塩基A，T，G，Cの組合わせの暗号によって遺伝情報が決まっていることが明らかとなった．1953年にはワトソンとクリックがDNA二重らせん構造を発表し，DNAの複製の仕組みや，DNAからmRNA（メッセンジャーRNA），タンパク質の順に情報が伝達され，形質として現れることが明らかとなった．その後のゲノム研究や分子生物研究が急速に進展したのは，周知のとおりである．2000年には高等植物のシロイヌナズナで全塩基配列が決定され，2002年にはイネの全塩基配列の概略が発表された．また，ヒトゲノムの全塩基配列の概略も2000年に発表されている．

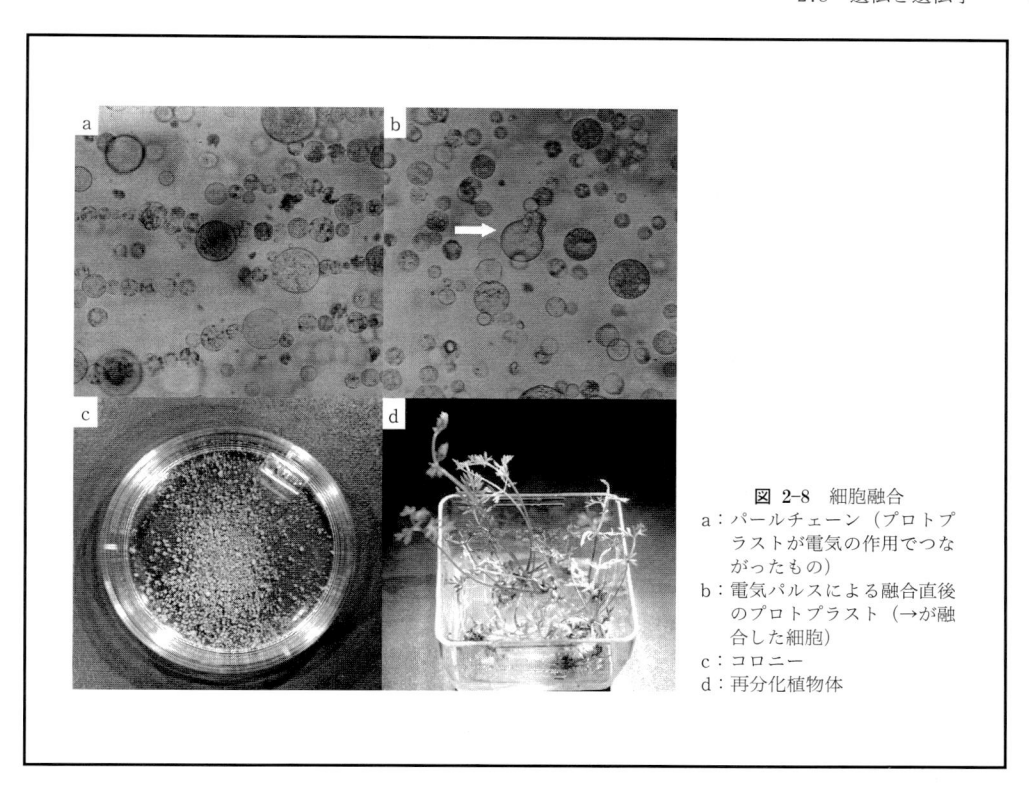

図 2-8 細胞融合
a：パールチェーン（プロトプラストが電気の作用でつながったもの）
b：電気パルスによる融合直後のプロトプラスト（→が融合した細胞）
c：コロニー
d：再分化植物体

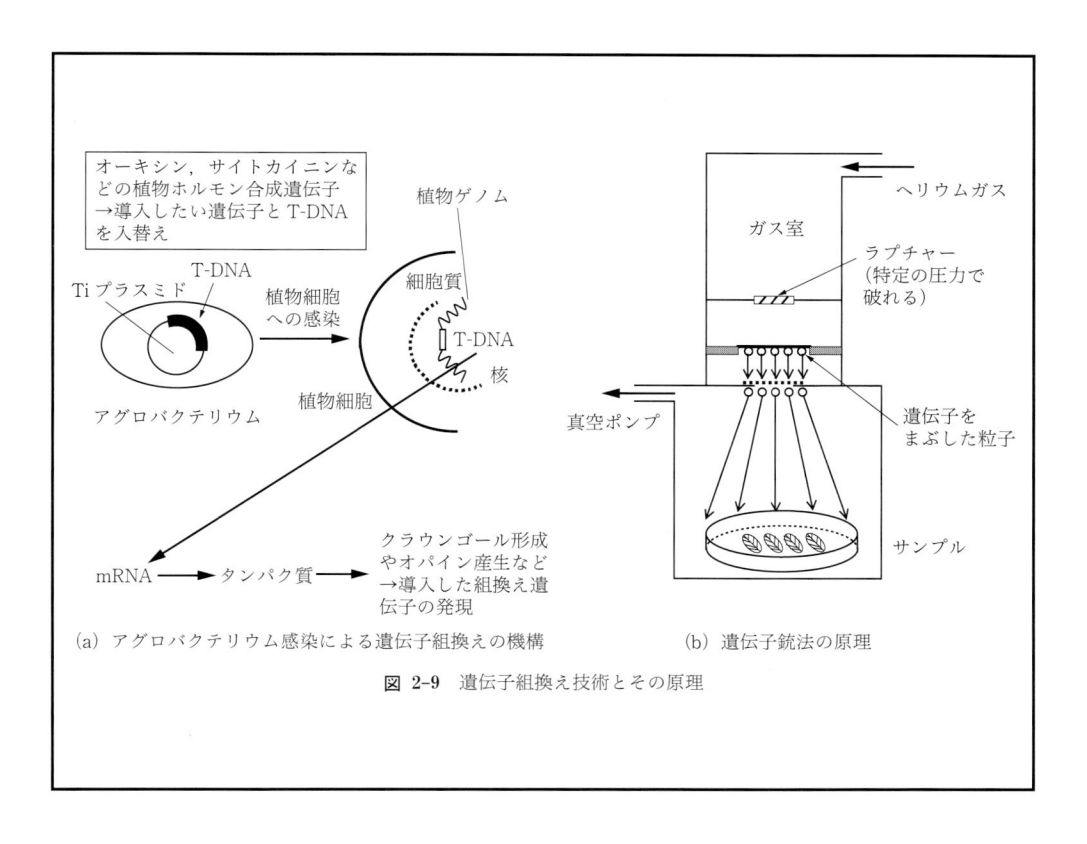

(a) アグロバクテリウム感染による遺伝子組換えの機構

(b) 遺伝子銃法の原理

図 2-9 遺伝子組換え技術とその原理

メンデルの遺伝の原理は，遺伝地図作成の基礎となっており，130年たったいまでも本質的な誤りは発見されておらず，遺伝の基礎として教科書に載っている．しかしながら，メンデルが論文を発表した当時は評価されず，その後約35年間も埋もれていた．メンデルは，7種類の異なる形質をもつエンドウを交雑し，雑種第1世代（F_1世代）では，一方の親の表現型のみが現れることを示した．F_1植物にみられる表現型を優性，もう片方の表現型を劣性とした．現在では，その他に両方の中間型や両方が現れるタイプがあり，これを不完全優性，あるいは共優性と呼んでいる．両方の形質（＝DNAバンドタイプ）が現れる共優性は，DNAマーカーの遺伝を理解する上で重要である．

メンデルは，さらに雑種第2世代（F_2世代）で，種実の形（球型，皺型），子葉の色（黄色，緑色），種皮の色（灰色，白色），さやの形（ふくれ形，くびれ形），さやの色（緑色，黄色），花の位置（腋性，頂性），茎の高さ（高，低）を観察し，同じ座にある対立遺伝子は互いにランダムに分離すること（分離の法則という），2つの対立遺伝子は独立して分離すること（独立の法則という）を見出した（表2-5）．しかし，ベーツソン，バーネットのスイートピーの実験では，花弁の色（紫色/赤色）と花粉の形（長い/丸い）が，独立であれば9：3：3：1に分離するはずであるが，実際には13.7：1：1：3.4の分離比になっていた（図2-10）．その後，モルガンは遺伝子が染色体に存在すること，同一染色体にある遺伝子は行動をともにすることを明らかにした．2つの遺伝子が行動をともにする現象を連鎖という．現在は，遺伝子間の相対的な距離としてモルガン単位（cM）が使われている．

2.9 DNAマーカーや遺伝子地図を利用した育種

育種では，農業上有用な形質を様々な手法により導入・選抜する．優良個体の選抜では多大な労力，面積，そして時間を要する場合が多い．目的の形質を早期に選抜するため，形質に連鎖するDNAマーカー（目的形質の発現に関与する遺伝子とごく近い場所に位置するDNAの目印）の単離とそれを用いる育種が試みられている．生物は，組織・部位や生育ステージにかかわらず同じ遺伝子のセットをもっているため，幼苗や実生の段階でDNAマーカーにより選抜を行うことができる．

自家不和合性のように，その発現に関与する遺伝子の構造や機能が明らかになっている場合には，遺伝子の塩基配列そのものを利用してDNAマーカー選抜が可能であるが，通常は有用形質に連鎖するDNAマーカーを取得して，連鎖DNAマーカーを用いて選抜を行う．主なDNAマーカーの種類として，RFLP (Restriction Fragment Length Polymorphism)，RAPD (Random Amplified Polymorphic DNA)，AFLP (Amplified Fragment Length Polymorphism)，SSR (Simple Sequence Repeat)，CAPS (Cleaved Amplified Polymorphic Sequences) などをあげることができる．それぞれのDNAマーカーの簡単な原理と特徴について，表2-6にまとめた．詳細については，他の専門教科書を参考にされたい．

対象とする形質が1遺伝子支配である場合は，形質をつかさどる遺伝子の近くに存在するDNAマーカーを単離して用いればよい．一方，対象とする形質が2つ以上の遺伝子に制御されている場合には，連鎖地図を作成した後に，量的形質解析 (quantitative trait loci : QTL) を行い，関与する遺伝子の数と存在場所を明らかにし，それぞれの遺伝子に連鎖するDNAマーカーを用いてマーカー選抜を行うことになる．栄養器官の大きさ，早晩生，食味などの有用な形質の多くが量的形質であるので，今後の進展が期待される．

現在までに，トマト，ナス，ハクサイ，メロン，キュウリ，スイートコーン，ジャガイモ，イチゴ，レタス，バラ，カーネーション，キク，リンゴ，カンキツ，ブドウ，モモなど多くの園芸作物で連鎖地図が作成され，有用形質に連鎖するDNAマーカーが報告されている．トマトの線虫抵抗性，ハクサイの根こぶ病抵抗性，ピーマンの

表 2-3 安全性審査の手続きを経た遺伝子組換え食品（2004年12月現在）

作物名	件数（審査中件数）	性質
トウモロコシ	19 (3)	害虫抵抗性，除草剤耐性
ナタネ	15 (0)	除草剤耐性，雄性不稔性
ワタ	10 (5)	害虫抵抗性，除草剤耐性
ジャガイモ	8 (0)	害虫抵抗性，ウイルス抵抗性
ダイズ	4 (0)	除草剤耐性，高オレイン酸形質
テンサイ	3 (0)	除草剤耐性
パパイヤ	0 (3)	除草剤耐性
アルファルファ	0 (1)	ウイルス抵抗性

表 2-4 アメリカの遺伝子組換え作物の作付け面積割合（％）

作物名	2000年	2001年	2002年	2003年	2004年
ダイズ	54	68	75	81	85
ワタ	61	69	71	73	76
トウモロコシ	25	26	34	40	45

表 2-5 メンデルが観察した7対の対立形質とF_2世代での分離

形質	優性	劣性	F_2世代の分離（優/劣）	比率
種実の形	球型	皺型	5474 : 1850	2.96 : 1
子葉の色	黄色	緑色	6022 : 2001	3.01 : 1
種皮の色	灰色	白色	705 : 224	3.15 : 1
さやの形	ふくれ形	くびれ形	882 : 229	2.95 : 1
さやの色	緑色	黄色	428 : 152	2.82 : 1
花の位置	腋性	頂性	651 : 207	3.14 : 1
茎の高さ	高	低	787 : 277	2.84 : 1

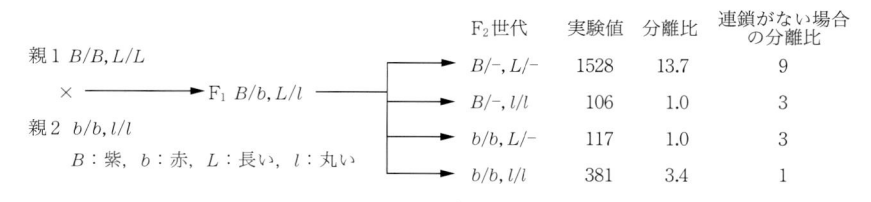

親1 $B/B, L/L$
× → F_1 $B/b, L/l$
親2 $b/b, l/l$
B：紫，b：赤，L：長い，l：丸い

F_2世代	実験値	分離比	連鎖がない場合の分離比
$B/-, L/-$	1528	13.7	9
$B/-, l/l$	106	1.0	3
$b/b, L/-$	117	1.0	3
$b/b, l/l$	381	3.4	1

図 2-10 ベーツソン，バーネットのスイートピーの実験

マイルドモットルウイルス抵抗性，チャのクワシロカイガラムシ抵抗性，カーネーションの萎ちょう細菌病抵抗性，カンキツの無核性，リンゴの黒星病抵抗性，モモの果実の酸度などでは，DNAマーカーによる選抜と新品種育成が進められている．

図2-11は，モモで作成した連鎖地図である．染色体の基本数に対応する8つの連鎖群（連鎖の有無をもとにして遺伝子座をグループ分けしたもの，理論的には1つの連鎖群が1本の染色体に対応）が構成されている．9種類の形質の場所とそれらの位置関係がわかるだけでなく，連鎖するDNAマーカー（図中の横線に対応している）の情報も取得できる．さらに，この連鎖地図上に果実pH，果肉色（白/黄色），糖度，成熟期に関連する遺伝子の場所を同定されている．モモでは，これらの形質に連鎖するDNAマーカーを用いて，早期選抜を始めている．　　　　　［山本俊哉］

―――― キーワード ――――

品種 (cultivar), 種苗法 (The Seeds and Seedlings Law)

2.1
集団育種法 (bulk‐population method), 系統育種法 (pedigree method), 雑種強勢 (heterosis, hybrid vigour), 1代雑種 (F₁ hybrid), 自然突然変異 (natural mutation), 突然変異育種 (mutation breeding), 倍数性育種 (polyploidy breeding), 組織培養 (tissue culture), DNAマーカー (DNA marker)

2.2
交雑 (cross, crossing), 戻し交雑法 (backcross method), 1回親 (donor (nonrecurrent) parent), 反復親 (recurrent parent), 主働遺伝子 (major gene)

2.3
組合わせ能力 (combining ability), 近交弱勢 (inbreeding depression), 雄性不稔性 (male sterility), 自家不和合性 (self-incompatibility), 維持系統 (maintainer), 稔性回復系統 (restorer)

2.4
枝変わり (bud sport), 珠心胚実生 (nucellar seedling), 芽条変異 (bud mutation), 熱中性子 (thermal neutron), 無核 (seedless)

2.5
三倍体 (triploid), 四倍体 (tetraploid), 六倍体 (hexaploid), 異質四倍体 (allotetraploid), 複二倍体 (amphidiploid)

2.6
キメラ (chimera), 茎頂 (shoot apex)

2.7
葯培養 (anther culture), 花粉培養 (pollen culture), 培養変異 (somaclonal variation), 細胞融合 (cell fusion), 遺伝子組換え (genetic recombination, genetic transformation), プロトプラスト (protoplast), アグロバクテリウム感染 (*Agrobacterium* infection), 遺伝子銃 (particle gun), 電気穿孔 (electroporation), 外被タンパク質 (coat protein)

2.8
遺伝 (inheritance, heredity), 遺伝子 (gene), 優性 (dominant), 劣性 (recessive), 共優性 (co-dominant), 連鎖 (linkage)

2.9
連鎖地図 (genetic linkage map), 連鎖群 (linkage group)

■ 演習問題

問1　集団育種法と系統育種法の原理と違いについて述べなさい．
問2　突然変異育種法の特徴を，事例をあげて説明しなさい．
問3　雑種強勢とその育種での利用について述べなさい．
問4　植物の形質転換に用いられる方法を3つあげ，説明しなさい．
問5　メンデルの法則について述べなさい．
問6　DNAマーカーを使った解析の事例および利点について述べなさい．

表 2-6 各種 DNA マーカーの特徴

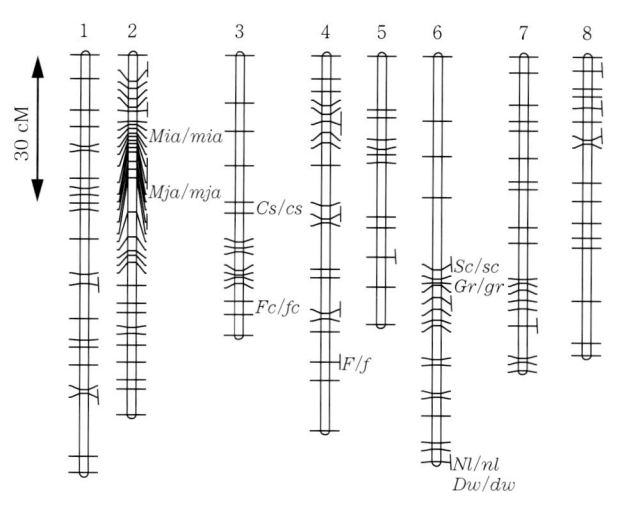

DNAマーカー	原理	遺伝	多型性	多型タイプ	開発・実験操作の難易
RFLP	サザンハイブリダイゼーション	共優性	中	塩基置換, 挿入/欠失	やや簡単, 実験に労力を要する
SSR	単純繰り返し配列領域の反復数の差異を検出	共優性	超多型	反復回数の変異	時間・労力必要
RAPD	10〜12 mer（塩基）のランダムプライマーによる PCR	優性	中	塩基置換, 挿入/欠失	簡単
AFLP	制限酵素切断と2種類の選択プライマーによる PCR	優性	大	塩基置換, 挿入/欠失	やや簡単, シークエンスゲルを使用する必要あり
CAPS	PCR 増幅した DNA の制限酵素切断	共優性	中	塩基置換, 挿入/欠失	時間・労力必要

図 2-11 モモの連鎖地図
赤芽×寿星桃 F_2 集団126個体から作成. 図中のアルファベットは遺伝子記号, その他の横線は DNA マーカー.

Mia/mia：線虫抵抗性1
Mja/mja：線虫抵抗性2
Cs/cs：核周りの着色
Fc/fc：花色
F/f：核の粘離性
Sc/sc：果皮の色
Gr/gr：葉色
Nl/nl：葉形
Dw/dw：樹高

コラム2

植物の形態 I

　高等植物は栄養器官と生殖器官から構成されている．栄養器官は根，茎，葉からなり，養水分を吸収，移動させ，新たな養分を作り出し，植物体を大きくする器官である．一方，生殖器官は，花，果実，種子からなり，子孫を残す器官である．

〈栄養器官の形態〉

　栄養器官は，地下部にある根と地上部にある茎および葉に大別される．双子葉植物の基本的な器官の配列を図1に示す．

1. 茎

　茎は植物体の地上部を支持し，葉と根の間をつなぐ養水分の通路となっている．また，先端部（茎頂）には，細胞分裂が盛んな茎頂分裂組織がある（図2）．外部形態：茎は地上に伸びる地上茎と，貯蔵器官や栄養繁殖器官として地中に存在する地下茎に大別される．地上茎は葉を着生し，葉の着生部分の節と，節と節の間の節間からなる．一般に，茎は直線状に伸長する直立茎が多いが，植物によっては巻きつき茎，よじ登り茎，平伏茎，匍匐茎などになる．茎の変態：多年生植物の地下茎には様々な形態を示すものがあり，その形状から鱗茎，球茎，塊茎，根茎などに分類されている（3.6，14.2節参照）．内部形態：茎の内部には，水分の通路となる木部および光合成産物の通路となる師部から構成される維管束が多数存在する．双子葉植物では維管束が環状に並び，木部と師部の間には茎の肥大を担う分裂組織である形成層が発達している．一方，単子葉植物では維管束が不規則に散在し，形成層はほとんど存在しない（図3）．

2. 葉

　葉は葉緑体をもち光合成を営むとともに，栄養物質の転換，呼吸，水分の蒸散，芽や茎の保護を

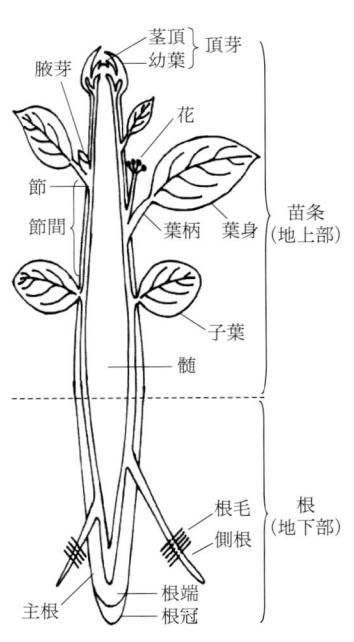

図1 双子葉植物の基本的な器官の配列

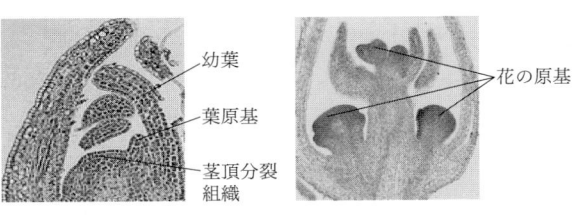

図2 茎頂（左）と花の原基（右）の縦断面

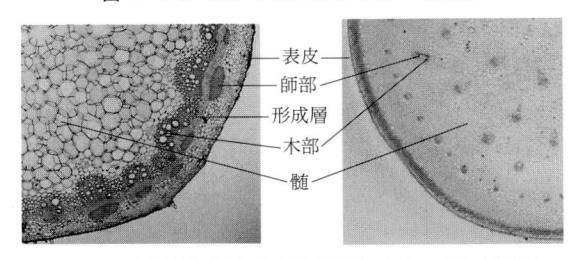

図3 双子葉植物（左）と単子葉植物（右）の茎の横断面

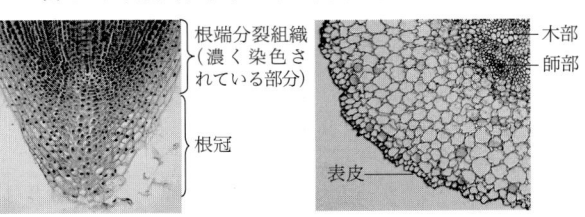

図4 双子葉植物の根の縦断面（左）と横断面（右）

行う器官である．外部形態：葉は基本的に葉身，葉柄，托葉の3部分からなる完全葉であるが，いずれかが欠けている不完全葉もある．葉の形には，1枚の葉からなる単葉と複数の小葉からなる複葉がある．また，葉の変態には，巻きひげ，葉針，包，多肉葉，球葉（結球葉），鱗片葉，補虫葉などがある．葉のつき方や配列（葉序）は植物によって規則性があり，茎の各節に1葉が生じる場合を互生，2葉が向かい合って生じる場合を対生，各節に3葉以上が生じる場合を輪生という．内部形態：葉は，表皮，葉肉組織，維管束から構成される．表皮には表皮細胞のほかに，蒸散やガス交換の機能をもつ気孔を形成する孔辺細胞などがある．葉肉組織は，主に柵状組織と海綿状組織などの同化組織から構成される．柵状組織は多数の葉緑体を含む円筒状の細胞からなり，海綿状組織は細胞が不規則に並び細胞間隙が多い．維管束は木部と師部からなり，外見上は葉脈に相当する．

3．根

　根は普通，地中にあり，植物体を支持，固定する．また，土壌中から無機養分や水分を吸収して地上部に送る機能をもつ．外部形態：双子葉植物の根は，胚の幼根から発達した主根と主根から分岐する側根から構成される．一方，単子葉植物は茎から多数の根が発達するひげ根構造を示し，主根と側根の区別がない．また，根以外の茎葉部，特に茎の節や節間などから2次的に形成される根を不定根と呼ぶ（3.4節を参照）．根端から少し離れた部位には根毛が密生しており，これは表皮の養水分吸収面積を増大させる効果がある．根の変態：根は一般に円柱状の形態であるが，形態的あるいは機能的に特殊化した変態根となる場合もある．変態根には，貯蔵根（塊根），気根，付着根，寄生根，水中根，呼吸根などがある．内部形態：根端には根冠があり，根端分裂組織を保護している．また，内部には養水分の通路となる木部と師部が分化している（図4）．（図2〜4の写真は，福岡教育大学　福原達人氏から提供していただいた．）

〔鈴木　栄〕

3 繁殖方法

　栽培植物の繁殖方法は図3-1に示すように，減数分裂と受精の過程を伴う種子繁殖（有性生殖）と遺伝子の組換えを伴わない栄養繁殖（無性生殖）に大きく分けられ，それぞれ主に一・二年生作物と多年生作物に適用される．種子は貯蔵可能な期間が長く，取扱いも簡便なので，大量増殖に適している．しかし，重要な形質に関して分離が起こらない程度まで育種の段階で固定する必要がある．一方，栄養繁殖では，種子繁殖のような大量増殖は困難であるが，減数分裂と受精の過程を経ないため，遺伝的に均質な個体の増殖が容易である．多年生の草本・木本植物は，種子繁殖すると遺伝的分離が生じ，ほとんどの場合，親とは異なった形質を発現する．したがって，育種を目的とする場合以外，種子繁殖は行われず，人為的な選抜・改良（交雑育種や突然変異育種）によって得られた優秀な個体が，栄養繁殖によって増殖される．シクラメン，球根ベゴニアなどは例外的に種子繁殖されるが，サトイモやニンニクのように育種目的の採種すら困難な作物もある．イモ類や球根植物などのように自然に分球するものでは，一般に特殊な繁殖方法はとられていない．しかし，木本や宿根性草本植物の場合には，株分け，あるいは不定根を形成させる挿木，挿芽や取木，台木を利用した接木や芽接ぎが古くから行われている．また，ウイルスフリー株の獲得や大量増殖を目的としたマイクロプロパゲーションも，近年適用される植物が増加している．

3.1 種子生産

　雌ずいの柱頭に植物の花粉が付着することを受粉といい，花粉から発芽した花粉管によって運ばれた精核が，胚のう中にある卵細胞の雌性核と融合することを受精という．多くのマメ科・ナス科作物のように，自株の花粉によって自家受精を行う植物では，種子繁殖過程で他品種との交雑によって品種の特性が失われることはほとんどない．しかし，種子繁殖される一・二年生作物の多くは，自株以外の花粉によって他家受精するため，固定品種の採種にあたっては，他品種との交雑による品種の劣化を防ぐことが重要になる．ただし，遺伝的純度が高くなりすぎると近交（自殖）弱勢が生じるため，一方では集団で選抜した母本から採種して適度な純度を保つことも必要である．

　雑種強勢を利用した1代雑種（F_1品種）の利用は，第2次世界大戦前にトマトで実用化され，終戦直後には，世界に先がけて自家不和合性を利用したキャベツ，ハクサイのF_1品種の採種技術が確立された（2.3節を参照）．その後，野菜，花きの多くが固定種からF_1品種へと移行し，市販の野菜種子は，80%以上が斉一性，耐病性などに優れたF_1品種で占められている．表3-1には，主要な野菜の受粉受精様式と採種方法を示した．一般に果菜類では，人力による除雄，人工交配が行われているが，1花当たりの採種量の少ない葉根菜類では，自家不和合性や雄性不稔性を利用して採種が行われている．

3.2 種子発芽

　成熟した植物種子の水分は，通常10%前後である．種子の吸水過程は3段階に分けられ，まず種皮を通して温度の影響をほとんど受けない物理的な吸水が起こる．その後吸水速度は低下するが，温度に依存した生理的過程が進行し，胚の代謝活性が上昇して発芽（幼根の出現）に至る．発

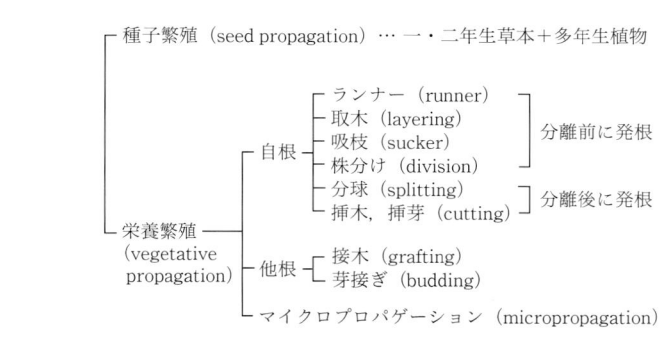

図 3-1 植物の繁殖方法

```
                    ┌ 種子繁殖（seed propagation）… 一・二年生草本＋多年生植物
                    │
                    │              ┌ ランナー（runner）      ┐
                    │              ├ 取木（layering）         │
                    │         ┌ 自根 ├ 吸枝（sucker）         ├ 分離前に発根
                    │         │     ├ 株分け（division）      ┘
                    │         │     ├ 分球（splitting）       ┐
                    │ 栄養繁殖 │     └ 挿木，挿芽（cutting）   ┘ 分離後に発根
                    ├ (vegetative │
                    │ propagation)│     ┌ 接木（grafting）
                    │         └ 他根 ┤
                    │               └ 芽接ぎ（budding）
                    │
                    └ マイクロプロパゲーション（micropropagation）
```

表 3-1 主要野菜の受粉受精様式と主な採種法

自殖性	雄株抜取り	自家不和合性	雄性不稔	人工交配	固定種
他家受精	スイートコーン	アブラナ科	ニンジン タマネギ （ネギ）	ウリ科	ネギ （アブラナ科）
中間型				ナス科	キク科
自家受精					マメ科

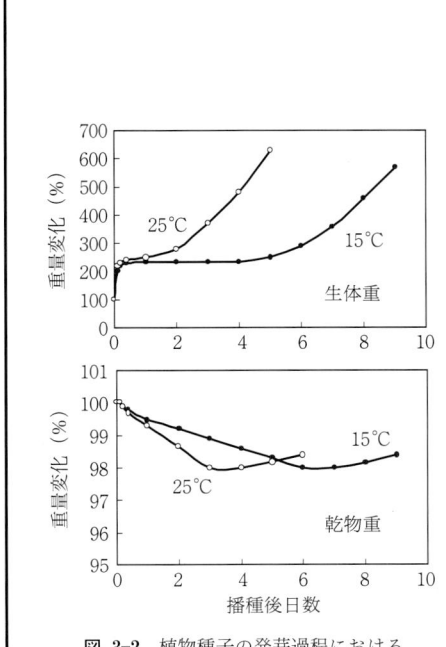

図 3-2 植物種子の発芽過程における重量変化の模式図

図 3-3 地下発芽型種子（左：エンドウ）と地上発芽型種子（右：ダイズ）

図 3-4 アサガオの硬実種子
左：乾燥種子，右：24時間吸水後の種子（右下2個が硬実）．

芽後は幼根による急速な吸水が起こり，植物体は急速に成長する（図3-2）．多くの植物種子は地上発芽型であり，発芽後下胚軸が伸長して出芽（幼植物体が地表に出現すること）し，子葉を展開する．一方，エンドウ，ソラマメのような地下発芽型の植物では，下胚軸がほとんど伸長せず，上胚軸が伸長して出芽する．これらの種子では，子葉は光合成器官として機能せず，養分の貯蔵器官としてのみ機能する（図3-3）．

種子の発芽には，水，温度，酸素（水生植物を除く）が必要であるが，成熟後自発休眠し，好適条件が満たされても一定期間発芽しない種子もある．その原因は，①胚自体の生理的要因（未成熟），②種皮や果皮の水，酸素の不透過性（硬実，図3-4）の2つに分けられるが，両者が複合的に影響している場合もある．

多くの種子は，20～25℃の範囲で良好な発芽を示すが，一般にナス，スイートコーンなど熱帯，亜熱帯原産の植物は28～30℃の高温が適する．一方，レタスやパンジーなどの秋播き一・二年生草本は，25℃以上の温度で発芽が抑制される場合が多い．主な野菜について，発芽試験の条件（ほぼ発芽に最適）を表3-2に，草花類の好適発芽条件を表3-3に示した．

また，マメ科やウリ科，ナス科植物は，光によって発芽が抑制される場合が多いが，レタス，ペチュニアなど種子が小さい植物は，光照射下で発芽が促進されるものが多い．光が種子発芽を促進する作用は，日長反応などの光形態形成と同様に，色素タンパク質であるフィトクロムによって説明されている．フィトクロムは波長660 nmに吸収極大をもつP_r型と730 nmに吸収極大をもつP_{fr}型とがあり，それぞれが赤色光と遠赤色光を吸収することによって，相互の転換が起こる（図3-6）．また，暗黒条件下でもP_{fr}型からP_r型への転換が起こるが，赤色光が光刺激として作用し，遠赤色光は赤色光の刺激を打ち消す作用を示すことから，P_{fr}型が活性型であると考えられている．暗黒条件下では，活性をもつP_{fr}型への転換が起こらないため，レタスなど光発芽性（好光性）種子は発芽しない．このような種子は覆土が厚いと発芽が抑制されるため，播種にあたって注意が必要である．

作物の栽培管理を行う上で，種子には無病性とともに高い発芽率と斉一な発芽が求められるため，種子の選別と様々な種子処理が行われる．種子伝染性病害の防除には，チウラム，ベノミルなどの殺菌剤による粉衣処理が，種皮の表面を通じて種子伝染するウイルスに対しては，10% Na_3PO_4（トマト）や70～73℃，3日間の乾熱処理（ウリ科）が行われる．栽培種の休眠は野生種に比べて短いが，多くの木本植物や秋に結実する草本植物種子の休眠打破には，湿潤条件下での低温（5～10℃）が有効であり，チオ尿素や硝酸カリのほか，ジベレリン，サイトカイニン，エチレンなどの植物ホルモン処理にも効果が認められている．アスパラガス，アサガオなどの硬実種子は，種皮に傷をつけて物理的に透過性を高めると発芽が促進される（図3-4）．種皮や果皮に発芽抑制物質が含まれる場合には，1～数日の水浸漬が有効である．また，果皮を完全に除去したホウレンソウなどの「ネーキッド種子（図3-5）」も市販されている．

栽培条件下で発芽適温が保ちにくい場合には，発芽率が低下するとともに発芽が不ぞろいとなりやすい．幼根が伸長しない程度の高浸透圧溶液（約-1.0 MPa）に浸漬し，種子の生理的な段階を進めると，播種後の出芽が促進され，不良環境下での発芽率も著しく向上する．このような処理をプライミングという．処理後，乾燥させても効果が持続するため，機械播種することも可能である．一方，レタスや草花類のような種子の小さい植物では，播種作業を機械化することが難しい．そこで，取扱いを容易にするため，通気性，吸湿性に富む珪藻土や高分子化合物で被覆して一定の形状に造粒することがある．このような種子は，コーティング（コート，ペレット）種子（図3-5）と呼ばれ，前述のプライミングと組み合わせて処理されることが多い．

以上のような種子処理を行うと，一般的に無処理の場合と比較して種子の寿命は低下する．しかし，次節で述べるセル成形苗育苗においては，特

表 3-2 主な野菜の発芽試験法

種類	温度(℃)	締切日数 発芽勢	締切日数 発芽率	光線[*1]
ダイコン	25	3	6	D
ハクサイ	25	2	6	(L)
キャベツ	25	3	10	(L)
レタス	20	3	7	L
タマネギ	20	6	12	(D)
ニンジン	25	6	10	(L)
ホウレンソウ	20	7	14	—
ナス	30―20[*2]	7	14	(D)
トマト	25	5	12	(D)
キュウリ	25	3	7	(D)
メロン	25	4	7	(D)
スイカ	30	4	7	D
カボチャ	30	4	7	D
インゲンマメ	25	4	8	—
エンドウ	20	4	8	—
スイートコーン	30	4	7	—

表 3-3 主な花きの好適発芽条件と発芽日数

種類	発芽適温(℃)	発芽日数	光線[*1]
インパチェンス	24～27	3～5	L
キンギョソウ	21～24	5～8	—
ケイトウ	24	4～5	—
コリウス	22～24	4～5	—
サルビア	24～26	5～7	—
シクラメン	18～20	21～28	D
ストック	18～21	4～6	—
トルコギキョウ	22～24	10～12	L
ナデシコ	21～24	3～5	—
バーベナ	24～27	4～6	—
パンジー	18～24	3～7	—
ヒマワリ	20～22	3～5	—
ヒャクニチソウ	27	2～3	—
プリムラ	18～20	7～10	L
ペチュニア	24～26	3～5	L
マリーゴールド	24～27	2～5	—

[*1] D：暗黒（光で阻害），(D)：暗黒の方がよい，L：光が必要，(L)：光があった方がよい，—：どちらでもよい．
[*2] 30℃，16時間―20℃，8時間の変温．

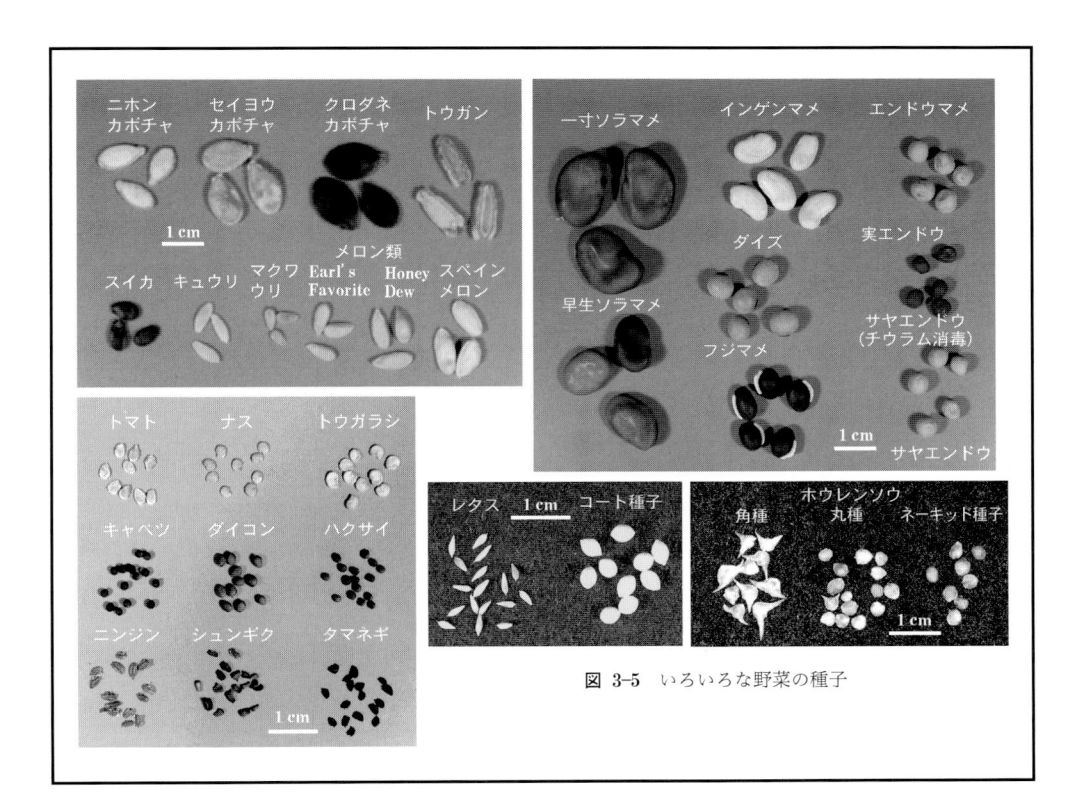

図 3-5 いろいろな野菜の種子

に高い発芽率と発芽の斉一性が求められるので，市販種子の中で様々な処理を施された種子の占める割合が，近年急速に増加している．

3.3 セル成形苗生産

セル（プラグ）と呼ばれる小型の育苗容器を連結して並べたトレイを用いて直接播種，または挿木して育成した苗をセル成形苗という（図3-7，3-8）．1970年代にヨーロッパで開発され，アメリカで急速に普及した．アメリカではプラグ苗と呼ばれることが多いが，プラグという呼称は商標とされているため，わが国では一般にセル苗と呼ばれる．

保温，加温の方式は別として，従来地床で行われていた野菜や花きの育苗は，1970年代にポット育苗が主流となり，1990年代以降急速にセルトレイを利用した成形苗生産へと移行した．セル成形苗の利点としては，①高密度で育苗でき，生産効率が高い，②軽量で輸送性に優れる，③根鉢の形成がよく，植え傷みが少ない，④播種，灌水のほか，定植作業の機械化が可能である，などがあげられる．野菜，花きの生産においては，農協や育苗業者によって大量に生産されたセル成形苗を購入，利用するという分業化が一般的になりつつある．ただし，セル苗は小さいため，ナスなど果菜類ではポットに植え換えて2次育苗することも多い．

セルトレイは様々なサイズのものが市販されているが，大きさは1×2フィートまたは30×60 cm（水稲用育苗箱のサイズ），セル数は72～800穴，各セルの容量は1.5～30 mLが一般的である．材質は薄いプラスチック製と肉厚の発泡スチロール製がある．前者は使用前に重ねることが可能であり，輸送保管が容易であるが，断熱性が劣る．後者は低温期の育苗に適し，強度が高い．また，運搬を容易にするため，苗が植えられた状態で積み重ねることができるものもある．

培地としては，ピートモス（ミズゴケが水中で腐熟したもの）とバーミキュライト（蛭石をごく短時間，1100℃で焼成したもの）を主原料とし，パーライト（真珠岩を900～1200℃で焼成したもの），堆肥などを配合したものが利用される．市販されている培地は，pH 6.0～6.5に調整し，発芽後の成長を促すために化成肥料（無機態Nで50～150 mg/L）が配合されたものが多い．

大規模な育苗施設では，培地充填・播種・覆土の工程が完全に自動化されている（図3-9）．1粒ずつコーティング種子を播種したトレイは，湿度95％以上の発芽室内で適温に保たれ，子葉が培地から出始めたころに出庫される．出庫後は，自動灌水装置を備えた施設内で，適宜，液肥を施用して育成される．自動灌水には，霧状の水をノズルから吹き出させて行うミスト灌水や，一時的にセルを湛水状態とする底面灌水装置が用いられることが多い．育苗期間は，多くの野菜・花きで20～30日である．根鉢形成は，セル苗の移植のために必須であるが，過度に根鉢を形成し，老化した苗は移植後の根群発達が劣り，活着とその後の生育が遅れる場合が多い．一方，密植状態で育苗されるセル苗は，徒長しやすいため，灌水・施肥・温度などの育苗管理を適切に行う必要がある（図3-7）．徒長した軟弱な苗は移植後の環境変化に適応する能力が低く，活着不良を起こしやすい．苗の徒長を防止するため，接触刺激，植物成長調整剤やDIF（昼夜温較差，4.2.2項参照）が利用されることもある．

3.4 挿木苗生産

多くの植物は，発芽した種子の幼根に由来する根系以外に，茎などの他の部分から不定根を形成する能力をもっている．この性質を利用して，均一な形質を有する植物個体を再生させ，増殖する技術を挿木繁殖という．木本植物や多年生草本植物の中から選抜された，人間にとって有用な形質をもつ個体から，茎や芽を採取して不定根の発生を誘導し，経済品種として増殖する．草本植物では，一般に挿芽と呼ばれ，若い分枝の先端を採取して挿穂とするが，ベゴニアなどでは葉挿しによって不定芽（葉，根など普通には芽を形成しない部分から生じる芽）と不定根が同時に形成され

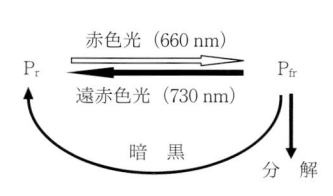

図 3-6 フィトクロムの転換
P_r：赤色光吸収型，P_{fr}：遠赤色光吸収型．

図 3-7 セルのサイズと苗の成長量の関係
キンギョソウ播種後 35 日目，左からセル容量 2, 6, 12, 100 mL（岡山大学 後藤丹十郎氏 原図）．

図 3-8 大規模育苗施設（上：香川県観音寺市）とレタスのセル成形苗（下：発泡スチロール製トレイ）

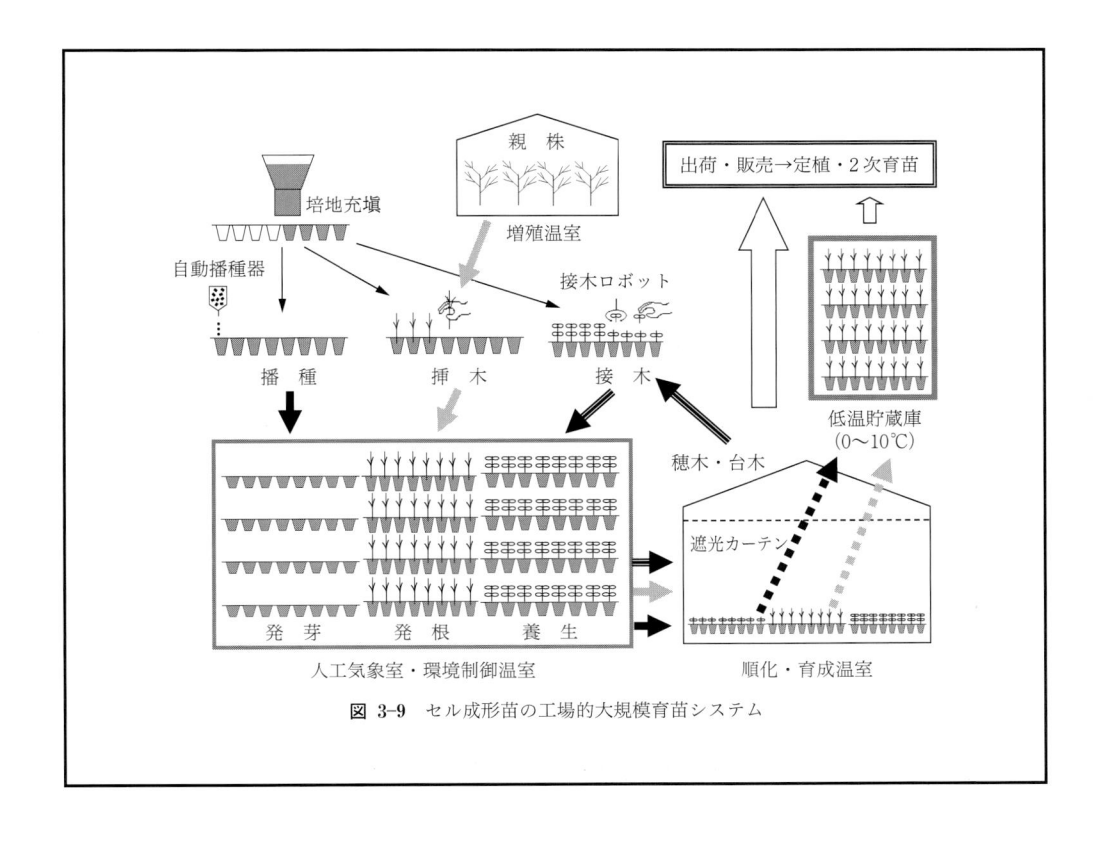

図 3-9 セル成形苗の工場的大規模育苗システム

る．木本植物では，葉の着生した若い枝を利用する緑枝挿しと，木化した休眠状態の枝を利用する熟枝挿しに分けられ，頂芽を含まない枝を利用する場合には，管挿しと呼ばれる．

挿穂の置床後，形成層外側の師部柔組織細胞から根原体が分化し，挿穂の木部と維管束連絡を形成する．根原体は，挿穂基部に形成されたカルス（元来は植物体の傷の周囲にできる癒傷組織，組織培養によって形成される未分化の細胞塊を含む）から分化する場合もあり，ヤナギなどは，母本の枝の組織中にすでに根原体が存在する．キクなどは，発達した根原体が硬壁組織を押しのけて皮層部から発根するが（図3-10），カーネーションやシュッコンカスミソウでは挿穂の切口からしか不定根は発根しない（図3-11）．

不定根形成にはオーキシンとエチレンが重要なはたらきをしており，オーキシン処理された挿穂では，エチレン生成が促進されるとともに，炭水化物が発根部位である基部に多く分配されることが知られている．IBAやNAAなどの合成オーキシンを主成分とする発根促進剤が，切口への粉衣，あるいは浸漬処理用に市販されている．

挿木の用土選定にあたっては，挿穂の支持，挿穂への水分と酸素の供給について十分考慮する必要がある．挿木後，挿穂基部では盛んな細胞分裂が起こり，根原体を形成する．この代謝によって消費される酸素とともに，蒸散によって失われる水分が過不足なく供給されなければならない．また，挿穂の基部が用土と密着し，十分固定されていないと発根が著しく不ぞろいになりやすい．一般に，挿木用土には10%以上の空気と20%以上の水分を保持する能力が求められる．また，挿穂は傷口をもち，病原菌に侵されやすいため，清潔であることが非常に重要である．

用土としては，ピートモス，パーライト，バーミキュライト，川砂，鹿沼土，赤玉土，ロックウール，ミズゴケなどが単独あるいは混合して用いられる．ツツジ類など酸性土壌を好む植物以外では，pH 5.5～6.5の弱酸性側で発根のよいものが多い．小規模の場合には，箱挿しが行われ，まれに水挿しも行われるが，大量の挿苗を生産する場合には，前述のセル成形トレイが用いられることが多い（図3-9）．

光は光合成や形態形成のために必要で，挿木の発根にも促進的に作用するが，葉温の上昇を抑制するとともに蒸散を促進するため，通常は50～80%の遮光を行う．また，水分の損失を防ぐため，タイマーや日射計，電気葉（表面の水分の有無を感知するセンサー）によって制御されるミスト散水装置を利用する．一方，セルが小さくなるほどセル内に停滞水が発生しやすくなるため，ミスト下では，透水性のよい培地を用いるとともに，セル成形トレイの下に川砂や不織布を設置して排水を促進することが必要となる．

カーネーションやキクでは，親株からの挿穂の採取効率と成長活性の向上を目的として，挿穂を1～2℃で冷蔵することが多い．カーネーションは6カ月程度の貯蔵が可能であり，冷蔵した挿穂は発根や開花が早まる傾向にある．キクでは，30～40日冷蔵することによって，ロゼット打破あるいは防止の効果が得られる．

3.5　接木苗生産

接木は，遺伝的に固定されていない果樹や花木の栄養繁殖技術として発達し，中国，ギリシャでは紀元前から行われていた．19世紀後半のフランスでは，当時大発生したフィロキセラ（ネアブラムシ）が寄生しにくいアメリカ種のブドウ台木への接木によって，ワイン産業を維持することが可能になった．接木が利用される主な果樹，花木の台木を表3-4に示した．

一方，野菜の接木は，日本で開発された技術であり，1920年代後半にはスイカの接木に関する研究が始められた．1930年代の終わりには，その実用性が認められ，ユウガオを台木とした接木苗の利用が全国的に普及し始めた．戦後，ビニルハウスの普及に伴って連作障害が発生するようになり，ナス，トマトの青枯病，ウリ類のつる割病などの，土壌伝染性病害虫に抵抗性をもつ台木への接木苗の需要が急増した（図3-13）．当初，ウリ類はユウガオやカボチャ，ナスではヒラナスな

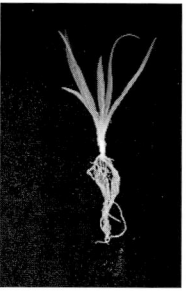

図 3-10　キク（左）とシュッコンカスミソウ（右）の発根苗

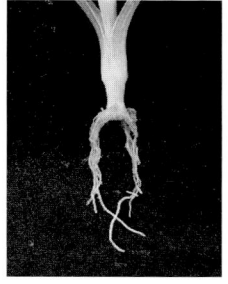

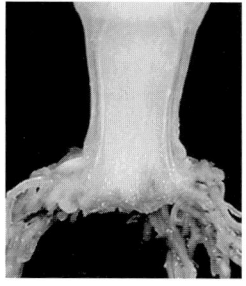

図 3-11　カーネーション挿穂の切断面からの発根．右は断面を拡大したもの．

図 3-12　大型セルトレイを利用したナスの接木作業（上：チューブ接ぎ）と人工光型順化装置（下）

表 3-4　主な果樹，花木，緑化樹の台木

種　類	台　　木	種　類	台　　木
カンキツ	カラタチ，ユズ，ナツミカン	サクラ	ヤマザクラ，オオシマザクラ
リンゴ	マルバカイドウ，ミツバカイドウ	バラ	ノイバラ
モモ	共台（野生モモ），ヤマモモ，スモモ	ボタン	シャクヤク
ニホンナシ	ヤマナシ，共台，マンシュウマメナシ	ツバキ	サザンカ，ヤブツバキ
カキ	マメガキ，共台	ツツジ	リュウキュウツツジ，オオムラサキ
ウメ	ノウメ，共台	ゴヨウマツ	クロマツ
ブドウ	フィロキセラ耐虫性共台	カエデ	ヤマモミジ

表 3-5　主な果菜の台木と主要品種（吉岡，2001を改変）

種　類	台　木	品　種（占有率％，1998年）
スイカ	ユウガオ	かちどき2号（44.4），ドン・K（13.4），FRダントツ（4.8），タフガイ（3.3）
	トウガン	ライオン（3.6），四国（1.9）
キュウリ	カボチャ	ゆうゆう一輝（21.4），ひかりパワー（15.8），ひかりパワーゴールド（11.5），ニュースーパー雲竜（11.0），エキサイト一輝（8.0），スーパー雲竜（3.8）
温室メロン	共台	大井（69.7），バーネット・フェボリット（29.8）
ハウスメロン	共台	園研2号（78.7），園研3号（3.8）
	カボチャ	新土佐（8.2）
露地メロン	共台	改良夕張1号（15.6），バーネット・フェボリット（12.3），ミュータン1号（5.5）
	カボチャ	新土佐（14.7），No.8（7.1）
トマト	共台	がんばる根（16.4），影武者（14.9），ジョイント（10.5），アンカーT（10.2），新メイト（9.3），がんばる根3号（8.4），ヘルパーM（1.8）
ナス	近縁種	トルバム・ビガー（34.0），ヒラナス（24.7），耐病VF（11.8），カレヘン（4.2），台太郎（4.0），トレロ（3.8），ミート（3.7），茄の力（2.8），トナシム（2.0）

ど異なった種の野生種や既存品種が用いられた．その後は，根の耐病性や吸肥特性に重点をおいた台木品種の育種が盛んに行われるようになり，現在では，表3-5に示したように多数の台木専用品種が育成・利用されている．また，穂木用品種は，地上部の耐病虫性や品質・収量に重点をおいた育種が可能になり，育種の効率が向上した．現在では，高品質，多収性と耐性性などの形質を合わせもつ接木苗の利用が，果菜類の営利栽培に必須の技術となっている．

接木の効果としては，前述のような繁殖，土壌伝染性病虫害の回避のほか，低温や高温，乾燥や過湿といった穂木の栽培に適さない環境条件に対する耐性付与，樹勢のコントロール（リンゴのわい性台木），収量品質の向上などがあげられる．しかし，野菜の生産規模が大きい海外では，養液栽培の導入などによって土壌伝染性病害の回避がはかられており，現在のところ接木栽培はあまり行われていない．

接木の方法は，穂木と台木の合わせ方によって，切り接ぎ，割り接ぎ，合わせ接ぎ，寄せ接ぎ，呼び接ぎ，挿し接ぎなどに分けられる（図3-16）．ほかに，穂木として用いる器官（芽接ぎ，枝接ぎなど），台木上の穂木の位置（高接ぎ，腹接ぎ，根接ぎなど）によっても呼び方が異なる．接木が活着するには，切断面付近に形成されたカルスから維管束が再分化して台木と穂木の間で維管束連絡が形成される必要がある．いずれの方法であっても，台木と穂木の形成層どうしを密着させることが重要であり，台木と穂木の太さが異なる場合には，特に注意が必要となる．

果樹の苗木育成には切り接ぎや割り接ぎ，品種更新には高接ぎが行われることが多く，バラでは，合わせ接ぎした苗を挿木して発根させる接ぎ挿しが行われることが多い．野菜の場合，活着しにくい高温期には根付きの穂木を用いた呼び接ぎ（図3-14）が行われるが，低温期にはトマト，ナスは割り接ぎ（図3-15），キュウリ，スイカは挿し接ぎが行われることが多い．しかし，育苗の分業化とともに，接木苗の集中的な大規模生産が拡大し，トマト，ナスでは合わせ接ぎ，キュウリ，スイカでは断根挿し接ぎや片葉切断接ぎなど省力的な接木法の利用が増加している．それぞれの方法や作物に適合したプラスチック製チューブやクリップ，セラミック製ピン，あるいは瞬間接着剤などが利用されており（図3-12, 3-16），1995年には全自動の接木装置も市販されるに至った．

接木した苗の活着には，一定の光合成を維持して細胞分裂を促進すると同時に，穂木がしおれないよう管理する必要があり，高温（25～30℃），高湿度（90～95% RH），弱光（3～5 klx程度）に維持した施設で5日程度養生される．その後，徐々に温度，湿度を低下させるとともに光強度を高めて順化し，2週間程度で通常の育苗条件に移される．一般的には，遮光資材や熱線反射フィルムなどで被覆し，天候に合わせた管理が行われるが，適切な環境条件を維持するには，気象変化の予測を含む経験と勘による綿密な管理が要求される．そこで，大規模な接木苗生産施設では，環境制御が容易な人工光型の養生・順化装置やコンピュータ制御の養生・順化ハウスも導入されている（図3-9）．

3.6 球根生産

多年生草本の地下部または地際で，植物体の一部がその中に養分を蓄え，球状もしくは塊状に肥大した器官を総称して球根と呼ぶ．通常は，生育に不適な環境を休眠状態で過ごした後，休眠が破れ，好適条件下で萌芽して生育を再開する．肥大部位と形態の違いによって，葉が肥大した鱗茎，茎が肥大した根茎，塊茎と球茎（以上4つが地下茎），および根が肥大した塊根の5つに分類される（表3-6）．ヤマノイモ類のイモは地下茎に分類されるが，根と茎両方の性質をもち合わせるため，植物学的には，担根体と呼ばれる．

タマネギやイモ類も植物学上は地下茎や塊根に属するが，一般的には球根とは呼ばず，花きに分類される植物のうち，球根を形成するものを球根植物または球根類と呼ぶ．

多くの球根植物は，自然分球によって増殖されるが，分球による増殖効率が悪い場合には，様々

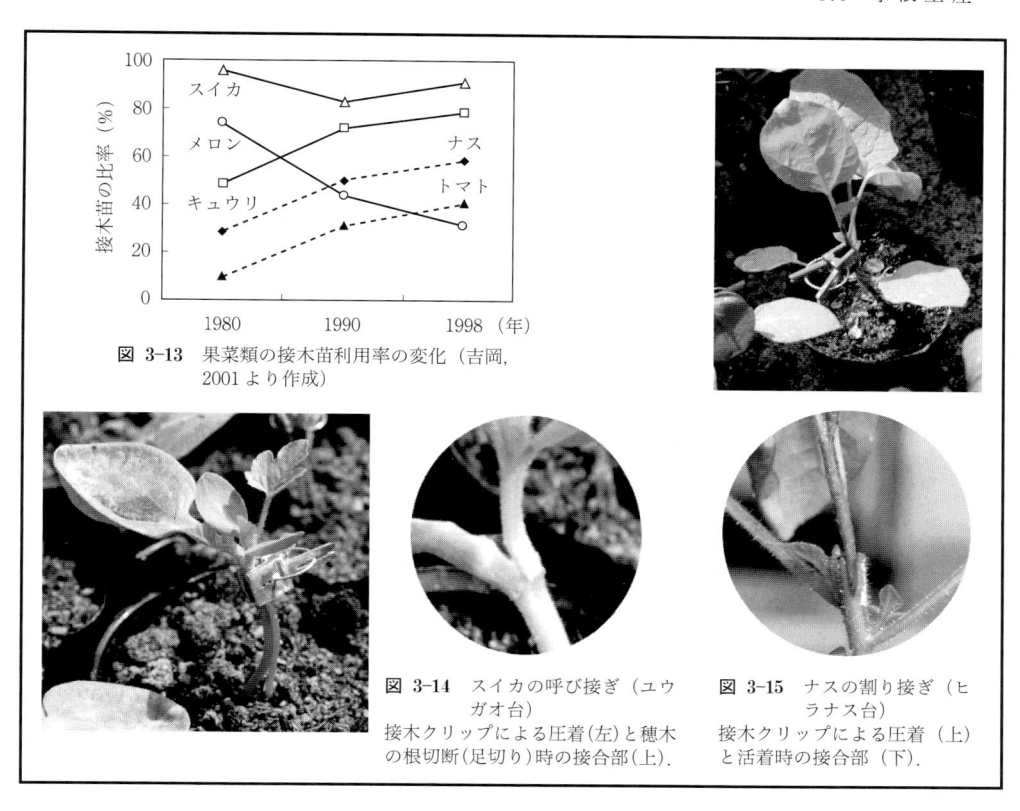

図 3-13 果菜類の接木苗利用率の変化（吉岡, 2001 より作成）

図 3-14 スイカの呼び接ぎ（ユウガオ台）
接木クリップによる圧着(左)と穂木の根切断(足切り)時の接合部(上).

図 3-15 ナスの割り接ぎ（ヒラナス台）
接木クリップによる圧着（上）と活着時の接合部（下）.

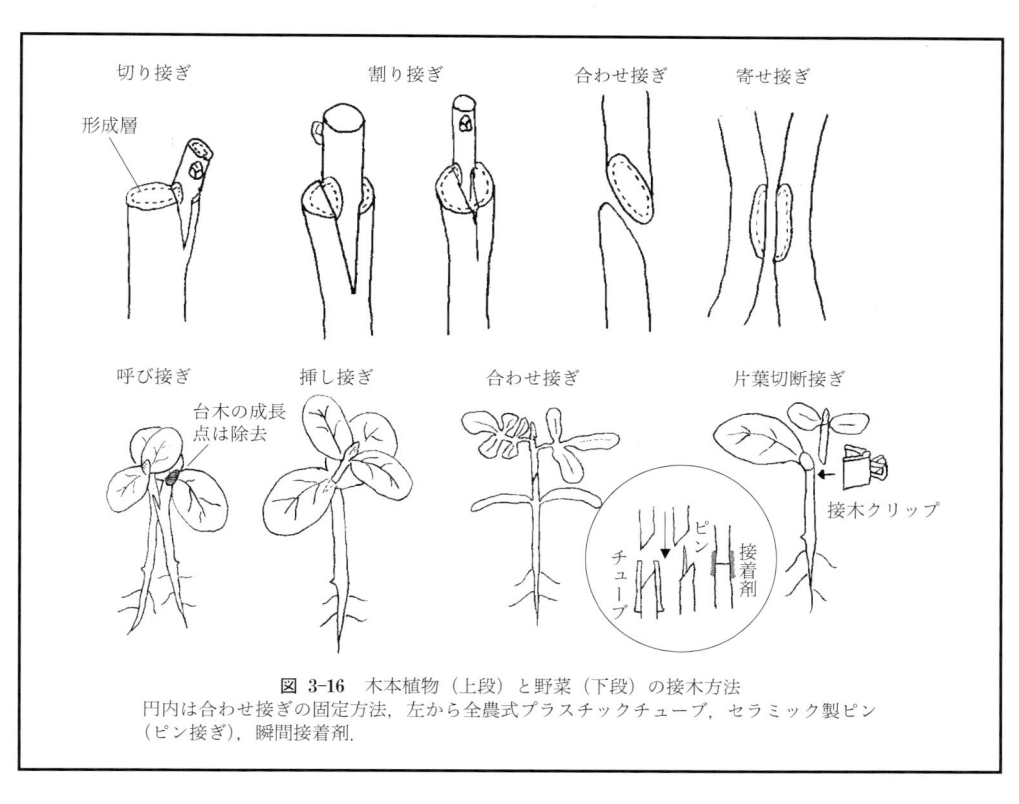

図 3-16 木本植物（上段）と野菜（下段）の接木方法
円内は合わせ接ぎの固定方法，左から全農式プラスチックチューブ，セラミック製ピン（ピン接ぎ），瞬間接着剤.

根茎： 水平に発達した地下茎が球状にならずに肥大したもので，ショウガやアルストロメリアなどがある．通常は，宿根草の株分けと同様に2〜3芽をつけて切り分ける．園芸的には，いわゆる球根を形成しない多年生の花きを宿根草と総称するが，植物学的には根茎を形成するジャーマンアイリスやアルストロメリアは宿根草として扱われることが多い．宿根草は株分けや挿芽によって増殖される．一般には，茎葉および根が枯死した状態で分割することを分球といい，生きた芽や根をつけたまま行うことを株分けという．

鱗茎： 葉が多肉化して貯蔵器官となった鱗片葉と短縮茎からなり，チューリップのような層状（有皮）鱗茎とユリのような鱗状（無皮）鱗茎に分けられる（図3-17）．ユリ類は大量増殖が容易で，鱗片を1枚ずつ挿すと基部に子球が形成される（鱗片挿し）．

塊茎・球茎： いずれも短縮した茎が肥大したものであるが，球茎は変形した葉の基部が皮膜状になって肥大部を覆っており，肥大した短縮茎に明瞭な節が認められる．それに対して，塊茎には葉の痕跡や節が認められない．塊茎は，ジャガイモ（図3-17），アネモネのように植えつけた塊茎（種イモ，種球）が枯死した後，多くの側芽が肥大する更新型塊茎と，シクラメン，球根ベゴニアのように胚軸部が肥大し続ける非更新型塊茎とに分けられる．前者は新塊茎によって増殖するが，後者は分球しないので種子繁殖が一般的である．球茎は，側芽が木子（きご）あるいは子球を形成するため自然分球効率が高く，通常特殊な繁殖法はとられない．

塊根： 根の一部が肥大したもので，熱帯〜亜熱帯原産の植物が多い．多くのものは休眠がほとんどないが，寒さに弱いため，温帯では形成された塊根を秋に掘り上げて貯蔵する．通常，芽をつけて分割し，翌春定植する．ただし，サツマイモは不定芽形成能が高いため，芽をもたない種イモを伏せ込めば不定芽が萌芽する．また，サツマイモは乾燥に強く発根しやすいため，不定芽から成長したつるを採取して圃場に直接挿苗する．

3.7 ウイルスフリー苗

植物が病原性ウイルスに感染すると，成長速度が低下し，収穫が皆無になることも珍しくない．ウイルス病を治療する薬剤はまだ開発されていないが，植物ウイルスは原則として種子伝染しないため，種子繁殖性植物では播種後の感染を防止することが重要となる．しかし，栄養繁殖性植物では感染したウイルスが後代に伝染し，虫媒感染や接触感染によってさらに感染個体が増加することになる．栄養繁殖性植物では，ウイルス感染によって枯死にまで至ることはまれであるが，収量や品質が著しく低下することが多い．

植物の茎頂部では，一般に先端に近づくに従ってウイルスの濃度が低下し，最も先端の分裂組織からはウイルスが検出されない．その理由として，①細胞分裂速度がウイルスの増殖より速い，②維管束が未分化でウイルスが移動しにくい，③細胞がウイルスに対して抵抗性をもつ，などが考えられているが明らかではない．Morel and Martin（1952）は，ウイルスに感染したダリアから，0.2〜0.3 mmの茎頂分裂組織を摘出し，無菌培養することによってウイルスフリー株の作出に成功した．この技術は，イチゴ，カーネーションなどの草本植物のほか，果樹にも応用されており，現在では栄養繁殖性園芸植物の生産に不可欠の技術となっている．茎頂培養由来のウイルスフリー苗は，細菌や糸状菌など他の病原菌にも感染していないことから，一般に無病苗と呼ばれ，地方の試験研究機関，農協や種苗会社で生産され，配布，販売されている．

通常は，選抜した優良な親株から0.2〜0.5 mm程度の茎頂を摘出して，無機塩類，糖，ビタミン，アミノ酸，植物ホルモンを添加した培地（MS培地など；表3-7）に置床して試験管内で培養する．摘出する茎頂の大きさは，対象とする作物やウイルスの種類で異なる．一般に，小さいほどウイルスの除去率は高くなるが，置床後の生存率は低くなる．得られた小植物体は，虫媒（アブラムシなど）による再感染を防ぐため，隔離網

表 3-6 球根の分類と代表的な植物

種類		花き球根	野菜・イモ類
地下茎	鱗茎	チューリップ, ユリ	タマネギ
	根茎	カンナ, ハス	ショウガ
	塊茎	シクラメン, アネモネ	ジャガイモ
	球茎	グラジオラス, フリージア	サトイモ
塊根		ラナンキュラス, ダリア	サツマイモ

図 3-17 ジャガイモの塊茎 (A, △:芽, ▲:ストロンの痕跡) とストロン (B), テッポウユリの鱗茎 (C) と鱗片 (D), チューリップの鱗茎 (E)

表 3-7 MS 培地の組成 (Murashige and Skoog, 1962)

無機塩類（mg/L）				有機物（mg/L）	
多量塩類		微量塩類			
NH_4NO_3	1650	$FeSO_4 \cdot 7H_2O$	27.8	ミオイノシトール	100
KNO_3	1900	Na_2-EDTA	37.3	グリシン	2
$CaCl_2 \cdot 2H_2O$	440	$MnSO_4 \cdot 4H_2O$	22.3	ニコチン酸	0.5
$MgSO_4 \cdot 7H_2O$	370	$ZnSO_4 \cdot 7H_2O$	8.6	ピリドキシン塩酸	0.5
KH_2PO_4	170	H_3BO_4	6.2	チアミン塩酸	0.1
		KI	0.83	ショ糖	20〜30 g /L
		$CoCl_2$	0.025		
		$CuSO_4 \cdot 5H_2O$	0.025		

pH 5.0〜5.8 に調整し, ゲル化剤として寒天 (0.6〜10 g/L) またはゲルライト (2〜4 g/L) を加える.

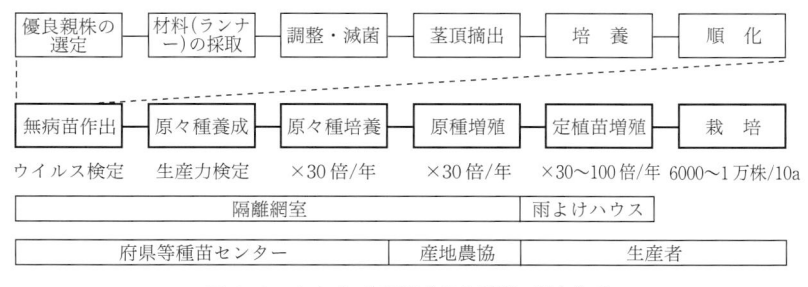

優良親株の選定 → 材料(ランナー)の採取 → 調整・滅菌 → 茎頂摘出 → 培養 → 順化

無病苗作出 → 原々種養成 → 原々種培養 → 原種増殖 → 定植苗増殖 → 栽培

ウイルス検定　生産力検定　×30倍/年　×30倍/年　×30〜100倍/年　6000〜1万株/10a

隔離網室　　　　　　　　　雨よけハウス

府県等種苗センター　　産地農協　　生産者

図 3-18 イチゴの無病苗作出と増殖・配布体系

室で順化された後，検定植物への汁液接種や抗血清を用いた ELISA 法などによるウイルス検定を経て原々種として増殖，維持される．さらに生産力検定を行った後，増殖し，育苗センターや苗生産業者に原種として販売，配布される（図3-18）．ウイルスフリー苗は，一般に高い生産力を示し，ウイルス感染した株と比較して，収量，品質が著しく向上する．ただし，価格は高く，十分な検定が行われていない場合には，培養変異を起こした株が混入する可能性もあるので注意を要する．また，栄養成長が旺盛になり，開花が遅れがちになりやすいため，導入に際しては施肥やその他の栽培管理にも十分配慮する必要がある．

ウイルスよりもさらに微細なウイロイドについては，通常の茎頂培養では除去することが困難であった．しかし，0.1 mm 程度の微細なキクの茎頂分裂組織を無菌播種したキャベツ根の切断面に置床して培養することによって，除去可能であることが示された（図3-19）．近年，病原性ウイロイドの存在が多数明らかにされており，今後この技術を用いたウイロイドフリー株が普及するものと期待されている．

3.8 マイクロプロパゲーション

Morel（1960）は，ウイルスフリー化を目的としてシンビジウムの茎頂を培養すると，ラン種子の発芽後に形成される器官に類似したプロトコーム状球体（PLB）を多数形成することを見出した．さらに，これを分割することによって1年間に何千倍もの個体に増殖させることに成功した．PLB は分割をやめると発芽，発根してシュートを形成するので，年間2〜3倍であった増殖率が飛躍的に向上した（図3-20）．その後，他のラン類にも適用され，洋ラン産業の急速な発展につながった．この手法によって増殖された栄養系は，実生苗と区別するためメリクロン苗と呼ばれるようになり，フラスコなどの培養容器に入った状態で鉢物や切花生産者に販売されている．

in vitro（ガラス容器内という意味のラテン語，これに対して生体内は *in vivo* という）での増殖技術は，ラン以外の植物にも応用され，マイクロプロパゲーションと呼ばれる（図3-21）．マイクロプロパゲーションにおいては，高濃度のサイトカイニンを含む培地で多芽体（*in vitro* で形成される多数のシュートのかたまり）を形成させ，形成されたシュート（茎と葉の総称：苗条）を分割し，発根培地へ移植して個体として再生させる方法が最も一般的である．多芽体の形成には，器官，組織や細胞などから誘導されたカルスを経由して再分化した不定芽を利用する方法と，茎頂や腋芽などの定芽に由来する芽を利用する方法とがある．一般に，カルスを経由させる方法では増殖効率は高いが，培養変異が発生しやすいとされており，アンスリウムなど一部の植物を除けば，実用化には至っていない．

また，カルスやプロトプラストから不定胚（受精卵と同様の形態変化を経て植物の体細胞から生じる胚：胚様体）を形成させる方法や，不定胚をカプセルに詰め人工種子として利用する方法についても検討されているが，いずれも実用化可能な段階には達していない．一方，カーネーションやメロンのように節間が伸長しやすい植物の場合は，サイトカイニンを含まない培地で単一のシュートを形成させ，節ごとに分割して増殖されることも多い（図3-21）．この方法は増殖効率が低いが，最も培養変異を起こしにくいとされている．また，*in vitro* で比較的大きなシュートが得られるため，メロン，トマトなどの栄養繁殖性品種（表8-1参照）の増殖にはこの方法が用いられている．

［吉田裕一］

キーワード

種子繁殖（seed propagation），栄養繁殖（vegetative propagation），分離（separation），球根植物（bulbous plant），分球（splitting），株分け（division），挿木（挿芽，挿穂）（cutting），接木（grafting），ウイルスフリー苗（株）（virus-free clone），マイクロプロパゲーション（micropropagation）

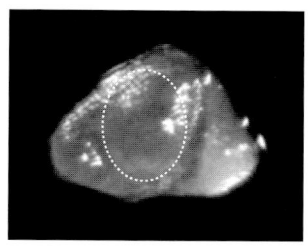

3.8 マイクロプロパゲーション 47

通常培養する茎頂（葉原基2枚）　　キャベツの根に移植した茎頂 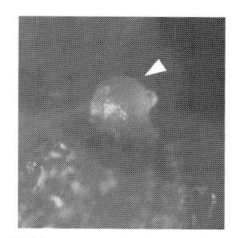　　移植7日目の肥大した茎頂
円内は根に移植する際に切り出す部位

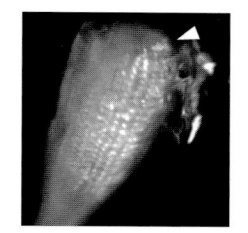

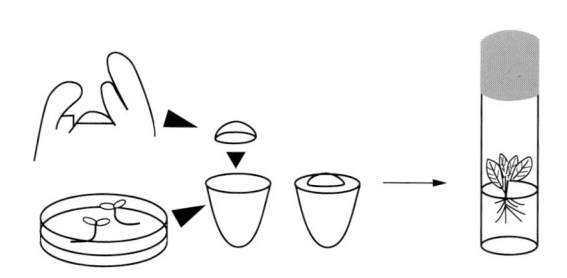

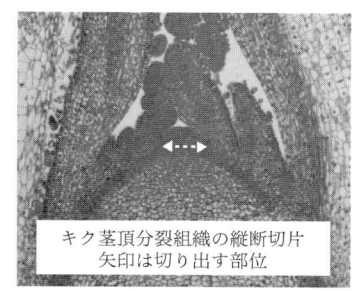

キク茎頂分裂組織の縦断切片
矢印は切り出す部位

図 3-19　キクの茎頂分裂組織とキャベツ根への移植培養法の概略（京都大学　細川宗孝氏　原図）
無菌播種したキャベツの根を 0.5 mm に切り出し，約 0.15 mm のキク茎頂分裂組織の切り口を合わせるように密着させる．密着させたものは 30 日程度で葉原基の発生がみられる．葉原基が発生した組織を寒天培地に移植して，植物体に育成する．

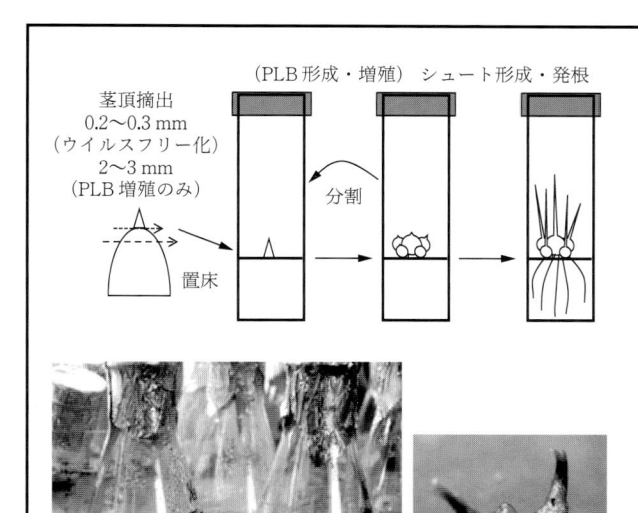

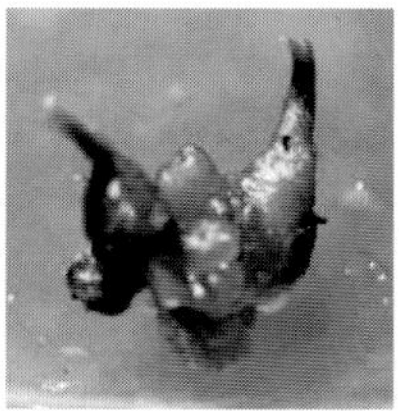

茎頂摘出
0.2〜0.3 mm
（ウイルスフリー化）
2〜3 mm
（PLB 増殖のみ）

置床

（PLB 形成・増殖）　シュート形成・発根

分割

図 3-20　メリクロンによるランの大量増殖法（上段）と分割した PLB によるフラスコでの大量増殖（下段左），増殖した PLB（下段右）

図 3-21　組織培養によって増殖中のトマト '越のルビー'（上）と増殖後接木されたメロン '福の香'（下：台木 '新土佐'）（福井県立大学　大城 閑氏　原図）

3.1
受粉 (pollination), 受精 (fertilization), 近交弱勢 (inbreeding depression), 雑種強勢 (heterosis), 1代雑種 (F₁ hybrid), 除雄 (emasculation), 自家不和合性 (self-incompatibility), 雄性不稔性 (male sterility)

3.2
種皮 (seed coat), 胚 (embryo), 発芽 (種子) (germination), 幼根 (radicle), (下) 胚軸 (hypocotyl), 上胚軸 (epicotyl), 休眠 (dormancy), 果皮 (pericarp), 硬実 (hard seed), 光形態形成 (photomorphogenesis), フィトクロム (phytochrome), 発芽率 (germination rate), 殺菌剤 (fungicide), ジベレリン (gibberellin), サイトカイニン (cytokinin), エチレン (ethylene), プライミング (priming), コーティング種子 (coated seed)

3.3
セル成形苗 (セル苗) (tray (cell) plant), セル成形 (プラグ) トレイ (cell (plug) tray), 苗 (seedling), ピートモス (sphagnum peat (peat moss)), バーミキュライト (vermiculite), パーライト (perlite), 育苗施設 (苗床) (nursery), 子葉 (cotyledon), 液肥 (liquid fertilizer), 活着 (establishment), 植物成長調整剤 (plant growth regulator)

3.4
不定根 (adventitious root), 不定芽 (adventitious shoot (bud)), 根原体 (基) (root primordium (-a, pl)), カルス (callus), オーキシン (auxin), 遮光 (shading), ミスト (mist)

3.5
台木 (rootstock), 土壌伝染性病害 (soil borne disease), 穂木 (scion), 順化 (acclimatization)

3.6
球根 (bulb), 鱗茎 (bulb), 根茎 (rhizome), 塊茎 (tuber), 球茎 (corm), 地下茎 (subterranean stem), 塊根 (root tuber), 担根体 (rhizophore), 鱗片 (葉) (scale), 木子 (子球) (cormlet (bulblet))

3.7
ウイルス病 (virus disease), 分裂組織 (meristem), 茎頂培養 (shoot tip (meristem) culture), 無病苗 (disease-free plant), 小植物体 (plantlet), ウイロイド (viroid)

3.8
プロトコーム状 (様) 球体 (protocorm like body : PLB), メリクロン (mericlone), 多芽体 (multiple shoot), シュート (苗条) (shoot), 再分化 (regeneration), 不定胚 (adventitious embryo), 胚様体 (embryoid), 組織培養 (tissue culture)

■ 演習問題

問 1 園芸作物における栄養繁殖の利点と欠点について, 具体的な事例をあげて述べなさい.

問 2 自家不和合性を利用して F_1 種子の採種が行われている野菜を3種類あげなさい.

問 3 レタス種子の発芽におけるフィトクロムの役割について述べなさい.

問 4 セル成形トレイ育苗の利点と欠点について述べなさい.

問 5 ウイルスフリー苗の育成, 増殖方法について述べなさい.

問 6 ナス, キュウリ, スイカの台木として利用されている植物の種名と学名を, それぞれ2つ以上あげなさい.

問 7 次の (A)〜(H) に適当な用語を入れ, 文章を完成させなさい.

① 挿木の不定根形成には植物ホルモンである (A) と (B) が促進的に, (C) や (D) は抑制的に作用する.

② 球根は, 肥大部位と形態の違いによって, (E) が肥大した鱗茎, 茎が肥大した根茎, (F) と (G), および根が肥大した (H) の5つに分類される.

コラム3

植物の形態Ⅱ

〈生殖器官の形態〉

　生殖器官としては，花，子房または子房周辺組織が子房とともに発達した果実，種子があげられる．

1．花

　花は種子植物の茎頂や葉腋に形成され，生殖の役割を果たす器官である．花の基本的構造を図1に示す．花は通常，葉が変態したがく片，花弁，雄ずい，雌ずい，および茎が変態した花柄，花托から構成されている．雌性生殖器官である雌ずいは花の中心にあり，柱頭，花柱，子房からなり，子房内部には受精後，種子に発達する胚珠がある．雄性生殖器官である雄ずいは雌ずいを囲むようにあり，花粉を含む葯とそれを支える花糸からなる．がく片と花弁は直接生殖には関わらないが，受粉を媒介する昆虫などを誘引する役割をもつ場合がある．また，子房の位置が，花被や雄ずいよりも上位にあるものを子房上位花，下位にあるものを子房下位花，中間にあるものを子房中位花と呼ぶ（図2）．

　一般に，1つの花に雄ずいと雌ずいの両方を備えた両性花が多いが，雄ずいまたは雌ずいのみをもつ単性花もあり，それぞれ雄花，雌花と呼ぶ．さらに，雄花と雌花が同一株に生じるものを雌雄同株，雄花と雌花が異なる株に生じるものを雌雄異株という．前者にはクリ，スイートコーン，ウリ類，ベゴニアなど，後者にはキウイフルーツ，アスパラガスなどがある．

　花の配列状態には一定の様式があり，この配列様式を花序という．花序は，単一の花序のみで構成される単一花序と，いくつかの花序が組み合わさってできる複合花序に大別される．単一花序は，単軸分枝を基本とする総穂花序と，仮軸分枝によってできる集散花序に分類される．また，主軸の長短，花柄の有無，主軸と花柄の相対長などによってさらに細分される．

2．果実

　果実は子房をもつ花が受精した後，発達してできる器官であり，普通，その中に種子を含んでいる．果実には真果と偽果があり，真果は子房だけが発達したもので，子房上位花または子房中位花に由来し，偽果は花托やがくなどの他の器官が子

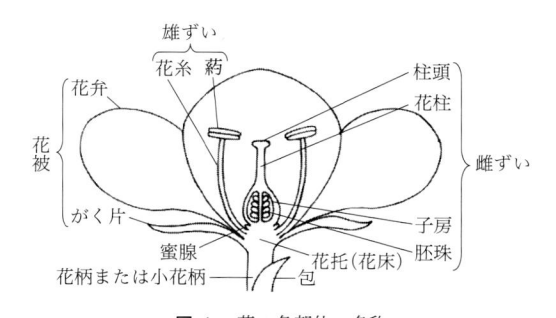

図1　花の各部位の名称

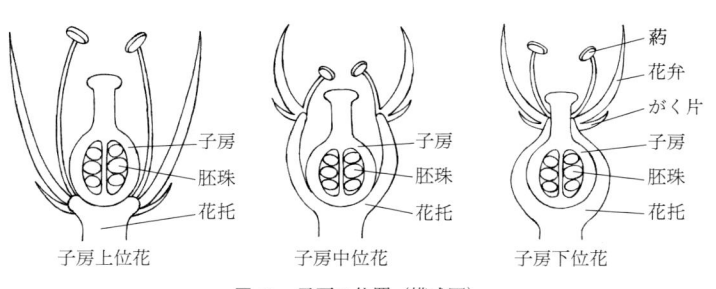

図2　子房の位置（模式図）

房とともに発達したもの，あるいは花托組織が主に発達したもので，子房下位花に由来する．また，果実と花器（子房）の構造は密接に関係している（図3）．

一般に，子房の外側を構成する子房壁が発達した部分を果皮と呼び，外果皮，中果皮，内果皮からなる．真果の場合，外果皮は果実の最外層部，中果皮は可食部，内果皮は種子を包む硬質部となることが多い．ブドウ，カキ，ナス類，カンキツ類などの果実は，子房上位花から発達しており，子房壁および胎座が変形，肥厚した真果である（図4a）．ブドウ，カキ，ナス類では中果皮が多肉質になり可食部となるが，カンキツ類では内果皮から発達した砂じょうが可食部となっている．また，モモ，オウトウ，オリーブなどの核果類の果実は，子房中位花から発達しており，中果皮が多肉な可食部となり内果皮が硬い核を形成する．

一方，偽果を作る作物には，リンゴ，ナシ，カリンなどの仁果類，ウリ類などがある（図4b）．仁果類の果実では，可食部の大部分が果托の皮層で，その内部に子房壁の外・中果皮があり，内果皮は硬質化して種子を包んでいる．ウリ類の果実は花托組織と子房壁がともに発達したものであるが，可食部の大部分は子房壁の中果皮および胎座が発達したものである．

果実の多くは1つの子房から発達したもので，単果と呼ばれる．一方，1つの花の多数の雌ずいが発達し，複数の果実が密着して1つの果実になるものを集合果と呼び，複数の花の子房が発達して1つの果実になるものを複合果と呼ぶ．集合果にはイチゴやハスが含まれる．イチゴは花托が肥大した偽果であり，その表面に多数の真の果実が痩果となって散在している．複合果にはイチジクやパイナップルが含まれる．イチジクは壺状にな

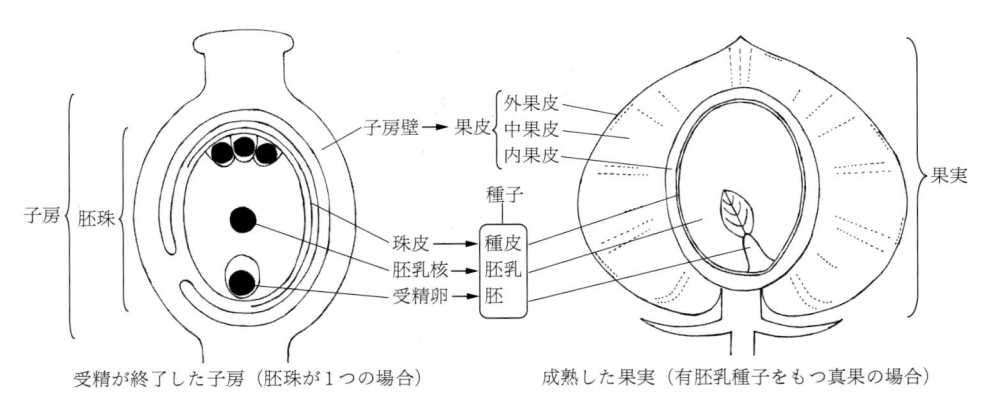

図3 子房と果実との構造上の関係（模式図）

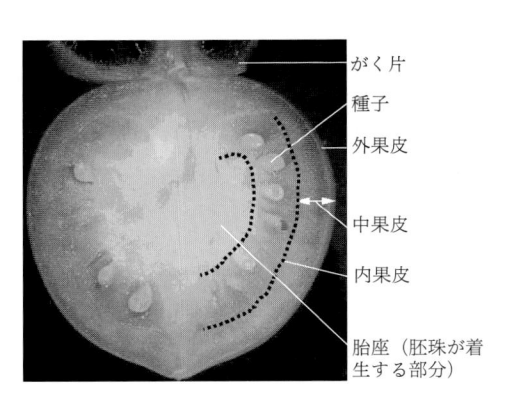

図4a 真果（ミニトマトの未熟果実）
可食部分は子房壁が発達したもので，外側の組織は外果皮である．

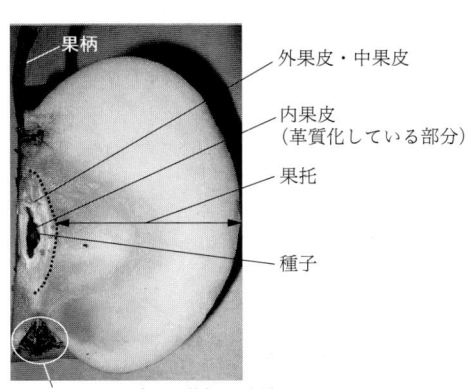

図4b 偽果（リンゴの成熟果実）
可食部分は主に花托が発達したもので，外側の組織も花托に由来する．

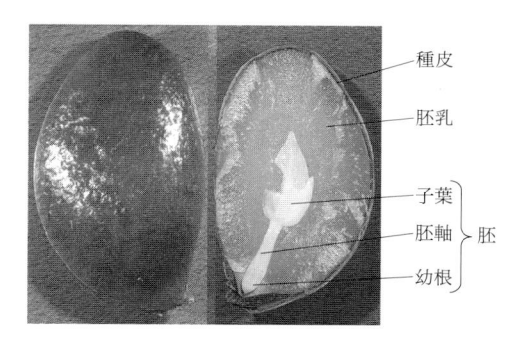

図 5a 有胚乳種子(カキ)
胚乳に発芽のための養分が蓄積している．

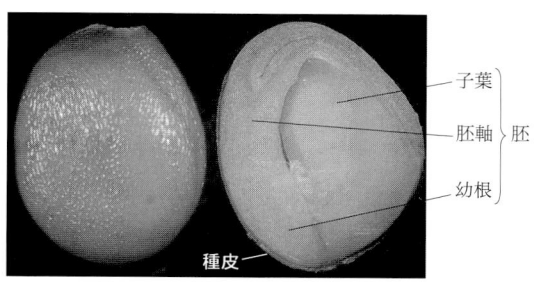

図 5b 無胚乳種子(ダイコン)
子葉に発芽のための養分が蓄積している．

った花托(隠頭花序)の内面に多数の果実が密生している．

3．種　子

　種子は受精後，胚珠が発達してできるもので，主に種の保存に寄与する．種子は普通，種皮，胚，胚乳からなる．種皮は一般に種子の周囲を覆う硬い組織の外種皮と軟らかい組織の内種皮からなるが，薄膜状の外種皮をもつものや外種皮と内種皮の区別がない場合もある．また，種皮が不透水性で吸水しない種子を硬実種子と呼び，一部のマメ科やアサガオなどでみられる．硬実種子は吸水させるために種皮に傷をつけて播種する必要がある．胚とは受精卵がある程度まで発達した幼植物体のことを指し，一般に，幼根，胚軸，子葉および幼芽からなっている．普通，1つの種子の中に1つの胚が作られるが，2つ以上の胚が作られる現象を多胚現象を呼ぶ．マンゴーやミカン属などでみられ，発芽すると数個の幼植物になる．胚乳は，胚の発育や発芽時のための養分を貯蔵する組織である．胚乳が発達した種子は有胚乳種子と呼ばれ，イネ科，ナス科，ユリ科，カキ科などでみられる(図5a)．一方，胚乳が退化したものは無胚乳種子と呼ばれる．マメ科，ウリ科，アブラナ科植物などは無胚乳種子であるが，胚の子葉に養分を貯蔵している(図5b)．また，ラン科植物は子葉にも養分を蓄積しない無胚乳種子である(15.2節参照)．(図4,5の写真は福岡教育大学福原達人氏から提供していただいた．)

〔鈴　木　　栄〕

4 施設栽培

施設園芸は，ガラス温室やプラスチックハウス内で保温，加温して植物の生育適温を確保するとともに，風雨から保護し，高品質の生産物を周年供給することを目指して発展を遂げた．その歴史は，中世ヨーロッパ貴族がカンキツを庭園で栽培するために建築したorangerieにさかのぼることができる．日本では，慶長年間（1594～1614年）に静岡県三保で，紙で保温して野菜の促成栽培を行ったという記録が残されており，19世紀初頭には京都や大阪でも油紙を利用した育苗が行われていた．明治時代後期から昭和初期にかけて，紡績くずや堆肥の発酵熱を利用した踏込み温床とガラスフレームや安価な油障子とを組み合わせた野菜の育苗が西南暖地で広く行われるようになった．一定の規模をもつ産業として施設内での栽培が確立されたのは，岡山県で1886（明治19）年に始められたというブドウ'マスカット・オブ・アレキサンドリア'の温室栽培が最も長い歴史をもち（図4-1），野菜では，イギリスから1925（大正14）年に導入された'アールス・フェボリット'を用いた静岡県の温室メロン栽培といえる．ただし，いずれも特殊な需要者向けの嗜好品生産に限られていた．

第2次世界大戦後，農業用に塩化ビニル製フィルム（農ビ，PVCフィルム）が開発され，1955（昭和30）年頃から温床フレーム，トンネル栽培へと利用が広がった．1965（昭和40）年頃からは鉄製パイプを利用した野菜のハウス栽培が急激に増加し，トマト，キュウリなど果菜類の周年生産体系が確立された．1999年には，設置面積が，ガラス室は約2500 ha，プラスチックハウスは約5万1000 ha（うち野菜が3万6000 ha）に達した．2001年には，台風被害や価格低迷の影響を受けて面積はやや減少（ガラス室−8.9%，プラスチックハウス−0.2%，1999年対比）に転じたが，施設栽培は一般消費を対象とした必須の生産技術となっている（図4-2）．

4.1 施設の構造と被覆資材

ガラス室：　ガラスは可視光線の透過率が高く，保温性，耐久性に優れているが，重量が大きいため十分な強度をもった骨材を使用する必要がある．面積単価が高いため，全施設面積の4%程度を占めるにとどまり，その半分以上が花き生産に用いられている（表4-1）．単棟式は，南北棟の両屋根型が最も多く，東西棟のスリークォーター型は温室メロン栽培に用いられている．片屋根型は保温性が高いが，土地利用効率が低いため，日本ではほとんど利用されていない．連棟式は土地利用効率，保温性が高く，トマトの養液栽培を中心に4000 m²以上の大規模なフェンロー（ダッチライト）型温室が近年各地に設置されている（図4-1，4-3）．ガラスは310 nm以下の紫外線を透過せず（図4-4），果実の着色に紫外線が必要なナスなどの栽培には適さない．また，ミツバチなど花粉媒介昆虫は，花弁が反射する紫外線を認識して活動するため，活動が劣り，受粉，着果不良になることがある．

プラスチックハウス：　日本の全施設設置面積の80%以上が直径19～25 mmの鉄パイプをアーチ型に成形して組み立てられたパイプハウスである．間口4.5～6 m，高さ2.5 m程度で，厚さ0.075～0.1 mmの農ビを展張し，ガラス繊維入りのバンドで押さえたものが最も一般的であり，戦後の施設園芸発展の原動力であったといえる．連棟ハウスは，これらを連結して組み立てられる場合と，強度を高めるため軽量鉄骨の柱にアーチ

4.1 施設の構造と被覆資材

図 4-1 復元されたマスカットの原始温室(左：岡山市栢谷,片屋根型)とダッチライト型ガラス室(右：オランダ)

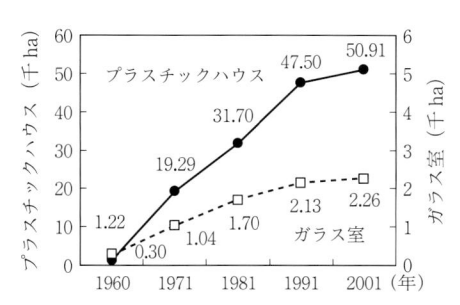

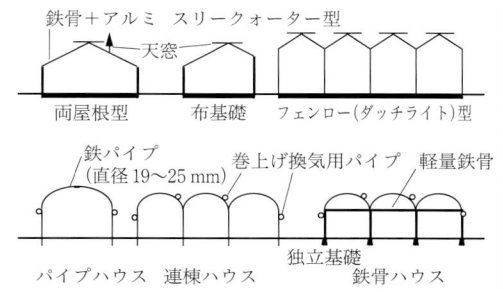

図 4-2 ガラス室とプラスチックハウス設置面積の推移(農林水産省統計情報部資料より)

図 4-3 ガラス室（上）とハウス（下）の形式

表 4-1 各種栽培施設の作物別設置面積 (ha, 1999年)
(農林水産省農蚕園芸局資料より)

作物	ガラス室	プラスチックハウス	雨よけハウス	トンネル
野菜	1,042	36,411	7,012	44,998
花き	1,278	7,631	1,190	735
果樹	155	6,969	5,370	—
合計	2,476	51,040	13,571	45,733

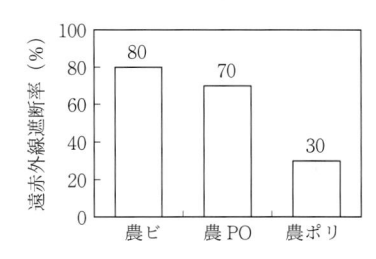

図 4-5 フィルム素材による保温力(遠赤外線遮断率)の差異

表 4-2 マルチの資材別利用面積 (1999年)（農林水産省農蚕園芸局資料より）

資材	面積 (ha)
農ビ	12,983
農ポリ	127,425
その他	2,600
合計	143,008

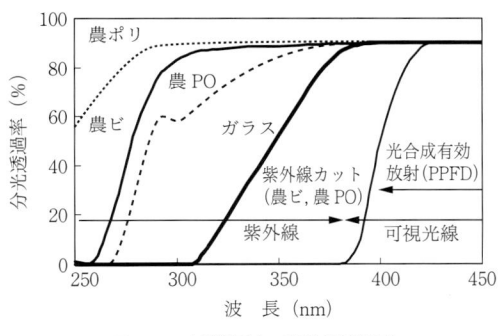

図 4-4 被覆資材の紫外線透過率

型のパイプを取り付けて作られる場合とがある（図4-3, 4-6）.

　日中施設内に蓄えられた熱エネルギーは，被覆資材を通じた熱伝導と赤外線放射によって，大気中に放出される．農ビは，ポリエチレンなど他のプラスチックフィルムと比較して赤外線遮断率が高く（図4-5），赤外線による大気中へのエネルギー放出が少ないため，保温力が大きい（図4-8）．また，可塑性が高くて取扱いが容易なので，ハウスの被覆資材として広く利用されている．ただし，①ほこりが付着しやすいため光線透過率の低下が速い，②突刺し，切傷から裂け目が広がりやすい，などの欠点があり，毎年張り替える必要がある．近年は，これらの欠点を克服した農POフィルム（ポリエチレンをベースとした複層フィルム；強度，光線透過率ともに経年変化が小さく，4〜5年の連続展張が可能）の利用が急激に増加している．農ビ，農POともに380 nm以下の近紫外光を透過しない紫外線カットフィルムが近年実用化された（図4-4）．近紫外光に感応して活動するアザミウマ類，アブラムシ類などの害虫や，胞子形成に紫外線を必要とする糸状菌による病害（灰色カビ病，菌核病など）の抑制効果が認められ，減農薬栽培技術の1つとして注目されている．また，降雨による着果不良や裂果などの障害を回避する目的で簡易なパイプハウスの天井部のみを被覆する場合は，雨よけハウスと呼ばれる（表4-1）．野菜や花きでは全期間被覆下で栽培されることが多いが，ブドウなどは開花期を中心に安価なポリエチレンフィルム（農ポリ）で部分的な被覆が行われている（図4-7）．

　トンネル：　露地・早熟栽培における低温期の保温，霜よけ，あるいはハウス内での保温を目的として，通常の姿勢で人が作業できない大きさの簡易な骨材を仮設して農ビや農ポリで被覆したものをトンネルという（表4-1，図4-7）．一般的には，透明・無（流）滴（フィルムの素材または表面に親水性をもたせ，結露しにくいよう加工したもの）のフィルムが使用される．しかし，急激な温度変化を起こしやすいトンネル（図4-8）の場合は換気労力軽減のため，薄茶色に着色し，直射光の拡散性を高めたナシ地のフィルム（葉焼けを起こしにくい，有滴のフィルムにも同様の効果がある）や晴天日でも温度上昇が緩やかな有孔のフィルム（直径2 cm程度の穴を多数あけたもの，保温性は劣る）を使用することもある．

　マルチ：　土壌表面をプラスチックフィルム，稲ワラなどで被覆することをマルチングという．マルチには，①地温の調節（冬季の保温と夏季の上昇防止），②雑草・病虫害の発生防止，③土壌水分保持，団粒構造の維持，④肥料・土壌の流亡防止，などの効果がある．当初は施設内で地温の確保を目的として使用されたが，現在では，多くの露地作物にも利用されている．黒色で厚さ0.02〜0.03 mmのポリエチレンフィルムの利用が最も多いが，上記①，②の目的に応じて素材，色，厚さなどが異なる様々な被覆資材が開発されている（表4-2，図4-7）．

　べたがけ：　露地あるいはハウス，トンネル内において，保温，防風，病虫害予防，湿度調節などを目的として，不織布（多数の繊維を広く並べて重ね，熱プレス・接着剤などで布状に加工した資材），ネットや有孔フィルムなどを作物の上に直接，あるいは少し浮かせて被覆することをべたがけという（図4-7）．

4.2　環境制御

4.2.1　光

　植物の光合成に利用される波長400〜700 nmの光は光合成有効放射（PAR）と呼ばれ，地表面に到達する太陽の放射エネルギーの約50％を占めている．人間が感じる明るさを示す場合は，照度（lx）を計測するが，植物の光合成との関係で光を計測する場合には，一般的に光合成有効光量子束密度（PPFD, $\mu mol\ m^{-2}\ s^{-1}$）が用いられる．昼間の自然光の場合，それぞれの関係はおおよそ以下の式で表される．

$$100\ W\ m^{-2}(PAR) = 400\ \mu mol\ m^{-2}\ s^{-1}(PPFD)$$
$$\fallingdotseq 24000\ lx(照度)$$

図4-9に示したように，C_3植物の光合成速度は，明反応が律速条件となる弱光域では直線的に増加

図 4-6 単棟ビニルハウス群（上左），連棟ハウス（上右），台風で倒壊した雨よけハウス（下左）と鉄骨ハウスの内部（下右）

冬レタスのトンネル栽培（香川県） 　　ブドウの雨よけ栽培（岡山県，岡山大学 久保田尚浩氏 原図）

夏レタスの全面マルチ栽培（長野県） 　　春ダイコンのべたがけ栽培（徳島県）

図 4-7 トンネル栽培（上左），雨よけ栽培（上右），マルチ栽培（下左）とべたがけ栽培（下右）

するが，強光になると暗反応が律速条件となり，$200\sim800~\mu\mathrm{mol~m^{-2}~s^{-1}}$で光飽和に達する．

低日射期の利用が中心となる施設栽培においては，光合成速度を高めるため，光透過性の高い被覆資材を用い，骨材などによる光の遮断にも注意を払う必要がある．人為的に光合成速度を高める方法として人工光源による補光があり，冬季の日射量が少ない高緯度地帯では，高圧ナトリウムランプなどによる補光が行われている．また，セル成形苗の貯蔵の際には，光補償点付近の光を蛍光灯などで照射して光合成を行わせると，呼吸による苗の消耗が抑えられ，暗黒条件下と比較して長期間の貯蔵が可能となる．イチゴ，キクなどの電照栽培は日長処理を目的とするため，赤色光を多く含む白熱灯などを用いて光補償点以下の照度（$20\sim100~\mathrm{lx}$，$10~\mathrm{m^2}$当たりに白熱灯で$30\sim60~\mathrm{W}$）で行われる．また，フィトクロム（図3-6参照）に作用する赤色光と遠赤色光の透過率を変化させたフィルムが開発されており，これらを利用した発育調節技術の開発も進められている．

高温・強日射期には，施設内の温度上昇を抑制することを主な目的として遮光が行われる．この場合，赤外線反射率の高い銀色の資材が利用されることが多い．植物は，光飽和点を上回る過剰の光エネルギーを光呼吸，water-waterサイクル，キサントフィルサイクルなどによって消去する能力をもっている．ただし，過剰の光エネルギーは，植物体温の上昇や活性酸素生成の原因となり，光合成の光阻害や葉焼けを引き起こす場合があるので，陰性の植物を栽培するときには特に注意が必要である（図4-9, 4-10）．一方，過度の遮光は光合成を抑制する上に，植物が徒長する要因となるので好ましくない．たとえばミニトマト栽培では，盛夏期に遮光率50％程度の資材で遮光することが多いが，被覆を施設屋根面の約60％の面積にとどめると，施設全体を遮光するより良好な結果が得られることが多い．

4.2.2 温　　度

ほとんどの園芸作物は，生育適温が日平均気温$15\sim25^\circ\mathrm{C}$，夜温$10\sim20^\circ\mathrm{C}$の範囲にあるが，簡易なパイプハウスが基本にある日本では，実際の夜間の暖房（最低）温度はそれよりはるかに低い場合が多い（表4-3）．暖房コストを重視して，生育限界に近い温度までしか暖房が行われない場合もある．キュウリでは，最低$14^\circ\mathrm{C}$が適温とされてきたが，日没後数時間は$2\sim3^\circ\mathrm{C}$高めの温度を維持して葉から果実への光合成産物の転流を促進し，その後日の出までは，$1\sim2^\circ\mathrm{C}$低い温度として呼吸による消耗を抑制する変夜温管理が行われる（図4-11）．好適な夜温については，作物の生育ステージによっても異なり，一般的に花芽分化期から着果期までは高めの温度を必要とする（図4-12）．日中の温度については，日本では，換気（最高）温度のみを制御する場合が多いが，高緯度地帯にある欧米のガラス温室では，光合成適温を確保して生育を促進するため日中も加温されることが多い．また，日の出直後からの早朝加温も光合成を促進する効果が高く，果菜類では広く取り入れられている（図4-11）．一方，夜間より昼間（日の出後2時間程度）の温度を低くすると（負のDIF；differenceの略で昼間と夜間の温度差を利用して植物の成長，主に伸長成長を制御する技術，夜間より昼間が高いと正のDIFという），エチレン生成が促進され，植物の節間伸長が抑制される．このことを利用して，ポットマムやユリの草丈を調節する技術も開発されている．

施設の暖房（加温）方式は，温湯暖房と温風暖房がほとんどであり，電熱暖房は小規模な育苗用温床などに用いられるにすぎない．温湯暖房は温風暖房に比べて，①温度分布が均一になりやすい，②湿度低下が少ない，③有害ガス発生の危険がない，④温度変化が緩やか，などの利点があり，大規模な施設で用いられている．プラスチックハウスでは，設備が安価で取扱いも容易な温風暖房が主である．

施設内の温度上昇を抑制するための換気には，換気扇による強制換気と，天窓，側窓の開放やハウスの谷，すそなどの巻上げによる自然換気とがある．強制換気はサーモスタットによる自動化が容易であるが，排気口と吸気口の間に温度差が生じるため，ハウスの長さが$50~\mathrm{m}$を超える場合に

4.2 環境制御

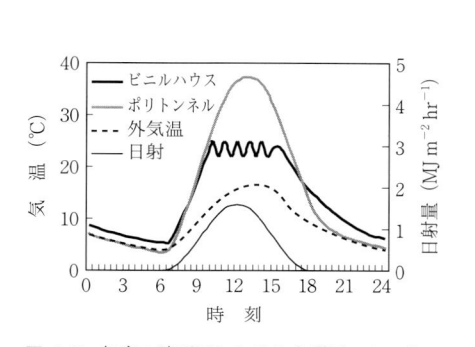

図 4-8 初春の晴天日における大型ビニルハウス（換気扇換気），ポリトンネル（密閉）内気温と外気温，日射量の変化（模式図）
容積の小さいトンネルは，大型ハウスと比較して温度変化が急激で，密閉状態では生育適温より高くなることが多い．赤外線透過率が高いポリフィルムの場合，最低気温は外気より低くなることも多いが，平均地温は無被覆と比較して高く，マルチと組み合わせることによって，その効果は大きくなる．

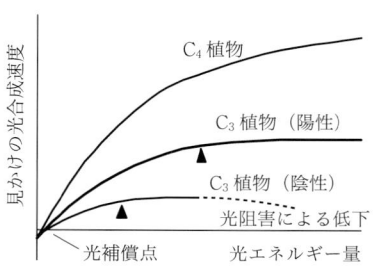

図 4-9 光エネルギー量と C_3，C_4 植物の光合成速度との関係（模式図）
矢印は光飽和点．

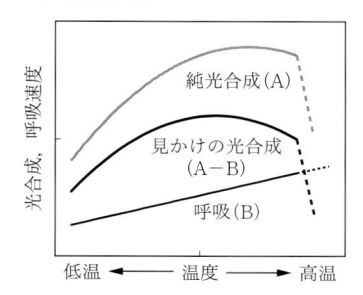

図 4-10 温度と呼吸，光合成速度との関係（模式図）

表 4-3 主な果菜，花きの暖房（最低）温度

種　類	最低気温（℃）
キュウリ	12
メロン	15
トマト	12(8)[*1]
ナス	15(12)[*1]
トウガラシ	18
イチゴ	5
キク	10(15)[*2]
バラ	15
カーネーション	8
ペチュニア	13
ポインセチア	13

[*1] 花粉稔性が低下するため，低温ではホルモン処理が必要．
[*2] 花芽分化期は高温が必要．

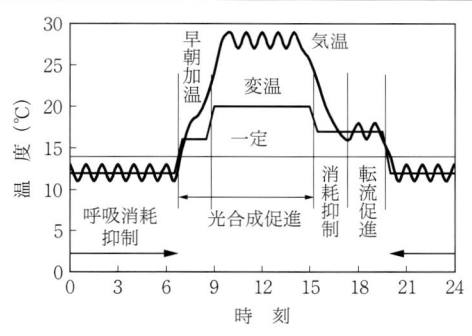

図 4-11 4段サーモによるキュウリ変温管理の温度設定と晴天日のハウス内温度変化の事例

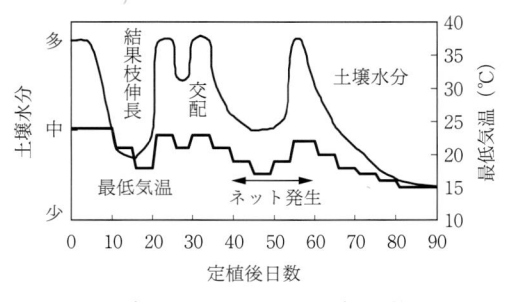

図 4-12 温室メロンの夜温管理と土壌水分管理の事例

は利用できない．換気や遮光以上に気温を低下させる手段として，水の気化熱を利用した細霧冷房がある．高圧ノズルを用いて10～50 μmの細霧を5～30分ごとに発生させることによって，湿度の低い日には室内の温度を外気より1～3℃低くすることができる．

4.2.3 CO_2

閉鎖された冬季の施設内 CO_2 濃度は，夜間には土壌呼吸と植物体の呼吸によって上昇し，夜明け前が最も高くなる（図4-13）．土壌に有機物が十分に施された密閉度の高いプラスチックハウスでは，2000 ppmを超えることもまれではない．日の出後，換気開始までは植物の光合成によって200 ppm程度まで急激に低下し続け，換気開始後は，300 ppm程度まで回復する．しかし，土壌中の有機物が少なく，土壌微生物の呼吸による CO_2 の供給が少ない場合や，換気が不十分な場合には，CO_2 補償点（40～70 ppm）近くまで低下することもある．したがって，換気に際しては，適温の維持だけでなく，CO_2 の補給も考慮しなければならない．また，堆肥などの有機物は，土作り（土壌の物理・化学・生物性の改善）を目的として施用されるが，特に施設内においては，CO_2 発生源として大きな役割を果たしていることを忘れてはならない．

植物の光合成速度は，CO_2 濃度1500 ppm程度までほぼ直線的に上昇するため，人為的な CO_2 施用によって生育，収量が向上する（表4-4）．発生源としては，灯油，LPガス，液化 CO_2 などが用いられ，養液栽培のように有機物を全く施用しない場合には，特に効果が大きい．一般的には500～800 ppmで施用されるが，換気頻度が低くなる厳寒期には1000～1500 ppmまで高めることも多い．タイムスイッチを用いて早朝のみ2時間程度施用する場合もあるが，換気装置と連動させた CO_2 濃度制御器を用いることが望ましく，午前中の温度も2～3℃高めに管理するとさらに施用効果が高くなる．

4.3 土壌管理と養水分管理

同一種類の作物を同じ場所で続けて栽培することを連作といい，連作によってしだいに生産性が低下することを連作障害という．施設栽培における連作障害の原因は，ほとんどの場合が土壌伝染性病（虫）害と塩類集積である．

4.3.1 土壌伝染性病害虫

表4-5に示した病原菌の中には，青枯病菌，ネコブセンチュウのように多犯性のものもあるが，フザリウム属菌などは感染する植物よって異なる亜種あるいはレース（形態的には差がないが，病原性が異なる系統を分類する場合に用いる）に分類される．一般の畑作では，輪作によって回避することができるが，施設栽培の場合は連作せざるを得ない場合が多いため，薬剤や熱による土壌消毒が行われる．薬剤としては，クロルピクリンとともに臭化メチルが広く利用されていたが，オゾン層保護のため2005年から使用が禁止されることになった．消毒のための熱源としては，蒸気・熱水のほか太陽熱が利用されており，このうち太陽熱と熱水の利用が，臭化メチル代替技術として注目されている．ただし，前者は長期間処理が必要である上に，効果が天候に左右されやすく（図4-14），後者は処理コストが大きいという問題がある．多くの病原菌は，45～50℃で一定時間処理すると死滅するが（図4-15），処理温度が60℃を大きく上回ると，病原性をもたない有用微生物まで死滅する．土壌中の有用微生物密度が低下すると，病原菌が急激に増殖する場合があるので，消毒後の再汚染と熱消毒時の処理温度には十分注意する必要がある．

4.3.2 塩類集積

日本各地の年間降水量は，通常1500 mm以上であるが，施設内は露地条件下とは異なり，降雨による流亡・溶脱が起こらないため，土壌中に肥料中の成分が蓄積しやすい．また，施設栽培では一般に作物の生育が旺盛であるため，多肥栽培さ

4.3 土壌管理と養水分管理

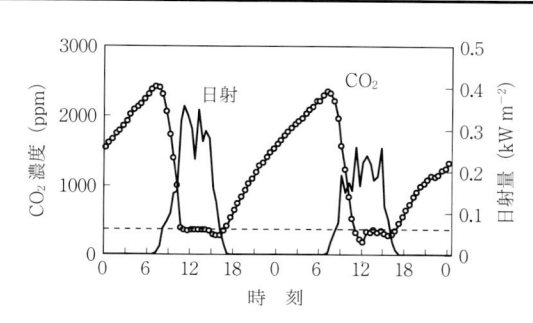

図 4-13 イチゴハウス内の CO_2 濃度と日射量の変化（土壌中炭素濃度 3.11% dw）

表 4-4 園芸作物に対する CO_2 施用の増収効果（500〜1000 ppm で施用した複数の実験の平均）（Kimball, 1983 より）

種　類	CO_2 施用効果 （施用/無施用, %）
カーネーション	109±4*
キク	106±3
バラ	122±11
キュウリ	130±8
イチゴ	122±26
トマト	120±4
レタス	135±9

*95% 信頼区間.

表 4-5 野菜の施設栽培で問題となる土壌伝染性病原菌の学名とその病名

病原菌（属）	病　名（作物）
Pseudomonus	青枯病（トマト，ナス，トウガラシ）
Fusarium	萎ちょう病（J₁, J₃；トマト），半枯病（ナス），つる割病（キュウリ，メロン），萎黄病（イチゴ）
Verticillium	半身萎ちょう病（トマト，ナス，トウガラシ），萎ちょう病（イチゴ）
Phytophtora	根腐病（イチゴ），疫病*¹（トマト，ナス，トウガラシ，キュウリ，メロン）
Colletotrichum	炭疽病（イチゴ）
Meloidogyne （ネコブセンチュウ）	根こぶ病*²（トマト，ナス，キュウリ，メロン，イチゴ）

*¹ 各種作物の疫病は主に地上部に発病.
*² 根こぶ病の原因は線虫（動物）であるが，土壌伝染性病害として扱われることが多い.

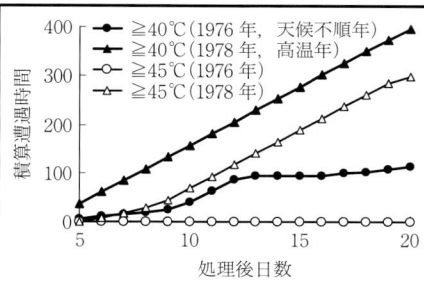

図 4-14 太陽熱消毒時のハウス密閉処理期間と地下 20cm の高温遭遇時間の年次変動（小玉・福井, 1979 より作成）

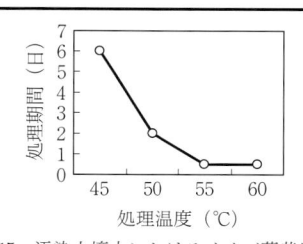

図 4-15 汚染土壌中におけるイチゴ萎黄病菌の死滅に必要な高温処理温度と処理期間の関係（小玉・福井, 1979 より作成）

図 4-16 カーネーション温室表層土の EC（乾土 1：水 5）と硝酸態窒素濃度の関係（嶋田ら, 1960 より作成）

$y = 3.18x + 3.02$
$R^2 = 0.708$

表 4-6 カーネーション栽培温室土壌の化学的特性（嶋田ら, 1960）

カーネーション の生育	EC (mS m⁻¹)	NO₃-N (ppm)	K₂O (mg/100 g)	CaO (mg/100 g)	MgO (mg/100 g)
表層土（≦5 cm，2〜3 年で作土入替え）					
良好（A）	29.4	79.0	35.6	252.9	106.0
不良（B）	45.6	151.2	28.0	232.8	111.0
A/B	1.55	1.91	0.79	0.92	1.05
下層土（＞15 cm）					
良好（A）	56.2	215.0	21.4	148.5	82.8
不良（B）	218.4	853.3	38.3	301.1	136.5
A/B	3.89	3.97	1.79	2.03	1.65

乾土 1：水 5．電気伝導度（EC）は従来 mS/cm（＝mmho）で表されてきたため，農業分野では同一の数値となる dS m⁻¹ で表されることが多いが，農業以外の分野では SI 単位系への変換に伴って mS m⁻¹（mS/cm の 100 分の 1）が用いられているので，ここでは mS m⁻¹ とした．

れる場合が多い．ガラス温室では，当初から設置後年次の経過とともに作物の生育が不良になるという問題があり，客土による土壌の入替えが行われていた．施設栽培面積が増加し始めた1950年代には，施設内土壌への肥料塩類，特に硝酸の集積が生育不良の原因であることが明らかにされ（図4-16，表4-6，4-7），湛水除塩やクリーニングクロップ（過剰に蓄積した養分を吸収させるために栽培される作物，高温期の成長速度が速いソルゴーなどが用いられる）の導入が進められた．近年では，土壌分析，植物体の栄養診断（表6-2参照）に基づいた施肥や，後述する養液土耕栽培の導入などにより，施肥の適正化がはかられている．しかし施設内では，乾燥地と同様土壌水分は下から上に向かって移動し，地下水や灌漑水中の成分も表層に集積するため，固定化された大型施設内では，依然として大きな課題として残されている．

4.3.3 灌　水

水は植物生体重の80～90%を占めており，光合成，蒸散，養分の吸収移行などの生理的過程を通じて作物の成長に大きな影響を及ぼす．一般的には，作物の成長に必要な水分を十分灌水する必要があるが，メロン，トマトや果樹などでは，果実への糖蓄積を促進するため，積極的に水分ストレスを与える管理が行われることも多い（図4-12）．トマトでは，土壌水分の変動が大きいと，尻腐れ果や裂果などの生理障害が発生しやすいため，灌水の巧拙が生育に大きな影響を及ぼす．しかし，作物の蒸発散量は，葉面積や環境条件によって大きく変動し，必要な灌水量も同時に変化する．一般的には，栽培者の経験と勘に基づいて灌水開始点や灌水量が決定されるが，土壌水分，日射量や水面蒸発量に基づいた自動制御装置も利用されている．

施設栽培における灌水方法としては，均一な灌水と空気湿度上昇の抑制が可能な点滴灌水が一般的になりつつある．点滴灌水の場合には，土壌水分の大きな変動を避けるため，少量ずつ多回数に分けて灌水することが多い．

4.3.4 養液土耕

一般の土耕栽培では，有機質肥料や緩効性肥料を主体とした元肥と液肥による追肥を組み合わせて栽培されるが，元肥を投入せずに液肥のみで肥培管理を行う方法は養液土耕（灌水同時施肥栽培）と呼ばれる．点滴灌水と組み合わせて，作物に必要な養水分を過不足なく供給することによって，塩類集積を回避することが可能になる．土壌伝染性病害については接木などで回避する必要があるが，後述の養液栽培と比較して低コストで導入できるため，急速に栽培面積が増加している．3要素のほかにCa，Mg，微量要素を含む複合液肥が利用されることが多いが，液肥中にSが含まれていない場合には，S欠乏に注意する必要がある．

4.4　養液栽培

養液栽培は，植物体の支持材としてウレタンなどを少量利用するが，ほとんど培地を使用しない水耕や噴霧耕などの方式と，れき，砂，ロックウールなどの固形培地を使用する方式とに分けることができる（表4-8，図4-17～4-19）．植物栄養学の研究手法として，Sacks（1860年）やKnop（1865年）によって始められた植物の水耕栽培は，第2次世界大戦前後にれき耕栽培として実用化された．日本では，新鮮な野菜を生産するために，米軍によって導入されたれき耕技術がトマトに応用され，1960年頃から青枯病対策としてまず実用化された．その後，キレート鉄を利用した湛液型の水耕栽培装置が開発され，トマトとミツバを中心に普及した．しかし，①設備投資額が大きい，②緩衝能が小さく培養液管理が難しい，③土壌伝染性病害は回避できるが発病すると急速に広がる，といった問題があった．耐病性台木の普及もあり，急激な面積拡大には至らなかったが，1980年代になると，設備費の安価なNFT（nutrient film technique）や培養液管理が容易なロックウール耕が導入され，トマトやバラの栽培面積が急速に増大した．近年は，ピートモス，ヤシガラ繊維，バーク堆肥などの有機質培地を利

表 4-7 野菜の生育に対する土壌懸濁液 EC（mS m^{-1}, 乾土1：水2）の限界点（橋田, 1966）

土 壌	生育阻害限界点			枯死限界点		
	キュウリ	トマト	ピーマン	キュウリ	トマト	ピーマン
砂土	60	80	110	140	190	200
沖積埴壌土	120	150	150	300	320	350
腐植質埴壌土	150	150	200	320	350	480

1：2法の数値は1：5法の約2倍となる．

表 4-8 養液栽培施設の方式別設置面積の変化（ha）（農林水産省農産園芸局資料より）

分 類	1987	1993	1999	99/93
湛液型水耕	181	278	313	1.13
NFT	50	102	120	1.18
噴霧耕	2	1	10	14.29
水耕合計	232	381	443	1.16
れき耕	17	26	25	0.95
砂耕	3	8	18	2.28
ロックウール耕	41	256	480	1.88
その他	3	12	60	5.17
固形培地耕合計	63	302	583	1.93
その他	3	8	30	3.80
合 計	299	690	1056	1.53

表 4-9 野菜の養液栽培施設設置面積の変化（ha）（農林水産省農産園芸局資料より）

品 目	1989	1993	1997	1999	99/97
トマト	177	211	308	337	1.09
イチゴ	16	29	49	103	2.10
ミツバ	89	90	99	91	0.92
ネギ	19	39	58	76	1.31
サラダナ	9	21	31	34	1.10
キュウリ	18	14	28	20	0.71
その他	30	135	83	106	1.28
合 計	359	540	656	767	1.17

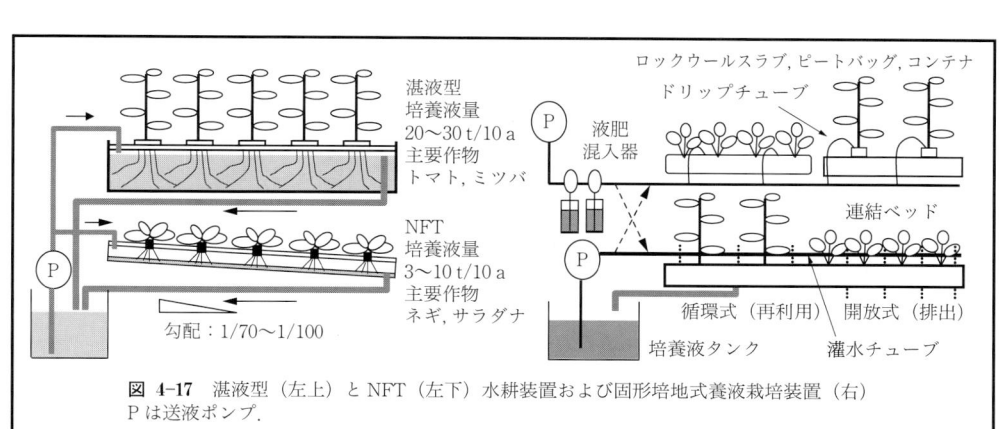

図 4-17 湛液型（左上）と NFT（左下）水耕装置および固形培地式養液栽培装置（右）．P は送液ポンプ．

図 4-18 小ネギの湛液型水耕（左）とイチゴのピートバッグ栽培（右）

用したイチゴの高設式養液栽培と，ダッチライト型ガラス室でのロックウール耕による大規模なトマト栽培の増加が著しい（表4-8，4-9）．両者ともに，培養液・栽培管理マニュアルの整備が進んでおり，雇用労力を利用した規模拡大が可能である．前者は，培地が土壌に近い緩衝能をもつため，培養液管理が容易であり，土耕と比較して作業負荷が格段に小さい．後者は，培養液・栽培管理の多くが自動化されている点が従来とは大きく異なる．また，空気中の根に培養液を噴霧する噴霧耕は，環境条件の安定した人工光型の植物工場でリーフレタスの周年生産に利用されている．

肥料3要素あるいは5要素といわれるように，土耕栽培では植物の成長に必要な必須元素（6.1節参照）がすべて肥料として施用されることはない．しかし，養液栽培では通常土壌中に含まれるFe，Bなどの微量要素も培養液中に添加する必要があり，日本では表4-10に示した園試処方均衡培養液が標準的に利用されている．一般的に，培養液の濃度は，全イオン濃度と比例する電気伝導度（EC）を指標として管理される．高温強日射条件下では，植物の蒸散速度が高まり，水の吸収量が増加することから，培養液濃度は冬季には高く，夏季には低く管理される．

養分吸収特性は，作物によって異なり，表4-11のように，作物の種類ごとに好適な培養液組成が示されている．しかし，養水分の吸収量は，同じ作物でも生育ステージや生育時期，あるいは日々の気象条件によっても大きく変動するので，培養液を循環再利用する場合には，培養液中のイオン組成が徐々に変化することは避けられない．特に，株当たりの培養液量が少ないNFTでは，湛液型水耕より変動が大きくなる．イオン組成の変化，それに伴うpHの変動，根から分泌される有機酸などの生育阻害物質の蓄積や侵入した病原菌の急速なまん延などが循環（閉鎖）式の養液栽培における培養液管理上の問題となっている．

一方，排出された培養液を循環再利用しないかけ流し（開放）式の場合は，病害発生も少なく，培養液管理も簡便で生育が安定しやすい．一般の土耕栽培と比較すると，肥料の吸収効率は著しく高く，投入量，廃棄量ともに少ないが，廃液は系外に排出される．循環式の場合も培養液更新時には廃棄されるため，いずれの方式であっても，環境保全の上では廃棄量を少なくすることが課題として残されている．

4.5 IPM（総合的害虫管理）

近年，花粉媒介昆虫としてのマルハナバチの利用とともに，天敵や微生物農薬，フェロモンなどの利用が，施設栽培を中心に急速な広がりをみせている．「耕種的，生物的，物理的な防除法と化学合成農薬を有機的に組み合わせ，生態系との調和をはかりながら，害虫による被害を経済的被害が生じる水準以下に維持する技術」がIPMと呼ばれる．1995年に天敵（図4-20）が生物農薬として認められて以来，表4-12に示したような天敵が作物への農薬残留，薬剤抵抗性の発達などの問題への対処法としてばかりでなく，減農薬による環境に優しい省力技術として導入されている．一方で，外来の天敵が日本の生態系に及ぼす影響についての懸念も広がっており，日本在来の天敵昆虫利用技術の確立が望まれている．また，防虫ネット，紫外線カットフィルム，黄色蛍光灯などによる物理的な害虫の侵入防止策も施設栽培では防除効果が高い． ［吉田裕一］

キーワード

施設栽培（protected cultivation），促成栽培（forcing culture），（ポリ）塩化ビニル（polyvinylchloride：PVC），ガラス室（glass house），プラスチック（ビニル）ハウス（plastic house），温室（前二者を合わせて）（greenhouse）

4.1
単棟（single-span），連棟（multi-span），紫外線（ultraviolet），花粉媒介昆虫（polinating insects），パイプハウス（large（walk-in）tunnel），赤外線（infrared），雨よけハウス（rain shelter），トンネル（small tunnel），マルチ（mulch），べたがけ（floating row cover）

4.2.1 光合成有効放射（photosynthetically active radiation：

表 4-10 園芸試験場均衡培養液（園試処方）の組成と肥料成分

A. 添加する塩類濃度

多量要素	mg L^{-1}	mmol L^{-1}
Ca(NO$_3$)$_2$・4H$_2$O	950	4.0
KNO$_3$	808	8.0
NH$_4$H$_2$PO$_4$	155	1.33
MgSO$_4$・7H$_2$O	492	2.0

微量要素	mg L^{-1}	（必須成分）
Fe-EDTA	25	(Fe : 3.0)
H$_3$BO$_4$	3	(B : 0.5)
MnSO$_4$・4H$_2$O	2	(Mn : 0.5)
ZnSO$_4$・7H$_2$O*	0.22	(Zn : 0.05)
CuSO$_4$・5H$_2$O*	0.05	(Cu : 0.02)
Na$_2$MoO$_4$・2H$_2$O*	0.02	(Mo : 0.01)

*地下水に必要量含まれるため、天水を利用する場合以外は不要.

B. 多量要素のイオン濃度

イオン	mmol L^{-1}	me L^{-1}	mg L^{-1}
NO$_3^-$-N	16	16	224
NH$_4^+$-N	1.33	1.33	19
全窒素	17.3	17.3	243
H$_2$PO$_4^-$	1.33	1.33(4)*	128
K$^+$	8	8	313
Ca^{2+}	4	8	160
Mg^{2+}	2	4	49
SO$_4^{2-}$	2	4	192
全カチオン	15.33	21.33	—
全アニオン	19.33	21.33	—

*（　）内は PO$_4^{3-}$，培養液中では H$_2$PO$_4^-$ と HPO$_4^{2-}$ として平衡状態で存在.

C. 肥料取締法に基づく成分*

肥料成分	mg L^{-1}
窒素全量	243
硝酸性窒素	224
アンモニア性窒素	19
リン酸（P$_2$O$_5$）	94
カリ（K$_2$O）	377
石灰（CaO）	224
苦土（MgO）	81

*P, K, Ca, Mg は肥料取締法上，酸化物として成分が表示される.

表 4-11 野菜の見かけの吸収濃度に見合う培養液の組成（mmol L^{-1}. 山崎, 1982）

多量要素	Hoagland	メロン	キュウリ	トマト	イチゴ	ピーマン	レタス	シュンギク	ナス	コカブ	ミツバ
Ca(NO$_3$)$_2$・4H$_2$O	4.0	3.5	3.5	1.5	1.0	1.5	1.0	2.0	1.5	1.0	1.0
KNO$_3$	6.0	6.0	6.0	4.0	3.0	6.0	4.0	8.0	7.0	5.0	7.0
NH$_4$H$_2$PO$_4$	1.0	1.3	1.0	0.7	0.5	0.8	0.5	1.3	1.0	0.5	1.7
MgSO$_4$・7H$_2$O	2.0	1.5	2.0	1.0	0.5	0.8	0.5	2.0	1.0	0.5	1.0

Hoagland 培養液については参考のため追加.

図 4-19 湛液型水耕（左）とロックウール耕（右：オランダ，通路の温湯用パイプは各種台車のレールとして利用される）によるトマトの長段栽培

図 4-20 アブラハバチに寄生されて膨張したアブラムシ（矢印）

表 4-12 生物農薬として登録されている主な天敵と対象害虫

防除対象害虫	種別	天敵	学名
ハダニ類	捕食	チリカブリダニ	*Phytoseiulus persimilis*
コナジラミ類	寄生蜂	オンシツツヤコバチ	*Encarsia formosa*
マメハモグリバエ	寄生蜂	イサエアヒメコバチ	*Diglyphus isaea*
		ハモグリコマユバチ	*Dacnusa sibirica*
アブラムシ類	捕食	ショクガタマバエ	*Aphidoletes aphidimyza*
	寄生蜂	コレマンアブラバチ	*Aphidius colemani*
アザミウマ類	捕食	ククメリスカブリダニ	*Amblyseius cucumeris*
		ナミヒメハナカメムシ	*Orius sauteri*

PAR), 光合成有効光量子束密度 (photosynthetic photon flux density : PPFD), 照度 (illuminance), 補光 (supplemental lighting), 日長 (photoperiod), 遮光 (shading), 光呼吸 (photorespiration)

4.2.2 暖房（加温）(heating), 花芽分化 (flower bud differentiation), 換気 (ventilation)

4.2.3 有機物 (organic substances), 土壌微生物 (soil microorganisms), 堆肥 (manure)

4.3 連作 (successive cropping), 連作障害 (replant failure), 土壌伝染性病（虫）害 (soil borne diseases), 塩類集積土壌 (saline soil)

4.3.1 輪作 (rotation), 土壌消毒 (soil disinfection), 臭化メチル (methyl bromide), 太陽熱消毒 (solarization)

4.3.2 溶脱 (leaching)

4.3.3 蒸発散 (evapotranspiration), 点滴灌水 (drip irrigation)

4.3.4 有機質肥料 (organic fertilizer), 緩効性肥料 (slow release fertilizer), 液肥 (liquid fertilizer), 灌水同時施肥（液肥灌漑）(fertigation)

4.4 養液栽培 (soilless culture), 水耕 (hydroponics), ロックウール (rock wool : RW), 固形培地耕 (substrate culture), 培養液 (nutrient solution), 必須元素（養分）(essential element), 微量（多量）要素 (micro(macro)elements), 電気伝導度 (electric conductivity : EC)

4.5 総合的害虫管理 (integrated pest management : IPM)

■ 演習問題

問1 ガラス室とプラスチックハウスを比較し，それぞれの利点と欠点について述べなさい．

問2 農ビフィルムと農POフィルムを比較し，それぞれの利点と欠点について述べなさい．

問3 マルチの目的と効果について述べなさい．

問4 キュウリの変夜温管理について述べなさい．

問5 温湯暖房と温風暖房を比較し，それぞれの利点と欠点について述べなさい．

問6 施設内のCO_2濃度変化の特徴と作物の光合成の関係について述べなさい．

問7 太陽熱を利用した土壌消毒技術について述べなさい．

問8 トマトのロックウール栽培が急速に普及した理由として考えられることを述べなさい．

問9 トマト青枯病，メロンつる割病，ナス半身萎ちょう病，キュウリ疫病，イチゴ炭疽病の病原菌の属名をそれぞれ記しなさい．

コラム4

農業ロボット

日本の産業ロボットは，生産量，性能，普及率などにおいて世界に先んじているが，農業ロボットの研究は，京都大学で果菜の収穫ロボットの研究が1982年に始められたのが最初である．ロボットに期待する役割は，農作業の内容によって異なるが，労働力不足の解消，苦しい労働からの解放，単調労働からの解放，施設内の無菌化，若い担い手に知的刺激を提供するなどがあげられる．そして，農業生産の各種作業に対して，大学や国の試験研究機関などにおいてロボットの開発研究が進められている．対象作物としては果樹（果実）類，葉菜類，果菜類，花きなどであるが，機械化の進んでいる穀物類についても半自動化，全自動化，GPSによる自律走行，そして無人化へとロボット化の研究が進められている．作業の種類とロボットの形状については，収穫，病害虫の防除，耕うん作業などに移動機構を有するロボットが，育苗（接木，挿木，育苗トレイの欠苗補填など），植物工場での収穫，培養組織増殖などの室内での作業には定置式ロボットが用いられ研究開発されている．しかしながら，これらの研究開発されたロボットが実用化ならびに普及した例は多くないのが現状である．その理由として，製造価格が高い，作業速度が人間より遅い，作業性能

コラム4　農業ロボット

図1　敷設されたシート

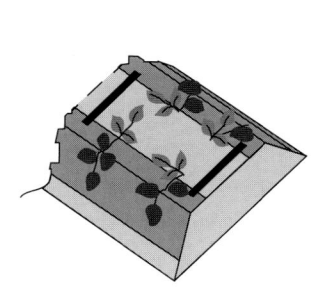

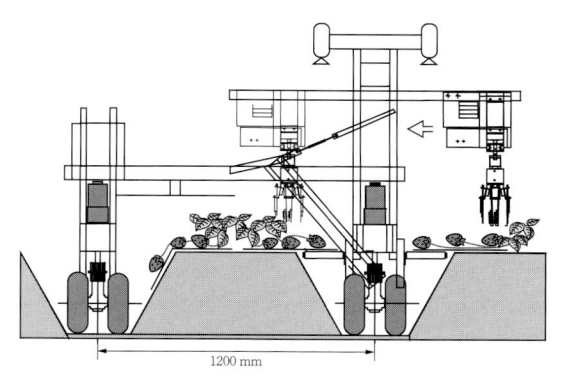

図2　イチゴ収穫ロボットの略図

が高くない，人間のように融通がきかない，年間を通した稼働率が低いなどがあげられる．

ここで，1年間のうち約6～7カ月と長期間の収穫作業を強いられるイチゴについて，われわれの研究室で研究開発した「イチゴ収穫ロボット」の概要を紹介する．

〈イチゴ収穫ロボットの概要〉

試作した収穫ロボットは，イチゴの土耕外なり栽培ハウス内を無人で走行し，赤い適熟イチゴ果実を検出し，機械的につみとり，収穫箱に搬送，収納するものである．ロボットの主たる構成要素を人間にたとえれば，移動するための足の部分（走行部），対象物を検出・認識する目の部分（マシンビジョン），つみとりをする手の部分（エンドエフェクター，アーム）とこれらを制御する脳の部分（パソコン）の4つから構成されている．

・走行部は，商用電源（100 V）を動力源にし，可変速モーターを動力とした4輪独立駆動，独立ステアリングの1うねまたぎの4輪車である．

・果実の検出とつみとりは，うねの法面に果房を下ろす「外なり」では果実の検出が困難であるため，図1のように不織布（シート）などをうねに沿って敷設し，シート上に果実を実らせ，収穫時に車両に設けられたシートリフタによりシートをうねと同じ高さまで持ち上げて，果実が平面上に位置するようにした（特許）．これにより，果実の位置検出が迅速になり，つみとり機構も簡単な直交座標型構造を採用することができた．適熟果を識別するマシンビジョンについては，CCDカメラで撮った画像をパソコンに取り込み，光素をRGB分析し，R成分の2値化を行い，面積を計算し，設定値以上のものを適熟果としてその位置を画像座標上に求めた．

・つみとり機構は，指先の部分に相当するエンドエフェクターを直動機器で構成した2軸の直交座標（300 mm×400 mm）に配置し，この座標内で果実を検出しつみとった．エンドエフェクターは8本の指を有し空気圧により開閉し，果実をつかみ，さらにユニットの回転により果実をつみとる．図2に収穫ロボットの略図を示す．

［竹永　博］

5

ポストハーベストテクノロジー

5.1 ポストハーベストの定義

ポストハーベストとは，ポスト（〜の後）とハーベスト（収穫）の合成語である．日本では，1970年代から1990年代にかけて，輸入カンキツ類から無認可のポストハーベスト農薬がたびたび検出され，その過程で収穫後に使われた農薬のことを単に「ポストハーベスト」と呼び，以来，ポストハーベスト＝農薬というイメージが固定化した．しかし本来は，文字どおり，収穫した農作物の貯蔵方法や品質管理全般を指す言葉であり，その対象とする範囲は非常に広い．

第1章で述べたように（1.3節参照），わが国の食料自給率は，カロリーベースで40％と主要先進国の中できわめて低い水準にある．自給的色彩が濃かった野菜，果実でも，自給率はそれぞれ80％台，40％台まで低下している．野菜，果実とも輸入量の7割弱を加工品が占めているが，収穫後の品質管理が難しく長距離輸送には適さないと考えられていた生鮮野菜，生鮮果実でさえも，それぞれ100万トン，170万トン程度が毎年輸入されるようになった．国内に目を転じると，地域で生産した農作物をその地域で消費する「地産地消」の運動が広がりをみせつつも，産地の全国化に伴う広域生産流通体制という構造は健在である（図5-1上）．このように長距離輸送がごくあたりまえの流通形態となっていく過程を支えたのがポストハーベストテクノロジーである．

ポストハーベストテクノロジーとは，収穫後の農作物の品質をできるだけ維持して，消費者に安定的に供給する技術をいう．園芸作物には，傷みやすく，腐りやすいものが多いため，他の農作物と比較して，より高度なポストハーベストテクノロジーが求められる．

収穫された農作物がその後の過程で，品質を損ない消費できなくなることを，総じてポストハーベストロスという．ポストハーベストロスは，収穫後の各段階で生じており，その原因としては，病虫害のほか，外傷や生理障害（5.5節参照）などがあげられる（図5-1下）．先進国では，流通段階におけるロスは数％程度とそれほど大きくないが，消費段階におけるロスが，野菜，果物では10％を超えることもあり，これらをすべて加えると，全体のポストハーベストロスは15～20％と推定される．一方，発展途上国では，流通段階でのロスが大きく，条件の悪い場合50％以上損失することもある．

国連食糧農業機関（FAO）は，1960年代半ばに，ポストハーベストロスを減らすことが食料の安定確保において重要であるとの提言をまとめている．1960年代といえば，半わい性品種の開発と農薬・肥料の多投によって，単位面積当たりの生産量（単収）が増加していく「緑の革命」の幕開けの時代である．単収の増加は1980年代半ばまで続いたが，その後明らかに頭打ちとなっており，将来の食料供給力に不安が広がっている．園芸作物についてはもちろんのこと，すべての農作物を対象として，ポストハーベストロスを減らすこと，そしてそのためにポストハーベストテクノロジーの果たすべき役割が，ますます大きくなってきている．

5.2 園芸作物の品質とその管理

わが国の消費者は，食品である野菜，果物に対しては，栄養があって（栄養特性），おいしくて（嗜好性），健康によく（生体調節機能），さらに

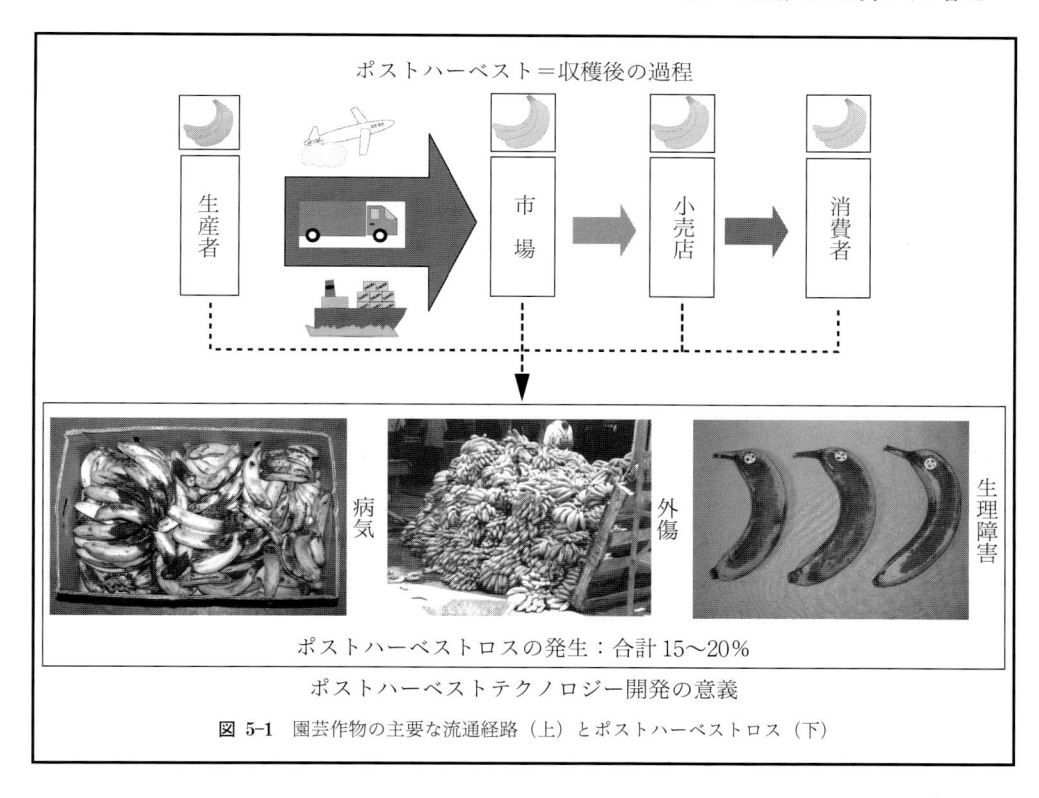

図 5-1 園芸作物の主要な流通経路（上）とポストハーベストロス（下）

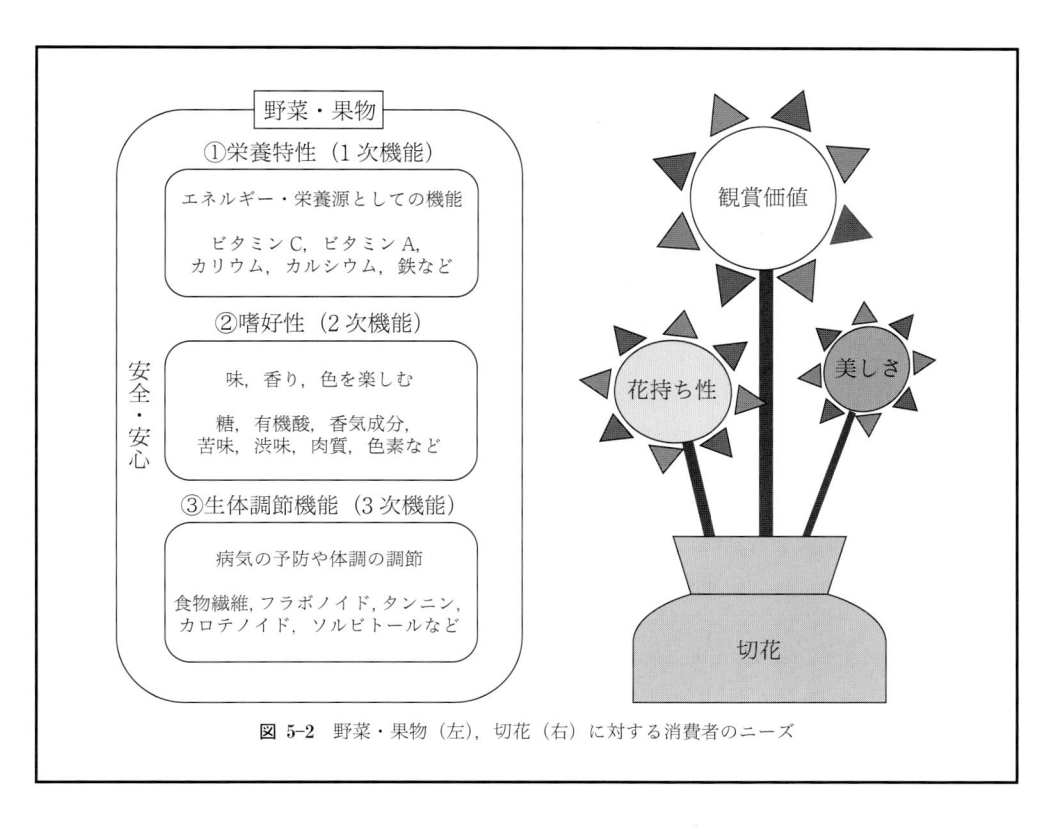

図 5-2 野菜・果物（左），切花（右）に対する消費者のニーズ

安心して食べられることを求めている（図5-2左）．特に健康と安全性は21世紀の野菜，果物消費におけるキーワードとなっている．さらに，「旬」のものを食べたいと思いながら，同時に好きなものは1年中あってほしいと願っている．一方，観賞対象である花は，美しさとともに，長く楽しめるかどうか（花持ち性）が評価基準になってきた（図5-2右）．これは花を，結婚式やパーティーなど特別な日だけではなく，家庭で日常的に楽しむように変わってきたことが大きい．このような消費者ニーズを見据えながら，生産者が丹精して育てた園芸作物について，その品質を高いレベルで維持すること，これがわが国におけるポストハーベストテクノロジーに特に求められている役割であり，本章の対象とするところである．

農作物は収穫後も生きている．特に園芸作物は，呼吸による成分の消費や蒸散によるしおれが激しいものが多く，収穫後老化の進行が著しい．一部の園芸作物では，植物ホルモンの1つであるエチレンがこの老化の進行に深く関わっている．

収穫後の呼吸，蒸散，エチレン生成は，周囲の環境によって大きく左右される（図5-3）．重要な環境因子として，温度，湿度，ガス環境があげられる．温度を低く保つことは，品質を維持するのに最も効果的で，低温環境下では呼吸，蒸散が抑えられ，エチレン生成も減る．また病気の原因となる微生物の生育も抑制される．湿度条件は，高くなればなるほど蒸散が抑えられ品質が保たれるが，湿度が高いと微生物も繁殖しやすくなるため，腐敗が問題になるような品目では注意しなければならない．ガス環境については，低酸素，高二酸化炭素濃度条件で，呼吸，エチレン生成を抑える効果がある．このように温度，湿度，ガス環境の3つの環境因子をコントロールして，呼吸，蒸散，エチレン生成を制御する，それが品質を守るポストハーベストテクノロジーの基本原理である．

5.3 園芸作物の品質評価技術

一般に農作物は，工業製品と異なり，大きさ，形，色，味などの品質がばらばらなので，これをできるだけ正確に評価し，一定の基準に従って「粒ぞろえ」していく作業が行われる（図5-4）．この作業は選別と呼ばれ，わが国では世界的に類のない厳しい基準で行われている．キュウリの曲がり具合いやリンゴの着色程度といった見た目の評価は「等級」と呼ばれ，従来は目視で秀・優・良などのランクに判別していたが，最近ではカメラを使った画像処理技術の発達により，カラーグレーダがランクづけを瞬時に行う．カラーグレーダは，L・M・Sなどで示される大きさのランク「階級」も同時に判別できる．

これらの外観基準をどんなに厳密に評価しても，実際に食べたときの味とは密接に関係していない．最近，内部品質に関するいくつかの情報は，光センサーによって品物を傷つけることなく評価され，消費者に提供するシステムが構築されている．最も一般的な光センサーは，近赤外分光法と呼ばれる方法を採用しており，近赤外光をあて，反射ないし透過した光を検出して糖度や内部褐変の有無を測定・検出する．このような非破壊評価では，品物すべての内部品質が測定できるので，糖度を保証して付加価値をつけることもできるし，また見た目では判断できない内部品質に対するクレームを事前に防ぐこともできる．これらの測定データは，消費者に提供されるとともに生産者にもフィードバックされ，栽培方法の改善に役立っている．

このように外観だけでなく，内部品質についても充実度の高い園芸作物が，確実に「粒ぞろえ」されて段ボールに詰められる．次節以降，野菜，果物，切花のそれぞれについて，高品質を維持するために行われている管理技術を紹介する．

5.4 野菜の品質管理技術

新鮮な野菜を，四季を通して消費者に提供するために，品種改良や施設栽培，産地リレーや輸入などの技術・方策が講じられてきた．これらの組合わせにより，周年安定供給が可能となり，多くの野菜が1年中食べられるようになった．このよ

5.4 野菜の品質管理技術　69

品質保持に影響を与える環境因子

老化の進行

呼吸
蒸散
エチレン

☆温度
☆湿度
☆ガス環境

環境因子を制御して，呼吸・蒸散・エチレン生成をコントロールする

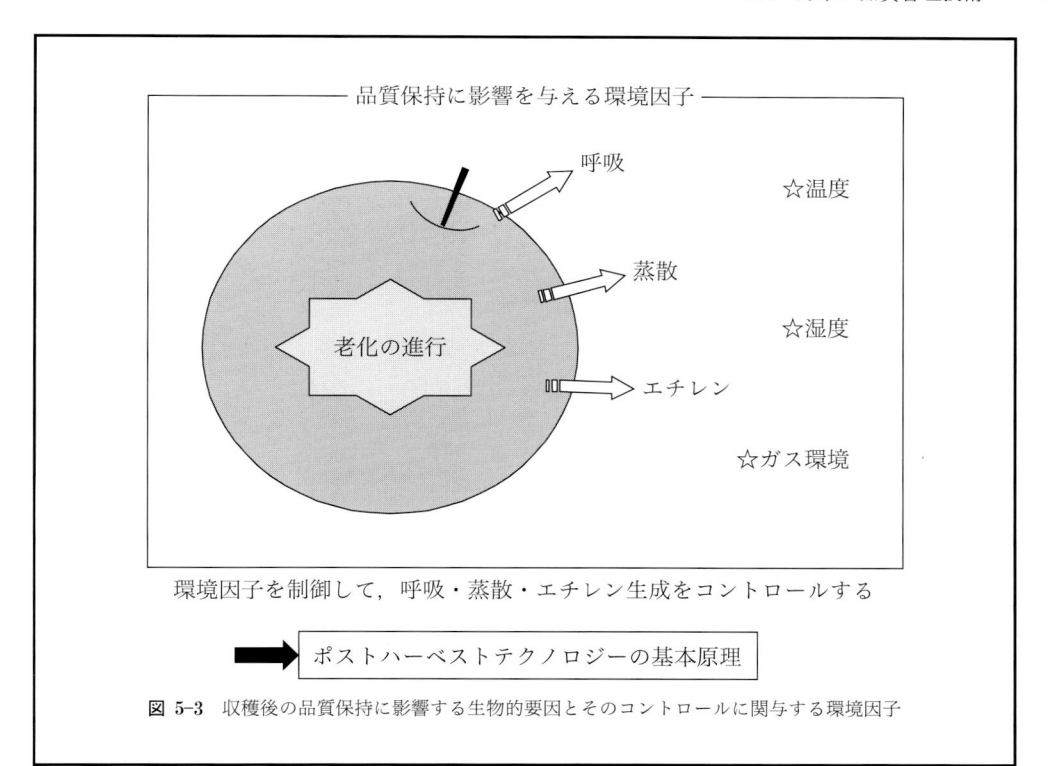

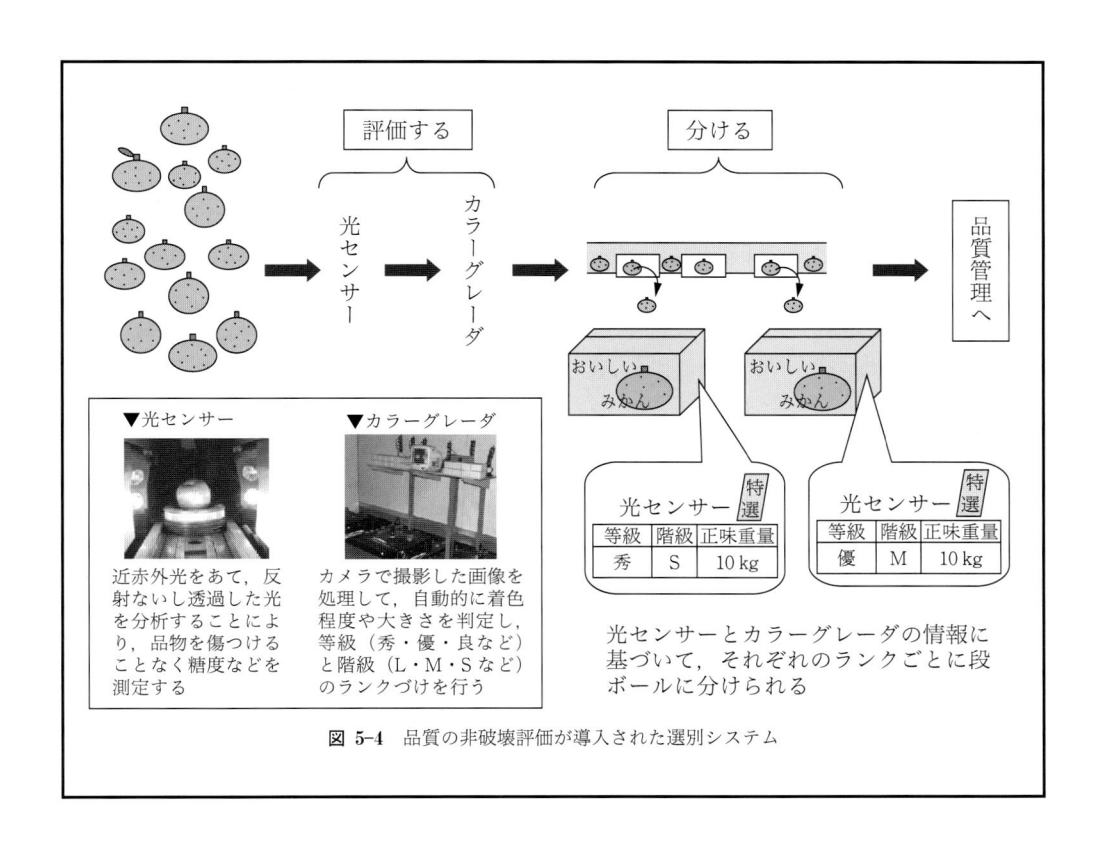

→ ポストハーベストテクノロジーの基本原理

図 5-3 収穫後の品質保持に影響する生物的要因とそのコントロールに関与する環境因子

評価する　分ける

光センサー → カラーグレーダ → 品質管理へ

おいしいみかん　おいしいみかん

光センサー	特選	
等級	階級	正味重量
秀	S	10 kg

光センサー	特選	
等級	階級	正味重量
優	M	10 kg

▼光センサー
近赤外光をあて，反射ないし透過した光を分析することにより，品物を傷つけることなく糖度などを測定する

▼カラーグレーダ
カメラで撮影した画像を処理して，自動的に着色程度や大きさを判定し，等級（秀・優・良など）と階級（L・M・Sなど）のランクづけを行う

光センサーとカラーグレーダの情報に基づいて，それぞれのランクごとに段ボールに分けられる

図 5-4 品質の非破壊評価が導入された選別システム

うな状況を可能にする上で，ポストハーベストテクノロジーの開発も大いに貢献した．

野菜は細胞分裂が活発で，呼吸の激しい部位を収穫することが多い．呼吸を抑えなければ，品質は維持できない．収穫後の野菜の呼吸パターンをみると，収穫直後が最も高く，その後しだいに低下する漸減型を示すことが多いので，特に収穫直後の初期呼吸をいかに抑えるかが品質管理上，重要である．

呼吸速度は，温度が低いほど小さく，品温を10℃下げることで，約半分から3分の1に低下する．この原理を応用して開発されたのが予冷である．

予冷とは，「農作物の出荷に際し，その品質を維持するのに適当な温度まで，できるだけ速く冷却すること」をいう．予冷によって，呼吸だけでなく蒸散も抑えられるので，品質保持のために有効である．

主な予冷方式として，わが国では表5-1にある3つが採用されている．強制通風冷却（図5-5上）は，庫内に積まれた容器（段ボールなど）に冷気を吹きつけて冷却する方式で，構造が最も単純であり，設備費が安くすむ．欠点は，冷却に半日以上を要してしまう点である．冷却時間を短縮するために開発された方式が，差圧通風冷却（図5-5下）で，冷却方式は強制通風方式と同じであるが，庫内にファンを設置し，圧力差をつくり冷気を段ボール内部に強制的に送り込めるようにした方式である．冷却速度は格段に速くなるが，庫内の作業面積が小さくなるなどの欠点がある．最も冷却速度の速い方式が真空冷却（図5-6）で，庫内を減圧して農作物の水分を蒸発させ，その気化熱を利用して冷却する方式である．水分が1％気化すると品温は約5℃下がる．設備費はかかるが，水分の蒸発しやすい葉菜類では多く利用されている．

野菜の中で予冷後出荷される割合が高いのは，呼吸量が高く収穫後の品質低下の激しいレタス，ニラ，セルリー，アスパラガスなどである．その他キャベツ，ハクサイ，ダイコン，ニンジンなどで予冷が行われている．なお，予冷技術の効果は，野菜だけでなく果物，切花でも実証されているが，果物の場合，野菜より呼吸量が低く日持ち性のよいものが多いという理由で，また切花では品質保持に各種薬剤を使用できるという理由で，予冷技術の利用率は低い．

農作物が，生産現場から消費に至る全過程を通して低温で管理されている状態をコールドチェーンと呼ぶ（図5-7）．予冷は，低温の鎖＝コールドチェーンを実現するための第1の鎖である．予冷施設の全国展開に伴いこの第1の鎖は確立されたが，その後の輸送中あるいは市場到着後に常温にさらされる場合があり問題となっている．

5.5 果物の品質管理技術

果物は，野菜と違って施設栽培が少なく，いまなお収穫が短期間に集中し，出回り期も限られる傾向にある．その中で国産2大果物であるリンゴとウンシュウミカンでは，供給をできるだけ長く持続させるための貯蔵技術が開発されている．貯蔵はまた，出荷の集中による価格の暴落を防ぐ役割も果たす．

果物は，野菜，切花よりも比較的呼吸量が低い部位を収穫対象とすることが多く，長期貯蔵が可能な潜在性をもっている．貯蔵中のポイントは呼吸，蒸散の抑制であるが，果物の中には野菜のような漸減型の呼吸パターンをとらず，収穫後，エチレン生成を引き金として，呼吸量が急激に上昇するパターンを示すものがあり，クライマクテリック型果実（表5-2）と呼ばれる．このタイプの果実は，一度呼吸量が上昇すると急激に老化が進むので，引き金となるエチレン生成を抑えることが貯蔵を可能にする必須条件となっている．主要な果実では，リンゴ，バナナ，モモが含まれる．これに対して，収穫後に呼吸の急激な上昇を示さない非クライマクテリック型果実（表5-2）には，カンキツ類，ブドウがある．

短期，長期を問わず，貯蔵中の呼吸，蒸散，エチレン生成の抑制には低温が基本である．低温貯蔵よりもさらに品質保持期間を延長したい場合に利用されるのが，CA貯蔵である．CA貯蔵は低

5.5 果物の品質管理技術　71

表5-1　わが国で採用されている主な予冷方式とその長所・短所

予冷方式	設備費	冷却時間	適用品目	普及割合
強制通風	○安い	×（12〜24時間）	すべての品目	60%
差圧通風	△	△（4〜8時間）	すべての品目	30%
真空冷却	×高い	○（20〜30分）	葉菜類	10%

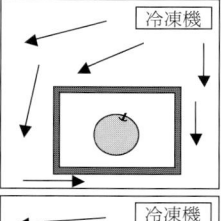

〈強制通風冷却〉
通常の冷蔵庫よりも格段に優れた冷凍能力と送風量をもった冷凍機により，冷風を吹きつけて冷却する

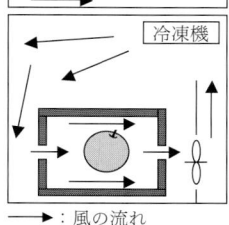

〈差圧通風冷却〉
冷凍機は強制通風と同じであるが，ファンをとりつけて圧力差を作り，冷風を段ボール内部にも流入するように工夫した冷却方式

→：風の流れ

▲真空冷却装置（外側）
庫内を減圧して生産物の水分を蒸発させ，気化熱を利用して冷却する方式

▲内側

図5-5　強制通風（上）と差圧通風（下）の冷却方式　　図5-6　真空冷却装置の外側（上）と内側（下）

〈コールドチェーン〉
農作物が生産現場から消費に至る全過程を通して低温で管理されている状態をいう

〈コールドチェーンの確立〉

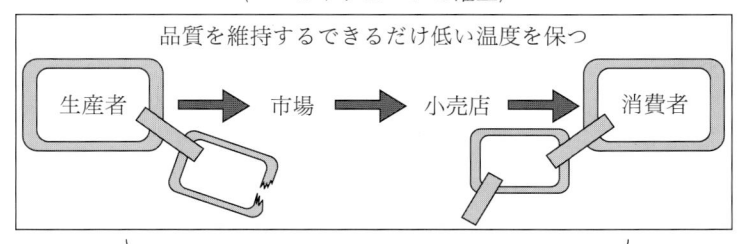

品質を維持するできるだけ低い温度を保つ

生産者　→　市場　→　小売店　→　消費者

この部分が途切れることがある

⇒第2，第3の鎖を確実につないで，コールドチェーンを完成させる必要がある

図5-7　コールドチェーンの定義とその実態

温と同時に，ガス環境を低酸素濃度，高二酸化炭素濃度に変えることで，さらに呼吸を抑え，同時にエチレン生成も低下させる貯蔵方式である（図5-8）．

貯蔵庫内のガス組成を，たとえば酸素濃度2％，二酸化炭素濃度2％に調整する．調整方法には主に2種類あり，1つは，プロパンガスを燃やして酸素濃度を減少，二酸化炭素濃度を増加させる方式で，もう1つは，空気中の窒素と酸素を分離し，高濃度の窒素を庫内に送り込む方式である．後者の場合，二酸化炭素濃度は果物自身の呼吸によって増加させる．

CA貯蔵により，多くの果物では低温貯蔵の2倍近く貯蔵期間が延長できる．ただし施設建設費，ランニングコストとも低温貯蔵に比べて割高であり，価格の低い品目では実用化は難しい．現在CA貯蔵されているのは，ほとんどがリンゴである．早生リンゴが出回る8月頃でも前年に収穫された'ふじ'のCA貯蔵果実が品質を保って流通しており，周年安定供給が実現している（図5-9）．

一方，ウンシュウミカンでは，4〜8月はハウスミカン，9，10月が早生ウンシュウ，11，12月に普通ウンシュウが供給され，残りの1〜3月が貯蔵ミカン中心の出回りとなっている．リンゴと同じく周年供給を実現しているが，出回り量をみると明らかに冬場に片寄っている（図5-10）．貯蔵は冬季の低温をたくみに利用した常温貯蔵で，専用の木箱と自然換気ができる貯蔵庫で行われている（図5-11）．貯蔵庫内の温度を3〜5℃，湿度を80〜85％に保つようにする．ただし，収穫した果実を何も処理しないでこの条件で貯蔵すると，浮皮（図5-12）が発生して品質が低下するだけでなく，腐敗果が多発する．そこで貯蔵前に，果皮を乾燥させる作業が行われる．これを予措もしくは乾燥予措という．貯蔵庫の吸排気口の開閉によって冬場の乾いた空気を送り込み，湿度を70〜80％に抑え，1〜2週間かけて果実重量を3〜4％減らす．予措と常温貯蔵で，年内に収穫された果実は，3月まで容易に貯蔵できる．

貯蔵を行う場合，特に注意が必要なものに生理障害がある．生理障害とは，貯蔵中に，病気や外傷などによるダメージがないにもかかわらず，果皮や果肉に褐変，崩壊といった異常現象が起こることをいう（図5-13）．低温が原因の場合を低温障害といい，バナナ，マンゴー，ウメ，カンキツ類などの果実のほか，キュウリ，ナス，ピーマンでも起こる．その他の生理障害に，呼吸によって庫内の二酸化炭素濃度が上昇し，それが原因で起こるガス障害がある．貯蔵中に起こる生理障害はいっせいに発生する可能性が高いので，貯蔵庫内の温度，ガス濃度に関して細心の注意が必要である．

5.6 切花の品質管理技術

切花の種類は数千種類に及ぶといわれるが，出荷量の最も多いのがキクで，切花全体の約3分の1を占め，これにカーネーション，バラが続く．この3つで切花出荷量の半分を超える．

切花の品質管理技術の中心は，品質保持剤の利用である．食品である野菜，果物に対して収穫後に薬剤を使う場合，食品衛生法で厳しい規制を受けるが，切花は食品ではないので，いろいろな薬剤が比較的簡単に利用できる．

主要な切花の中に，果物のクライマクテリック型果実同様，エチレン生成を引き金として，呼吸量が上昇し，老化が急激に進むものがある．その代表がカーネーションである．エチレンによる老化の進行は，エチレンがエチレン受容体と呼ばれるタンパク質に結合することによって引き起こされる（図5-14上）．この結合が新たなエチレン生成を誘起し，エチレンが急速に増加することにより，老化が進行する．エチレンの作用を阻害する品質保持剤として使われているチオ硫酸銀錯塩（STS）は，エチレン受容体と結合しやすい性質をもつ（図5-14下）．STSをエチレン受容体と結合させておくと，新たなエチレン生成が誘起されないので，老化の進行が抑えられる．カーネーションでは，収穫後すみやかにSTSを処理することにより花持ちが2倍以上延長する（図5-15）．その他，トルコギキョウ，シュッコンカスミソウ，ハイブリッドスターチスなどの切花で効果が

表 5-2 主な果実の収穫後の呼吸パターンからみた分類 (Kader, 1992を改変)

クライマクテリック型果実		非クライマクテリック型果実	
・アボカド	・ネクタリン	・イチゴ	・ナス
・アンズ	・パッションフルーツ	・オクラ	・ナツメ
・イチジク	・バナナ	・オリーブ	・ナツメヤシ
・カキ	・パパイヤ	・カカオ	・パイナップル
・キウイフルーツ	・フェイジョア	・カンキツ類	・ビワ
・グアバ	・ブルーベリー	・キュウリ	・ブドウ
・ジャックフルーツ	・マスクメロン	・コショウ	・ブラックベリー
・スモモ	・マンゴー	・ゴレンシ	・マメ類
・セイヨウナシ	・モモ	・サクランボ	・ライチ
・チェリモヤ	・ランブータン	・スイカ	・ラズベリー
・トマト	・リンゴ		
・ドリアン			

図 5-8 CA 貯蔵庫
CA 貯蔵条件下では人間は入れない. 最近は前室を設けて, 自動的にコンテナを出し入れする全自動 CA 庫も開発されている.

図 5-9 リンゴの月ごとの出回り量と単価の今昔
CA 貯蔵が普及することにより, リンゴを4〜8月にもたくさん出荷できるようになった. その結果, 月ごとの出回り量にでこぼこが少なくなり, 値段も1年中安定してきた.

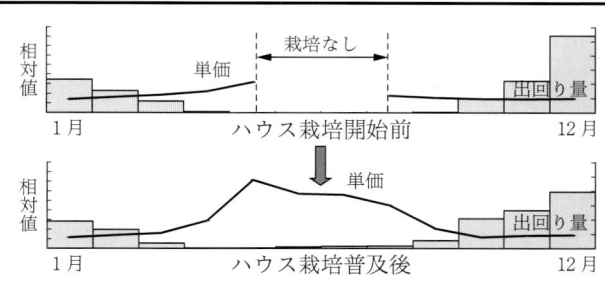

図 5-10 ウンシュウミカンの月ごとの出回り量と単価の今昔
ハウス栽培の普及により, ウンシュウミカンを4〜8月にも少量ながら出荷できるようになった. ただし出回り量は少なく, また単価も高い. リンゴ (図5-9) と比較して, まだ出回り量のでこぼこが大きい.

図 5-11 常温貯蔵庫
床下の吸気口と屋根上の排気口の開閉によって温湿度を管理でき, 貯蔵の難しいウンシュウミカンを3月までエネルギーを使わずに貯蔵できる.

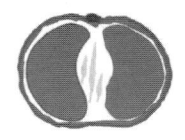

図 5-12 ウンシュウミカンの健全果 (左) と浮皮果 (右)
貯蔵中に発生する浮皮は, 果皮が吸水してふくれ, 果肉から離れて起こる. その後, 果肉は養水分を吸収されて萎縮する. 貯蔵中の湿度が高いと発生しやすい.

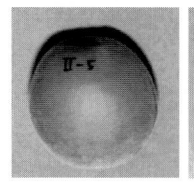

図 5-13 ウメ '白加賀' の生理障害果
左: 普通果, 中: 低温障害果 (4℃, 12日貯蔵), 右: ガス障害果 (25℃, ポリエチレン包装8日貯蔵, 包装内 CO_2 濃度10%).

高い．

　出荷量の第1位を占めるキクは，花持ちの優れた品目で，収穫後特別な処理を施さなくても長い間楽しめる．これに対しバラは，花持ちの悪い品目の代表である．収穫後すぐに水あげが悪くなり，ベントネック（花首が垂れ下がる）を起こして，観賞価値を失う（図5-15）．水あげが不良となる主たる原因は，導管中での細菌の繁殖である．これを防ぐために各種の殺菌剤が使われ，花持ち性の向上に効果を上げている．バラのほか，トルコギキョウなどでも収穫後早い段階で殺菌剤を使うのが望ましい．

　生産者から市場，小売店への輸送は，切花を段ボールに詰め，水を供給しない状態で行われる．これを乾式輸送という．カーネーションのように水があがりやすい（しおれにくい）切花では，数日であれば乾式輸送して水ストレス状態においた方が，生育が抑えられ，品質管理上好ましい．これらの切花では，小売店到着時に，水中で茎を切り返す水あげ処理を行い，気泡による導管閉塞を解いてやれば容易に吸水する．一方，バラのように水があがりにくい（しおれやすい）切花では，切口を水につけたまま輸送するのが効果的で，これを湿式輸送という．常温で湿式輸送すると，輸送中に生育が進行してしまうため，低温下での輸送が望ましい．切花を水の入った容器（バケット）に入れて低温下で輸送するシステムを，特にバケット低温流通という（図5-15）．従来の乾式輸送に比べて，輸送時の積載効率が3～5割低下するなどのデメリットもあるが，水ストレスがもたらす品質低下を防止でき，花持ち性の格段に優れた切花を消費者に届けることができる．また，バケットを回収・再使用することで，資源循環型の流通システムを構築できる．今後は，バラ，トルコギキョウ，シュッコンカスミソウを中心に，急速に普及することが期待されている．

　切花でも品質管理技術の基本は，呼吸，蒸散，エチレン生成を抑えて老化を進めないことにあり，その点では野菜，果物と変わらない．ただし，蕾の状態（カーネーションなど），もしくは開花した花と蕾が混じった状態（トルコギキョウ，シュッコンカスミソウ，ハイブリッドスターチスなど）で収穫され，収穫後に開花，すなわち生育を進行させて観賞価値をもたせる切花もある．開花は，花弁に糖が蓄積し，これが原動力となって大量に吸水が起こり，細胞が肥大する現象である．この過程を順調に進行させるには，大量の糖を必要とする．葉や茎に蓄えられた分では不足するので，開花促進剤として糖を与える（図5-15）．糖が加えられた水には微生物が繁殖しやすいので，殺菌剤の併用が欠かせない．

　このように切花の品質管理には，様々な薬剤が使われ効果を上げている．環境問題がクローズアップされている現代では，より「環境にやさしい」品質保持剤の開発が課題である．

5.7　プラスチックフィルム包装

　食品である野菜，果物には，切花で使われている品質保持剤の多くは使えない．コールドチェーン（5.4節参照）が確立していない現状で，より簡単に，より高度に品質管理する資材・方法としてプラスチックフィルムによる包装がある．

　プラスチックフィルム包装の歴史はそれほど長いものではない．1960年代，スーパーマーケットの登場により，それまでの小売店における対面販売が陳列販売に変わり，中身をそのまま確認できる包材で，前もって包装しておく必要が生じた．透明性をもつプラスチックフィルムは，この要請に応える好都合な資材であった．その後，衛生，品質管理が強く求められる時代背景の中で，比較的簡単に利用できる品質管理技術として脚光をあびるようになった．

　一般の食品包装では，湿気や酸化を防止するため，水分やガスの出入りの少ない，すなわち遮断性の高い包材が使用される．しかし，園芸作物のように生きているものを包装する場合，適度な水蒸気，ガス透過性がないと，品質劣化を助長してしまう可能性がある．包装する品目や包装方法に対応して，適当な素材を選ぶことが大切である．

　素材の選択基準として，透明性や水蒸気・ガス透過性のほかに，密封する際のヒートシール（熱

5.7 プラスチックフィルム包装

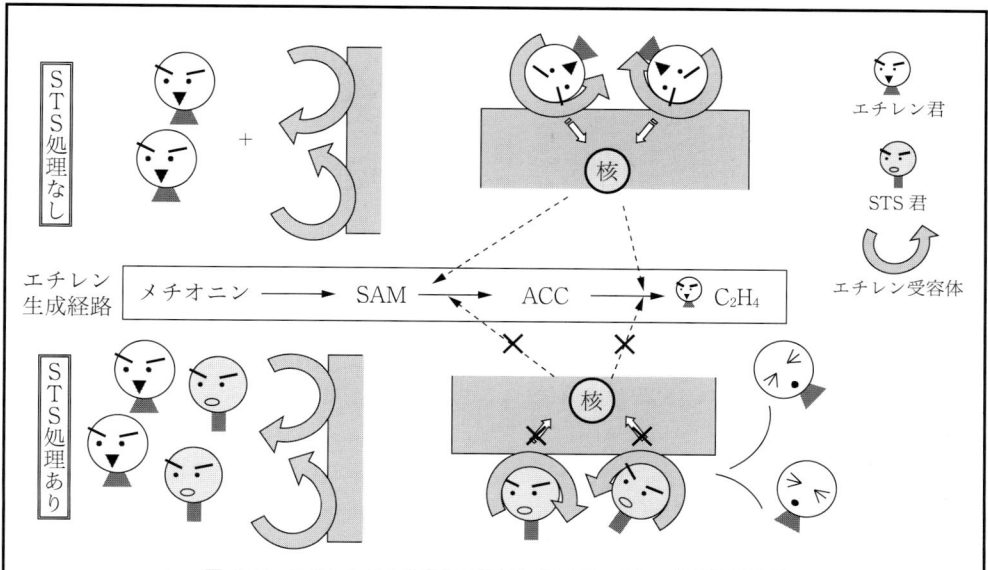

図 5-14 エチレンによる老化の進行と STS のエチレン作用阻害機構
上：エチレンの受容体にエチレンが結合し，その情報が核に伝わって，エチレン生成に関与する酵素の活性を高める結果，新たなエチレン生成が引き起こされ，老化が進行する．
下：エチレンの作用を阻害する品質保持剤として利用されるチオ硫酸銀錯塩（STS）は，エチレン受容体と結合しやすい性質をもつ．STS をエチレン受容体と結合させておくと，エチレンの情報が核に伝わらず，新たなエチレン生成が起こらない．この結果，老化の進行が抑えられる．

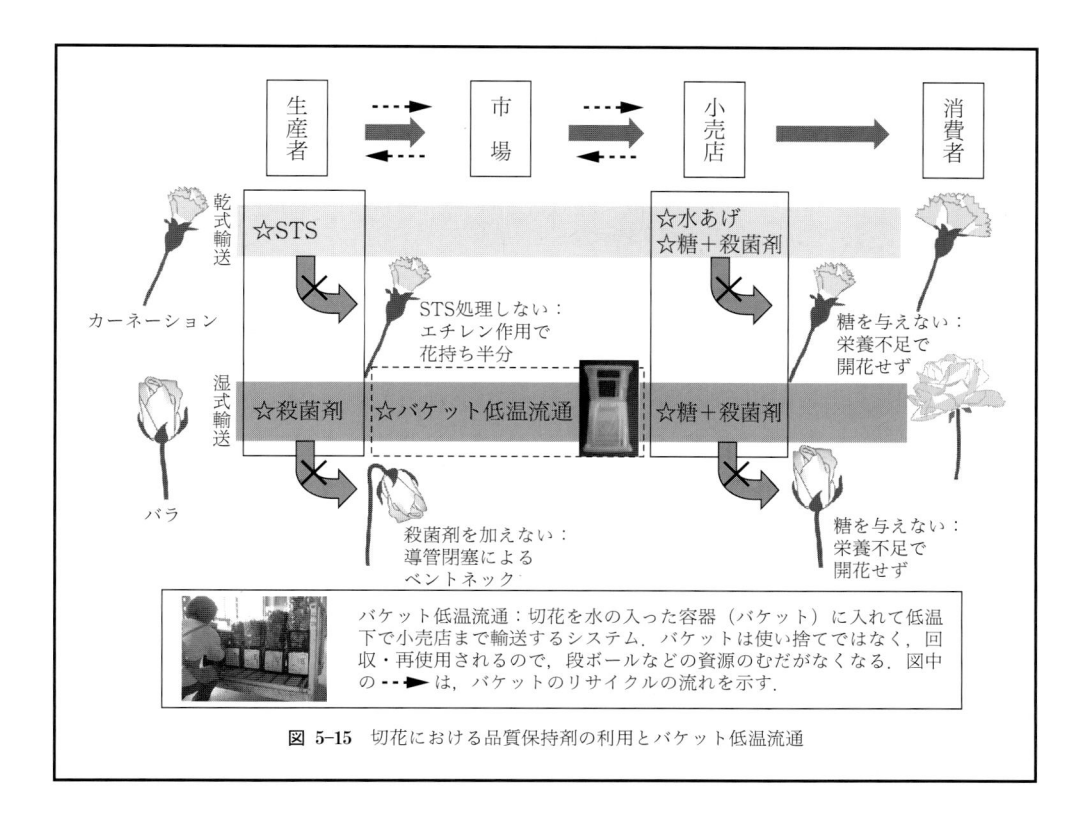

図 5-15 切花における品質保持剤の利用とバケット低温流通

接着）性や，陳列する際のこしの強さなどがある．現在，園芸作物に使われている代表的な素材（ポリプロピレン（PP），ポリエチレン（PE），ポリスチレン（PS），ポリ塩化ビニル（PVC））についてこれらの観点からまとめたものが表5-3である．

園芸作物の包材のうち，ポリプロピレンは，透明性，ヒートシール性，こしの強さにおいて優れた素材であるが，水蒸気透過性が低く，呼吸量の高い野菜を包むと曇りが発生し，中がみえにくくなる．この問題を解決するため，フィルムに界面活性剤（主として食品添加物として認可されている多価アルコール脂肪酸エステル）を練り込んで，曇り止め処理を施したフィルムが作られている．フィルムの内面で水滴は均一な水膜となるため，曇らないだけでなく，腐敗菌の増殖を抑えることにも成功した．

このように素材のもつ長所を生かし，短所を改良することでフィルムは進化を続けている．たとえば，ガス透過性を上げる目的で，ポリプロピレンフィルムにレーザー光線で小さな穴を開け，その数と大きさを工夫して，包装内ガス濃度を制御できる微細孔フィルムが開発され，高い品質保持効果を発揮している（図5-16）．微細孔フィルムに限らず高いガス透過性をもったフィルムで密封包装すると，包装内は呼吸によって酸素が消費され，二酸化炭素が生成される．条件が整えば，フィルム面を通して起こる酸素・二酸化炭素の出入りと呼吸とのバランスがとれて平衡状態に達し，包装内に品質保持に適したガス環境（低酸素，高二酸化炭素濃度）ができる．CA貯蔵と同じ効果をねらったこのような包装方法は，MA包装（MAP）と呼ばれる（図5-17）．

プラスチックフィルム包装は，すでに私たちの生活に深く入り込んでいるが，一方で過剰包装の問題が指摘されている．フィルムの性能をよく理解してうまく利用すれば，品質保持に高い効果を発揮するので，今後軽量化，分別化を進めながら，地球環境問題に配慮した資材，方法の開発を模索する必要がある． ［馬場 正］

キーワード

5.1
ポストハーベスト（postharvest），ポストハーベストテクノロジー（postharvest technology），ポストハーベストロス（postharvest loss）

5.2
呼吸（respiration），蒸散（transpiration），老化（senescence），エチレン（ethylene），温度（temperature），湿度（humidity），ガス環境（atmospheric composition）

5.3
選別（grading），カラーグレーダ（color grader），光センサー（light sensor），非破壊評価（nondestructive evaluation）

5.4
予冷（precooling），強制通風冷却（room cooling），差圧通風冷却（static-pressure air-cooling），真空冷却（vacuum cooling），コールドチェーン（cold-chain）

5.5
貯蔵（storage），クライマクテリック型果実（climacteric fruit），非クライマクテリック型果実（non-climacteric fruit），低温貯蔵（cold storage），CA貯蔵（controlled atmosphere storage），常温貯蔵（constant temperature storage），予措（prestorage conditioning），生理障害（physiological disorder），低温障害（chilling injury），ガス障害（gas injury）

5.6
チオ硫酸銀錯塩（silver thiosulfate anionic complex：STS），ベントネック（bent neck），殺菌剤（bacteriocide），乾式輸送（dry transport），湿式輸送（wet transport），糖（sugar）

5.7
包装（packaging），ポリプロピレン（polypropylene：PP），ポリエチレン（polyethylene：PE），ポリスチレン（polystyrene：PS），ポリ塩化ビニル（polyvinyl chloride：PVC），曇り止め処理（anti-fogging treatment），微細孔フィルム（micro-perforated film），MA包装（modified atmosphere packaging：MAP）

5.7 プラスチックフィルム包装

表 5-3 園芸作物に使われているプラスチックフィルムの種類とその特徴

	フィルムの種類	ポリプロピレン (PP)	ポリエチレン (PE)	ポリスチレン (PS)	ポリ塩化ビニル (PVC)
特徴	透明性	◯	△	◯	◎
	水蒸気・ガス透過性	×	◯	◯	◎
	ヒートシール性	◯	◯	×	×
	こしの強さ	◯	△	◯	×
使用例	このマークの下にPPやPEなど材質が表示してあるので確認してほしい	非密封包装 葉菜類など	密封包装 果物など	非密封包装 イチゴ上がけなど	ストレッチ包装 プリパックなど
性能とその他の特徴		界面活性剤を練り込んだ防曇性フィルムや微細孔を開けたガス制御フィルムの素材で、最近は密封包装にも広く使われるように進化している	ポリ袋のポリはポリエチレンのポリ．密度が低いほど透明性，透過性があがる．価格が安いので、いろいろなフィルムのベース素材になる	水蒸気・ガス透過性が高いが、ヒートシールできないので密封包装に使えない．触るとパリパリ音がする．価格が高く、使用量は減少傾向にある	ポリ塩化ビニル（塩ビ）自体は硬質なので，可塑剤で軟質化した業務用ラップフィルム．家庭用ラップフィルムはポリ塩化ビニリデン（PVDC）が素材で，透過性がほとんどない別物．ただし両素材とも燃やすと塩素ガスを発生するので、代替フィルムの開発が進んでいる

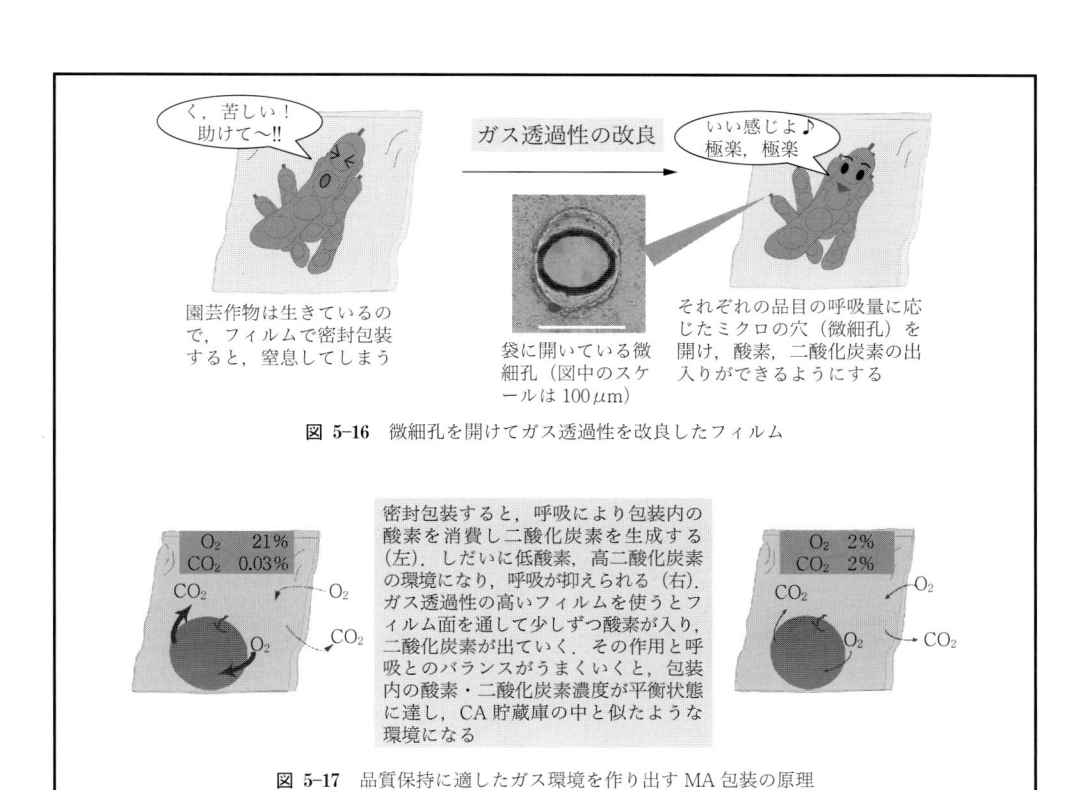

図 5-16 微細孔を開けてガス透過性を改良したフィルム

図 5-17 品質保持に適したガス環境を作り出す MA 包装の原理

■ 演習問題

問 1 「ポストハーベスト」「ポストハーベストテクノロジー」「ポストハーベストロス」の概念について説明し，これらが世界の食糧問題においてどのような意義をもっているかを考えなさい．

問 2 品質保持に影響する生物的要因を 3 つあげ，それらをコントロールする上で重要な環境因子とその条件について述べなさい．

問 3 園芸作物の選別の過程で用いられている非破壊評価について説明しなさい．

問 4 野菜の品質管理技術として重要な予冷について，その定義，予冷方式とそれぞれの特徴について述べなさい．

問 5 リンゴとウンシュウミカンの貯蔵法について述べ，これらの貯蔵法で出回り時期がどのように変化したかを説明しなさい．

問 6 切花の品質保持におけるチオ硫酸銀錯塩（STS）の役割について説明し，STS 処理が効果的な切花名をあげなさい．

問 7 MA 包装が品質保持に適したガス環境を作る原理を説明しなさい．

コラム 5

お茶のカテキンの効能

日常的に世界中で飲まれているお茶は，ツバキ科に属するチャ（*Camellia sinensis* (L.) O. Kuntze）の葉から作られ，その製法の違いにより，緑茶，紅茶，烏龍茶に大別される．お茶の時間を楽しむことは万国共通であるが，たとえばわが国では鎌倉時代に栄西禅師が記した『喫茶養生記』の中でお茶には様々な生理的効果があることが述べられているように，古くからお茶が体によいことも経験的に知られており，お茶は薬草としてもたしなまれていた．

お茶の効能が科学的に調べ始められたのは比較的新しく，ここ 20～30 年の間のことである．緑茶を多く飲む地方ではがんで死亡する人の割合が少ないといった疫学的調査が行われたり，お茶に含まれる成分（カテキン類，テアニン，カフェイン，サポニン，ビタミン C，γ-アミノ酪酸（GABA）など）の機能性が明らかになってきたが，ここでお茶の効能の主役として注目されるようになったのが，茶葉に多量に含まれているポリフェノールの一種のカテキン類である（緑茶系品種では乾物中約 10～20％，紅茶系品種では 20～25％）．茶のカテキン類としては，約 70 種類が単離され，構造も明らかにされているが，緑茶では（-）-エピカテキン（EC），（-）-エピガロカテキン（EGC），（-）-エピカテキンガレート（ECg），（-）-エピガロカテキンガレート（EGCg）の 4 種類が主要なカテキンとして知られ，さらにこの中で EGCg が全体の 50～60％ を占める．緑茶抽出物や各種カテキン類には，抗酸化作用，抗がん作用，抗アレルギー作用，血圧上昇抑制作用，抗肥満作用，抗菌作用，抗ウイルス作用などが見出されているが，なかでも EGCg においてその効果が強いことが多い．

ところで，お茶を飲んでホッと一息入れるということはよく体験するが，お茶の成分が神経系になんらかの作用を及ぼしている可能性が考えられる．お茶特有の旨味成分として，アミノ酸の一種であるテアニンに，脳波の計測によりリラックス効果が認められている．しかし，カテキン類が神経系（特に自律神経系）に及ぼす影響については不明であったが，筆者は自律神経系としてお茶の成分が吸収される腸管に存在する腸神経系に対するカテキン類の作用を調べ，カテキン類が腸神経細胞を興奮させることを見出した．すなわち，カテキン類の摂取によって腸管の運動などが活発になる可能性がある．作用濃度は通常飲む緑茶中に

比べて高いため、緑茶を普通に飲んで消化が活発になったり、逆にお腹が痛くなったりということはなさそうである。抗がん作用や抗酸化作用などカテキン類の様々な効果を期待して、たくさん緑茶を飲んでも大丈夫ということになろうか。

カテキン類は緑茶ではそのまま存在するが、紅茶や烏龍茶では製茶の過程で酸化重合してテアフラビンなどに変化してしまうため、緑茶で示されるような作用はみられなくなってしまうといわれている。しかし、紅茶や烏龍茶におけるポリフェノールの研究は、緑茶と比べると十分なされていないのが現状であり不明な点が多い。実際、テアフラビンの活性酸素の抗酸化能力は生体内ではカテキン類よりも強い、ボツリヌス菌に対する殺菌効果は紅茶抽出液の方が緑茶抽出液よりも強いといった報告があり、また、最近マウスのマスト細胞株を用いたヒスタミン遊離抑制実験から、紅茶系品種や凍頂烏龍茶などの茶品種からEGCgのメチル化体（エピガロカテキン-3-O-(3-O-メチル)ガレート：EGCg 3"Me, エピガロカテキン 3-O-(4-O-メチル)ガレート：EGCg 4"Me）が単離され、これらがEGCgよりも強い抗アレルギー活性を有することなども明らかにされた。花粉症患者が激増している昨今、こうした成分を含む商品開発も盛んに進められている。さらに研究が進めば、カテキン類以外にも様々な効能物質と呼ぶようなものの発見も期待できる。

最後にカテキン類についてのもう1つ話題を提供したい。カテキン類がどのような機構で抗がん性や抗菌性を示しているかについては、不明な点が多い。細菌やがん細胞などに対して直接作用しているとすると、正常細胞には影響を及ぼさないのかどうか疑問が残る。最近、この答えの示唆するような発見がなされた。がん化した細胞株において、EGCgの受容体（ラミニン受容体の一種）が存在するとのことである。受容体が存在するということは、生体内にその受容体に結合する化合物が存在することが考えられるので、その未知の物質がお茶の効能にも深く関与している可能性がある。

［本間知夫］

6 野菜（花き）の形態と生理・生態的特性

6.1 植物の栄養

　植物の成長に不可欠なC, H, O, N, P, K, Ca, Mg, S（以上，多量要素），Fe, Mn, Cu, Zn, Cl, B, Mo（以上，微量要素）の16種類の元素は必須元素と呼ばれる．C, H, Oを除くこれらの元素は，無機イオンとして根から植物に吸収される．また，植物は根から葉に達した水と気孔を通じて吸収したCO_2から太陽エネルギーを利用して炭水化物を合成する．これらを利用して様々な有機化合物が合成され，植物体の構築や代謝に用いられる．必須元素のうちN, P, Kの3つは肥料3要素と呼ばれ（Ca, Mgを加えて5要素と呼ばれることもある），いずれも体内を移動しやすいため老化した器官で欠乏症状が現れやすい．一方，植物体内を移動しにくいCaや微量要素（Znを除く）の欠乏症状は，通常新しく成長中の組織に発生する．表6-1に一般的な土壌診断の指標を示した．

　肥料成分として最も重要とされるNは，有機態，アンモニア態または硝酸態の形で施用されるが，最終的には土壌中で硝酸にまで酸化される（硝化）．植物はアンモニアを吸収・同化する能力をもっているが，過剰のアンモニアは植物にも有毒で，根の呼吸，葉緑体の光リン酸化，CO_2固定などを阻害する．畑作物の多くは主に無害な硝酸態の窒素を吸収し，アンモニアからグルタミンなどのアミノ酸，タンパク質へと同化する（図6-1）．余剰のNは硝酸イオンとして液胞中に蓄積されるので，植物体中（主に葉柄）の硝酸濃度は野菜，花きのN栄養診断に用いられている（表6-2）．一方，過剰に蓄積した硝酸は人間の体内で胃液と反応してニトロソアミンなどの有害物質に変わるため，葉・根菜類ではその低減技術の確立が進められている（図6-2）．アンモニア態Nは土壌に吸着されやすく硝酸態と比較して肥効が長いが，遅効性である．有機態Nは緩効性で最も肥効が長い．追肥の省力化などを目的としてIB, CDU, ウレアホルム（UF）などの緩効性窒素肥料や水溶性の肥料を樹脂などで被覆したコーティング肥料も利用されている．

　ATPなどの構成成分としてエネルギー代謝に重要な役割を果たすPは，溶解度によって水溶性とく溶性（2%クエン酸可溶性）に分類される．火山灰など酸性土壌は，リン酸吸収係数が高い（FeやAlと結合して固定される）ため，作物の吸収量と比較して多量に施肥されることが多い．

　Kは植物体中，土壌中ともに無機イオンとして存在し，耕地土壌中の濃度はNやPと比較して著しく高いが，溶脱されやすい．その生理作用の詳細は不明であるが，液胞中に多量に存在し，果菜類では果実の肥大に伴って吸収量が急激に増大する．

　土壌の好適pH（通常乾土1：水2.5の懸濁液で測定）は作物によって異なるが，一般に低pH条件下では，P, K, Ca, Mgなどの利用度が低下し，Al, Mnなど毒性の強いイオンが可溶化する．一方，高pH下ではFe, Znなどの微量要素が不溶化するため欠乏症状が発生しやすい（図6-3, 6-4）．

6.2 野菜の種類，分類と原産地

　『園芸学用語集：園芸作物名編』（1979年）には，154種類の野菜が掲載されている．自然分類によると，これらは34科，129種に分類される

6.2 野菜の種類，分類と原産地

表 6-1 作物に欠乏症または過剰症が発生する可能性のある土壌中要素含有量（高橋，1984を改変）

要素	形態（濃度）	欠乏症状	健全土壌	過剰障害
窒素	硝酸態（N, mg/100 g）	<0.5	3〜8	>10（砂質土）
				>20（粘質土）
	アンモニア態	<2.5	5〜15	>20
リン酸	有効態（P_2O_5, mg/100 g）	<8〜20	30〜100	>300〜500
カリ	置換性（K_2O, mg/100 g）	<10〜20	15〜20	>30〜40
カルシウム	置換性（CaO, mg/100 g）	<100	200〜400	>500
マグネシウム	置換性（MgO, mg/100 g）	<10〜15	25〜50	—
ホウ素	有効態（B, ppm）	<0.4	0.8〜2.0	>7.0
マンガン	置換性（Mn, ppm）	<2.0〜3.0	4.0〜8.0	>10
鉄	置換性（Fe, ppm）	<4.8〜8.0	8〜10	—
亜鉛	可溶性（Zn, ppm）	<4.0	8〜40	>100
銅	可溶性（Cu, ppm）	<0.5	0.8〜1.5	>5.0
モリブデン	可溶性（Mo, ppm）	<0.03	0.05〜0.4	—

図 6-1 施肥窒素（□内）の土壌中における動態と植物体内での同化

図 6-2 市販野菜可食部の硝酸イオン濃度（五訂日本食品標準成分表より）

- 4000 ppm：コマツナ，ノザワナ，チンゲンサイ
- 3000 ppm：シュンギク，ニラ，ミツバ
- 2000 ppm：ホウレンソウ，タカナ，リーフレタス
- 1000 ppm：キャベツ，ダイコン，ハクサイ，レタス
- （ppm）：多くの根菜，果菜

表 6-2 葉柄汁液の硝酸イオン濃度による窒素栄養の診断基準（山崎，2001）

作物（作型）	生育時期	診断基準（ppm, NO_3^-）	採取部位
キュウリ（半促成）	収穫初期（4月） 収穫中期（5月） 収穫後期（6月）	3500〜5000 900〜1800 500〜1500	14〜15節本葉または側枝第1葉の葉柄
トマト（促成）	収穫初期（1〜2月） 収穫中期（3〜4月） 収穫後期（5〜6月）	4000〜5000 1800〜3600 500〜1500	ピンポン球程度の果実周辺の葉の葉柄
イチゴ（促成）	収穫前期（12〜2月） 収穫後期（3〜5月）	1500〜2500 900〜1800	新生第3葉の葉柄
ナス（露地）	収穫初期（6〜7月） 収穫中期（8〜9月）	3500〜5000 2200〜3600	新生第3葉の葉柄

図 6-3 土壌中無機養分の利用可能度と pH との関係

図 6-4 鉄欠乏によるイチゴ葉のクロロシス（左）と Ca 欠乏によるトマトの尻腐れ果（右）

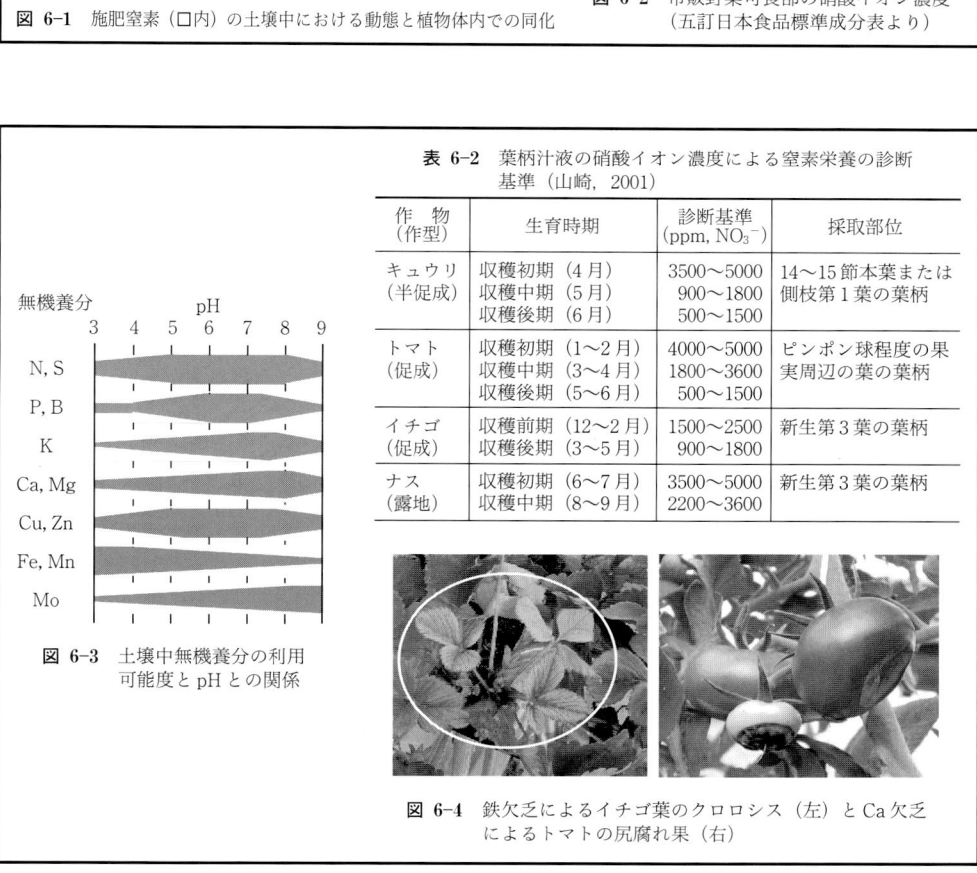

が，利用する部分によって葉菜類，根菜類，果菜類に大別される．葉菜類のうち，茎，花（蕾）を利用するものをそれぞれ茎菜類，花菜類として5つに分ける場合もある．より詳細には，栽培，利用の両面から熊澤（1952年）が行った10群への分類が，妥当性の高いものとして広く利用されている．

野菜の起源地は世界各地に分布している（図1-3参照）．それぞれの中心地は，イネ，ムギ，トウモロコシ，イモ類など重要な主食用作物の起源地と重なっており，野菜は主食用の作物同様に，古代文明を支える重要な食料であったといえる．以前は，栽培して食用に供するものを「蔬菜」，それに山野草を加えて「野菜」と呼んだように，山野に自生する食用が可能な茎葉や果実をもつ植物を栽培化したことが野菜の起源といえよう．しかし，ネギ・ハーブ類やマメ類のように，本来薬用あるいは主食として利用されていた植物をビタミンやミネラルの供給源として利用し始めたと考えられる野菜も多い．それぞれの植物が野菜として栽培化された過程については推測の域を出ないが，ヒトが草食性のサルから進化したことから考えれば，人類の遠い祖先が生き延びるために食用としてきた植物が野菜の起源であるといえるのかもしれない．

6.3 作 型

野菜は年間を通じて市場に安定供給することが求められる．しかし，その多くは主食用の作物と比較して貯蔵性が劣るため，周年栽培する必要がある．そのために，「気候や土壌などの生産環境に応じて作付け時期と適応品種を選択し，経済的に可能な範囲で栽培に必要な施設や資材を利用」して栽培される．それらの組合わせは，地域（図6-5）や季節によって様々であるが，季節，品種と適用技術の組合わせによって類型化された栽培・作付けの体系を作型と呼ぶ．野菜の種類や地域によって個々の作型の呼称は異なるが，基本となる作型分類は以下の2つに分けられる．

・播種期，収穫期による分類（品種選択型）

基本的には，播種する季節によって春播き栽培～冬播き栽培に，あるいは収穫時期によって春穫り～冬穫り栽培に分けられるが，野菜の種類によっては，トンネルや簡易な無加温ハウスを利用した作型も分化している（表6-3）．葉菜類，根菜類の多くがこの分類型に属し，露地栽培を前提として，花芽分化に関する低温・日長感応性，耐暑性・耐寒性などの温度適応性や，耐病性などの異なる品種が分化している．

・環境調節技術の有無・方法による分類（環境調節型）

果菜類の多くがこの分類型に属し，基本的には以下の5つに分けられる（図6-6）．①普通（露地）栽培：播種から収穫までほぼ自然条件下で栽培，②早熟栽培：普通栽培より早期に収穫するためトンネルや加温ハウスで播種あるいは育苗し，自然条件下で収穫，③半促成栽培：さらに早く収穫するため冬から早春にかけて定植し，生育前半を保温あるいは加温した後は自然条件下で収穫，④促成栽培：秋を中心に定植し生育期間を通じて保温あるいは加温して栽培，収穫期間を延長し，その後も自然条件下で収穫する場合は促成長期栽培と呼ばれる，⑤抑制栽培：普通栽培より遅く収穫する作型で，生育期間の後半を保温あるいは加温するハウス抑制栽培と，晩秋の温暖な気候や盛夏期の冷涼な気候を利用した露地抑制栽培とに分けられる．抑制と促成，促成と半促成栽培の違いは必ずしも明確ではなく，播種期や定植期が同じでも作物，地域によって異なった作型に分類されることも多い．また，施設を利用する作型では加温・無加温に分類されることもある．

バラやカーネーションなど四季咲き性の花きでは，地域によって定植時期が異なる程度で明瞭な作型分化は認められない．しかし，日長反応性や低温要求性の異なる多様な品種が分化しているキクやトルコギキョウでは，野菜と同様に播種期や加温，電照の有無によって様々な作型が分化している．

6.3 作　型

温暖地・暖地に点在する標高の高い寒冷地は，高冷地とも呼ばれる

寒地
寒冷地 — 9℃
温暖地 — 12℃
— 15℃
— 18℃
暖地　亜熱帯
（南西諸島，伊豆・小笠原諸島）

図 6-5　年平均気温による一般的な地域区分

表 6-3　ホウレンソウの作型

作　型	播種期	収穫期	適　地	備　考
春播き	3～5月	5～6月	寒高冷地	早播きはハウス・トンネル
		4～6月	温暖地・暖地	
夏播き	6～8月	7～9月	寒冷地	雨よけハウス＋遮光
秋播き	9～10月	10～12月	寒冷地	露地・雨よけハウス
	9～11月	10～3月	温暖地・暖地	
冬播き	12～2月	1～4月	温暖地・暖地	ハウス・トンネル

4月下旬～7月播種には，限界日長の長い晩抽性品種を用いる．

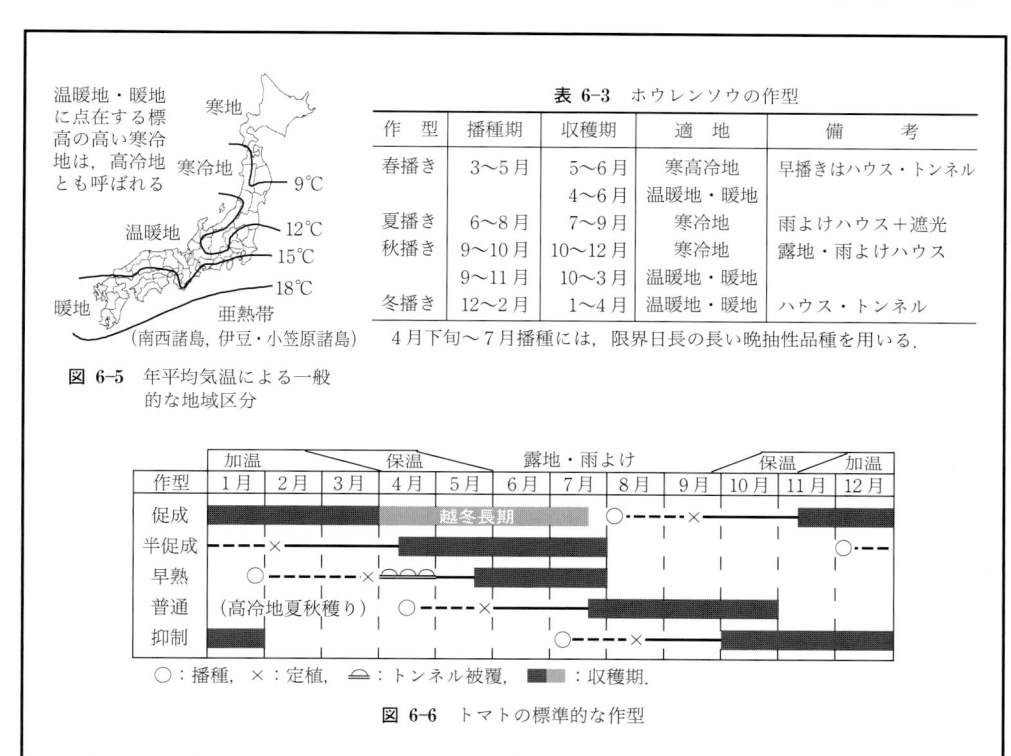

	加温	保温	露地・雨よけ	保温	加温
作型	1月 2月 3月	4月 5月 6月	7月 8月 9月	10月 11月	12月
促成		越冬長期			
半促成					
早熟					
普通	（高冷地夏秋穫り）				
抑制					

○：播種，×：定植，⌒：トンネル被覆，■：収穫期．

図 6-6　トマトの標準的な作型

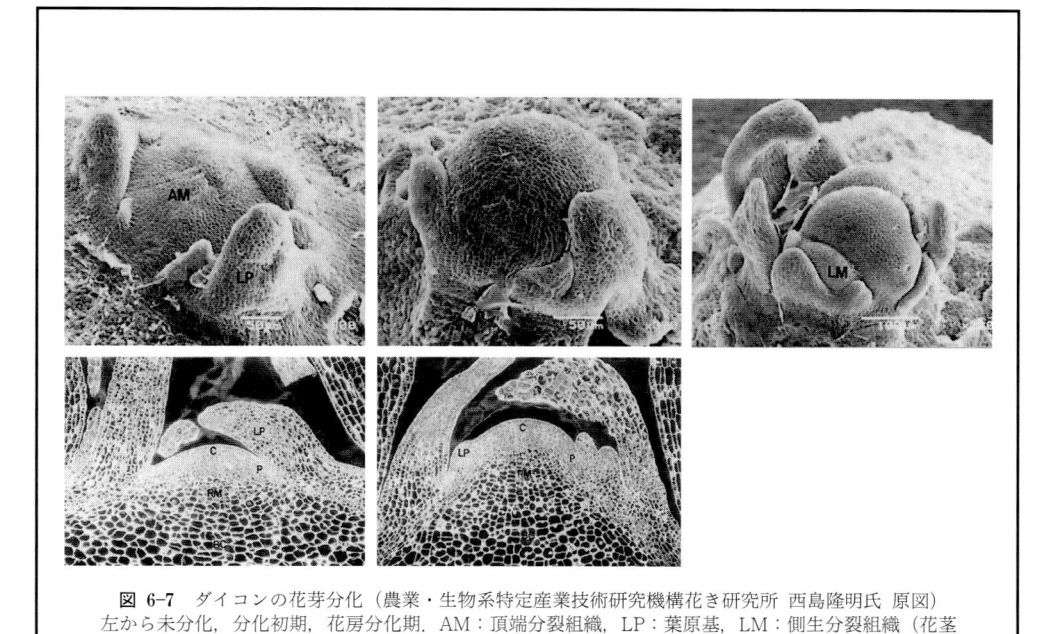

図 6-7　ダイコンの花芽分化（農業・生物系特定産業技術研究機構花き研究所　西島隆明氏　原図）
左から未分化，分化初期，花房分化期．AM：頂端分裂組織，LP：葉原基，LM：側生分裂組織（花茎の分枝を形成），C：中央帯，P：周辺分裂組織，RM：髄状分裂組織，BC：内体基部．

6.4 花芽の分化と発育

果実を利用する果菜類は，花芽が分化・発育して開花し，結実した果実を十分に発育させることが必要である．ナス科やウリ科に属する果菜類の多くは，日長に関係なく花芽分化する．したがって，果菜類の多くは施設を利用して温度環境を調節すれば周年生産が可能である．ただし，栽培する上では，花芽や果実の成長（生殖成長）と茎葉や根の成長（栄養成長）のバランスを維持することが重要となる．一方，葉や根を食用とする葉根菜類は，花芽が分化し，発育し始めると茎葉の形態が変化し，一般に品質が低下する．たとえばダイコンでは，低温に感応して花芽が分化すると（図6-7），その後抽だいしてロゼット状であった短縮茎が伸長を開始し，貯蔵養分が消費される．したがって，花芽分化を起こさせない，あるいは分化しても一定の発育段階に達するまでに収穫することが必要である．一方，花菜類や花きでは，優れた品質の花（蕾）や十分な長さの切花を得るために，花芽分化前に十分な栄養成長量を確保することが重要になる（図6-8，表6-4）．

6.4.1 光周性

植物は，限界日長以下の短日条件下で開花が促進される短日植物，長日条件下で促進される長日植物と，ある程度成長すれば日長にあまり関係なく開花する中性植物の3つに大きく分けられる．この光周性反応には，フィトクロム（図3-6参照）が日長刺激の受容体として関与している．すなわち，P_r型の吸収極大である波長660 nmの赤色光が光刺激として最も強く作用し，その作用は730 nmの遠赤色光で打ち消される．また，この反応には，明期の長さではなく，連続した暗期の長さが重要な役割を果たし，暗期の途中に短時間弱い光を与えると，短日植物の花芽は分化せず（図6-9），長日植物では花芽が分化する．たとえば，短日植物である秋ギクは，遮光による短日処理や深夜に2時間程度電照することによって開花調節が行われ，長日植物であるホウレンソウは初夏から夏にかけて抽だいしやすいため，限界日長の長い晩抽性品種が栽培される．

秋ギクのように，限界日長以下でなければ，花芽分化，開花に至らない植物を質的短日植物というが，コスモスのように，長日条件下でも一定の生育段階に達すると花芽分化し，その反応が限界日長以下の短日によって促進される植物もある．このような植物を量的短日植物と呼ぶ．長日植物についても，ホウレンソウは質的長日植物であり，一定時間以下の日長では花芽分化しない．一方，カーネーションは量的長日植物に属し，日長が長いほど開花が促進されるが，8時間以下の短日条件下でも開花する（図6-10）．

品種分化が進んだ園芸作物では，日長反応性の異なる多様な品種が分化しており，自然条件下で10月に開花する秋ギクは質的短日植物であるが，7〜8月に開花する夏ギクは短日性を示さない．植物の日長反応性は温度によっても変動し，多くの短日植物の限界日長は高温条件下で低温より短くなる．また，限界日長は植物の齢や成長量によっても変化することがあり，一般に短日植物の限界日長は植物の成長が進むに従って長く（長日植物では短く）なる．

6.4.2 バーナリゼーション（春化）

ムギ類は春播き栽培される品種と秋播き栽培される品種に大別され，それぞれ春播き型，秋播き型と呼ばれる．秋播き型のものは，冬の低温を経過した後，翌春の高温長日条件下で出穂，結実する．しかし，秋播き型品種を春播きすると，温度日長が好適な環境下で盛んに分げつして繁茂するが，低温が不足するため出穂に至らず，座止する．このような発育特性を秋播き性と呼ぶ．それに対して，春播き型品種は秋播き性が低く（春播き性が高く），春に播いて冬の低温を経過させずとも正常に出穂し，収穫に至る．Lysenko（1929年）は，秋播き型のムギ類を1〜2℃で発芽させた後，春に播種して正常に出穂，結実させる技術を確立し，これを春播き性にするという意味で春化と名づけた．

ムギ類と同様，春に開花する植物の多くは花芽

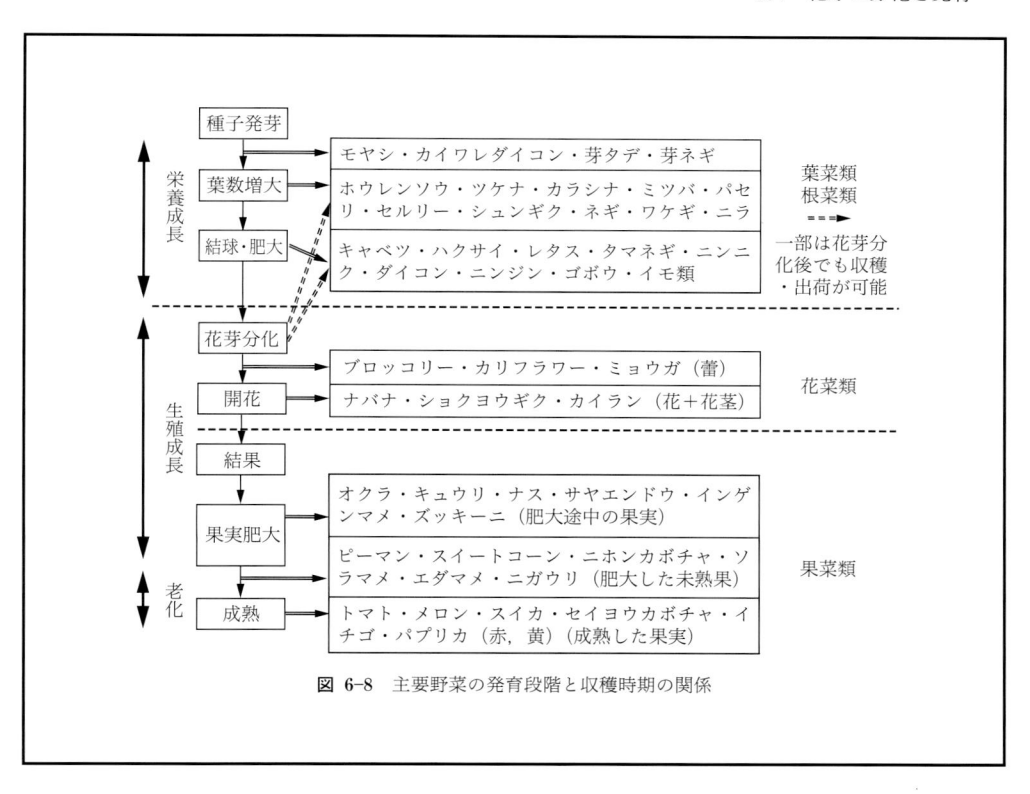

6.4 花芽の分化と発育

図 6-8 主要野菜の発育段階と収穫時期の関係

発育段階：
- 栄養成長
  - 種子発芽 → モヤシ・カイワレダイコン・芽タデ・芽ネギ
  - 葉数増大 → ホウレンソウ・ツケナ・カラシナ・ミツバ・パセリ・セルリー・シュンギク・ネギ・ワケギ・ニラ
  - 結球・肥大 → キャベツ・ハクサイ・レタス・タマネギ・ニンニク・ダイコン・ニンジン・ゴボウ・イモ類

  （葉菜類・根菜類、一部は花芽分化後でも収穫・出荷が可能）

- 生殖成長
  - 花芽分化
  - 開花 → ブロッコリー・カリフラワー・ミョウガ（蕾）
  - 　　 → ナバナ・ショクヨウギク・カイラン（花＋花茎）

  （花菜類）

  - 結果
  - 果実肥大 → オクラ・キュウリ・ナス・サヤエンドウ・インゲンマメ・ズッキーニ（肥大途中の果実）
  - 　　　　 → ピーマン・スイートコーン・ニホンカボチャ・ソラマメ・エダマメ・ニガウリ（肥大した未熟果）
  - 成熟 → トマト・メロン・スイカ・セイヨウカボチャ・イチゴ・パプリカ（赤，黄）（成熟した果実）

  （果菜類）

- 老化

表 6-4 葉根菜類の花芽分化要因

日長	長日	ホウレンソウ，タカナ，シュンギク，ラッキョウ，ニラ
	短日	シソ，ショクヨウギク，サトイモ，サツマイモ
温度	低温	〈種子春化型〉ダイコン，ハクサイ，カブ，ツケナ
		〈緑色植物体春化型〉キャベツ類，ネギ，タマネギ，ニンジン，セルリー，パセリ，ゴボウ
	高温	レタス

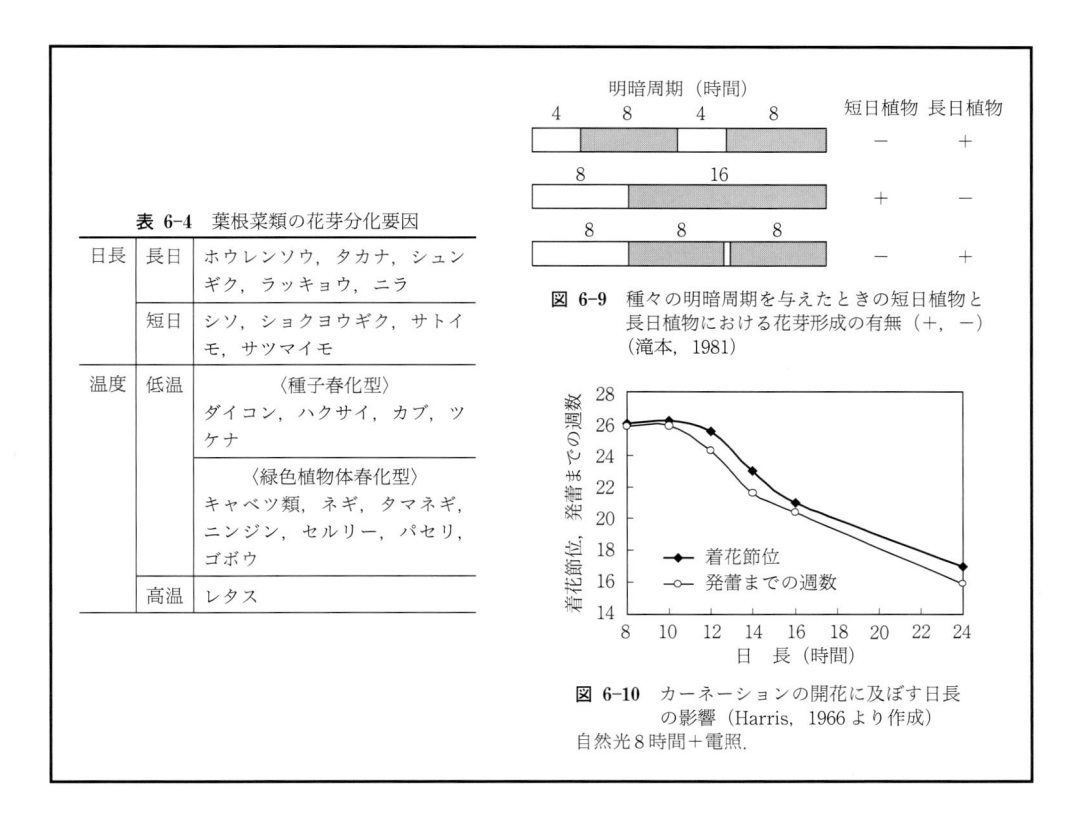

図 6-9 種々の明暗周期を与えたときの短日植物と長日植物における花芽形成の有無（＋，－）（滝本，1981）

明暗周期（時間）	短日植物	長日植物
4 / 8 / 4 / 8	－	＋
8 / 16	＋	－
8 / 8 / 8	－	＋

図 6-10 カーネーションの開花に及ぼす日長の影響（Harris, 1966より作成）
自然光8時間＋電照．

分化のために，一定期間低温に遭遇する必要があり，その生育特性を低温要求性と呼ぶ．一般に－5～15℃がバーナリゼーションに有効な低温として作用するが，植物の種によってその温度は異なる．また，種子繁殖性作物は，成長を開始し始めた胚の段階で低温に感応する種子春化型植物と，植物体が一定の大きさに成長した後，茎頂分裂組織が低温に感応する緑色植物体春化型植物に分けられる（表6-4）．前者は冬型一年生草本植物であり，ダイコン，ハクサイなどが含まれ，後者は二年生草本植物であり，キャベツ類，ニンジンなどが含まれる．

いずれについても低温要求量や低温に感応する生育段階，低温として感応する限界温度には大きな種内変異があり，多様な品種が分化している．たとえば，ダイコンの夏秋播き栽培用品種群は花芽分化，抽だいが始まる前に収穫されるため，低温に敏感であっても栽培上問題ないが，冬春播き栽培用には低温要求量の多い晩抽性品種が用いられる．また，同じ種（*Brassica oleracea* L.）に属し，容易に交雑するキャベツとブロッコリーを比較すると，キャベツは低温としておおよそ10℃以下の温度に感応し，秋播き春穫り栽培用の早生品種は葉数15枚以上にならないと低温に感応しない．しかし，花らいを利用するブロッコリーの早生品種は，葉数5～6枚程度の苗が20℃以上の温度にも感応して花芽分化するため，夏播き秋冬穫り栽培が可能である（図6-11）．

花きの場合も，一・二年生草本については，野菜の場合とほぼ同様である．ただし，宿根草，球根類などの多年生草本の多くは，冬に休眠し，一定期間低温に遭遇しなければ，好適条件下においても萌芽しない（6.6節参照）．低温要求性という言葉は，バーナリゼーションのほかに，多年生植物の休眠打破についてもあてられる．したがって，春に開花する多年生植物では，低温がバーナリゼーションとして作用したのか，休眠打破に作用したのかを判別することが難しい．しかし，ユリなどのように成長し始めた芽が低温に感応し，その後適温に達した段階で花芽が分化する場合，低温はバーナリゼーションに作用すると定義されている．

バーナリゼーションに有効な低温の効果は，分割して与えても累積的に作用し，種子春化型植物の中には母植物体上で種子が登熟中に遭遇した低温に感応するものもある（図6-12）．一方，低温に遭遇した直後に高温に遭遇すると，低温の効果が打ち消される．この作用を脱春化と呼び，ダイコンのトンネル春播き栽培で播種後高温管理することによって，秋播き栽培用品種の抽だいが抑制されるのは，その効果であるとされている（図6-13）．

6.4.3 花芽の発育

一般には，植物体が一定の生育段階（齢と大きさ）に達した後，好適条件下におかれると茎頂分裂組織での規則的な葉の分化が停止して分裂組織が肥厚し，花芽分化が始まる（図6-7，8-14）．個々の花の原基，発育中の花序全体，鱗片葉に包まれた木本植物の花芽のいずれもが花芽と呼ばれる．

多くの植物は分化した花芽が分裂して花序を形成する．花序は大きく，単軸分子を基本とする総穂花序（総状花序，散房花序，散形花序，穂状花序，頭状花序など）と仮軸分枝を基本とする集散花序に分類される．ただし，チューリップなどは1花序に1つの花しか形成しない（単花序）．

個々の花芽は，外側からがく片，花弁，雄ずい，雌ずいを分化して花器が完成する．この規則正しい分化は，シロイヌナズナの突然変異体の研究に基づいて構築されたABCモデルによって説明される．すなわち，ABCの3クラスのホメオティック遺伝子（器官の形質を決めるはたらきをもつ遺伝子の総称）が，花芽の分裂組織でそれぞれ単独あるいは協同して発現することによって4つの器官が形成される（図6-14）．雄ずいの花弁化によるカーネーションの八重咲きやウリ科野菜の花の雌雄性についてもこのモデルで説明することができる．

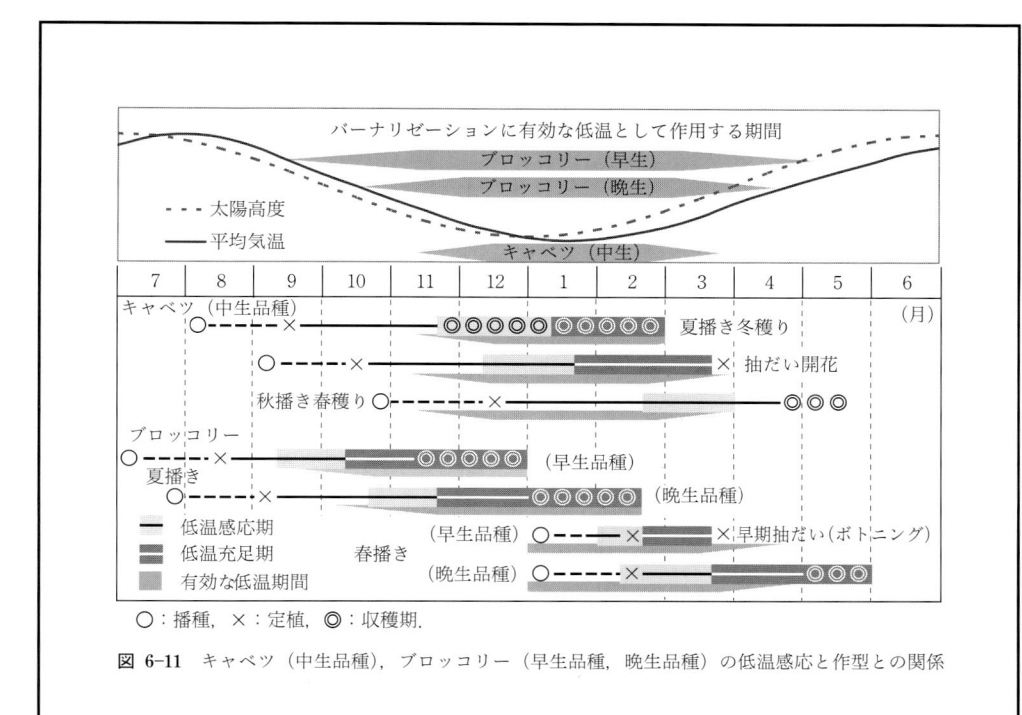

6.4 花芽の分化と発育 87

図 6-11 キャベツ（中生品種），ブロッコリー（早生品種，晩生品種）の低温感応と作型との関係

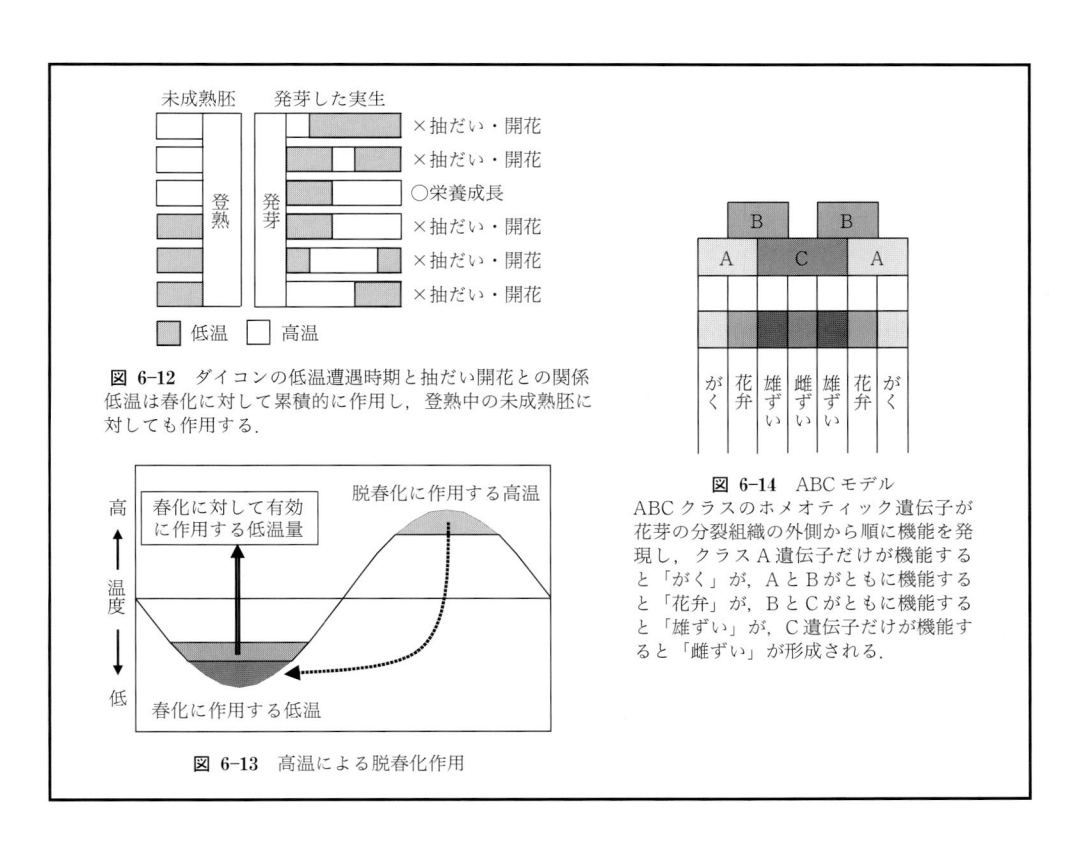

図 6-12 ダイコンの低温遭遇時期と抽だい開花との関係
低温は春化に対して累積的に作用し，登熟中の未成熟胚に対しても作用する．

図 6-13 高温による脱春化作用

図 6-14 ABCモデル
ABCクラスのホメオティック遺伝子が花芽の分裂組織の外側から順に機能を発現し，クラスA遺伝子だけが機能すると「がく」が，AとBがともに機能すると「花弁」が，BとCがともに機能すると「雄ずい」が，C遺伝子だけが機能すると「雌ずい」が形成される．

6.5 果実の発育

胚のう内で精核と卵核が受精した接合子（卵）は胚に発達し，種子を形成する．一般には，受精に伴って果実が成長を開始し，この現象を結果あるいは結実，着果という．果実とは，花器の一部が発達して形成される器官を指す．そのうち子房が発達して果実となり，子房以外の器官を含まないものを真果といい，花床，花軸，がくなどが発達した組織を含むものを偽果という．トマトやモモ，カンキツなどの果実は真果であり，ウリ類やリンゴなどは花床組織を多く含む偽果である（コラム3；p.49参照）．イチゴも花床組織が肥大した偽果であり，表面に付着した痩果が本来の果実に相当する（図6-15）．

通常，種子の発育に伴って果実の発育が進み，受粉せず，種子形成に至らなかった子房は成長を停止して脱落する．イチゴでは，受精し種子を形成した痩果が着生した部分のみが肥大し成熟に至るが，不受精の痩果が付着した部位や人為的に痩果が取り除かれた部位は肥大しない（図6-15）．トマトの果実重と種子数の間にも高い正の相関関係が認められている．果実の発育には，発育中の胚から供給されるオーキシン，ジベレリン，サイトカイニンなどの植物ホルモンの量とバランスが重要なはたらきをしている（図6-16）．

一方，キュウリなどでは受粉後，花粉管が胚のうに到達する前に柱頭を切除しても子房が肥大して果実を形成する．また，かなりの数の植物で，受精や種子形成が起こらなくとも，正常な果実を形成することがあり，この現象を単為結果と呼ぶ．単為結果は人為的に誘発することも可能で，園芸的に重要な技術の1つとなっている．トマトやナスでは，花粉稔性の低下する低・高温期にオーキシンが利用され（図6-17），ブドウでは無核化と果実肥大促進を目的として，ジベレリンとサイトカイニン処理が行われる．

6.6 休　　眠

植物の芽や球根が，一時的に成長を停止している状態を休眠という．植物は基本的に移動する能力をもたないので，生き残るためには季節的な環境の変化に適応する必要がある．種子や芽，花芽が不適当な環境条件下で発芽して枯死に至らないため，あるいは十分な栄養成長量を確保した上で開花結実して次世代を残すために，四季の変化に適応した結果といえる（図6-18）．

芽や種子の休眠は，一般に自発休眠と他発（強制）休眠に分けられる（図6-19）．イチゴ，ユリやキクなどは冬をロゼット状態で経過し，春に気温が上昇するまできわめて緩慢にしか成長しない．樹木の芽も同様であるが，これらを早春に高温条件下に移すと旺盛に成長することから，低温によって成長が抑制されていることがわかる．また，乾燥状態にある種子や球根などは，水不足のため発芽することができない．このような外部の環境要因によって引き起こされる休眠は，強制休眠と呼ばれる．

しかし，好適な環境条件下に移しても，成長を開始しない場合がある．たとえば，モモやサクラなど花木の鉢植えや切枝は，12月に温室に搬入して好適条件下においても成長を開始しない．しかし，2月に搬入すれば旺盛に成長を開始し開花に至る．このように，芽の内部的要因によって成長を停止している状態を自発休眠と呼ぶ．

多年生植物の多くは，晩夏から初秋に花芽と葉芽を分化する．温度低下期の一時的な温度上昇によってこれらの芽が萌芽すると，その後の低温で障害を受けることになる．自発休眠は，そのような障害を避けるための環境適応といえる．温帯性植物の自発休眠は，通常，冬季の低温を経過することによって打破され，その後も続く低温によって強制休眠状態に移行する．たとえば，前述のモモやサクラは，1月まで好適環境下でも発芽しない自発休眠状態にあるが，2～3月は強制休眠状態にある．

また，イチゴやキクなど常緑の宿根性草本も成

6.6 休　眠

図 6-15 イチゴの正常果（左）と受精不良による肥大・着色不良果（右）

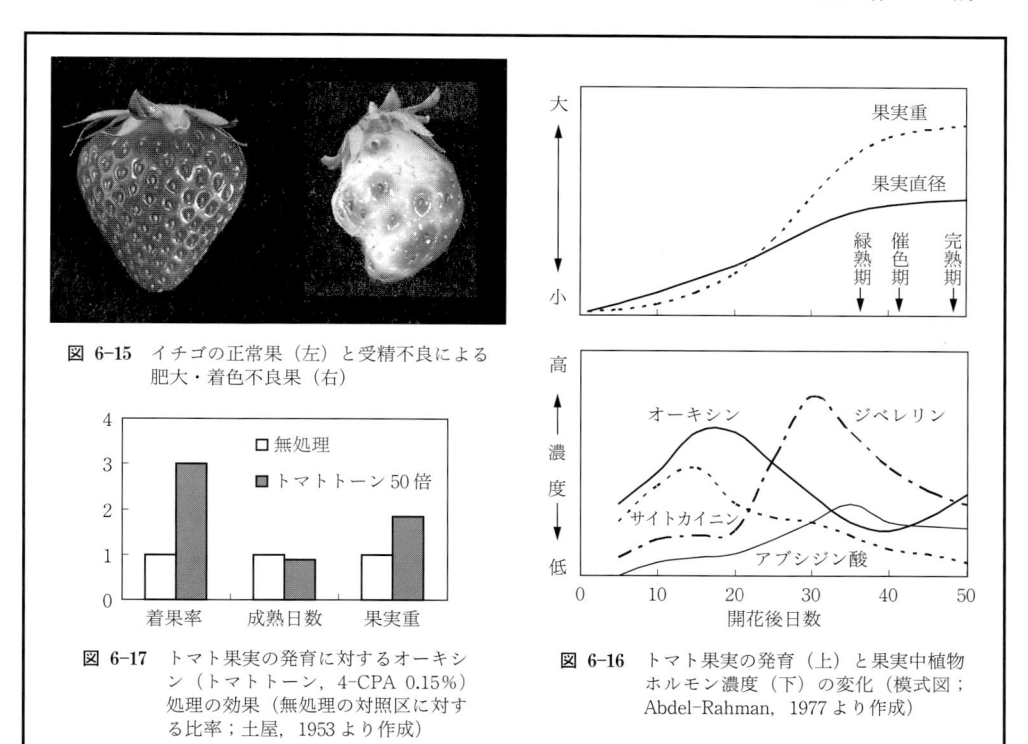

図 6-17 トマト果実の発育に対するオーキシン（トマトトーン，4-CPA 0.15%）処理の効果（無処理の対照区に対する比率；土屋，1953 より作成）

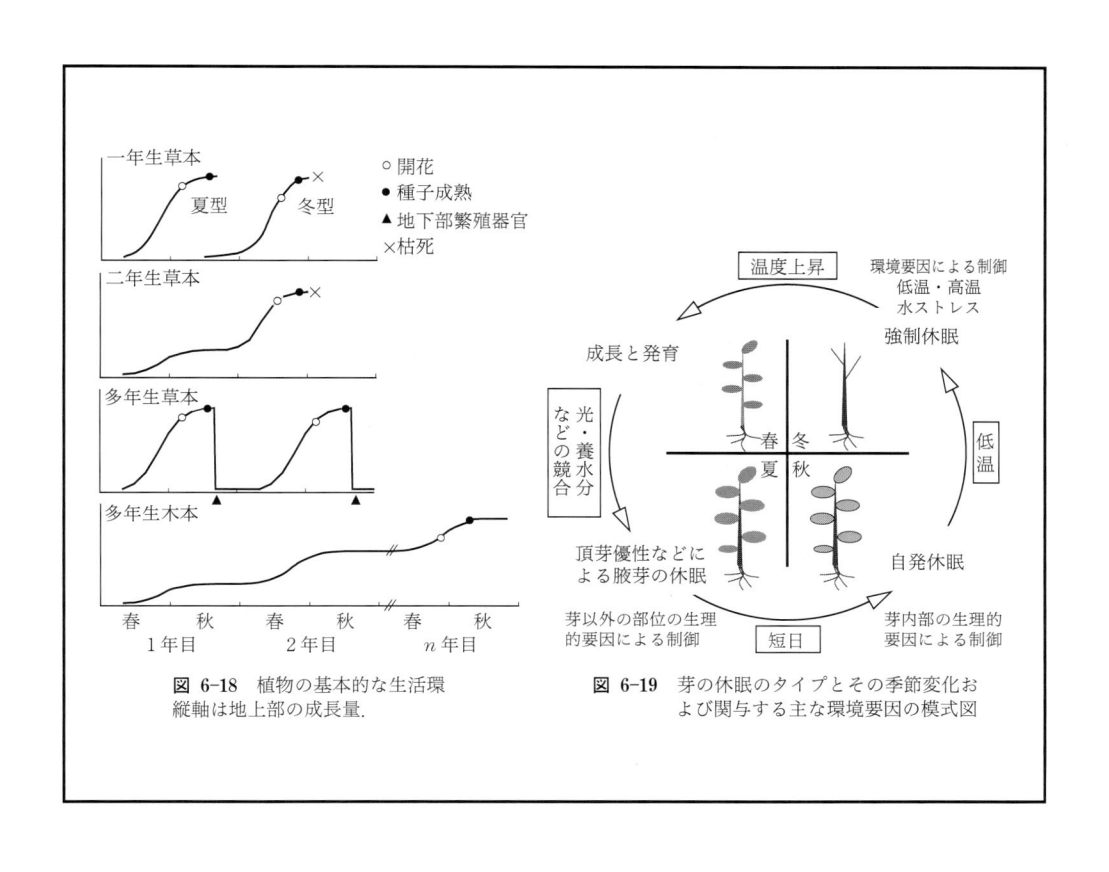

図 6-16 トマト果実の発育（上）と果実中植物ホルモン濃度（下）の変化（模式図；Abdel-Rahman, 1977 より作成）

図 6-18 植物の基本的な生活環
縦軸は地上部の成長量．

図 6-19 芽の休眠のタイプとその季節変化および関与する主な環境要因の模式図

長特性に季節変化がみられる．晩秋から冬季にはわい化し，好適条件下においても成長が緩慢になるが，低温を経過すると成長速度が高まる．このような現象は，相対的休眠と呼ばれる．たとえば，イチゴの半促成栽培用品種である'ダナー'を11月に最低10℃，16時間日長の温室に搬入すると，小さな葉しか展開せず，ロゼット状のまま開花するため果実は十分肥大しない．しかし，1月中旬まで露地で低温に遭遇させた後，同じ条件に移すと，大きな葉が急速に展開し，正常な開花結実に至る（図6-20）．

一般的には，5℃以下が休眠打破に有効な低温として作用し，5℃以下の遭遇時間で低温要求量が比較されることが多い．低温要求量は種や品種によって大きく異なり（8.3節；表8-8），イチゴの促成栽培用品種やブドウは低温遭遇によって成長が促進されるが，栽培上は低温を必要としない．

一方，フリージア，ユリ，チューリップなどの春咲き球根類は，開花後初夏に形成される子球が必ず自発休眠し，その休眠は高温で打破される．これらの促成栽培に際しては，掘り上げた球根を30℃で2～3週間処理して休眠打破した後，バーナリゼーション（6.4.2項参照）のための涼温あるいは低温で花芽の分化と成熟を促すことが必要となる．

頂芽優性によって腋芽の成長が抑制される現象も休眠の一種（paradormancy）とされることがある．腋芽の成長は，頂芽と若い葉で生成される高濃度のオーキシンによって抑制されており，頂芽を除去するとオーキシン濃度が低下し，上位の腋芽が頂芽に代わって成長を開始する．このとき，切口にオーキシンを処理すると，腋芽の成長が抑制される．花芽形成やサイトカイニン処理によっても頂芽優性が打破され，この種の休眠芽が発芽して旺盛に生育し始める場合も多い．一方，温帯性樹木の枝は夏になると成長を停止するが，通常腋芽が発芽することはない．このような腋芽は，台風などの影響で落葉すると発芽するので，自発休眠状態ではなく，成熟した葉で生成されるアブシジン酸によって成長が抑制されると考えられている．

6.7　植物ホルモン

植物ホルモンとは，「正常な植物体内で必要十分な量が生産され，作られた場所から他の器官や部位へ移動して，極微量で成長その他の生理的機能を支配し，成長過程を調節する有機物質」とされ，現在，オーキシン，ジベレリン（GA），エチレン，サイトカイニン，アブシジン酸（ABA），ブラシノステロイドの6種が知られている（図6-21）．ブラシノステロイドは最も新しく発見された植物ホルモンであり，生理作用の詳細は明らかではない．しかし，オーキシン，ジベレリン，サイトカイニンなどに類似した生理活性をもち，それらの100倍から数千倍の活性を示すことが知られている．また，花芽の形成を誘導する花成ホルモン（フロリゲン：florigen）の存在が指摘されているが，その本体は明らかにされていない．

表6-5に示したように，植物ホルモンは植物の成長，分化を調節する機能をもつが，単独で作用することは少なく，複数のホルモンに相互作用が認められる場合が多い．エチレン以外の植物ホルモンにはそれぞれいくつかの物質が含まれるが，そのうち人工的に合成された物質は合成ホルモンと呼ばれる．また，ホルモンの生合成や生理作用を阻害し，成長を抑制する物質もあり，わい化剤や除草剤として利用されている．これらは，化学合成されたオーキシン，サイトカイニンや大腸菌を利用して生産されたジベレリン，アブシジン酸とともに植物成長調整剤として農薬登録され，園芸，農業の様々な分野で実用化されている．

［吉田裕一］

図 6-20 イチゴ'ダナー'の成長に及ぼす加温および長日（16時間）処理開始時期の影響（李ら，1970より作成）

オーキシン（インドール酢酸，IAA）　　ジベレリン（ジベレリン酸，GA$_3$）　　サイトカイニン（ゼアチン）

アブシジン酸（ABA）　　エチレン　　ブラシノステロイド（ブラシノライド）

図 6-21 植物ホルモンの構造

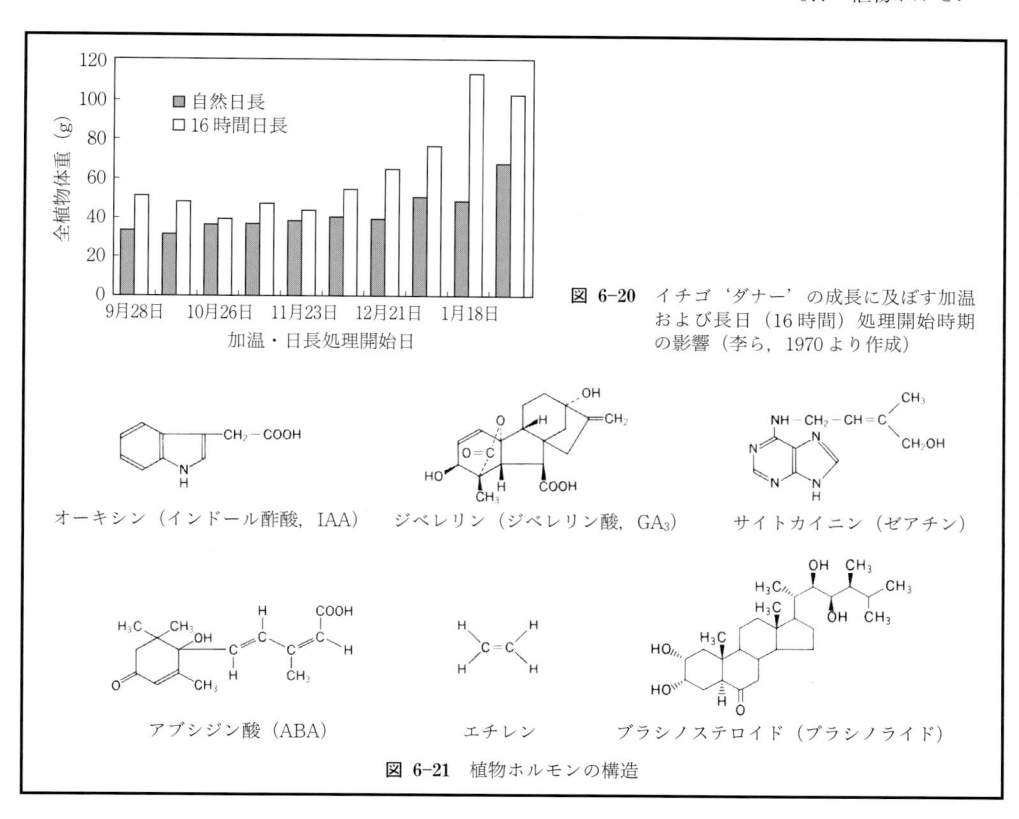

表 6-5 植物ホルモンの生理作用（増田，1988）

成長現象	オーキシン	ジベレリン	サイトカイニン	アブシジン酸	エチレン
茎の成長					
茎頂部分裂	—	○	○	○（休眠）	—
細胞伸長	○	○	(○), ▼	○	▼
子葉鞘の伸長	○	(○)	(○)	○	▼
果実の成長	○	○	○	▼	○
発根	○	▼	▼	○	○
根の成長	▼	—	—	▼	▼
葉の成長	—	○	○	▼	—
花芽形成促進	—	(○), ▼	—	(○)	(○)
カルスからの茎葉形成	○	(○)	○	▼	▼
休眠打破	—	○	(○)	▼	(○)
側芽の休眠	○	(○)	▼（オーキシンと拮抗）	○	○
老化防止	○	(○), ▼	○	▼	▼

○：有効，　—：無効，　▼：阻害，　（　）：特別な場合．

キーワード

6.1
必須元素 (essential element), 肥料 (fertilizer), 硝化 (硝酸化成) (nitrification), 同化 (assimilation), リン酸吸収係数 (phosphate absorption coefficient)

6.2
葉菜類 (leaf vegetable), 根菜類 (root vegetable), 果菜類 (fruit vegetable), 茎菜類 (stem vegetable), 花菜類 (flower vegetable), 栽培化 (domestication)

6.3
周年栽培 (year-round production), 作型 (cropping type), 花芽分化 (flower bud differentiation)

6.4
生殖成長 (reproductive growth), 栄養成長 (vegetative growth), 抽だい (bolting)

6.4.1 限界日長 (critical day-length), 短日植物 (short-day plant), 長日植物 (long-day plant), 中性植物 (day-neutral plant), 光周性 (日長) 反応 (photoperiodic response)

6.4.2 秋播き性 (autumn habit), 春播き性 (spring habit), 春化 (vernalization), 低温要求 (chilling (low temperature) requirement), 種子春化 (seed vernalization), 緑色植物体春化型植物 (green plant vernalization plant), 冬 (夏) 型一年生草本植物 (winter (summer) annual plant), 二年生草本植物 (biennial plant), 種内変異 (intraspecific variation), 脱 (離) 春化 (devernalization)

6.4.3 花序 (inflorescence), 総穂花序 (botrys), 集散花序 (cyme), がく片 (sepal), 花弁 (petal), 雄ずい (stamen), 雌ずい (pistil), シロイヌナズナ (*Arabidopsis thaliana*), ホメオティック遺伝子 (homeotic gene), 八重咲き (double flower)

6.5
接合子 (zygote), 胚 (embryo), 結果 (fruiting), 花床 (receptacle), 痩果 (achene), 子房 (ovary), 単為結果 (parthenocarpy)

6.6
休眠 (dormancy), 自発休眠 (endodormancy), 他発休眠 (ecodormancy), ロゼット (rosette), 休眠打破 (breaking of dormancy), 頂芽優性 (apical dominance)

6.7
植物ホルモン (plant hormone), オーキシン (auxin), ジベレリン (gibberellin: GA), エチレン: GA (ethylene), サイトカイニン (cytokinin), アブシジン酸 (abscisic acid: ABA), ブラシノステロイド (brasinosteroid), わい化剤 (growth retardant), 除草剤 (herbicide), 植物成長調整剤 (plant growth regulator)

■ 演習問題

問1 作物が吸収した硝酸態窒素の同化経路について説明しなさい.

問2 アメリカ大陸原産の野菜を5種類あげなさい.

問3 作型の定義について説明しなさい.

問4 短日植物と長日植物の違いについて説明しなさい.

問5 光周性反応で暗期が重要なことを, 具体的な事例をあげて説明しなさい.

問6 バーナリゼーションとはどのような現象かを, 具体的な事例をあげて説明しなさい.

問7 自発休眠と他発 (強制) 休眠の違いについて説明しなさい.

問8 次の (A)～(G) に適当な用語を入れ, 文章を完成させなさい.
① 頂芽優性は, 植物ホルモンである (A) と (B) のバランスによって調節されており, 腋芽の成長には (A) が促進的に, (B) が抑制的に作用する.
② 受精や種子形成が起こらなくとも, 正常な果実を形成することを (C) と呼び, (D) や (E) では, 花粉稔性の低下する低・高温期にオーキシンが利用され, ブドウでは (F) と (G) を目的として, ジベレリンとサイトカイニン処理が行われる.

コラム6

野菜の輸入

一昔前までは鮮度が重視される野菜, 特に生鮮野菜は, 長距離輸送に伴う時間やコストの関係から, 一部の品目を除いて海外から輸入されることはほとんどなかった. しかし, 近年では, 海外か

コラム6　野菜の輸入

ら輸入された野菜はスーパーなどの店頭でもよく目にするようになった．

日本経済の発展に伴い国内の生産費が高くなったこと，円高の進展により国産価格が諸外国に比較して高くなったこと，冷蔵コンテナや高速貨物船が普及し鮮度を保持しての輸入が可能になったこと，さらに，外食産業の発展に伴い国内の野菜消費の周年化・多様化がみられたことから，1993年頃より生鮮野菜の輸入が急速に増え始めた．

生鮮野菜の輸入は生産・出荷体制の整ったアメリカからの輸入比率が高かったが，1998年のわが国の野菜価格高騰以降，中国や韓国を中心とした近隣アジア諸国からの輸入が急増した．中国からの野菜の輸入は，中国の経済発展に伴い産地における生産・流通基盤が整えられたこともあり急速に増加し，それが日本国内における野菜価格の低迷につながったとして，国内の野菜生産者の強い反発を買い政治問題化した．特に，影響の大きかったネギについては，2001年4月から200日間にわたってセーフガードが暫定発動された．その期間においては，一定数量を超えて輸入されたネギには，256%相当の関税が追加してかけられた（2001年における通常のネギの輸入関税は3%である）．

その後，中国から輸入された野菜から基準を超える残留農薬が相次いで検出されたことなどにより，国内において輸入野菜の安全性に対する不安感が高まり，スーパーなどの店頭において，「中国産ネギ」「韓国産パプリカ」や「熊本県産トマト」というような原産地表示が義務づけられたことから，2002年には対前年比で20%も輸入が減少した．しかし，2004年には台風などの災害が相次ぎ，国内の野菜需給が逼迫し価格が高騰したことから，中国などから急速かつ大量に野菜が輸入され，国内の野菜生産約1300万トンに対して，生鮮野菜だけで約100万トンが1年間に輸入されるに至った．

このように，ここ20年で生鮮野菜の輸入が非常に大きく伸びてきたが，輸入野菜を輸入の方法，背景，利用目的から，①国内の需給，価格状況に応じて輸入量が増減するタマネギ，レタスなど，②国産の出荷量が少ない端境期に輸入が行われるオクラ，アスパラガス，カボチャなど，③低価格や一定のまとまった数量，通年での供給などが求められる業務用や加工用が主に輸入し，スーパーなどの生鮮野菜としては国産が用いられているニンニク，ショウガ，ネギなど，④わが国における生産量が非常に小さい中で需要が増加し，それに対応して輸入が増加したパプリカなど，に分類できる．

今後の展開を考えると，ホウレンソウなどの軟弱野菜については鮮度保持などの問題から現状では輸入はほとんどないが，鮮度保持技術の進歩や輸送の高速化などによっては輸入が増加する可能性がある．トマト，ナス，キュウリなどの植物防疫上の理由から多くの国からの輸入が禁止されている野菜については，対象となっている病害虫の防除技術の確立などにより今後輸入が行われるようになる可能性もある．一方，非常にたくさんの野菜が様々な国から輸入されるようになる中で安全・安心な野菜を食べたいという消費者の要望も強くなっている．農薬の使用など生産履歴情報の公表や，産地で直売するなどの国内生産者の新たな取組みもあり，国産野菜への回帰も期待されている．したがって，わが国の野菜園芸では，野菜も含む農産物の貿易がますます自由化される可能性があることも十分に視野に入れ，安全・安心な野菜，高品質でおいしい野菜など，消費者から選んでもらえる野菜の生産と供給をどのように実現するかを考えることが必要であろう．

〔作田竜一〕

7

野菜/葉茎菜類・根菜類の特性

葉や根を利用する野菜は，花芽分化・抽だいを起こさせないように栽培しなければならない．そのためには，各作物の花芽分化・抽だいの条件を理解した上で品種を選定し，播種期や栽培法を決定することが必要である．

7.1 ホウレンソウ

ホウレンソウは原産地の中央アジアから東西に伝播し，中国では東洋種（和種，あるいは日本種ともいう），ヨーロッパでは西洋種の2つの品種群が発達した．わが国には，中国から東洋種が江戸時代（17世紀）に伝播した．生育適温は15～20°Cで，低温性の野菜であり，また，長日条件の春から夏の時期に花芽が分化した後，花茎が伸長し開花する長日植物である．よって，東洋種の栽培は短日で比較的低温の条件となる秋播き晩冬穫り栽培が一般的である．東洋種（図7-1）には12～13時間の日長で花芽が分化し，花茎が伸長する抽だい（とう立ちともいう）現象（図7-2）がみられるため，春～夏期に収穫する作型では東洋種の栽培が難しい．そこで，長日条件でも花芽が分化しにくい西洋種（14～16時間の日長で花芽ができる品種群）を明治以降に導入した．しかし，西洋種は東洋種に比べて食味が悪いため，東洋種と西洋種との交雑により食味がよく，抽だいの遅い晩抽性品種（花芽分化および花茎の伸長が遅い品種）が育成された．現在では生育が早く多収で，葉が厚く，抽だいの遅い両種の雑種および F_1 品種が周年で利用されている．

播種は手あるいは機械を用いて，平うねに一定間隔（株間3 cm，条間15 cm）で行う．また，下葉の汚れを少なくするため，マルチフィルムを用いて播種する場合（図7-3）や，省力のためにシードテープが用いられることがある．夏季の高温時は発芽のそろいが悪いので，催芽処理を行い，さらに立枯病の発生を抑えるため，種子消毒を行ってから播種する．冬季には防寒のため，あるいは葉と葉がすれて葉の先端が黄化するのを防ぐため，べたがけ栽培が行われている．ホウレンソウの重要病害は，モザイク病とべと病である．べと病は抵抗性品種の導入により減少しているが，近年，新しいレースによる被害が出ている．

ホウレンソウは鉄，カリウムなどのミネラル類，ビタミン類やカロテンを多く含む緑黄色野菜である（表7-1）．しかし，栽培の時期によって栄養価は異なり，冬季に生産されたものに比べて，夏季の高温下で生産したものは葉色が薄く，カロテンなどの含量が少ない．一方，ホウレンソウの植物体内にはアクの成分であるシュウ酸や硝酸が集積する（6.1節参照）．シュウ酸の多量摂取は尿路結石に，硝酸の多量摂取は酸素運搬機能の低下によるチアノーゼや，がんを誘発する原因になるといわれている．生産にあたってはシュウ酸や硝酸含量の蓄積が少ない品種を用い，生育後期の施肥量を少なくし，さらに多灌水することでそれらの含量を減少させるなどの栽培の工夫がされている．なお，酸性土で栽培すると，Alが吸収され生育が抑制されるため，土壌pHは6.5～7に調整する．

7.2 ブラシカ属野菜

ダイコンを除く，アブラナ科野菜はブラシカ（*Brassica*）属に含まれ，図7-4に示したようにゲノムの種類が異なる3種（Aゲノムが *B. campestris*，Bゲノムが *B. nigra*，Cゲノムが *B. oleracea*）とこれら3種間の複二倍体とから構成

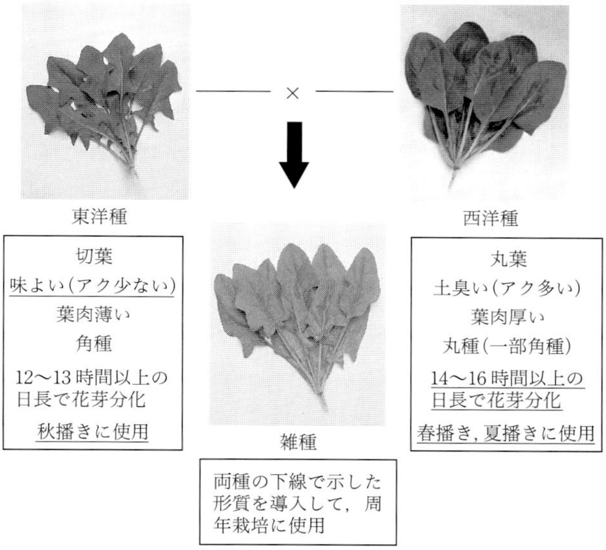

7.2 ブラシカ属野菜

東洋種
- 切葉
- 味よい(アク少ない)
- 葉肉薄い
- 角種
- 12～13時間以上の日長で花芽分化
- 秋播きに使用

西洋種
- 丸葉
- 土臭い(アク多い)
- 葉肉厚い
- 丸種(一部角種)
- 14～16時間以上の日長で花芽分化
- 春播き,夏播きに使用

雑種
両種の下線で示した形質を導入して,周年栽培に使用

図 7-1 ホウレンソウの東洋種,西洋種および雑種の特徴
(写真:タキイ種苗株式会社 提供)

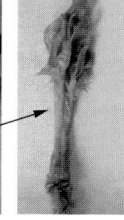

図 7-2 抽だいしたホウレンソウ
左:抽だいした株,右:花茎の伸長部分;花茎の長さが4cm以上になると商品にならない.

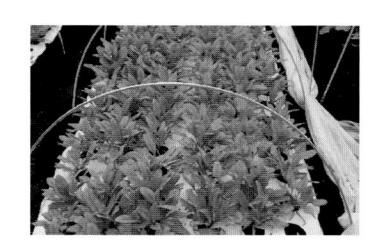

図 7-3 ホウレンソウのトンネルマルチ栽培

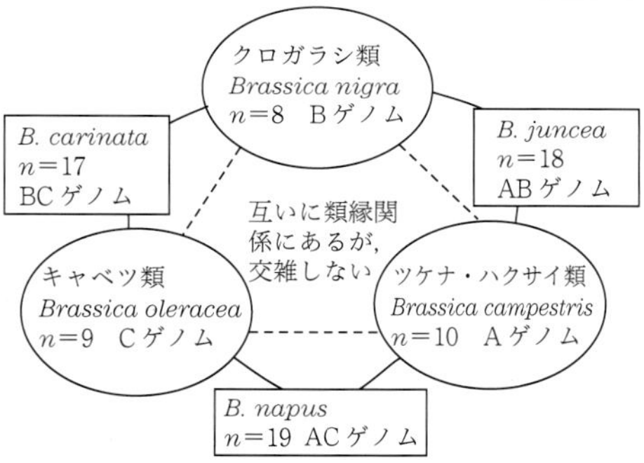

図 7-4 キャベツ類,ハクサイ・ツケナ類の関係
(西,1988より作成)
波線で結ばれた関係では交雑して種子は一般にできないが,実線で結ばれた関係では交雑する.

- クロガラシ類 *Brassica nigra* $n=8$ Bゲノム
- *B. carinata* $n=17$ BCゲノム
- *B. juncea* $n=18$ ABゲノム
- キャベツ類 *Brassica oleracea* $n=9$ Cゲノム
- ツケナ・ハクサイ類 *Brassica campestris* $n=10$ Aゲノム
- *B. napus* $n=19$ ACゲノム

互いに類縁関係にあるが,交雑しない

表 7-1 野菜の栄養成分(可食部100g当たり)(五訂食品成分表,2001)

		β-カロテン (μg)	ビタミンB$_1$ (mg)	ビタミンB$_2$ (mg)	ビタミンC (mg)	鉄 (mg)	カリウム (mg)
1日の所要量		1800～2000	0.8～1.1	0.1～1.2	100	12	2000
ホウレンソウ	緑黄色野菜	4200	0.11	0.20	35	2.0	690
コマツナ	緑黄色野菜	3100	0.09	0.13	39	2.8	170
ブロッコリー	緑黄色野菜	810	0.14	0.20	120	1.0	360
エダマメ	淡色野菜	260	0.31	0.15	27	2.7	590
ハクサイ	淡色野菜	99	0.03	0.03	19	0.3	220
キャベツ	淡色野菜	50	0.04	0.03	41	0.3	200

β-カロテンが100g中に600μg以上含まれているものを緑黄色野菜,600μg以下を淡色野菜という.

されている.

　B. campestris は北ヨーロッパのナタネが南ヨーロッパから中国に伝わり,多くの種類に分化した.表7-2に示したように *B. campestris* はツケナ・ハクサイ類といい,ツケナはタカナ,カラシナを除く不結球野菜の総称である.それらには形態,利用部位などからいくつかの品種群に分類され,葉が多数着生するキョウナ,ミブナなど,葉柄が肥大するタイサイ,チンゲンサイ,パクチョイなど,根を主に利用するカブ,カブとタイサイの自然交雑からできたといわれるハクサイなどのグループがある.

　一方,*B. oleracea* のキャベツ類は中近東が原産地である.結球するキャベツ,腋芽に小さな球が形成されるメキャベツ,発達した花らいを利用するカリフラワー,ブロッコリー,不結球の葉を食べるケールなどのグループに分けられる.なお,*B. campestris* と *B. oleracea* との複二倍体(ACゲノム,*B. napus*)には西洋ナタネ,ハクラン,千宝菜(センポウサイ)などが,*B. campestris* と *B. nigra* の複二倍体(ABゲノム,*B. juncea*)のカラシナ類にはタカナ,カラシナなどがある.

7.2.1　ハクサイ,キャベツ

　ハクサイは1875(明治8)年に中国から導入され,日清戦争以降に採種技術が確立し,その後に栽培が行われた比較的新しい野菜である.花芽は播種直後から低温(15℃以下)に一定期間(1カ月程度)さらされると形成され,その後の温暖・長日条件で抽だいするシードバーナリゼーションプラント(種子春化型植物)である(6.4.2項参照).また,生育適温が20℃であるので,気温が下降する条件(秋から冬)での栽培が最も容易である.

　一般的には晩夏(8月中旬～9月上旬)に播種し,品種の選択と栽培地の温度条件によって晩秋(10月)から冬(翌年3月)まで収穫できる(図7-5).しかし,冬春播き初夏穫り(12～3月に播種)では,生育初期の低温で花芽分化が誘導され,収穫期(3～6月)の高温によって抽だいが促進される.この作型では幼苗期の低温に鈍感で,かつ少ない葉数で結球する早生品種を選定する.播種時から温床で育苗し,さらに定植後もビニルトンネルで保温して,結球に必要な葉数を確保することが栽培のポイントになる.また,25℃以上になると生育が悪くなるため,7～9月に収穫する栽培は冷涼地や寒冷地が適し,短期間で生育が終了する早生品種を用いる.

　一方,キャベツは明治時代になって食用品種が導入され,本格的な栽培が始まった野菜である.花芽形成はハクサイと異なり,グリーンプラントバーナリゼーションプラント(緑色植物体春化型植物,あるいは緑植物体春化型植物)で,ある程度の大きさとなった苗(3～20枚)が一定の期間の低温(5～15℃)に遭遇すると花芽分化を開始する.低温に感応する苗の大きさ(葉齢,すなわち葉の枚数)や温度は品種で異なり多くの品種が成立している.

　夏播き秋冬穫り栽培は7～8月に播種し,10～4月に収穫する.また,秋播き春穫り栽培は10月に播種し,5～6月に収穫する(図7-5).この作型では,大きな苗で低温感応する品種を選定すれば,花芽分化前に結球のための必要葉数を確保できるので,ハクサイのような抽だいの問題はほとんどない.特に,春穫りは収穫時に花芽分化しているので,抽だいの遅い品種が用いられる.7～9月に収穫する夏穫りは群馬や長野の高冷地で行われる.高冷地で収穫されたキャベツは真空予冷した後,保冷庫(5℃)で保管され,保冷車で市場などに搬送される.このような低温での流通をコールドチェーンという.

　キャベツ,ハクサイは育苗した苗を本圃に定植するが,晩生品種は大球になるので,株間を大きくする.ハクサイはキャベツに比べて根が繊細で,再生力が小さく,移植によって根が傷むと生育が悪くなるので,根鉢をくずさずに定植する.

　結球は抱合現象と屈曲現象から説明されている(図7-7).葉は短縮茎にロゼット状に着生し,ある程度の葉が展開すると外葉が丸くなり,葉の葉面積が拡大する.外葉が大きくなると内部への光の透過が弱められ,内部ほど葉が立ち上がり葉の

7.2 ブラシカ属野菜

表 7-2 主要なアブラナ科野菜の学名，英名，染色体数と原産地（（ ）内は別名）（清水，1985 より作成）

種類（別名，在来品種名）	学 名（変種名）	英 名	ゲノム/染色体数	原 産 地
キャベツ類	*Brassica oleracea* L.		CC/2n＝18	地中海沿岸
ケール	(var. *acephala* DC.)	kale, collard		(下記キャベツ類の祖型)
キャベツ（甘藍，玉菜）	(var. *capitata* L.)	cabbage		
カリフラワー（花椰菜）	(var. *botrytis* L.)	cauliflower		
ブロッコリー（緑花椰菜）	(var. *italica* L.)	Italian broccoli		イタリア
メキャベツ（子持ち甘藍）	(var. *gemmifera* Zenk.)	Brussels sprout		ベルギー
コールラビ（球茎甘藍）	(var. *gongylodes* L.)	kohlrabi		
ツケナ・ハクサイ類	*Brassica campestris* L.		AA/2n＝20	地中海沿岸
アブラナ(畑菜,小松菜,花菜,その他下記ツケナ類の雑種)				
ハクサイ	(var. *pekinensis* Rupr.)	chinese cabbage		中国(カブと体菜の雑種)
カブ（カブラ，蕪）	(var. *rapa* L.)	turnip		アフガニスタン
キサラギナ（ターサイ）	(var. *narinosa* L.)	winter squash		中国
ミズナ（京菜，壬生菜）	(var. *japonica* L.)	potherb musterd		日本
チンゲンサイ（体菜）	(var. *chinensis* L.)	Pak-choi		中国
カラシナ類	*Brassica juncea* Czern. et Coss.		AABB/2n＝36	中央アジア
カラシナ	(var. *cernua* Jorb. et Hem.)	leaf mustard		インド
タカナ	(var. *integlifolia* Kitamura)	Indian musterd		中国
タニクタカナ	(var. *rugosa* Kitamura)	brown musterd		中国
ルタバガ（スウェーデンカブ）	*Brassica napus* L.	rutabaga	AACC/2n＝38	中央アジア
ハクラン	*Brassica×napus* hort.		AACC/2n＝38	日本*
ダイコン	*Raphanus sativus* L.	Japanese radish	2n＝18	中央アジア

＊ハクサイ×キャベツを胚（子房）培養し，倍加させた合成複二倍体．
B. campestris のうち，BB/2n＝16 のクロガラシ，BBCC/2n＝34 のアビシニアカラシは日本では栽培されていない．

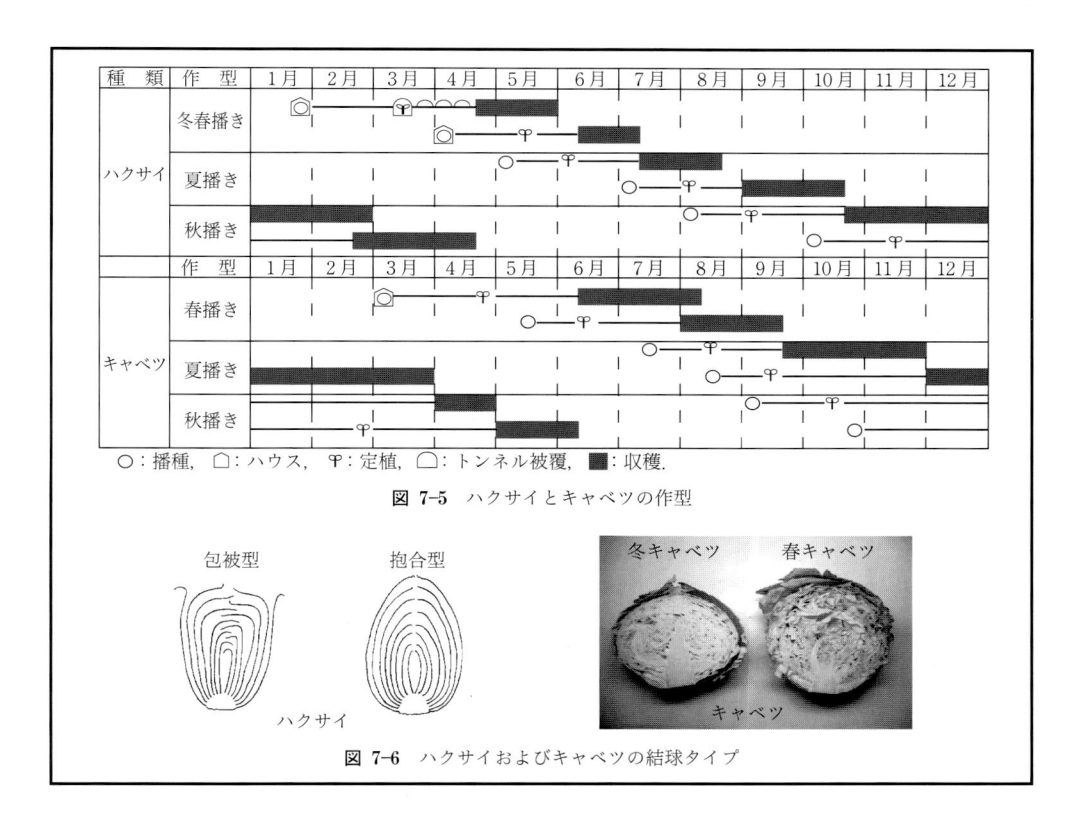

図 7-5 ハクサイとキャベツの作型

○：播種，⌂：ハウス，₸：定植，▭：トンネル被覆，■：収穫．

図 7-6 ハクサイおよびキャベツの結球タイプ

先端が重なり合い（抱合現象），内側に巻くようになって（屈曲現象）葉が包被する．さらに，次々に茎頂から分化した葉が成長して球が充実する．

ハクサイの結球には2つのタイプがあり，結球葉の頂部が重なり合う包被型と，結球葉の先端がくっついているだけの抱合型とがある（図7-6）．また，葉の数や重さからタイプを分ける場合もあり，葉1枚の重さが重く，葉数が比較的少ない（35枚程度）のものを葉重型といい，葉数が多い（70枚程度）ものを葉数型という．一般に包被型は葉重型で早生品種に，抱合型は葉数型で晩生品種に多くみられる．

一方，キャベツや結球するレタスでは，充実型と肥大型に分ける．充実型は外側の葉が抱合して，その後に，内側の葉が成長して葉球が充実する（外側から内側に向かって球が充実する）．充実型は，葉数が少なく1枚の葉重が大きいので葉重型である．しかし，肥大型は結球葉が抱合して，その後にそれぞれの葉が肥大し葉球が完成するので，球のしまりは初期からよい．肥大型は葉数が多いので葉数型である．春キャベツ（春玉ともいう）は3～5月に出荷され，葉球は丸い形で葉の巻きが緩く葉重型である．冬キャベツ（寒玉ともいう）は年間を通して栽培されるが，主に秋から冬に栽培され，葉球は扁平な形で，葉の巻きはしっかりしていて葉数型である（図7-6）．

キャベツの重要な病害虫には萎黄病，根こぶ病，黒腐病など，ハクサイには根こぶ病，軟腐病，ウイルス病，黄化病がある．ハクサイの根こぶ病はカブとの交雑によって，軟腐病はキャベツとの交雑による「CO（*campestris* と *oleracea* の頭文字をとり，シーオーと呼ぶ）」からハクサイを戻し交雑して抵抗性品種が育成されている．

なお，レタスはキク科の作物で，結球する玉レタス（クリスプヘッド型），半結球性のサラダナ（バターヘッド型），結球しないリーフレタス（リーフ型）やステムレタス（ステム型）がある．しかし，レタスはハクサイやキャベツと異なり，ある程度苗が大きくなり，高温・長日に感応して花芽が分化し，さらに高温が続くと抽だいする．抽だいが問題となる夏季の栽培は，晩抽性の品種を用い，高冷地で生産が行われる．

7.2.2 ブロッコリー

ハクサイ，キャベツなどは短い茎に順次葉が展開するロゼット型であるが，ブロッコリーは茎の節間が伸長する節間伸長型で，伸長した茎の頂部に花らいをつける．ブロッコリーの花芽形成はキャベツと同じ緑色植物体春化型であるが，利用部位が花らいであるので，花芽を形成させ，その後は蕾の状態で維持し，開花させないことが栽培のポイントとなる．

夏（7月）に播種し，ある程度成長した後に9月以降の気温の低下で花芽分化が起こり，花らいが発達する．その後は花らいが低温によって徐々に成長し，9月下旬から収穫が開始され，気温が上昇して開花する翌年の3月まで収穫できる．花芽形成のための苗の大きさと低温に遭遇する温度には，品種間で差がある．早生品種は5～7枚時に20～25℃の温度に遭遇すると花芽分化が起こり，比較的高い温度（15～20℃）で花らいが発達するので，秋の収穫に用いられる．晩生品種は14～16枚になってから，低温（15℃以下）に遭遇すると花芽分化が起こり，10～15℃で花らいが発達するので，晩秋から冬の時期の収穫に用いられる（図6-11参照）．

一方，1～4月に播種し4～6月に収穫する栽培法がある．この栽培法では花らいに異常をきたすことがあり，生育初期に低温となると早く花芽分化しきわめて小さな花らい（ボトニング）を，花らいの発育時が高温になると花らいの小花の間から小葉が出てくる花らい（リーフィー）を生じ，これらの花らいは商品性が著しく低下する．

7.3 ネ ギ

表7-3に示したように，ユリ科ネギ属のネギの原産地はシベリアから中国西部，ラッキョウの原産地は中国の南部から東南アジア，タマネギ，ニンニクの原産地は中央アジアとされている．茎は短く円盤状で，そこから円筒状の葉が生じ，葉身は緑色，葉柄は鞘状であるので葉鞘という．ネギ

図 7-7 キャベツの結球の過程

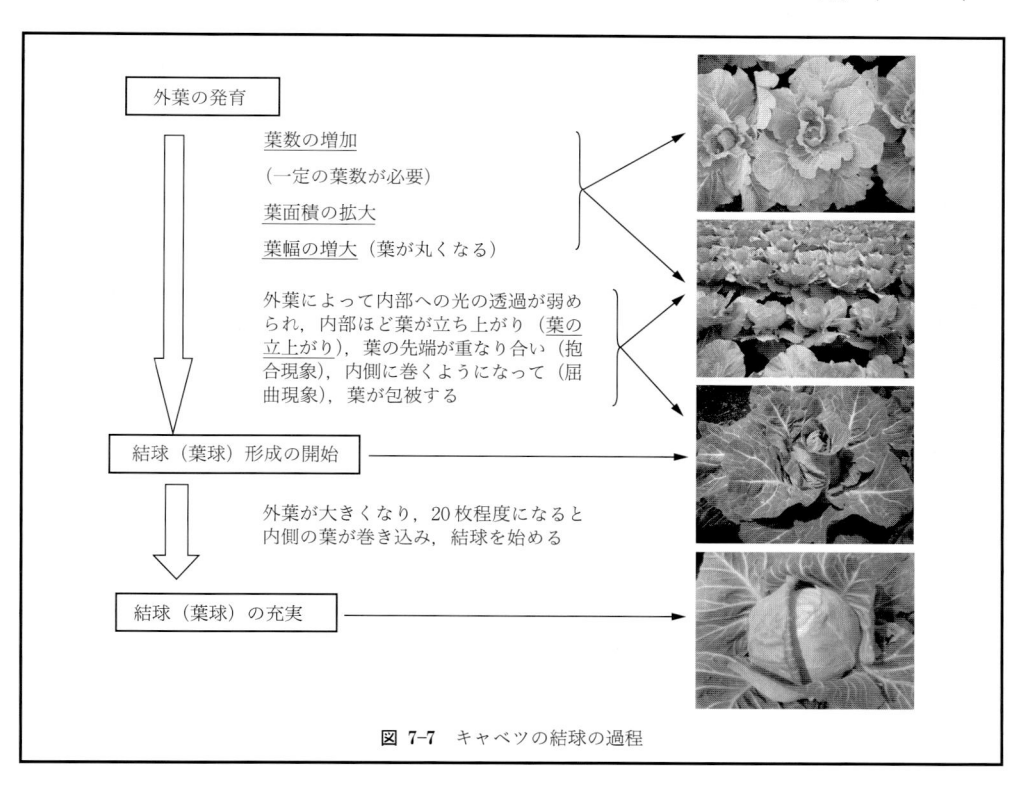

表 7-3 主要な葉根菜の学名，英名，染色体数と原産地（清水，1985 より作成）

種　　類	学　　名	英　名	染色体数	原　産　地
ユリ科				
タマネギ	*Allium cepa* L.	onion	$2n=16$	中央アジア
ネギ	*Allium fistrosum* L.	welsh onion	$2n=24$	シベリア〜中国西部
ニンニク	*Allium sativum* L.	garlic	$2n=24$	中央アジア
ワケギ	*Allium × wakegi* Araki		$2n=16$	
アスパラガス	*Asparagus officinalis* L.	asparagus	$2n=20$	地中海沿岸〜西アジア
セリ科				
ニンジン	*Daucus carota* L.	carrot	$2n=18$	中央アジア
セルリー	*Apium graveolens* L.	celery	$2n=22$	地中海沿岸
ミツバ	*Cryptotaenia japonica* Hassk.	mitsuba	$2n=20, 22$	日本
キク科				
ゴボウ	*Arctium lappa* L.	edible burdock	$2n=36$	ヨーロッパ，シベリア，中国
シュンギク	*Chrysanthemum coronarium* L.	garland chrysanthemum	$2n=18$	地中海沿岸
レタス	*Lactuca sativa* L.	lettuce	$2n=18$	中近東
フキ	*Petasites japonicus* Fr. Schmidt	Japanese butterbur	$2n=58$	東アジア（日本）
ホウレンソウ［アカザ科］	*Spinacia oleracea* L.	spinach	$2n=12$	西アジア
ヤマイモ［ヤマノイモ科］	*Dioscorea opposita* Thunb.	(Chinese) yam	$2n=140$	雲南
ショウガ［ショウガ科］	*Zingiber officinale* Rosc.	ginger	$2n=44$	インド・マレー
ハス（レンコン）［スイレン科］	*Nelumbo nucifera* Caertn.	East Indian lotus	$2n=16$	エジプト
サツマイモ［ヒルガオ科］	*Ipomea batatas* Poir.	sweet potato	$2n=90$	中央アメリカ
ジャガイモ［ナス科］	*Solanum tuberosum* L.	potato	$2n=24$	南アメリカ
サトイモ［サトイモ科］	*Colocasia esculemta* Schott	taro	$2n=28$	雲南，インド

には葉鞘部が短くやわらかい葉身部を利用する葉ネギと，土寄せして葉鞘部が長く軟白した部分を利用する根深ネギがある．

ネギは奈良時代から栽培され，多くの品種が地方に成立している．短日・低温下で休眠するが，その程度の違いにより3つの品種群に分類される（図7-8）．'九条細'などの九条群は，休眠がほとんどなく冬でも成長するので冬ネギ型といい葉ネギに用いられ，主に関西で生産されている．'下仁田'，'加賀'などの加賀群は，厳しい冬の寒さにあうと成長が停止し，地上部が枯れて休眠するが夏によく成長するので夏ネギ型といわれている．'千住黒柄'などの千住群は，休眠が不完全で冬季でもわずかに成長し，九条群と加賀群の中間的な特性を示す中間型で，主に関東で生産されている．

ネギは，生育適温が15～20℃で，葉鞘径が5～6mmになった後に一定期間低温に遭遇すると花芽が形成し，その後，長日温暖の条件下で花芽が発達し抽だい（ネギ坊主が形成）する緑色植物体春化型植物である．

葉（または細）ネギは抽だいする前の葉鞘径が5～6mmで収穫するので，播種時期をずらすことで周年栽培が可能である．冬季のハウス栽培ではほぼ90日，夏季はほぼ50日で収穫できる．一方，千住群と加賀群の根深ネギは春播き秋冬穫りが一般的な栽培法で，2～3月に播種し6月に定植する．その後，土寄せを行い10～3月に収穫する．また，秋播き夏秋穫りの栽培法（千住群）は9月に播種し，低温に感応しないように葉鞘径5～6mm以下で越冬させ，翌年3月に定植し7～9月に収穫する．5～7月は花茎が抽だいし，ネギ坊主が発生する時期で，根深ネギの出荷が少なくなる．'坊主不知'は抽だいしないのでこの時期に出荷できる．千住群の根深ネギの定植は植え溝（深さ20cm，幅15cm）を90～120cmの間隔に作り，株間5～6cmに苗を植える．土寄せは葉鞘部まで随時行い，葉鞘部を40cm程度に軟白し出荷する．近年では植え溝を作らずに，シルバーシートなどを葉鞘部に被覆するなどして軟白する方法も行われている．主な病気にはべと病，さび病などが，害虫にはネギアザミウマ，タマネギバエ，タネバエなどがある．

7.4 タマネギ

タマネギはアメリカから1878年に北海道の札幌に導入され，北海道の日長，気温に適した'札幌黄'が育成され，春播き栽培が確立された．春播きの栽培では3～4月に播種し，8～10月に収穫する（図7-9）．鱗茎形成（球の肥大）の開始は長日で行われ，温度，苗の大きさに影響される．この栽培法では十分に栄養成長させてから球を肥大させることが重要なので，生育温度が低い北海道では日長が長く（14～15時間以上）なってから球の肥大が開始する極晩生品種が適する（図7-10）．

一方，1884年に大阪の泉南にも導入され，大阪の環境に適した'泉州黄'などが育成され，秋播き栽培が確立された．この栽培では9月に播種され，4～6月に収穫される（図7-9）．タマネギは緑色植物体春化型植物なので，秋播き栽培法では苗がある程度大きくなってから低温にあうと抽だいが問題となる．'泉州黄'では葉鞘が6mm以上となって，10℃以下の低温に1カ月遭遇すると花芽分化する．播種期を早くすると花芽分化し，その後に抽だいする．一方，播種期が遅くなると花芽分化の心配はないが収量は少なくなる．よって，この栽培型では大苗でも低温に感応しない特性，また，球の肥大が春の低温や短い日長でも開始する特性を有する品種が適する．早穫りには早生品種が，普通栽培では中生・晩生品種が用いられる．さらに，極早生品種を2月に播種し，5月に子球（オニオンセットという）を掘上げ貯蔵し，それを9月に定植し12月に収穫するセット栽培が暖地で行われている（図7-9）．

球（鱗茎）の構造を図7-11に示した．葉鞘の基部が肥厚を始めると葉の伸長が停止し，さらに内側にできた葉は葉身が伸長せず葉鞘の基部が肥厚し貯蔵葉（葉身がなく鱗状なので，鱗片葉といわれている）を形成し，それがさらに肥厚することで球が形成される．収穫前に貯蔵葉では葉身が伸長しないので，隙間ができて地上部の葉身が倒

品種群	九条群	千住群	加賀群
品種名	'九条細'，'やっこ'	'千住黒柄'，'千住赤柄'，'千住合柄' など	'下仁田'，'加賀'，'岩槻'
形態			
利用部位	主に葉身部分（葉ネギ）	主に葉鞘部分（根深ネギ）	主に葉鞘部分（根深ネギ）
特徴	葉身はやわらかい 株分かれしやすい 休眠がないので，冬でも成長する（冬ネギ型という） 周年栽培できる	葉鞘，葉身が太く，葉鞘を軟白する 分げつは少ない 休眠は不完全で，冬季もわずかに成長する	冬季は地上部が枯れ，地下部は球根状になる 休眠冬季は成長しない（夏ネギ型という）

図 7-8 ネギにおける九条群，千住群および加賀群の特徴

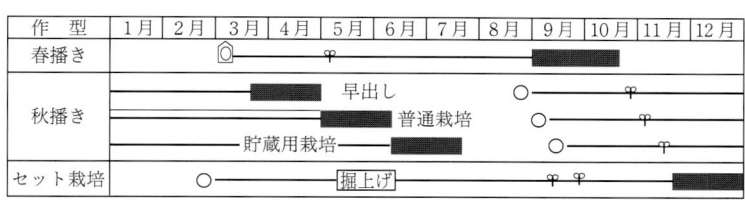

図 7-9 タマネギの作型
○：播種，⌂：ハウス，⍾：定植，■：収穫．

	晩生品種（'札幌黄' など）	早生品種（'愛知白' など）
品種		
栽培地	北海道を中心	大阪を中心
収穫期	8〜9月に収穫	4〜6月に収穫
鱗茎の形	腰高	扁平
鱗茎形成条件	葉齢6〜7枚以上 14時間の日長以上 高い温度（25℃）	葉齢4〜5枚以上 12時間の日長以上 低い温度（15℃）

図 7-10 タマネギの早生品種と晩生品種の特性

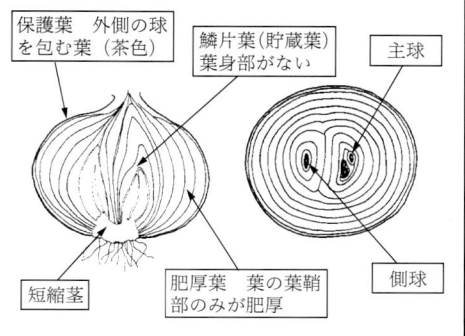

図 7-11 タマネギの鱗茎の名称

伏する．鱗葉の肥厚（葉鞘基部の細胞の横成長）は植物ホルモンが関係し，葉身部で生成されるエチレン（横の成長に関与）と地下部で生成されるジベレリン（縦の成長に関与）とのバランスが影響しているといわれている（6.7節参照）．鱗茎肥大後は自然に休眠に入り貯蔵性がよくなる．

7.5 ダイコン

中央アジア原産のダイコンは，栽培の歴史が長い野菜の1つである．わが国のダイコンは中国ダイコンである華南型を中心に華北型，野生種が関与して，各地に多くの在来品種が分化した．在来品種には，夏ダイコンに適する，みの早生などの品種群（耐暑性が強い），春ダイコンに適する時無，亀戸，二年子などの品種群（花芽分化や抽だいが遅く，耐寒性がある），一般の秋ダイコンとしての宮重，聖護院，練馬，阿波晩生，大蔵などの品種群に分類されるが，根重が30 kgを超える'桜島'や根長1.5 mに達する'守口'などきわめて多様な品種がある（図7-12）．近年では宮重群から育成されたF$_1$品種'耐病総太り'の台頭以来，市場で流通する品種は青首ダイコンのF$_1$品種に独占されている（図7-13）．ただし，京都の'晩生聖護院'や'信州地'などは，地方の特産野菜として見直されている．

生育適温は20～23℃であるが，根部の肥大にはやや低い17～20℃が適する．ダイコンは種子春化型であり，播種直後から低温（12～13℃以下）に2週間遭遇すると花芽分化する．よって，気温が下降する晩夏から初秋に播種し，11～2月に収穫する作型が最も適している．冬（春）播き春穫り栽培では播種時期が低温となり，その後は高温期となるので抽だいが問題となる．この作型では晩抽性の品種を用い，また，ハウス，トンネルを使って生育前半の日中のトンネル内温度を高温（30℃以上）に保ち，花芽分化を遅らせることが栽培のポイントになる．高温にすることによって低温効果を打ち消すことを脱春化といい，これを利用するのである（図6-13参照）．また，8～10月の生産は寒冷地で行われ，図7-15に示したように周年生産されている．

栽培は一般的にうね幅70 cm，株間35 cmに4粒程度播種し，その後6葉展開時に1本とする．生育初期に主にTuMV（Turnip mosaic virus）に感染すると葉色が濃淡のモザイク状となり，生育が著しく劣る．ウイルス病を媒介するモモアカアブラムシなどを忌避させるため，シルバーポリエチレンフィルムをマルチングする（図7-14）．

ダイコンは下胚軸が成長して，地上部に子葉が展開するので，根は本来の初生根と胚軸が連続した組織になっている．本葉を3～4枚展開した頃に，胚軸と根上部の木部柔組織細胞が活発に分裂を始めると，胚軸の初生皮層がはがれる（初生皮層剝脱という）．初生皮層剝脱した根は根の肥大が上部から始まり，葉の増加に伴い根重は増えて，品種特有の形や重さになる．ダイコンは根の上部が地上部に出る性質（抽根性）があり，この性質は'守口'，'二年子'などで弱く，'宮重総太'，'みの早生'などで強い（図7-12）．抽根した部分は胚軸由来であり，その表層に葉緑体が形成されるものを青首ダイコンという（図7-16）．根の部分は由来が異なり，また，肥大速度も異なることから，糖含量やビタミン類は根の上部で多い傾向がある．辛み成分のイソチオシアネートは根の下部ほど多いといわれている．ダイコン，ゴボウ，カブは木部が発達するので木部肥大型といわれ，ニンジンは師部が主に肥大するので師部肥大型という（図7-17）．

根の中心に近いところに空隙がみられるものをす入りという．これは根部が急激に成長したときに，細胞に十分な養分が供給されず，組織の一部が老化したことによる．発生量には品種間に相違がみられるが，窒素が多い，土壌水分が多い，夜温が高いなどの条件下で発生が助長される．また，根の先端部が高濃度の肥料にさらされると，側根が発達する岐根が発生する．ホウ素が欠乏すると根の表面に亀裂が入り，サメ肌症状になる．

7.6 サトイモ

インドから東南アジアの山林地に自生する野生

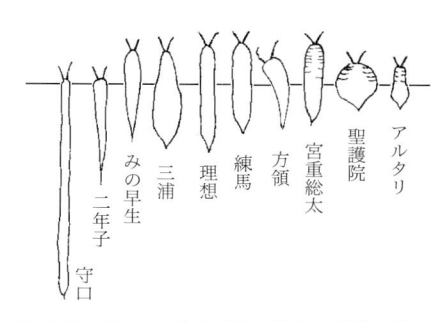

図 7-12 ダイコン代表品種の根形，抽根性の模式図
（右から：アルタリ，聖護院，宮重総太，方領，練馬，理想，三浦，みの早生，二年子，守口）

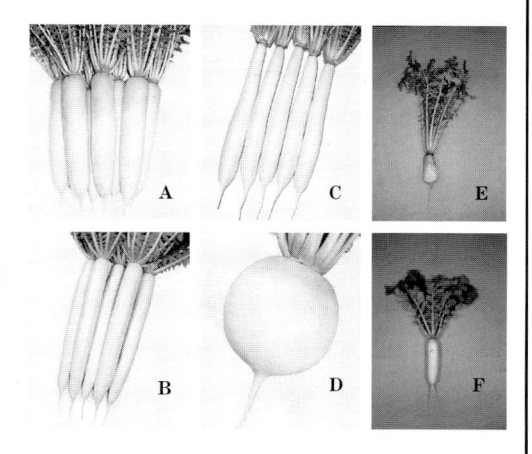

図 7-13 ダイコンの品種
A：'耐病総太り'，B：'夏みの早生三号'，C：'干し理想'（白首），D：'冬穫り聖護院'（青首），E：'ねずみ'（青首），F：'上野ダイコン'（A～D：タキイ種苗株式会社提供，E,F：信州大学 大井美知男氏 提供）

図 7-14 ダイコンのマルチ栽培

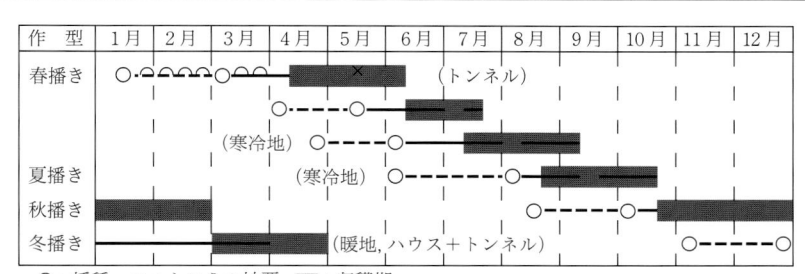

図 7-15 ダイコンの標準的な作型
○：播種，△：トンネル被覆，■：収穫期．

図 7-16 ダイコンの抽根状況
抽根（地上部に根部が出ること）し，側根が発生していない部分は胚軸に由来している．

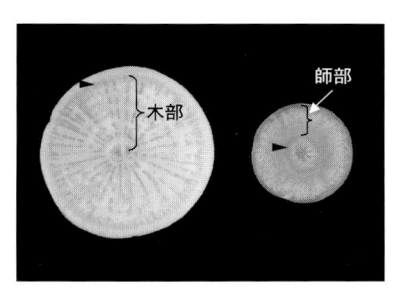

図 7-17 ダイコン（左）とニンジン（右）肥大根の断面
矢印は維管束形成層を示す．

種が栽培化され，アジア各地とポリネシアに広まり，わが国には縄文時代に伝わったとされ，各地での農耕儀礼などに用いられることも多い．子イモ用品種はほとんどが三倍体で，'石川早生'，'土垂'，'えぐ芋'，'烏播'など，親イモ・子イモ兼用品種は二倍体の'唐芋'，'八つ頭'，三倍体の'赤芽'などがある．親イモ用品種は二倍体で，'筍芋'があり，親イモが大形，粉質という特徴がある．生育適温は25～30℃と高く，多湿条件を好み，日照不足には比較的強いが，乾燥には著しく弱い．土壌適応性はきわめて広く，pH 4.5～9.0の間で生育が可能である．4～5月に約40 gの子イモを5 cmの深さに定植し，発芽後3回程度土寄せを行う．発芽後，まず萌芽した葉柄の基部が親イモとして肥大し，その後は親イモの腋芽が肥大して子イモを形成する（図7-18）．イモは茎が変態したもので，塊茎という．サトイモは連作するとミナミネグサレセンチュウの発生が多くなり，4年の輪作が必要であるといわれている．種イモなどの長期貯蔵の適温は8～11℃と範囲が狭い．

7.7 アスパラガス

地中海沿岸から西アジアが原産で，1920年代から北海道で缶詰用ホワイトアスパラガスの軟白栽培が始まった．緑色の幼茎を食用とするグリーンアスパラガスは栄養価が高く，調理が簡単なことから近年需要が伸びている．生育適温は20℃前後である．寒冷地では植えつけ後2～3年後に収穫を始める．収穫期間は植えつけ後の年次によって異なるが，4年目以降の株では約60日間である．その後は萌芽した茎を収穫せずに茎葉を繁茂させ（図7-19 A），次年度も収穫を継続するために株養成をはかる．暖地では，最初に約60日間収穫した後に4～6本の茎を確保し，その後に発生してくる幼茎を収穫する二期穫り栽培がある．また，軟白栽培では萌芽前に株上に25 cm程度培土し，頭部が地表に出る前の白色の幼茎を収穫する（図7-19 B）．さらに，露地で養成した3年株を茎葉が枯れた後に根茎を掘り上げて，ハウス内の温床（電熱線を設置する）に伏せ込み，11月から2月まで収穫する促成栽培もある（図7-19 C）．

7.8 葉根菜類の施肥

野菜の生産において，肥料と土壌改良のための堆厩肥の施用は不可欠である．主要な葉根菜類の施肥量を表7-4に示した．一般的には，まず播種・定植の2週間以上前に1～3 t/10 aの堆厩肥とpH調整のための石灰を施用する．次に，1週間程度おいて元肥を施用して耕うん・うね立てを行うが，播種直前に元肥を施用すると，濃度障害やガス障害が発生することがあるため，元肥の施用は播種・定植の1週間前に行うことが望ましい．一般に，光合成のための葉が展開し大きくなる時期には，多量のNを必要とし，結球期や根・イモの肥大期にはKの要求量が増大する．作物の生育期間によって異なるが，NとKの50～70％，Pはほぼ全量を元肥として全層に施肥することが多い．ただし，生育期間の短いホウレンソウ，コマツナやマルチ栽培のレタスでは，全量を元肥として施用する．追肥は，生育速度が増大し始める時期から，N，Kを中心に2～3回に分けて行われるが，生育期間の長いネギやサトイモでは，中耕・培土を兼ねて20～30日ごとに追肥することが望ましい．肥料が流亡しやすい砂質土や有機物含量が低く地力の劣る土壌では，特に追肥の時期と量が重要である（6.1節参照）．

［荻原　勲］

───── キーワード ─────

花芽分化・抽だい（flower bud differentiation and flower stalk development）
7.1
東洋種（oriental variety），西洋種（occidental variety），生育適温（ideal temperature for growing），秋播き晩秋冬穫り栽培（autumn-sowing and late autumn to winter harvesting cultivation），抽だい（bolting），晩抽性（late bolting characteristic），緑黄色野菜（green and yellow vegetables），シュウ酸（oxalic acid），硝酸（nitric acid）

7.8 葉根菜類の施肥

図 7-18 生育初期（上左：烏潘）と収穫期（上右：唐芋）のサトイモ球茎および収穫時の球茎（イモ）の着生状況（模式図）

親イモ　孫イモ　種イモ　子イモ　ひ孫イモ

図 7-19 アスパラガスの栽培法
A：グリーンアスパラガスの普通栽培，B：ホワイトアスパラガスの軟白栽培，C：グリーンアスパラガスの促成栽培．

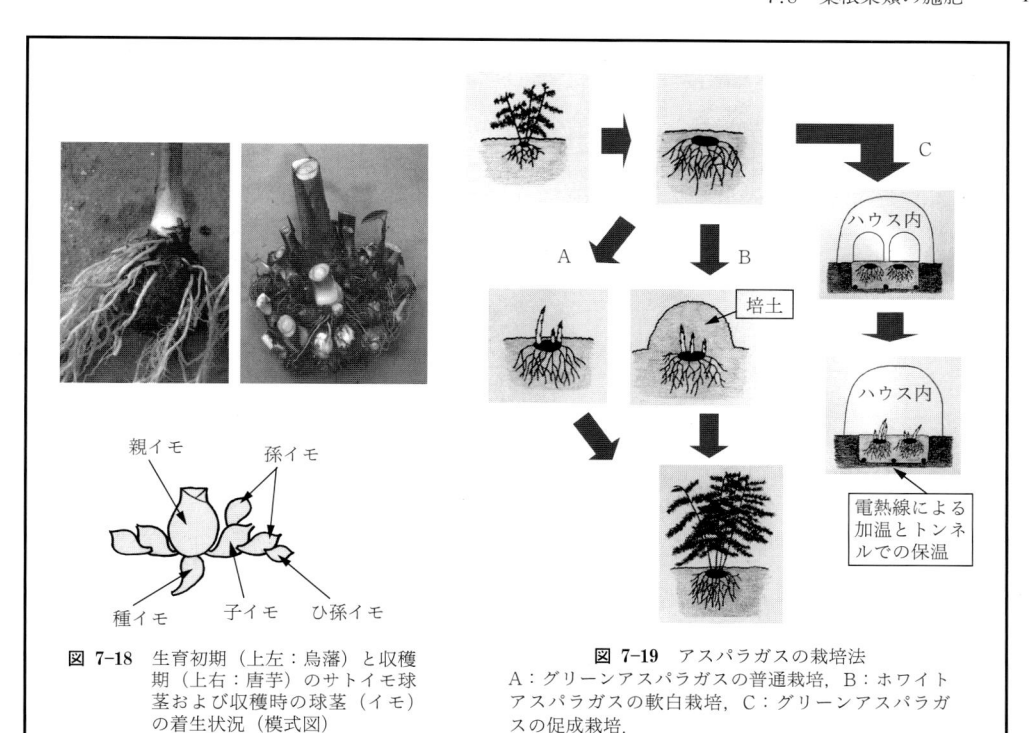

培土　ハウス内　電熱線による加温とトンネルでの保温

表 7-4 主な葉根菜類の目標収量，標準的な施肥量と栽植本数，播種量

種類	作型	目標収量 (t/10a)	標準施肥量 (N-P$_2$O$_5$-K$_2$O, kg/10a) 元肥	追肥	好適 pH	栽植密度 (株/10a)	備考
キャベツ	夏播き	6〜7	15-20-15	10-5-10	5.5〜7.5	4000	
ブロッコリー	夏播き	3〜3.5	20-25-20	8-0-8	5.5〜7.5	4000	
ハクサイ	秋冬穫り	6〜7	20-25-20	8-0-8	5.5〜6.5	4000	低 pH では根こぶ病が多発
レタス	秋播き	5〜6	20-20-15	—	5.0〜8.0	6000	マルチ
ネギ	秋冬穫り	4〜6	10-15-10	15-15-15	5.5〜6.5	4〜5万	分げつ性品種は2〜3万株
タマネギ	秋播き	3〜4	15-15-15	10-10-10	5.0〜7.0	2.5万	播種量 600 mL
ホウレンソウ	周年	1〜2.5	15-15-15	—	6.5〜7.0	—	播種量 3〜5 L
コマツナ	周年	1〜2.5	15-12-15	—	6.0〜7.0	—	播種量 0.8〜1 L
ダイコン	秋播き	6〜8	15-10-15	5-3-5	5.3〜7.0	7000	播種量 0.6〜1 L
ニンジン	夏播き	3.5〜4.5	20-25-20	10-5-10	5.5〜6.5	1.5〜2万	播種量 1〜2 L
小カブ	秋播き	6〜8	15-10-15	—	5.2〜7.0	1〜2万	播種量 0.6〜1 L
アスパラガス	露地長期	2〜3	20-25-20	30-35-30	5.5〜7.0	1500	4〜5年で改植
ジャガイモ	春植え	3〜3.5	10-15-10	5-0-5	5.0〜6.0	5000	種イモ 150 kg
サツマイモ	普通	2〜2.5	3-15-10	2-10-10	5.5〜7.0	3000	種イモ 100 kg
サトイモ	普通	2〜3	10-15-15	10-5-10	4.5〜8.5	2500	種イモ 300 kg

7.2
種子春化型植物 (seed vernalization plant), 早生品種 (early maturing cultivar), 育苗 (raising of seedling), 定植 (planting, setting), 寒冷地 (cold upland), 緑色植物体春化型植物 (green plant vernalization plant), 晩生品種 (late maturing cultivar), 移植 (transplanting), 結球 (head formation), ロゼット (rosette), 花らい (flower head, curd)

7.3
葉身 (lamina, leaf blade), 葉鞘 (leaf sheath), 葉ネギ (green leaf type of welsh onion), 土寄せ (earthing up, soil hilling), 軟白 (blanching), 根深ネギ (white leaf sheath type of welsh onion), 休眠 (dormancy)

7.4
鱗茎形成 (bulb formation), 鱗茎 (scaly bulb), 鱗片葉 (scale)

7.5
春ダイコン (spring radish), 青首ダイコン (green neck radish), 脱春化 (devernalization), ウイルス病 (virus disease), 下胚軸 (hypocotyl), す入り (pithy tissue)

7.6
子イモ (daughter corm (tuber)), 親イモ (mother corm (tuber)), 連作 (successive cropping)

7.7
ホワイトアスパラガス (white asparagus, etiolated asparagus), グリーンアスパラガス (green asparagus)

7.8
施肥 (fertilizer application), 堆厩肥 (stable manure), 元肥 (basal dressing), 追肥 (top dressing)

■ 演習問題

問1 近年のホウレンソウ品種には，東洋種と西洋種との交雑種あるいは F_1 品種が多い．その理由を述べなさい．

問2 ホウレンソウ，コマツナなどの作物体内に硝酸態窒素含量をできるだけ蓄積させずに収穫する栽培法を述べなさい．

問3 シードバーナリゼーション型およびグリーンプラントバーナリゼーション型の野菜をそれぞれ3種類あげなさい．

問4 グリーンバーナリゼーション型の野菜の1つを例に取り上げ，秋に播種し，翌年の春に収穫するためにはどのようなことに気をつけて栽培するべきかを述べなさい．

問5 次のすべての用語を使って，キャベツおよびハクサイの結球形成について述べなさい．
用語：葉面積，外葉，抱合，屈曲，短縮茎，包被，葉重

問6 ネギの九条群，千住群および加賀群の特徴と栽培法を述べなさい．

問7 タマネギの鱗茎形成に及ぼす日長，温度および苗の大きさの影響について述べなさい．

問8 ダイコンに関して，次の用語を簡単に説明しなさい．
A：初生皮層剝脱，B：抽根性，C：木部肥大型，D：す入り，E：脱春化

コラム7

広がる地産地消

地産地消とは，地域（地場）生産，地域（地場）消費の略称として使われている．地産地消という用語の始まりは，篠原 孝氏（前農林水産政策研究所長）が1987年頃に適地適産や地場生産・地場消費という用語から造語したといわれている．そのほかに，農林水産省が1981年から行った「地域内食生活向上対策事業」の推進委員であった小山智士氏（元農政調査委員会国内調査部長）が使い出したという説もある．しかし，それ以前に地域主義の思想や有機農業などの分野で，同様な用語は使用されていた．特に身土不二とは深い関連がある．これは仏典に出てくる言葉で，身（からだ）と土（つち）は一体であるという意味で，食養道運動を行っている人たちは，自分の住む四里四方でとれた旬のものを正しく食べることを理想としている．

一方，全国の地方自治体では，地産地消をキーワードとして地域農政の主要な事業と位置づけ，

地場農産物の生産拡大と地域内流通を推進している．また，小中学校の学校給食において，できるだけ地場産または県内産の農畜産物を利用する運動が行われている．

そこで，地産地消の意義について2つの視点から整理しよう．第1の視点は流通論である．資本主義の発達とともに農業は，自給的農業から商業的農業に転換した．そして，増大する都市人口に食料を供給するために産地も大規模化し，都市周辺部から遠隔地に移動した．その結果，都市と農村の距離は離れ，大規模広域流通が進展した．しかし，大規模広域流通は，見かけ上の品質にこだわるため選別基準が厳しく，その結果流通コストが高くなり，鮮度も劣るという短所があった．そのオルターナティヴ（代替）として地場流通の推進が1970年代から唱えられてきた．しかし，地場流通には次のような長所とともに短所もあるため，それほど広がらなかったのである．

地場流通の長所としては，①流通時間が節約され，鮮度がよく，適熟品の取引が可能なこと，②余分な輸送や包装資材を省くことができ，流通コストが低減できること，③零細農家や高齢農家など農協共販になじまない生産者の出荷先が確保できること，④生産者と消費者の相互信頼が生まれやすいこと，などである．一方，短所は，①生産量と消費量が限られるため，需給調整が困難なこと，②取引可能な品目数が限られるため，品ぞろえが困難なこと，③周年的な取引が難しいこと，④気象変動による出荷量が大きく変動し，価格も乱高下しやすいこと，などである．

近年の地場流通拡大の担い手の1つには，農産物直売所の進展がある．農産物直売所は少量多品目の農産物や農産加工品を生産者が消費者に直接販売する場である．農産物直売所の全国的な統計はないが，各種調査からその数は全国に1万2000カ所以上あると推測でき，1995年以降に開設されたところが多い．また，その経営主体は農家グループがいちばん多く，農協，公社・第3セクター，農家と団体などとの共同がほぼ同率で続いている．農産物直売所の課題としては，農産物直売所間の競争が激化しており生産者の販売額が低迷していることや，大型店舗化に伴って品ぞろえのために外部からの仕入れが増えていることなどである．

第2の視点は食農教育である．子どもの食をめぐる環境が変化し，肥満や高血圧など生活習慣病になる子どもが増えている．そのため，自分たちの食習慣を見直し，食べものの出所を学習するために学校給食の食材に地場産を使用する地方自治体が増えている．また，フランスでは子どもの味覚をはたらかせるために「味覚週間」を設けており，幼稚園や小学校にレストランのシェフを派遣して味覚の違いを理解させている．さらに，ファーストフードの広がりに反対してイタリアから始まったスローフード運動では，種の多様性を保ち伝統食を後世に伝えるために，スローフード協会が保全すべきと定めた農産物がある．スローフード協会のホームページ（http://www.slowfood.com/）によれば，「1900年以降，ヨーロッパにおける食品の多様性は75%が失われ，同期間にアメリカにおける食品の多様性の93%が失われた．また，家畜の種の33%が消失したか，あるいはまもなく姿を消すと思われる．3万種の野菜は20世紀に消滅し，1つの種は6時間ごとに失われている」，との警鐘を鳴らしている．また，忘れられてしまう味を再発見して，カタログに記述し，公表することを目的とする「味覚の箱舟」事業も進められている．つまり，食べものの工業的な標準化や世界的な広域・大規模流通から脅かされている先進国の食生活において，伝統食を子どもたちに伝えるには相当な努力が必要なのである．そして，暮らしの見直し，食卓を暮らしの真ん中におくこと，さらに，子どもの食生活に責任をもつ大人の役割も大きいため，大人の食育も重要である．

このように，他人任せの食への不安が，農産物直売所や学校給食への関心を深めている．消費者から食の現場につながる主体への転換でもある．地産地消は国に任せていた食と農の仕組みを，地方に分権させる運動ともいえるのである．

［野見山敏雄］

8

野菜/果菜類の特性

8.1 ナス科野菜

8.1.1 ナス科野菜の着果習性

トマト，ナスでは種子が発芽し，茎頂分裂組織が8～9枚の葉を分化した後，花芽を分化する．トマトと一部のナスでは，順次花芽が分化し，単出集散花序（花房，図8-4）を形成する．花芽が形成されると，頂芽優性が打破されて主茎最上位葉の腋芽が旺盛に成長を始め，トマトでは3枚，ナスでは2枚の葉原基を分化した後，第2花（房）を分化する．これらの腋芽はいずれも，通常主茎の最上位葉を伴って伸長するため，花（房）は最上位葉に対生する形で押し出され，主茎の最上位葉とその下位葉の節間に側生するようにみえる（図8-1）．このような分枝を仮軸分枝という．

トウガラシは，11～12枚の葉が分化した後，花芽が分化する．図8-2に示したように，第1花の下2節（まれに3節）の腋芽が，発達しながら主茎上の葉を伴って伸長し，1次分枝を形成する．12枚の葉を分化した後花芽が分化した場合，第1花が第10節に着生してその位置で分枝するようにみえる．分枝の第1節に着生した葉は，第1花の上位に位置するが，トマトと同様に主茎上で分化した葉で，腋芽の分裂組織に由来するものではない．トウガラシの腋芽は，それぞれ2枚の葉を分化した後花芽分化し，2本ずつ分枝を形成することを繰り返す．

ナス科野菜は中性植物（6.4.1項参照）であり，日長反応性は認められず，好適条件下では播種後25～30日で花芽を分化するが，一般に高温，弱光条件下では第1花（房）の着生節位が高くなる傾向にある．

8.1.2 ト マ ト

アンデス高原地帯原産で，ヨーロッパには16世紀，日本には18世紀に伝来した．明治中期までは主に観賞用に利用されたが，戦後急速に生産が増加し，温室から高冷地まで全国で周年生産されている（図6-6参照）．

栽培品種はほとんどが近縁野生種などから耐病性を導入したF_1品種であり，'愛知ファースト'のような純系品種や'越のルビー'のような栄養繁殖性品種はごく一部で栽培されているにすぎない．生食用品種は，丸玉系，ファースト系，中玉（ミディ）系，ミニ系に大きく分けることができる（図8-3，表8-1）．ケチャップ，ジュース用の加工用品種は，芯止まり（無支柱栽培に適する），ジョイントレス（収穫時にヘタが残り，果実だけ収穫が可能）などの形質をもつものが多い．加熱調理しても煮くずれしにくい調理用品種も一部で栽培されている．

生育適温は15～28℃で，最低12℃以下，最高35℃以上では花粉稔性が低下するため，4-CPAなどのホルモン（オーキシン）処理が必要となる．幅広い土壌条件に適応するが，土壌水分の変動が大きいとCa欠乏による尻腐れ果（図6-4参照）が発生しやすい．主要な品種は，TMV（タバコモザイクウイルス），萎ちょう病，ネコブセンチュウなどに対して抵抗性を有するが，青枯病については抵抗性台木に接木する必要がある．接木の際には，TMV抵抗性の遺伝子型に注意する必要があり，保毒型抵抗性（感染しても症状が現れない）のTm型と過敏感反応型（感染した細胞が壊死するためウイルスが体内に広がらない）の$Tm-2$，$Tm-2a$型の組合わせでは，TMVに感染すると枯死する．近年は，シルバーリーフコナジラミによって伝染する黄化葉巻病（tomato

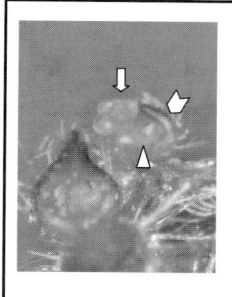

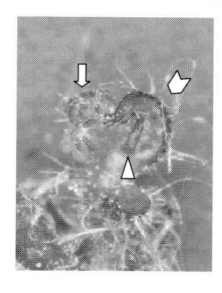

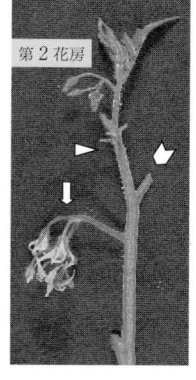

図 8-1 トマト花芽の発育過程
⌣ ：主茎最上位葉（第 9 葉）
⇧ ：第 1 花房（第 1 花）
▽ ：主茎最上位葉の腋芽

本葉が 2 枚程度展開した頃，主茎上で第 9 葉が分化し，茎頂で第 1 花房が分化するが，第 9 節の腋芽が第 9 葉を伴って伸長するため，第 1 花房は第 8 葉と第 9 葉の節間に着生するようにみえる．腋芽上の第 10 葉と第 11 葉はほぼ対生して第 9 葉と約 90°の角度の位置に着生し，第 12 葉は第 9 葉と同じ方向に着生する．したがって，第 2 花房以降の花房は第 1 花房と同じ方向を向いて発生する．

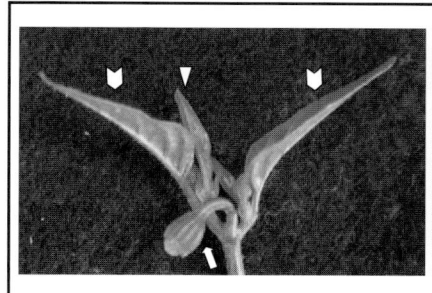

図 8-2 トウガラシの分枝
⌣ ：主茎上で分化した葉（第 11, 12 葉）
⇧ ：第 1 花（主茎上で第 12 葉分化後に分化）
▽ ：1 次分枝上で分化した葉

トマト（図 8-1）と同様に，腋芽が主茎上の葉を伴って伸長する．

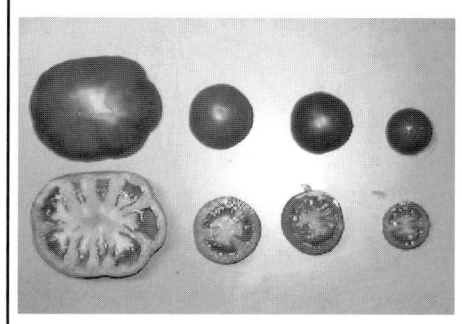

図 8-3 トマト果実の断面
左から，'レディファースト'（9 子室），'レッドオーレ'（3 子室），同（2 子室），'ミニキャロル'（2 子室）．

図 8-4 トマト果房の形態
上：'愛知ファースト'，右：'ミニキャロル'．

yellow leaf curl virus）の発生が問題となっている．

果実の赤色はカロテノイド色素のリコピンであるが，リコピンが発現せず，β-カロテン，キサントフィルなどを含む黄色の品種もある．可溶性固形物濃度（含量）は通常4～5％であるが，節水管理，根域制限などによって栽培された8％以上の高糖度トマトは，フルーツトマトとして高値で取引されている．

8.1.3 ナ ス

熱帯アジア原産で，インドで栽培化された．欧米ではあまり重要視されないが，アジアでは一般的な野菜である．日本へは中国を経由して8世紀以前に伝来し，その後各地へ普及した．

果実の大きさ，形，色などに多くの変異があり，日本各地に用途の異なる特有の品種が分化している．果実の形態によって，丸，小丸，卵形，中長，長，大長に分類され，生育期間の短い冷涼地では小型で早生の品種が多く，暖地では耐暑性，耐乾性の強い大型品種が多い（表8-2, 図8-5）. 1924年に埼玉県で初めてF_1が実用化された後，適応性の広い長卵～中長型F_1品種が育成され，全国的に普及した．しかし，最近では特有の食味をもつ地方の在来品種が再度見直され始めている．

高温性の作物で平均22～30℃が適し，20℃以下では果実の肥大が急激に低下する．また，最低気温15℃以下では花粉稔性が低下し，着果不良となる．主枝3本仕立てとして切返しせん定を行うことが多い．耐暑性は強いが，乾燥には比較的弱い．通常種子の硬化が始まる前（開花後15～20日後）に80g程度で収穫される．

土壌伝染性病害を回避するために近縁野生種（アカナス，アオナス，トルバムなど）から育成された耐病性台木に接木されることが多い．接木によって草勢が強まり，収量も増加するが，Mg欠乏によるクロロシスが発生しやすくなる．果皮の色素はアントシアニンのナスニンが主で，発現に370 nm以下の紫外線を必要とする．

8.1.4 トウガラシ（ピーマン）

熱帯アメリカ原産で，コロンブスによってヨーロッパに伝わり（1493年），その後，世界中の熱帯，亜熱帯地域に普及した．日本へは1542年にポルトガル人がもたらしたとされる．

香辛料として利用される辛味種と辛味が発現しない甘味種に分けられ，一般的に甘味種は大きく，辛味種は小さい．日本のピーマンは小型の甘味種とベル型の大型種とを交雑して育成された中型種を指すことが多く，20～30gの未熟果を収穫する．甘味種を総称してピーマンと呼び，そのうちベル型の大型種をパプリカと呼ぶことが多い（表8-3, 図8-6）.

生育適温はトマトよりやや高い17～30℃で，4または2本仕立てとし，花の両側から発生する2本の側枝のうち弱い方を摘心する．土壌水分には比較的敏感で，乾燥，過湿ともに弱い．乾燥条件下では尻腐れ果が発生しやすい．青果用には，開花後22～30日程度の未熟果（ピーマン）を収穫する場合と50日以上経過して赤，黄色に着色した完熟果（パプリカ）を収穫する場合とがある．香辛料の原料とする乾果用は通常整枝せず，開花後2カ月程度してから果実表面にしわを生ずる頃に収穫する．

辛味の成分はカプサイシンで，小果種ほど多く，大型の甘味種にはほとんど含まれない．シシトウなどでは高温乾燥条件下で単為結果すると辛味が発現しやすい．完熟果の赤と黄色の色素はトマトと同様カロテノイドであるが，アントシアニンを生成して黒紫色に着色する品種もある．若い茎葉は食用にされ，夏の葉物野菜として葉トウガラシ専用品種も近年育成されている．

8.2 ウリ科野菜

8.2.1 ウリ科野菜の着果習性

ウリ類の花は，一般に雌雄異花で雌花あるいは雄花を各節に着生するが，メロン類は通常両性花と雄花を着生する．キュウリは，主枝上の葉腋に雌花節と雄花節が混在する混性（飛び節）型と低節位から連続的に雌花を着生する雌性（節成り）

表 8-1 トマト主要品種の特性と適応作型

品種名	果実重	子室数	耐病性[*1]								TMV抵抗性遺伝子型	適応作型[*2]				
			F_1	F_2	Fc	Cl	St	V	N	Ps		促	半	早	普	抑
桃太郎	220	6	○			○		○	○		Tm				○	○
ハウス桃太郎	200	6	○			○		○	○		Tm-$2a$	○				○
桃太郎ファイト	210	6	○	○	○	○		○	○	△	Tm-$2a$	○	○	○	○	○
サンロード	240	6	○			○		○	○	△	Tm-2		○	○	○	○
おどりこ	220	6	○			○		○	○		Tm-$2a$	○	○	○	○	○
ルネッサンス[*3]	160	6				○		○			Tm-$2a$					
レディファースト	250	10	○								Tm-$2a$					
愛知ファースト	250	10									感受性					
レッドオーレ	40	2	○					○	○		Tm-2	○	○		○	○
越のルビー[*4]	40	3			△				△		感受性					
ミニキャロル	15	2	○					○			Tm-2	○	○		○	○
サンチェリー250	15	2	○								Tm-$2a$	○	○	○	○	○

[*1] F_1：萎ちょう病レース1，F_2：同レース2，Fc：根腐れ萎ちょう病，Cl：葉かび病，St：斑点病，V：半身萎ちょう病，N：サツマイモネコブセンチュウ，Ps：青枯病．
[*2] 促：促成（長段を含む），半：半促成，早：早熟，普：普通（夏秋穫りを含む），抑：抑制．
[*3] 単為結果性品種．
[*4] 栄養繁殖性品種．

表 8-2 ナスの代表的な在来品種の特性と類似品種

果形*		品種	主産地	用途	果色	耐乾性	耐病性	類似品種
丸	小	民田	東北	煮食, 漬物	黒紫	弱	弱	窪田丸
	中	巾着	北陸	味噌漬	黒紫	弱	弱	小布施丸
	大	賀茂	関西	田楽	紫	弱	弱	F_1早生大丸
卵	小	もぎ	関西	浅漬	黒紫	弱	弱	十市, F_1竜馬
	中	真黒	関東	浅漬	黒紫	弱	中	蔕紫, 水ナス, F_1はやぶさ
中長	中	橘田	東海	漬物, 煮食	黒紫	弱	中	静岡11号, F千両2号
長	小	仙台長	東北	漬物	黒紫	弱	弱	
	大	大阪長	関西	焼食, 煮食	紫	中	強	熊本長, F_1黒陽, F_1長者
大長	大	久留米長	九州	焼食, 煮食	紫	強	強	博多長, 長崎長

*果形指数（果長/果径）：丸 0.8～1.3, 卵 1.4～2.0, 中長 2.1～3.0, 長 3.1～5.4, 大長 5.5以上．収穫時の大きさ：小 20～50 g, 中 100 g程度, 大 150～200 g.

表 8-3 トウガラシの代表的な品種の特性

	品種	用途	果長	果径	辛味
辛味種	鷹の爪	乾果	3	0.8	強
	八房	乾果	5	1.0	強
	伏見辛	乾果	11	1.3	強
甘味種	伏見甘	青果	13	1.3	微
	シシトウ	青果	6	1.3	微
	ピーマン[*1]	青果	7～8	4～5	無
	パプリカ[*2]	青果, 缶詰	8～12	6～8	無

[*1] 中型種：さきがけ, F_1京みどり, F_1エースなど．
[*2] 大型種：カリフォルニアワンダー, ワンダーベルなど．

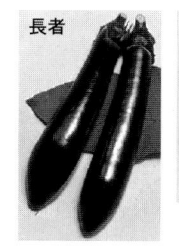

図 8-5 ナスの特徴的な F_1 品種（タキイ種苗株式会社 提供）

型，それらの中間の混性・雌性型に大きく分けられている（図8-7）．雌花の着生は，一般に低温，短日条件下で促進され（表8-4），植物ホルモンのエチレンは促進的に，ジベレリンは抑制的に作用する．各節から発生する側枝は，その基部の節位に雌花を着生し，飛び節性が強い（主枝上の雌花節が少ない）品種ほど側枝の発生は旺盛となる．

スイカやカボチャは，主枝の7～8節に雌花を着生し，その後4～6節ごとに不規則に雌花を着生する．ただし，ペポカボチャ（ズッキーニなど）はキュウリの混性・雌性型と同様の着果習性を示し，上位節は連続的に雌花を着生するものが多い．メロン類の両性花は，通常主枝上に着生せず，側枝の第1節に着生し，高温長日条件下では，下位節から発生した側枝の両性花着生が不安定となる（図8-8）．同じ $Cucumis\ melo$ に属するマクワウリやシロウリでは，両性花は子づる（第1次側枝）にも着生せず，孫づる（第2次側枝）の第1節に着生する．

ウリ類の花芽は，茎頂分裂組織から3～4節下の葉腋に初生突起（分裂組織の表面に形成される小さな突起）として分化し，引き続き数～10花程度の原基が分化する．また，第2花の原基とほぼ同時期に側枝となる腋芽の初生突起が形成される．個々の花芽原基は，外側からがく片，花弁，雄ずい，雌ずいの初生突起を順次形成する．両性花となる花では，その後すべての器官が発育を続けるが，通常は雄ずいあるいは雌ずい原基の発育が停止して，それぞれ雌花あるいは雄花へと発育する．雌花節では，第2花以降の原基は発育を停止するが，キュウリやメロンの雄花節では第2花以降も発育を続け，花叢（節間が伸長せず，群生した花序）を形成する．

8.2.2 キュウリ

インド・シッキム地方原産で，アーリア人の移動とともにヨーロッパに伝わり，中国へはシルクロードと南方の双方を経由して6世紀頃に伝わったとされる．日本には10世紀以前に伝わり，『本草和名』（918年）に「胡瓜」の記載がある．

栽培品種は，以下の4つの品種群に大別され，作型（図8-11）によって使い分けられている．

華南型（'半白'，'青節成'，'青長'，'地這'など）：中国南部を中心に成立した古来のキュウリである．茎は太く，比較的低温・乾燥に強いが，耐暑性が低く，冬から春の栽培に適する．とげは大きく，黒いものが多い．

華北型（'四葉'，'支那三尺'，'山東'，'ときわ'など）：中国北部で成立し，茎は細く，早生の品種が多いが，低温に弱く，夏から秋の作型に適する．とげは小さくて白く，食味が優れる．

冬春型雑種群（'シャープ1'，'アンコール8'など）：元来，華南型を母胎として育成された低温伸長性や節成り性，単為結果性の強い黒いぼの品種群であった．しかし，現在の F_1 品種は夏型雑種群を母胎として，低温伸長性や着果性を改良した，いわゆる白いぼキュウリがほとんどである．節成りから飛び節まで雌花着生には幅があり，作型，整枝方法に応じて使い分けられる．

夏型雑種群（'南極1号'，'北宝1号'など）：華北型品種を母胎として，在来の華南型品種を交雑して成立した品種群で，耐暑性に優れ，高温長日条件下でも雌花の着生が優れる．飛び節性の強いものが多く，側枝中心に収穫する作型に利用される．

生育適温は15～28℃，10℃以下では生育が低下し，軽い霜でも凍害を受ける．通常親づるは20節程度で摘心し，子づるを1～2節で摘心するが，節成り性品種を用いた促成栽培では，無摘心で側枝を除去して長期栽培することもある．水分要求量が多く，浅根性のため，乾燥には弱い．開花7～10日後に20～23 cm程度の未熟果を収穫するが，花丸キュウリのように10 cm程度の幼果を収穫することもある．

果実の苦みはククルビタシンで，低温や乾燥条件下で発現しやすい．曲がり果，先尖り果，肩こけ果などの不良果も同様の条件で発生しやすい．果実表面にはブルームと呼ばれるケイ酸の結晶が形成される（図8-10）．市場の嗜好からケイ酸吸収の少ないブルームレス台木（'輝虎'，'雲竜1号'など）が用いられることが多い．

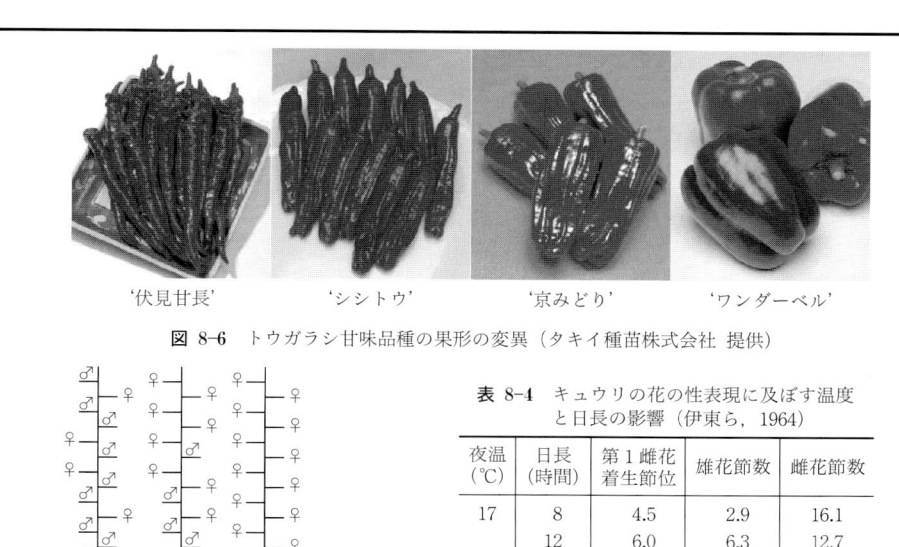

'伏見甘長'　'シシトウ'　'京みどり'　'ワンダーベル'

図 8-6　トウガラシ甘味品種の果形の変異（タキイ種苗株式会社 提供）

表 8-4　キュウリの花の性表現に及ぼす温度と日長の影響（伊東ら，1964）

夜温 (℃)	日長 (時間)	第1雌花着生節位	雄花節数	雌花節数
17	8	4.5	2.9	16.1
	12	6.0	6.3	12.7
	16	7.8	11.1	7.9
	24	10.1	12.8	5.8
24	8	7.9	10.4	8.6
	12	10.5	12.6	6.1
	16	15.8	16.2	1.8
	24	—	14.8	0.0

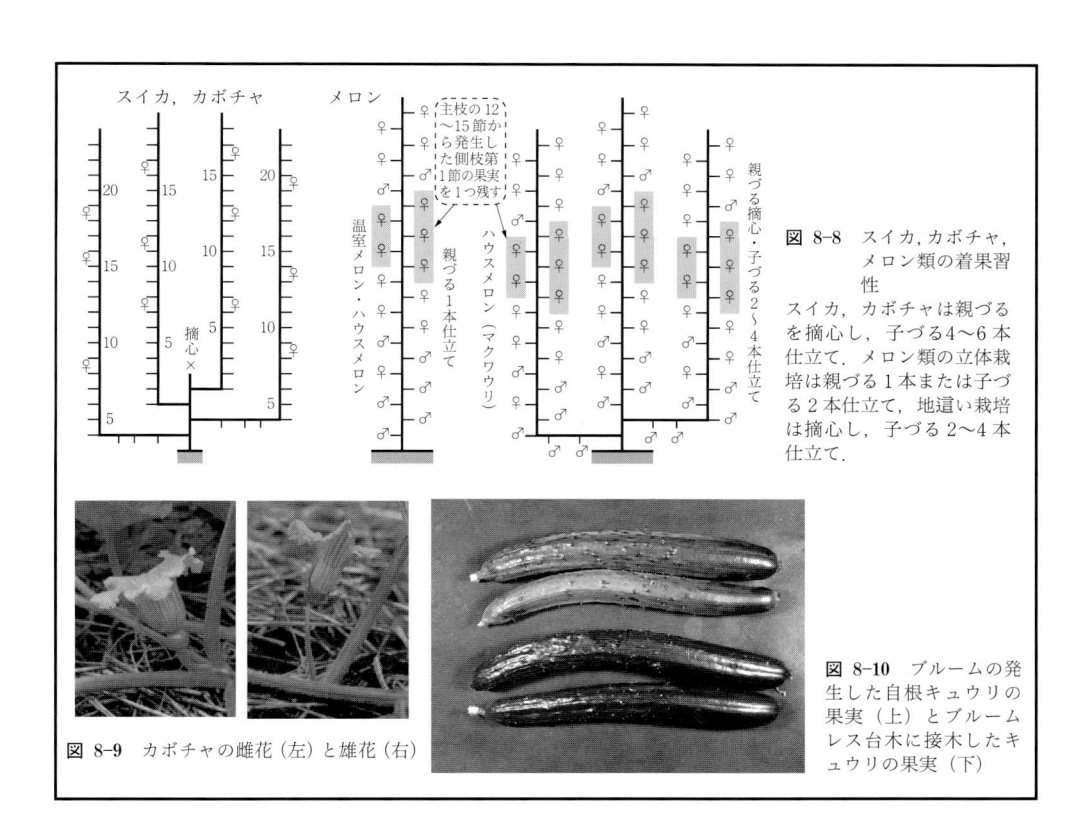

混性型　混性・雌性型　雌性型

図 8-7　キュウリの性表現型

図 8-8　スイカ，カボチャ，メロン類の着果習性

スイカ，カボチャは親づるを摘心し，子づる4～6本仕立て．メロン類の立体栽培は親づる1本または子づる2本仕立て，地這い栽培は摘心し，子づる2～4本仕立て．

図 8-9　カボチャの雌花（左）と雄花（右）

図 8-10　ブルームの発生した自根キュウリの果実（上）とブルームレス台木に接木したキュウリの果実（下）

8.2.3 カボチャ類

野菜として利用されるカボチャは，いずれも南アメリカ原産で生育適温は18～25℃である．セイヨウカボチャは比較的低温を，ニホンカボチャはやや高温を好み，ペポカボチャは高温，低温ともに最もよく耐える．ほかにクロダネカボチャ，ザッシュカボチャがキュウリ，メロン，スイカの台木として利用される（表8-5）．

セイヨウカボチャ： ペルー，ボリビアで栽培化され，新大陸発見とともにヨーロッパを通じて世界各地に普及した．日本へは1812年に伝わり，明治時代以降，冷涼地を中心に栽培された．肉質は粉質で完熟果はデンプン，糖含量ともに高い．'デリシャス'から育成された'打木甘栗'，'芳香青皮'などから早生で比較的高温条件下でも食味が低下しない優れたF_1品種が育成された．'えびす'（図8-12），'みやこ'などがいわゆる栗カボチャとして全国で栽培されているが，南半球からの輸入が増加したため，低温期の栽培は減少している．果肉の橙色はβ-カロテンで，100g中に5000 IE程度含まれる．「お化けカボチャ」として各地で栽培される'アトランティックジャイアント'（図8-12）もこの種に属する．

ニホンカボチャ： 中央アメリカ一帯で栽培化され，ヨーロッパには16世紀に伝わり，日本へは1548年にポルトガル人がカンボジア産の果実を大友宗麟に献上したのが最初とされる．セイヨウカボチャと比較して，一般に果実は小さく，条溝を有する（図8-12）．肉質は粘質で完熟前から風味があり，醤油料理に適する．晩生大果の'三毛門'，'ちりめん'，'大ちりめん'を基本として'会津'，'黒皮'など早生品種が育成された．早出しのための促成栽培が一部暖地で行われているが，栽培面積は減少傾向にある．

ペポカボチャ： 南アメリカ原産で，明治以降導入され飼料用として北海道で栽培された．観賞用，飼料用，野菜用に分けられ，つる性とわい性があり，果実の形状，大きさ，果色についても変異に富む．野菜用としては，若採りしたズッキーニ（図8-12）が加熱調理用に用いられる．

8.2.4 スイカ

アフリカ中部原産で，エジプトでは紀元前2600年頃すでに種子を食用にしていた．原産地周辺では，野菜・果実としてではなく，主に飲料や調理用の水源として半自生の果実が現在も利用されている．地中海東部沿岸を中心に普及し，中国へは11世紀にシルクロードを通じて，日本へは1600年頃長崎に伝来し，京都，江戸を経て全国に普及した．

'大和'，'都'を中心とする縞皮，赤肉品種から育成された中・大玉のF_1が主流で，一部ではクリーム系，小玉系や種なしの三倍体品種が栽培される．海外で盛んに栽培される緑皮の縞なし品種は，市場の嗜好性からわずかしか栽培されていない．

生育適温は25℃前後で，13℃以下では生育が抑制される．乾燥にはきわめて強いが，根の酸素要求量が多く，湿害を受けやすい．土壌伝染性病害回避と低温伸長性を高めるために接木されるが，カボチャ台木では品質が低下するためユウガオの利用が増加している．極暖地の冬穫りから寒冷地の8，9月穫りまで気象条件に合わせて産地が移動する（表8-6）．積算温度800～1000℃dayで成熟し，開花40～45日後に収穫する．果肉の赤色はリコピンで，品質として糖度とシャリ（砂粒的舌ざわり）が重視されるため，収穫時の熟度判定が重要である．

8.2.5 メロン（マクワウリ，シロウリ）

アフリカのギニアが原産地とされ，古代にエジプト，ペルシア，インド，中国を第2次原産地として栽培化された．日本にも有史以前に渡来し，弥生時代の遺跡から種子が出土している．これらはマクワウリ，シロウリの系統で，現在のいわゆるメロンは明治時代以降にヨーロッパから導入された．

メロン類は種子（図3-5参照），茎葉，果実の大きさ・形から，果皮・果肉色，ネットの有無や糖蓄積，香気，貯蔵性などきわめて変異に富んでおり，多くの変種に分類されているが，いわゆるメロン，マクワウリ，シロウリはすべて同一種に

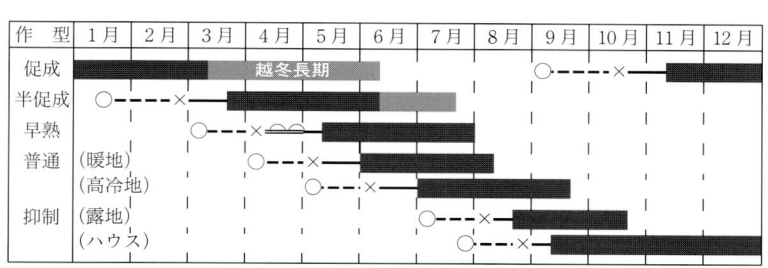

作　型	1月	2月	3月	4月	5月	6月	7月	8月	9月	10月	11月	12月
促成			越冬長期									
半促成												
早熟												
普通（暖地）												
（高冷地）												
抑制（露地）												
（ハウス）												

○：播種，×：定植，⌒：トンネル被覆，■：収穫期．

図 8-11 キュウリの標準的な作型

図 8-12 カボチャの代表的な品種（タキイ種苗株式会社 提供）
左から，'えびす（*Cucurbita maxima*)'，'アトランティックジャイアント（*C. maxima*)'，'はやと（*C. moschata*)'，'鹿ヶ谷（*C. moschata*)'，'ダイナー（ズッキーニ *C. pepo*)'．

表 8-5 主要な果菜類とマメ科野菜の学名，英名，染色体数と原産地（（　）内は別名）

種　　類	学　　名	英　名	染色体数	原　産　地
ナス科				
トマト（蕃茄，唐柿）	*Lycopersicon esculentum* Mill.	tomato	$2n=24$	アンデス高原地帯
ナス（茄，茄子）	*Solanum melongena* L.	egg plant	$2n=24$	熱帯アジア
トウガラシ（蕃椒）	*Capsicum annuum* L.	pepper	$2n=24$	熱帯アメリカ
	C. frutescens L.			
ウリ科				
キュウリ（胡瓜，黄瓜）	*Cucumis sativus* L.	cucumber	$2n=24$	インド・シッキム地方
カボチャ（南瓜）[*1]	*Cucurbita* spp.	pumpkin		
セイヨウカボチャ	*C. maxima* Duch.	winter squash	$2n=20$	ペルー，ボリビア
ニホンカボチャ	*C. moschata* Duch.	winter squash	$2n=20$	中央アメリカ
ペポカボチャ(ソウメンカボチャ)	*C. pepo* L.	summer squash	$2n=20$	南アメリカ
スイカ（西瓜）	*Citrullus lanatus* Matsum. et Nakai	water melon	$2n=22$	アフリカ中部
メロン（マクワウリ，シロウリ）	*Cucumis melo* L.	melon	$2n=24$	アフリカ（ギニア）
ニガウリ（苦瓜，ツルレイシ）	*Momordica charantia* L.	bitter gourd	$2n=44$	インド（?）
イチゴ（苺）[バラ科]	*Fragaria* ×*ananassa* Duch.	strawberry	$2n=56(8x)$	北アメリカ＋南アメリカ[*2]
オクラ（黄蜀葵）[アオイ科]	*Abelmoschus esculentus* Moench	okra	$2n=72$	東北アフリカ
スイートコーン［イネ科]	*Zea mays* L.	sweet corn	$2n=20$	中央アメリカ
マメ科				
ダイズ（エダマメ，モヤシ）	*Glycine max* Merr.	soybean	$2n=40$	中国
エンドウ（豌豆）	*Pisum sativum* L.	garden pea	$2n=14$	近東→地中海沿岸
インゲンマメ（隠元豆）	*Phaseolus vulgaris* L.	kidny bean	$2n=22$	中央アメリカ
ソラマメ（蚕豆）	*Vicia faba* L.	broad bean	$2n=24$	中央アジアから地中海

[*1] ほかにクロダネカボチャ（*C. ficifolia*），ザッシュカボチャ（*C. maxima*×*C. moschata*）がキュウリ，メロン，スイカの台木として利用される．
[*2] 北アメリカ東部原産の *F. verginiana*×南アメリカチリ原産の *F. chiloensis*.

属し，容易に交雑する．近年の F_1 品種は変種間の雑種が多く含まれるため，栽培上は温室メロン，ハウスメロン，露地メロン，マクワウリと漬物用のシロウリに分類されることが多い（表8-7）．

生育適温は 15～28℃ で，低温にはきわめて弱い．主枝1～3本仕立てとして，10～15節の側枝に1果着果させ，20～25節で摘心する．熟期は品種，作型による違いが大きく，開花後 40～55 日で成熟するものが多い．浅根性であるが，乾燥には比較的強い．マクワウリ以外は雨に弱く，露地での栽培は難しい．土壌伝染性病害回避と低温伸長性を高めるために接木されるが，カボチャ台木では品質が低下するため，F_1 の共台利用が増加している．マスクメロンという呼び名は musk （ジャコウ鹿）の香りに由来し，ネット系の var. *reticulatus* にあてられることが多いが，温室メロンの主流である 'Earl's Favourite' は香りが弱い部類に属する．

8.3 イチゴ

北アメリカ東部原産の *Fragaria verginiana* と南アメリカ・チリ原産の *F. chiloensis* が 18 世紀にオランダで交雑された種間雑種に起源する．その後ヨーロッパ各地に広まり，日本へは江戸時代末期に長崎へ渡来した．日本での栽培は事実上，福羽逸人による '福羽' の育成（1899年）から始まったといえる．ヨーロッパでは二倍体の *F. vesca* も栽培されている．

低温短日条件下で花芽分化する一季成りと長日下でも分化する四季成り品種に分けられる．四季成り品種の栽培は一部寒高冷地に限られ，ほとんどが品質の優れる一季成り品種である．かつては促成に '宝交早生'，半促成に 'ダナー' が用いられ，その後は '女峰'，'とよのか' の促成栽培が90% 以上を占めた．現在では，'とちおとめ'，'さちのか'，'章姫' などの栽培面積が増加している．四季成り品種としては，'サマーベリー'，'ペチカ' などがある．ジャムなど加工用の栽培はわずかで，7～10月の生食用とともに大半は輸入でまかなわれている．

生育適温は 15～25℃ で，15℃ 以下では短日条件下でわい化（ロゼット化）して休眠する．休眠打破のための低温要求量は品種によって異なり，促成栽培には花芽分化が早く，低温要求量の少ない品種が，寒冷地の半促成，露地栽培には低温要求量の多い品種が用いられる（表8-8）．促成栽培では，低温短日によって休眠に突入する前に保温を開始するのに対して，半促成栽培では休眠に突入した株が低温要求を満たした後に保温を開始する．多くの他の果菜類とは異なり，促成と半促成の2作型の間には明確な違いがある（図8-14）．

一季成り品種の花芽分化は，低温，短日条件によって促進され，15～25℃ では短日性を示すが，それ以下では日長にかかわらず花芽が分化する（図8-13, 8-15）．近年育成された促成栽培用品種の多くは，日長 12.5～13 時間，平均気温が約 23℃ となる 9 月中旬に花芽分化する．促成栽培では，春から夏に発生するランナーから7月に子株を採取して育苗する．花芽分化促進のための窒素中断（8月下旬から）と土壌伝染性病害回避のためポット育苗することが多い．花芽分化確認後9月中・下旬に定植し，11月上旬から保温・電照を行い，12～5月に収穫する．花芽分化促進のため夜冷短日処理や低温暗黒処理し，11月から収穫する作型もある（表8-9）．肥料濃度障害が発生しやすく，有機質肥料を用いることが多い．葉面積確保，果柄伸長促進のためジベレリン処理を行うこともある．受粉のため開花後ミツバチを放飼する．果実の赤色はアントシアニン，可食部は果（花）床で，いわゆる「種」は本来の果実で痩果（果皮が薄くて硬く，中に種子が1つだけ含まれる果実）と呼ばれる．

8.4 スイートコーン

南アメリカ原産のトウモロコシは，16世紀末にポルトガルから伝わったとされる．甘味種であるスイートコーンの日本への導入は明治時代以降で，本格的に栽培が始まったのは昭和30年代以降である．かつては 'ゴールデンバンタム' などフリントコーン由来のスイート系品種が主流であっ

表 8-6 スイカ主要産地の栽培面積（上位5県，全作型）と主要な作型

県	栽培面積 (ha, 1999年)	主要作型	播種期 (月旬)	定植期 (月旬)	収穫期 (月旬)
熊本	2640	ハウス半促成	11下〜12上	1中〜1下	4上〜5下
千葉	1800	トンネル早熟	2中〜2下	3中〜3下	6中〜7上
山形	1120	トンネル早熟	3中〜3下	4下〜5上	7下〜8中
新潟	898	トンネル早熟	2下〜3中	4上〜4下	7中〜8上
鳥取	808	トンネル早熟	1下〜3上	3下〜4中	6下〜7下

表 8-7 メロン類（*Cucumis melo*）の品種分類

分 類	主要栽培施設	代 表 品 種
温室メロン	ガラス室	アールスフェボリット[*1]
ハウスメロン	ハウス地床	ネット系[*2]：アールス系F_1，アンデス，アムス，夕張キング
		ノーネット系[*3]：しらゆき*，アイボリー*，カントリー**，パパイヤ**
露地メロン	トンネル	プリンスメロン，エリザベス，キンショー
マクワウリ	露地	ニューメロン，銀泉，金俵
シロウリ		桂，東京早生，阿波みどり，かりもり

[*1] 静岡の温室栽培には品種内の系統間F_1が用いられる．
[*2] アールスフェボリットに果実形質が酷似し，地床栽培が可能な品種をアールス系F_1と呼び，[*1]の系統間F_1は含めないことが多い．
[*3] 大きくはハネデュー系*とスペイン系**に分けられる．

表 8-8 休眠の深さによるイチゴの品種分類（望月，2001 を改変）

休眠程度	5℃以下遭遇時間	品 種
ほとんどない	0〜20	紅鶴，久留米103号
	20〜40	福羽，久能早生
浅	30〜50	はるのか，芳玉，章姫，さがほのか，紅ほっぺ
	50〜100	麗紅，とよのか，女峰，さちのか，
		とちおとめ，アスカルビー，あまおう
中	200〜300	ひみこ，八千代
	400〜500	宝交早生，越後姫
深	500〜700	ダナー，千代田
	800〜	盛岡16号，ベルージュ，北の輝，きたえくぼ

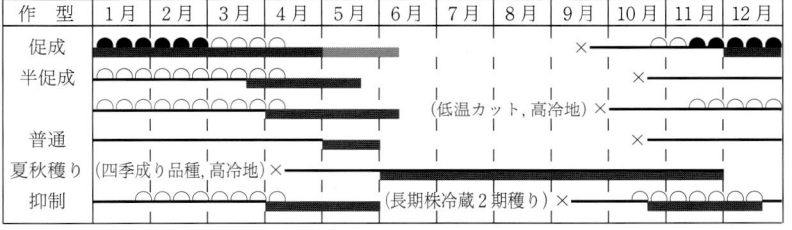

境界温度	
	花芽分化は停止する（休眠）
4〜5℃	
	日長に関係なく花芽分化する
13〜15℃	
	短日条件下で花芽分化する
22〜26℃	
	日長に関係なく花芽分化しない

図 8-13 イチゴの花芽分化と温度，日長との関係

作 型	1月	2月	3月	4月	5月	6月	7月	8月	9月	10月	11月	12月
促成									×			
半促成									×			
普通						（低温カット，高冷地）×						
夏秋穫り	（四季成り品種，高冷地）×											
抑制						（長期株冷蔵2期穫り）×						

×：定植，⌒：保(加)温，●：電照，■：収穫期．

図 8-14 イチゴの標準的な作型

たが，子実の糖含量が高く，収穫後の糖度低下が少ないスーパースイート系の品種が主流となった．これらの品種には，デントコーンに由来するsh-2因子が利用されているため，スイート系より粒皮の硬い品種が多い．近年では，黄色粒の中に白色粒が20～30％混じるバイカラー品種が大半を占めるようになった．

温暖で日射量の豊富な気候に適し，生育適温は22～30℃で，10℃以下ではほとんど成長しない．露地栽培では地温の上昇する4月下旬を中心に播種し，絹糸（雌穂から伸び出る雌ずいの花柱）抽出後23日程度で収穫期に達する．C_4植物であり，乾燥・高温には強いが，早生品種を用いた早い作型では日照不足・乾燥などによって先端不稔の発生が増加する．

トウモロコシの花粉は200 m以上飛散するため，近くにデントコーンや異なった品種がある場合には，キセニア（胚乳（トウモロコシの場合は子実）の形質に花粉（雄親）の遺伝子型が影響する現象）によって子実の形質が変化する場合があるので注意が必要である．他の野菜との関連病害がなく吸肥力も強いことから，クリーニングクロップとして輪作体系に組み込まれることも多い．

8.5 ダイズ（エダマメ，豆モヤシ）

中国で栽培化され古くに渡来し，『古事記』『日本書紀』にも栽培の記録がある．ヨーロッパへはオランダ人によって日本から伝わった．英名soybeanは醤油（soy sauce）に由来する．

生育適温は20～25℃であるが，低温・高温ともに適応幅は広く，8～30℃でも発芽可能である．ハウス促成から露地までほぼ周年生産される．直播きすることが多いが鳥害防止などのために移植栽培することもある．

日長に鈍感で温度に敏感な夏ダイズ型品種の中から早生・大粒で密に着莢し，莢の色が鮮やかなものが利用される．4月播きで播種後80日程度で収穫可能な品種を極早生（'奥原早生'など），85～90日のものを早生（'白鳥'，'ユキムスメ'など）に分類する．日長感応性の強い秋ダイズ型品種（'鶴の子'，'丹波黒'，'だだちゃ豆'，'黒崎茶豆'など）も一部で抑制栽培に利用される．

豆モヤシは，通常のモヤシ（リョクトウ）より大きく食味が優れるため，豆苗（エンドウ）とともに生産，消費が増加している．

8.6 インゲンマメ

中央アメリカ原産で，7000年以上前の遺跡からも出土している．新大陸発見後世界中に広まり，日本へは1654年に隠元禅師が中国から伝えたとされている．

発芽適温は20～30℃，生育適温は15～25℃であるが，10℃以下の低温にも耐える．ただし，10℃以下の低温32℃以上の高温では着莢率が著しく低下する．暖地の加温促成（抑制）から寒冷地の露地栽培まで，ほぼ周年生産される．

インゲンマメには多くの品種があり，成熟した種子の色から'虎豆'，'金時豆'，'うずら豆'など様々な名で呼ばれている．ただし，フジマメ，ベニバナインゲンなど別種のマメ類と莢，豆の外観や利用形態が似ているため，混同されることが多い．野菜として利用する莢用品種は，つる性とわい性，丸莢と平莢，筋ありと筋なしに分類される．わい性品種は耐寒性・耐暑性に優れ，無支柱で栽培可能であるが，一般に食味・収量性が劣る．最も代表的な'ケンタッキーワンダー'は，つる性筋なしで丸莢と平莢とがある．

［吉田裕一］

キーワード

8.1.1 茎頂分裂組織((shoot) apical meristem)，花芽 (flower bud)，花序（花房）(inflorescence)，頂芽優性 (apical dominance)，腋（側）芽 (lateral bud (shoot))，節間 (internode)，日長反応性 (photoperiodic sensitivity)
8.1.2 周年生産（栽培）(year round production)，耐病性 (disease resistance)，F_1品種（雑種）(hybrid cultivar)，純系（固定）品種 (pure breed cultivar)，芯止まり (self topping (determinate))，花粉稔性 (pollen viability)，尻腐れ果 (blossom end rot)，萎ちょう病

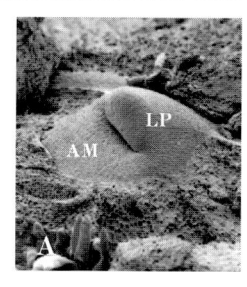

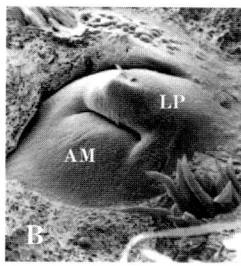

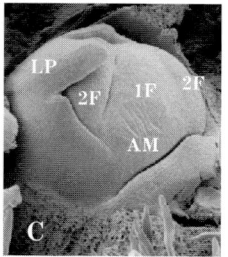

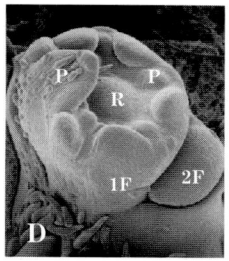

図 8-15 イチゴ花芽の分化過程
A：未分化，B：分化初期，C：花房分化期，D：がく片形成期，AM：茎頂分裂組織，LP：葉原基，1F：1次花（頂花）原基，2F：2次花原基，P：がく片，R：花床．花芽分化が始まると茎頂分裂組織が肥厚して3つに分かれ，中央が頂花に発達する．両脇の突起はそれぞれ3つに分かれ，同様に2次花と3次花の原基を形成する．CのLPは小葉3枚をもつ正常葉とはならず，不完全葉となる．

表 8-9 イチゴに対する短日夜冷処理と低温暗黒処理の効果（望月，2001より作成）

品　種	処　理	開花日	処理有効株率（%）	収穫開始日	収量（kg/10a） ～12月	～3月
とよのか	短日夜冷	10月19日	100	11月17日	1159	3517
	低温暗黒	10月19日	93.8	11月17日	1305	2605
	無処理	11月6日	―	12月11日	379	2733
さちのか	短日夜冷	10月19日	100	11月21日	1084	3781
	低温暗黒	10月18日	87.5	11月22日	796	2820
	無処理	11月6日	―	12月13日	298	3223

表 8-10 主な果菜類，マメ類の目標収量，標準的な施肥量と栽植本数

種　類	作　型	目標収量(t/10a)	標準施肥量($N-P_2O_5-K_2O$, kg/10a) 元肥	追肥	好適pH	栽植密度(株/10a)	備　考
トマト	半促成	10～12	20-30-20	15-0-15	5.5～7.0	3000	6～8段摘心
	抑制	6～8	20-25-20	10-0-10		2500	6段摘心
ナス	促成	12～15	25-30-25	20-15-20	6.0～7.5	2000	V字型整枝
	早熟	10～12	30-35-25	20-15-20		1200	切返しせん定
ピーマン	早熟	2.5～3	20-15-20	15-5-15	6.0～6.5	2500	4本仕立て
キュウリ	半促成	10～12	25-20-20	15-5-15	6.0～7.0	2000	18～22節摘心
	普通	6～8	20-15-20	10-5-10		1000	混性型品種
カボチャ	普通	3～4	10-15-10	5-3-5	5.0～7.0	500	4本仕立て
スイカ	早熟	3～4	10-15-10	5-3-5	5.0～7.0	500	4本仕立て2果穫り
メロン	半促成	2～2.5	15-25-15	5-0-5	6.0～7.0	2000	親づる1本仕立て
イチゴ	促成	4～5	20-25-20	10-5-10	5.3～7.0	8000	ポット・トレイ育苗
スイートコーン	普通	1.5～2	20-15-15	10-5-10	5.0～8.0	5000	マルチ直播き
エダマメ	普通	2～2.5	10-15-10	―	5.5～7.2	10000	マルチ，ポット育苗
インゲンマメ	普通	1.5～2	15-25-15	10-0-10	5.5～7.0	2500	

(fusarium wilt)，（ネコブ）センチュウ (nematode)，青枯病 (bacterial wilt)，遺伝子型 (genotype)，カロテノイド (carotenoid)，可溶性固形物含量（糖度）(total soluble solids : TSS)，根域制限 (root restriction)

8.1.3 耐暑（寒）性 (heat (cold) tolerance)，耐乾（旱）性 (drought resistance)，在来品種 (native (local) cultivar)

8.1.4 トウガラシ/辛味種 (hot pepper)，トウガラシ/甘味種 (sweet peppr)，単為結果 (parthenocarpy)

8.2.1 雌雄異花 (monoecious (unsexual) flower)，雌花 (pistillate (female) flower)，雄花 (staminate (male) flower)，両性花 (hermaphrodite (bisexual) flower)，原基 (primordium (複数形, -a))，がく片 (sepal)，花弁 (petal)，雄ずい (stamen)，雌ずい (pistil)

8.2.2 凍（霜）害 (freezing (frost) injury)，わい性 (dwarf)

8.2.4 湿（乾）害 (wet (drought) injury)，積算温度 (cumulative temperature)

8.3 種間雑種 (interspecific hybrid)，一季成り (June bearing)，四季成り (ever bearing)，わい化 (dwarfing)，低温要求量 (chilling requirement)，ランナー (runner)，子株 (daughter plant)，受粉 (pollination)，果（花）床 (receptacle)，痩果 (achene)

8.4 子実 (grain)，キセニア (xenia)，輪作 (rotation)

8.5 莢 (pod)，モヤシ ((bean) sprout)

■ 演習問題

問1 トマトとナスの花粉稔性に及ぼす温度の影響について述べなさい．
問2 トマトの TMV 抵抗性の遺伝子型と接木組合わせの関係について述べなさい．
問3 トマト，ナス，トウガラシ果実中に含まれる色素について述べなさい．
問4 キュウリの雌花着生について，雌性型と混性型の違いを述べなさい．
問5 キュウリの華北型品種と華南型品種の特性の違いについて述べなさい．
問6 セイヨウカボチャとニホンカボチャの学名を記し，それぞれの特徴について述べなさい．
問7 イチゴの作型分化と適応品種の花芽分化特性・低温要求性との関係について述べなさい．
問8 次の (A)～(K) に適当な用語を入れ，文章を完成させなさい．

　　ナス科植物の分枝は，(A) と呼ばれ，実生の (B) が花芽を分化した後，最上位葉の (C) が主軸と交代して伸長する．通常この (C) は，トマトでは (D) 枚，ナス，トウガラシでは (E) 枚の葉を分化した後，次の花芽を分化する．一方，ウリ科野菜の花芽は，各節の (F) に分化する．花芽は外側から，がく片，(G)，(H)，(I) の原基を分化するが，通常は (H) あるいは (I) 原基の発育が停止して，それぞれ (J) あるいは (K) へと発育する．

コラム 8

IPMとは

　第2次世界大戦前後，有機リン剤などの化学合成殺虫剤が次々に開発され多くの害虫に対して効果を発揮した．一方，このような殺虫剤の乱用による弊害も問題化した．たとえば，特定の殺虫剤を繰り返し散布することで，その殺虫剤に対する抵抗性が発達する．抵抗性を獲得した害虫個体群は，通常の散布濃度では制御できなくなる．現在では，世界中で500種以上の昆虫において殺虫剤抵抗性が認められている．殺菌剤や除草剤に対しても同様に抵抗性を獲得した病原微生物や雑草が報告されている．また，殺虫剤の散布により逆に害虫の数が増えるという現象がある．これを誘導多発生という．生態学的誘導多発生は，殺虫剤散布により害虫だけでなくクモなどの天敵まで排除してしまうために，結果的に害虫密度が増加する現象である．生理的誘導多発生は，殺虫剤散布による作物栄養の好転や害虫に対してホルモン的にはたらくことにより，昆虫密度を直接あるいは間接的に増加させることである．

　1962年にレイチェル・カーソンは，『沈黙の

コラム8　IPMとは

春』を出版した（新潮社より日本語訳）．当時は，化学合成農薬の危険性が一般に知られていなかったため，その危険性を訴える内容は大きな反響を呼んだ．化学合成農薬の弊害は，その頭文字をとって3R（resistance：抵抗性発達，resurgence：誘導多発生，residue：食品への農薬の残留）あるいは，野生生物の破壊（razing of wild life）を含めて4Rと呼ばれる．

このような状況をふまえ，IPM（integrated pest management）が提唱された．IPMは，慣用的には「総合的害虫管理」と訳される．しかしpestという単語には，害虫だけでなく病原微生物や雑草も含まれる．また，実際の農業現場では害虫防除だけでなく病害防除や除草が必要になる．そのため，最近では「総合的有害生物管理」という訳が一般的である．

IPMは，複数の防除法を合理的に組み合わせて化学合成農薬の使用量を低減し，最終的に害虫の被害を許容水準以下に落とす有害生物個体群の管理システムである．化学合成農薬を全く使用しないというわけではないが，環境負荷を低減して安定的に農作物を生産する．複数の防除技術を組み合わせるが，化学防除以外の基幹的な防除法は，耕種的防除，物理的防除，生物的防除に大別される．耕種的防除は，作物の栽培環境や栽培時期を変えたり，作物の種類や品種を選択することにより，病害虫の被害を低減させる方法である．抵抗性品種の導入や輪作などがこれに含まれる．物理的防除には，害虫などの捕殺，光や熱の物理的なエネルギーを用いた手段（誘蛾灯による誘殺や色を使った忌避など），また寒冷紗などによる遮蔽などが含まれる．生物的防除は，害虫や病害の天敵を利用した防除法である．一般的に，昆虫の天敵は，クモなどの捕食者，寄生バチなどの捕食寄生者，そして病原微生物などの病原体に大別される．これらの中には，昆虫の密度を制御する要因としてはたらく重要な天敵が存在する．オランダなど施設園芸の盛んな国では，施設内での化学合成農薬散布により農家の健康被害が問題になっていた．また，マルハナバチなどの受粉媒介昆虫が使用されている場合には，殺虫スペクトラムの広い殺虫剤は使用できない．このような状況において天敵利用に対する関心が高まり，現在では

図1 オンシツコナジラミの防除に用いられるオンシツツヤコバチ

図2 カードに貼り付けられているオンシツツヤコバチのさなぎ（マミー）

工場で大量生産された天敵昆虫が「生物農薬」として販売されている．図1，2に，施設栽培で使用されている生物農薬を示す．このような天敵昆虫以外にも，昆虫に特異的な殺虫活性をもつ細菌の一種である *Bacillus thuringiensis* を用いた微生物殺虫剤（一般にBT剤と呼ばれる）などが代表的である．現在，日本では，60品目以上が生物農薬として登録されている．

IPMの考え方の中で重要な点は，病気や害虫を徹底的に排除することを目指すのではなく，作物ごとの被害許容水準（経済的被害が生じる有害生物の臨界密度）以下に病害虫密度を維持するという考え方である．また，天敵など害虫以外の生物をむやみに殺さず農業生態系を維持することにより持続的な生産を維持するのである．化学防除が一般的に簡便かつ経済的であるのに対して，IPMの実践には知識と労力が必要とされる．しかし，有効な基幹技術を開発し実証データを蓄積することにより，今後さらなるIPMの普及が可能であると考えられる．安全な農作物に対する消費者の関心の高まりも，IPMの普及を加速させると期待する．（写真はアリスタライフサイエンス株式会社　和田哲夫氏から提供していただいた．）

［仲井まどか］

9

果樹の基本的な形態，生理・生態特性

9.1 主要果樹のライフサイクル

　果樹にはリンゴ，モモ，クリ，カキなどの高木性果樹，スグリ，ラズベリー，ブルーベリーなどの低木性果樹，およびブドウ，キウイフルーツのようなつる性果樹があるが，ここでは高木性果樹の基本的な形態を解説する．

　多年生木本植物である果樹は，苗木を植えてから数十年間栽培し続けるのが普通である．この間のライフサイクルを大まかに解説したのが図 9-1 である．苗木を植えて数年間は花芽形成を行わず，栄養成長のみが行われる．この期間は幼木期（栄養成長期）と呼ばれ，俗に「モモ，クリ 3 年カキ 8 年…」と呼ばれる期間であり，樹種や栽培環境，特に台木の種類によって大きく異なる．リンゴでわい性台木を用いる理由の 1 つには，この栄養成長期を短縮することにある．数年間の栄養成長期を経過すると，花芽形成が行われて結実するようになる（この時期から生殖成長期という）．初めて結実することを初成りといい，その数年後に品種特有の果実をつけ始める品質年齢に達する．その後盛果期に入り，安定した果実生産を継続するが，モモで 20～25 年，リンゴやカキで 25～30 年生となった頃，老熟期に移行して生産量は低下する．

9.2 年間を通じた樹体の動き

　一般的な落葉果樹の 1 年間の発育を図 9-2 に示したが，ウメでは根が 12～1 月に動き出して，2 月頃に開花するというように，樹種によって発育の様相は若干前後にずれる．

　1 月中下旬に自発休眠（生育に好適な条件を与えても休眠している状態）が破れるが，低温のために地上部，地下部とも他発休眠（温度，光などの外的要因が生育に不適当な場合に起こる休眠）の状態で 2 月下旬まで経過する．3 月上旬になるとまず根が伸長し始め（春根），次いで，3 月下旬に萌芽が始まり，その後開花・新梢成長が始まる．新梢はその後 5 月中旬まで急速に伸長し，6 月下旬～7 月上旬に停止する．この緩やかな伸長期～停止期に葉腋や頂芽で花芽形成が行われる．一方，4 月中旬に開花した花は受精して着果し，徐々に果実肥大を進行させる．すなわち，5～6 月の新梢成長期は，自身の伸長（栄養成長）と翌年開花するための花芽形成（生殖成長），および将来の子孫を残すための果実肥大（種子の発育＝生殖成長）を同時進行している重要な時期といえる．新梢の伸長停止と前後して春根の伸長が停止し，その頃から急激な果実肥大が始まる．なお，果実肥大は 5 月上旬までは主として果肉細胞の分裂により，それ以降は果肉細胞自身の肥大と細胞間隙の増加による．8 月下旬の果実成熟後，再び根の成長が開始されて（秋根）12 月中旬まで続くが，地上部は休眠に入り，晩秋の低温にさらされて葉は黄化して落葉する．

　樹体内貯蔵養分という概念がある．「落葉果樹は春に光合成を行う葉がないにもかかわらず，開花・結実・新梢成長することができるのは，そのエネルギーや養分を体内に蓄えているためである」との考えからである．事実，前年の栽培管理が悪かった場合，秋に早期落葉した場合，あるいは冬季せん定で太い枝を除去した場合などは，春に咲く花は勢力が弱くて開花期も不ぞろいとなり，その後の果実や新梢の成長もかんばしくない．一方，新梢が伸びて展葉しても，若い葉の光合成速度は呼吸速度を下回り，1 枚の葉としては

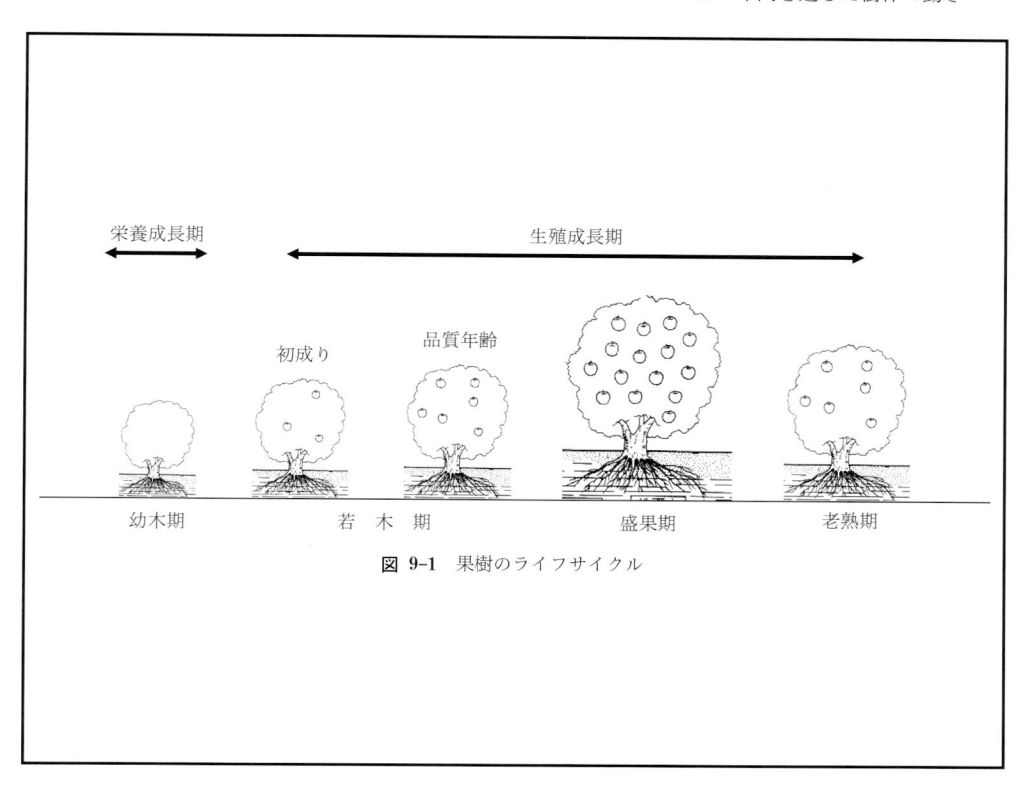

9.2 年間を通じた樹体の動き　123

図 9-1　果樹のライフサイクル

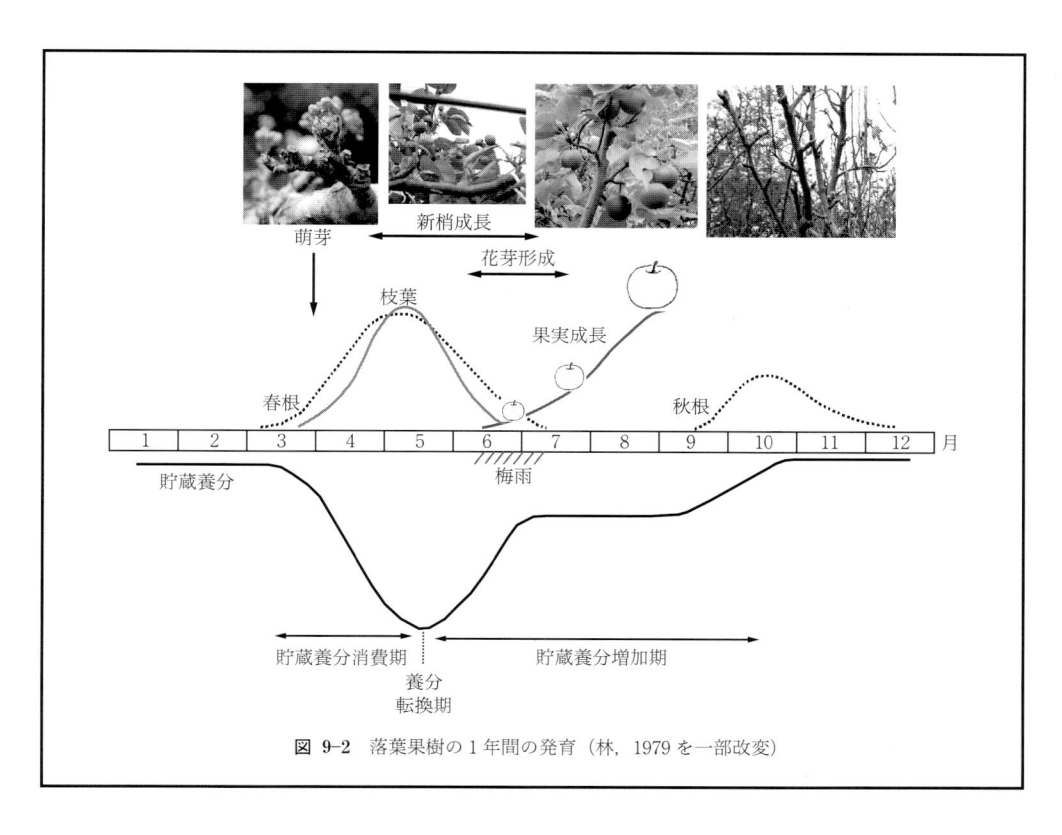

栄養成長期 — 生殖成長期

幼木期　若木期（初成り・品質年齢）　盛果期　老熟期

図 9-2　落葉果樹の1年間の発育（林，1979を一部改変）

萌芽　新梢成長　花芽形成
枝葉　果実成長
春根　秋根
梅雨

貯蔵養分
貯蔵養分消費期　養分転換期　貯蔵養分増加期

生産より消費がまだ上回る．十分に展葉して光合成速度が呼吸速度を上回る葉が増加すると，樹全体として消費された炭水化物を補って徐々にもとの貯蔵養分レベルまで戻る．樹体内炭水化物の減少が増加に転じる点を「養分転換期」と呼び，5月中旬頃にこの時期を迎える．

9.3　主要果樹の生態的特性

リンゴの主産県は青森，長野，ウンシュウミカンは愛媛，和歌山というように，果樹の種類によって主産地は異なる．これは年平均気温に依存するところが大きい．リンゴやオウトウは北海道南部〜東北地方および長野県が主産地であるが，この地域の年平均気温は7〜12℃であり，リンゴ地帯と呼ばれる（図9-3）．この地方は，リンゴの成長期である4〜10月に雨量が少ないため病虫害が少ないこと，および成熟期（9〜12月）の昼夜温較差が大きいため，着色が促進されることとも関係がある．一方，年平均気温が15〜17℃の暖冬地帯である本州南岸沿いから四国・九州地方では，カンキツ類やビワなどの常緑果樹が栽培されており，カンキツ地帯と呼ばれる．これらの果樹は年平均気温が高いことと同時に，冬季に寒害を受けないことも重要な栽培適地の要因となる．これらの地帯に挟まれた地域の年平均気温は11〜16℃であり，ナシ，モモ，ブドウ，ウメなどが栽培されている．

9.4　結　　実

果実類はしばしば真果と偽果に分類される．前者は子房壁が可食部となったもので，カンキツ類，核果類，カキ，ブドウなどがあり，後者は子房壁以外（花托，種皮，種子など）が可食部で仁果類，堅果類，ビワ，イチジクなどが含まれる．子房壁は外果皮，中果皮，内果皮からなり，カンキツの皮である果皮は外果皮，アルベドは中果皮，また砂じょうは内果皮が発達したものである．なお，真果の花は子房上位，偽果のそれは子房下位という特徴をもつ（コラム3；p.49参照）．

幼果が結実するためには，種子形成を必要とする樹種と不要な樹種とがある（図9-4）．後者は単為結果性を有する樹種で，ウンシュウミカン，無核ブドウ品種，数品種のカキなどがある．単為結果には，受精が全く行われずに結実するものと，受精後に幼胚が退化した偽単為結果があり，後者の場合はしばしば果実中に種子の痕跡がみられる．単為結果性は，開花前の子房中のオーキシンやジベレリンレベルが高い場合に生じる現象と考えられる．すなわち，結実に種子形成が必要な樹種の子房内には上記植物ホルモンレベルが低く，形成された種子からのホルモン供給によって結実が確保される．これは無核品種ブドウの子房内ホルモンレベルが有核品種のそれに比べて高いこと，また，有核ブドウ品種やナシなどに外生的にホルモンを与えると無核果実が得られることによって裏づけられる．

着果に種子形成の必要な樹種においては，受粉・受精が不可欠であるが，果樹類にはこれらが阻害される様々な性質がある．①'白桃'系のモモやウメなどでみられる雄性不稔，②キウイフルーツやヤマモモなどの雌雄異株，③カキの雌雄異花，④リンゴ，ナシ，オウトウ，ウメなどが有する自家および交雑不和合性，などが受精を阻害する主要因としてあげられる．これら諸問題を解決するために，実際栽培では受粉樹の混植，ミツバチやマルハナバチといった訪花昆虫の放飼，および人工受粉などが行われている．ナシ栽培では人工受粉が一般的であるため，花粉の越年貯蔵や石松子などによる花粉の希釈技術が確立されている．上記障害を回避しようとするときに生じる雌雄間や品種間の開花期の不一致，および受精後の胚の発育不全なども重要な問題である．

モモなどの二倍体で生じる雄性不稔は，ほとんどが減数分裂後の花粉の発育不全と考えられるが，詳細は不明である．モモの'白桃'は雄性不稔性を示すが，高品質であるため，しばしば育種親として使われており，この雄性不稔性が育成品種に遺伝している．

また，主要果樹類の不和合性は配偶体型自家不

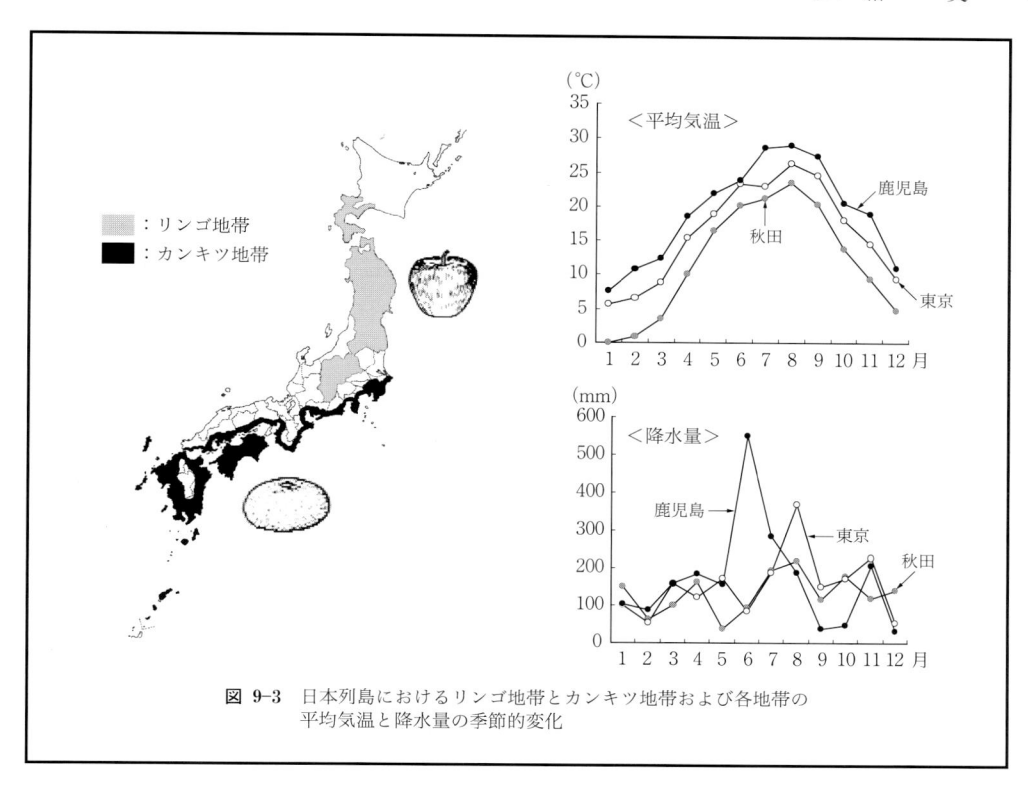

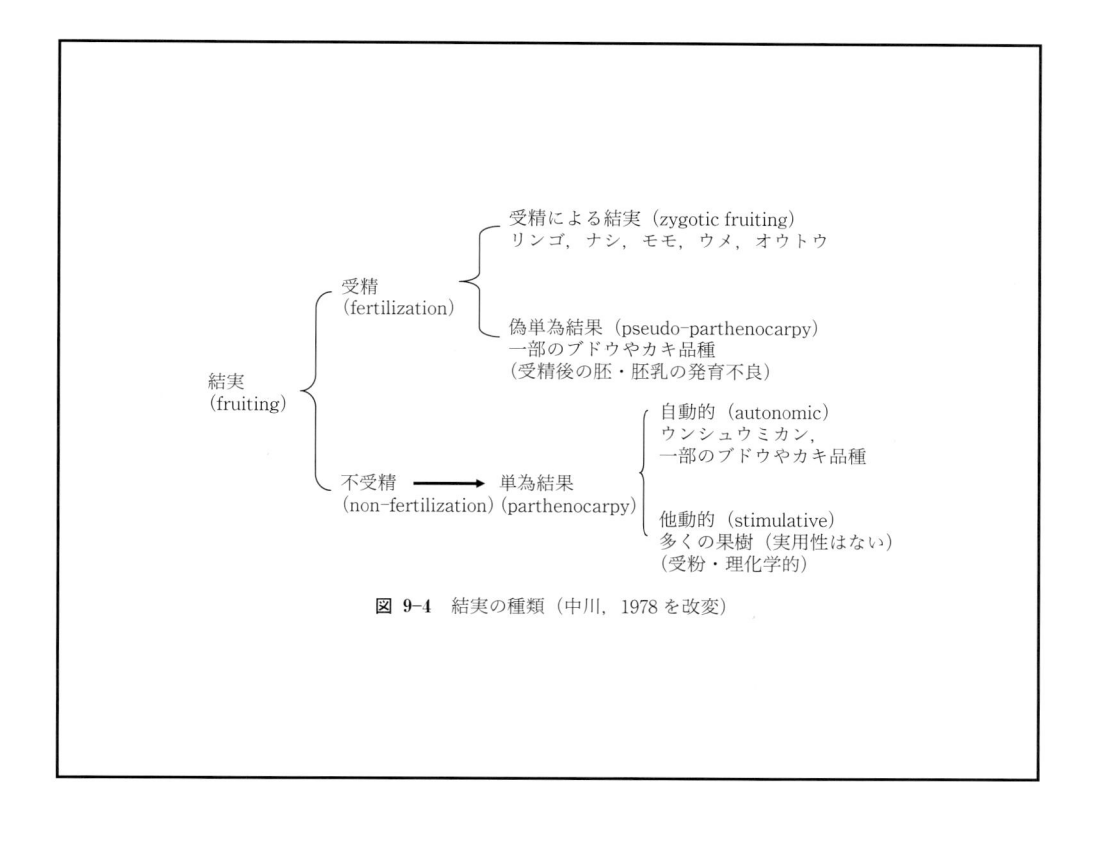

図 9-3 日本列島におけるリンゴ地帯とカンキツ地帯および各地帯の平均気温と降水量の季節的変化

```
                          ┌ 受精による結実（zygotic fruiting）
                          │  リンゴ，ナシ，モモ，ウメ，オウトウ
             ┌ 受精        │
             │(fertilization)┤
             │            │ 偽単為結果（pseudo-parthenocarpy）
             │            └  一部のブドウやカキ品種
結実         │               （受精後の胚・胚乳の発育不良）
(fruiting) ┤
             │                          ┌ 自動的（autonomic）
             │                          │  ウンシュウミカン，
             │                          │  一部のブドウやカキ品種
             └ 不受精    → 単為結果    ┤
               (non-fertilization)(parthenocarpy)
                                        │ 他動的（stimulative）
                                        └  多くの果樹（実用性はない）
                                           （受粉・理化学的）
```

図 9-4 結実の種類（中川，1978 を改変）

和合性であり，一遺伝子座（S遺伝子座）の複対立遺伝子系で制御されている（2.3節参照）．すなわち，それぞれの品種は2つのS遺伝子座をもち，花粉の遺伝子型（花粉は半数体なので，1つの遺伝子座しかもたない）が雌ずい側にあるこれら2つのどちらかと一致するとき，花粉管伸長が特異的に阻害されるとするものである（図9-5，9-6 A）．この理論は，S遺伝子座が1つ共通の品種どうし（花粉親がS_2S_3，種子親がS_1S_2）を交配してF$_1$（S_1S_2，S_2S_3が存在する）を育成し，F$_1$個体群と花粉親品種（S_2S_3）を交配すると，その半数は不和合性を示すという偏父性不和合現象によって裏づけられている（図9-6 B）．したがって，品種が異なってもこのS遺伝子型が同じであれば交雑不和合性となる．なお，ニホンナシ，リンゴ，ウメなどが属するバラ科におけるS遺伝子座の雌ずい側の産物はRNA分解酵素（S-RNase）と呼ばれるタンパク質であり，近年その遺伝子やタンパク質の同定によって品種のS遺伝子型が決定できるようになった．表9-1にニホンナシ品種のS遺伝子型を示す．また，雄側のS遺伝子座産物として，「F-boxタンパク質」と呼ばれる細胞内の不要なタンパク質の分解に関与する分子が有力視されており，現在様々な観点からの研究が行われている．すなわち，これまでS遺伝子座と呼ばれていた座には複数の遺伝子が存在し，雌ずいと花粉の不和合遺伝子は異なることが明らかとなったため，近年は複数の遺伝子を含むS遺伝子座の区別をするときはSハプロタイプ，そこから発現する遺伝子の区別をするときは従来のアリルという呼び方をしている．

9.5 摘花，摘果

果実生産においては，まず着果を確保することが必須であるが，多くの場合は開花後に着果過多となっている．これを放置しておくと，果実肥大や糖蓄積が抑制されるばかりか，樹体に著しいダメージを与える．ウンシュウミカンやカキでみられる隔年結果は，表年（結果した年）の着果過多が主原因となり，次の年は裏年（結果しない年）となる．隔年結果の原因として，着果過多による枝葉内の炭水化物の減少およびジベレリン，アブシジン酸などの植物ホルモンレベルの上昇が考えられている．すなわち，これらの果樹類の花芽分化は果実の発育中に起こるため，着果量が多いと養分が果実の発育に消費されて花芽の分化や発達が不完全となったり，C/N率が花芽分化に不適となる．また，多数着生した花や果実からジベレリンが生産されるとともに，着果負担の増大により枝葉内のアブシジン酸レベルが上昇し，これら植物ホルモンレベルの増大により直接・間接的に花芽形成を抑制するというものである．このため，果樹栽培では必要以上に着果した果実を摘果する．残す果数は樹種や品種によって大きく異なり，葉果比（果実1個当たりに必要な葉枚数）に従って摘果するのが普通である（表9-2）．摘果は普通，予備摘果，本摘果などと呼ばれる数回の作業に分けて行われ，よい果実を選びながら残すという樹上選果の役割も果たす．実際に除去しなければならない果実数はどの程度かを計算すると，ナシの場合1花そう当たり7花咲くとして，普通3花そうに1果の割合で着果させるため，咲いた花の95%以上を除去する計算となる．

ナシ，リンゴ，モモなどでは，蕾や花を摘除する摘らい，摘花を行って摘果労力の軽減や樹体の消耗防止をはかることが多い．一般に，摘らい，摘花は果肉の細胞分裂を促進し，摘果は細胞肥大を促進する．なお，ブドウの場合は，蕾の時期に花房を整理する整房が摘らいに相当し，摘果は結実した果房を摘除する摘房，または顆粒を摘除する摘粒にあたる．リンゴやウンシュウミカンでは，労力軽減のために化学薬剤による摘花や摘果がしばしば行われる．リンゴでは石灰硫黄合剤やカルバリル剤（NAC；殺虫剤，商品名：ミクロデナポン），ミカンではエチクロゼート（商品名：フィガロン；オーキシン活性を示す化合物）がよく使われる．なお，以前よく使われていたミカン摘果剤のNAA（α-ナフタレン酢酸）は，現在は登録が抹消されて使用できない．薬剤摘果の利点は，労力が大幅に軽減できることであり，欠点は，効果の現れる時期が比較的限られているた

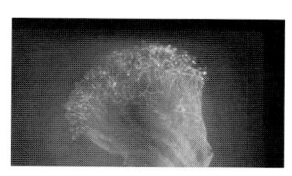

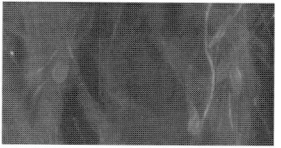

図 9-5 柱頭上で発芽した花粉（上）と花柱内で伸長停止した不和合花粉管（下）

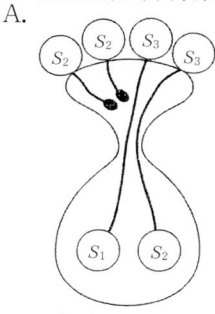

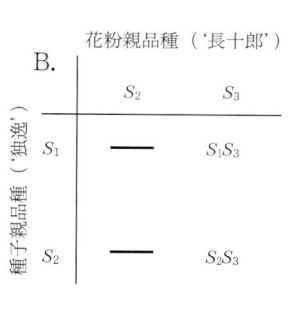

図 9-6 ニホンナシの不和合遺伝子座の遺伝と偏父性不和合の出現（寺見ら，1946 を改変）
A：雌の2個の遺伝子座と異なる遺伝子座をもつ花粉のみが受精する．B：S_2 遺伝子座をもつ花粉は受精できないため，F_1 は S_1S_3 と S_2S_3 遺伝子型の個体が 1：1 の割合で出現し，S_2S_3 遺伝子型の個体は花粉親品種と同一遺伝子型のため，交雑不和合性を示す．なお，この理論は実証されている．

表 9-1 ニホンナシの自家不和合性遺伝子型（平塚，2004 を一部改変）

遺伝子型	品　　種
S_1S_2	独逸, 早玉
S_1S_4	八雲, 翠星
S_1S_5	（長寿），（君塚早生）
S_1S_6	今村秋
S_1S_7	（豊月）
S_1S_8	（明月），（市原早生）
S_1S_9	（天の川）
S_2S_3	長十郎, 青龍, 武蔵, 青長十郎
S_2S_4	二十世紀, ゴールド二十世紀, 菊水, 祇園, 六月, 早生長十郎, 早生二十世紀, 玉翠
$S_2S_4^{sm}$	おさ二十世紀
S_2S_5	須磨, 駒沢, 愛宕,（八里），（早生幸蔵）
S_3S_4	清玉, 新世紀,（筑水），（黄金梨）
S_3S_5	（豊水），赤穂*,（真鍮）
S_3S_9	（新高），（越後）
S_4S_5	早生赤, 太白, 旭, 幸水, 新水, 秀玉, 八幸, 多摩,（喜水），（愛甘水），（幸菊）, 丹沢, 清澄
$S_4^{sm}S_5$	（秋栄）
S_4S_8	（平和）
S_4S_9	（新興），（新星），（南水），（南月）
S_5S_6	（新雪）
S_5S_7	晩三吉

（　）内は，S タンパク質・DNA 分析によって推定された品種．
S_4^{sm} は，花柱で S_4 遺伝子が機能しない'おさ二十世紀'由来の突然変異遺伝子で，これがあると自家和合性となる．
　*'赤穂'には同名の異品種があり，S_1S_2 遺伝子型の'赤穂'も存在する可能性がある．

め処理のタイミングが難しいこと，処理によっては果実品質に影響したり摘果過多となること，などがあげられる．

摘果の時期と程度は重要である．時期が早すぎると，果実の質を見極める前に良果を除去して不良果を残すこととなり，逆に遅すぎると果実品質と樹体に大きな悪影響を与える．例外的にウンシュウミカンにおいては，ある程度の果実を着果させて樹に着果負担をかけ，果実肥大を抑制しないと品質が上がらない．このため各ミカン産地では，摘果時期を遅らせたり，1年おきに結実（着果）させる枝・樹・園地を設定する隔年交互結実法などを行っている（図9-7）．また，ニホンナシ'豊水'の生理障害であるみつ症は，摘果が強すぎて光合成産物消費の場であるシンクに対する光合成産物生産の場であるソースの割合が高くなると発生しやすくなるといわれている．

9.6 生理落果

風などによる機械的な落果や病虫害による落果以外に，果樹には生理落果がある．この対策としては，まず樹体内貯蔵養分を十分に蓄えて充実した花芽を作ることが肝要である．また，種子数の少ない果実は落果しやすいため，開花期の凍霜害を防いで人工受粉などにより確実に受精させる必要がある．新梢が徒長的な成長をすると生理落果は激増するため，窒素肥料を控えた適正な肥培管理も重要となる．ブドウ'巨峰'などでは，強勢な結果枝上の果房は激しい生理落果（花振い）を起こすため，摘心などによって樹勢をコントロールしている．生理落果が多い樹種として，リンゴ，モモ，ブドウ，カキ，カンキツ類などがあり，それぞれの種で特徴的な落果波相を示す．なお，それぞれの樹種における落果波相のピークを早期落果，梅雨の頃に生じるジューンドロップ，収穫前に起こる後期落果などと呼んでいる．早期落果は，受精しなかった花や種子の発育が不完全なものにしばしばみられる．また，落果頻度の高い時期には，概して果実中オーキシンやサイトカイニンレベルが低く，ジベレリン，アブシジン酸およびエチレンレベルが高い．なお，リンゴやカキでは，果実の離脱部である離層を挟んで，果実側のオーキシン濃度が低い場合に落果するという濃度勾配説が提唱されている．

9.7 袋かけ

多くの果樹では，病虫害や葉ずれ，枝ずれから果面を保護し，また，日焼けや裂果を防止するために個々の果実に袋かけを行う．袋はパラフィン紙やハトロン紙製のものが多く，両者を重ねた二重袋や小袋，大袋などが開発されている．ただし，果樹の種類によって袋かけの主目的は異なり，ナシ'二十世紀'では黒斑病対策，リンゴの'ふじ'や'つがる'では着色促進，モモの'白鳳'系と晩生種では果実腐敗病や夜蛾対策などを目的に行っている．袋かけの欠点として，①労力・経費がかかる，②果実の糖度が低くなる，③青ナシでは，袋内の湿度が高くなると果皮が汚れる，などがあげられる．なお，減農薬栽培を押し進める場合は，袋かけは重要な技術となる．

9.8 果実成長

果実成長は，樹種によって若干異なるが，開花後2～4週間は果肉細胞分裂により，その後は個々の果肉細胞肥大により行われる．なお，成熟期に近づくと細胞肥大に加えて細胞間隙も増大し，その容積はリンゴで20～35％にも及ぶとする報告がある．これは，果肉細胞間物質が分解して，細胞が互いに隔離されて空間ができることによる．したがって，大果を得ようとする場合は，まず果実発育初期の細胞分裂をいかに促進させるかが重要なポイントとなる．細胞分裂から肥大への移行期は果肉細胞分裂停止期と呼ばれ，果径と細胞径の増加をグラフにしたとき，細胞径の増加率が急激に上昇する点である（図9-8）．

果実の成長を論じる際，縦軸に果径または果重をとり，横軸に日数をとってグラフを作成すると，その形はS字型または二重S字型を示す（図9-9）．どちらを示すかは樹種によってほぼ決

表 9-2 主要果樹の葉果比と摘果（花）時期（赤沼, 1991 を一部改変）

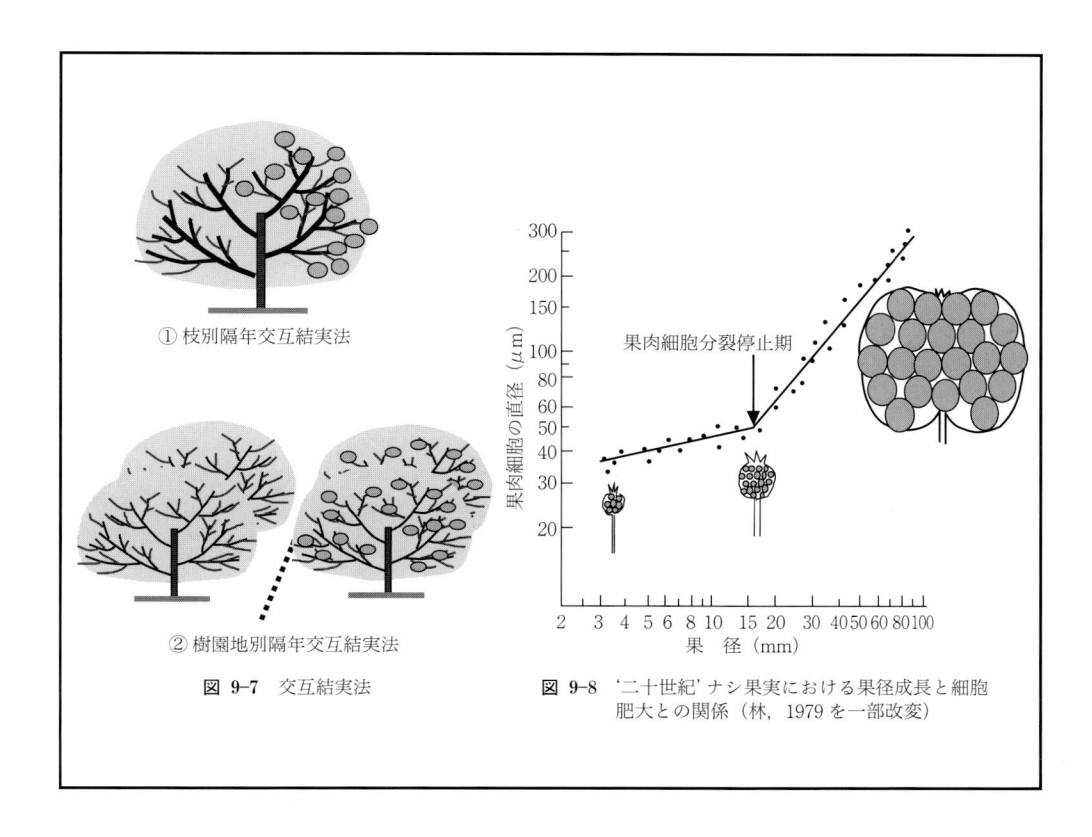

種 類	品 種	葉果比	摘果（花）時期
リンゴ	つがる, 紅玉	40〜50	落花後 15〜20 日
	ふじ, デリシャス系	70〜80	
ナシ	―	25〜30	青ナシ：5月上旬
			赤ナシ：5月中・下旬
モモ	―	15〜20	5月中・下旬
ブドウ（摘房）		〈1 結果枝に〉	
	デラウェア	2〜3 房	開花前
	甲州, ネオマスカットなど	1〜2 房	花振い終了後
ウンシュウミカン	早生系	25〜30	7月中旬〜9月上旬
	普通系	20〜25	7月中旬〜9月下旬
カキ	―	15〜20	7月上・中旬
ビワ		〈1 果房当たり〉	
	田中	1〜2 果	2月中旬〜3月下旬
	茂木	3〜4 果	2月中旬〜3月下旬

① 枝別隔年交互結実法

② 樹園地別隔年交互結実法

図 9-7 交互結実法

図 9-8 '二十世紀' ナシ果実における果径成長と細胞肥大との関係（林, 1979 を一部改変）

まっており，前者にはリンゴ，ナシ，カンキツ類などがあり，後者には核果類やブドウがある．二重S字型成長は3つのステージに分類され，第Ⅰ期は迅速成長期，第Ⅱ期は硬核期，第Ⅲ期は着色・成熟期と呼ばれる．第Ⅱ期で成長が停止したようにみえるのは，核（種子）が発育・充実する時期のためとされている．ブドウの品種間でこの成長曲線を比較すると，第Ⅰ期には品種間差はないが，早生品種ほど第Ⅱ期と第Ⅲ期が短くなる傾向がある．このように，二重S字型を示すとされる樹種でも，一般に早生品種はS字型に近い成長曲線となる．

　果汁中に多量に含まれ，かつ品質を大きく左右するのが糖と酸含量であり，これら成分組成は果樹の種類によってほぼ決まっている（表9-3）．なぜブドウがフルクトースとグルコースを約1：1の割合で蓄積し，リンゴ酸と酒石酸を主要酸とするのか，なぜウンシュウミカンはスクロースとクエン酸を蓄積するのかなどは，興味深い問題であるがまだ解明されていない．ただし，スクロースを蓄積する果実内ではスクロースを合成する酵素活性（スクロース合成酵素，スクロースリン酸合成酵素）の強弱によって一部が説明可能である．図9-10に，果実内で糖の合成や蓄積に関与すると考えられる代謝系を示す．一方，クエン酸を蓄積する果実では，クエン酸合成酵素活性の強弱では説明がつかない．果実内に蓄積する大部分の有機酸は，呼吸代謝経路の一部であるTCA回路（図9-11）のメンバーであるが，この回路だけで果実内有機酸の合成や蓄積を説明することはできない．

9.9　緑枝管理

　葉をつけた枝の様々な処理を緑枝管理と呼び，夏季せん定もこの管理の1つとなる．春先に主幹や主枝の背面から発生した強い陰芽を除去する摘芽，ブドウ，キウイフルーツ，ナシなどで必要以上に伸びた新梢の成長点を除去する摘心，混み合った新梢やブドウの副梢などを除去する夏季せん定，リンゴ，ナシ，ブドウなどの新梢どうしが混み合わないようにひもなどで固定する誘引，誘引の際に行われる枝をひねる作業のねん（撚）枝などがある．緑枝管理の目的は，①樹冠内に十分光をあてること，②徒長枝発生の防止による冬季せん定の簡略化，③貯蔵養分の消耗防止などである．また，これらの管理作業により，①花芽形成の促進，②病虫害の減少，③果実肥大の促進や品質向上効果などが期待できる．

9.10　整枝，せん定

　樹の基本構造は，図9-12に示すように主幹，主枝，亜主枝，側枝からなるが，これは植えつけ後数年間かけて人工的に作るものである．この作業を整枝と呼び，主枝，亜主枝は空間をむだなく利用するよう枝の角度や位置を工夫して配置し，受光態勢を考慮しながら亜主枝に側枝を配置する．この際の留意点は，枝の太さや勢力が　主幹＞主枝＞亜主枝＞側枝となるようにすることである．成木の主枝，亜主枝は樹の骨格であるためせん定対象から外し，側枝の更新が主なせん定作業となる．また，側枝に結果母枝を適宜配置して，そこに果実を着生させるのが基本となる．このようにして作られた主な樹形を図9-12に示す．

　一年生枝の種類に発育枝や徒長枝と呼ばれる枝がある．前者は，葉芽または葉のみをつけている枝で予備枝として利用できるが，後者は発育枝の中でも長大な成長をして充実した葉芽をもたない枝であり，ほとんどがせん定対象となる．なおせん定には，①冬季せん定と夏季せん定（緑枝せん定），②切返しせん定と間引きせん定，③強せん定と弱せん定などの区別がある．時期的には休眠期の冬季せん定が主体となり，9.9節で述べた夏季せん定は徒長枝やブドウの副梢除去，摘芽，摘心，ねん枝などの補助的せん定である．間引きせん定は，枝を根元から除去するもので，枝の途中で切る切返しせん定と区別される．前者は，混雑した枝や骨格のじゃまになる枝を除去したり，頂腋生花芽をもつ混んだ結果母枝（カキ，リンゴなど）の整理の際に行う．後者は，主枝，亜主枝の先端部や腋生花芽をもつ結果母枝（ブドウ，モモ

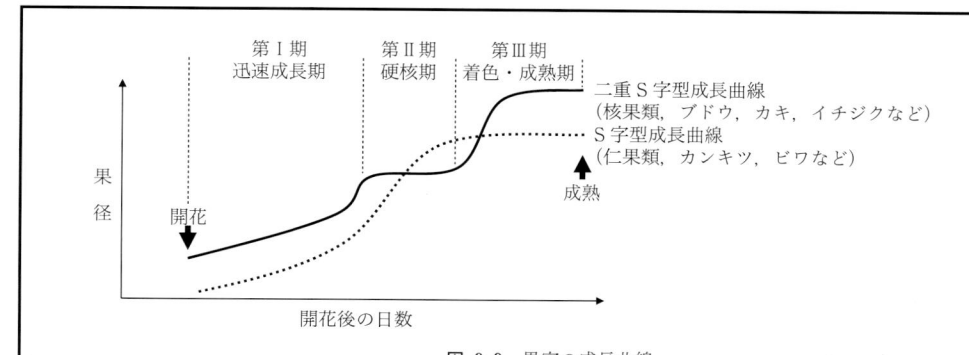

図 9-9 果実の成長曲線

表 9-3 主要果樹における糖組成と有機酸含量（小宮山ら，1985 を一部改変）

種類	品種	主要な糖（％）				主要な有機酸（％）		
		スクロース	グルコース	フルクトース	ソルビトール	リンゴ酸	クエン酸	酒石酸
リンゴ	つがる	2.3	1.8	5.2		0.29		
ナシ	長十郎	1.8	1.5	3.6	1.3	0.2		
ブドウ	巨峰	0.8	6.5	6.8		0.26		0.22
カキ	富有	7.8	4.1	2.2		0.05		
モモ	白桃	5.2	0.9	1	0.7	0.14	0.12	
オウトウ	ナポレオン	0.3	5.1	4	2.2	0.98		
ウンシュウミカン	興津早生	5.0	1.2	1.4			1.20	

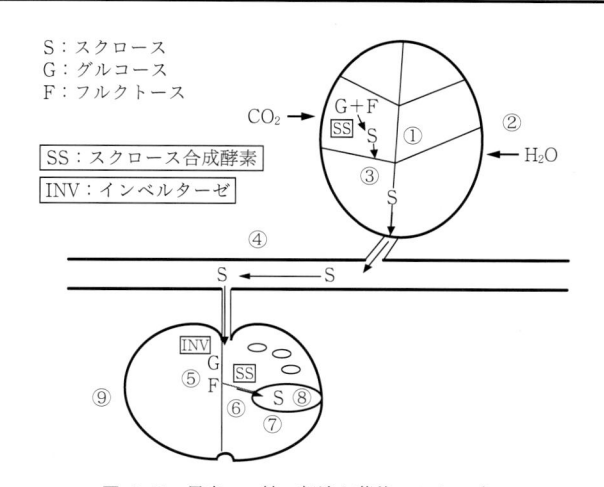

図 9-10 果実への糖の転流と蓄積のメカニズム
①スクロースの増加（水ポテンシャルの低下），②吸水（膨圧の上昇），③スクロースを師管へローディング（エネルギーを用いたスクロース/H^+共役輸送），④スクロース（転流糖）の果実（シンク）への輸送，⑤インベルターゼによるスクロースの分解，⑥果肉細胞内へのアンローディング（H^+との共役輸送），⑦スクロースの再合成，⑧液胞膜のプロトンポンプ（液胞膜ATPase，PPase）による液胞へのスクロースの蓄積，⑨果実内の膨圧形成（果実の肥大・成長）．

など）を整理する際に行うせん定である．強せん定と弱せん定はせん定の程度による分類で，強せん定は切り取る枝が長く，また，切り取る総量が多いものをいう．強せん定をすると新梢の成長は旺盛になり，逆に，弱せん定をすると新梢成長は抑制されて花芽の着生がよくなる．

9.11 主要果樹の花芽・葉芽の形態と結果習性

樹種によって若干異なるが，6～7月に伸長している新梢はその葉腋に鱗片葉に覆われた腋芽を形成し，伸長が止まるとその先端にも頂芽をつける．主要果樹の花芽形成時期を表9-4に示す．カキ，クリ，ウメなどは，伸長停止期に茎頂部が退化してその下の腋芽が頂芽となる．これを擬頂芽と呼ぶ．形成された芽の内部では，着生位置，樹体内・外条件の違いにより，花芽分化を行う．一般に，新梢の先端およびそれに次ぐ数芽に花芽形成するのはリンゴ，ナシ，カキ，カンキツなどで頂腋生花芽と呼ばれ，新梢中・下部の葉腋に花芽形成するのはモモ，ウメ，アンズなどの核果類およびブドウ，イチジクなどで，腋生花芽と呼ばれる．花芽分化した芽を花芽，分化しなかった芽を葉芽と呼び，両者が外観から容易に判断できるのがリンゴ，ナシなどの仁果類，モモ，ウメなどの核果類，判断の難しいのがブドウ，キウイフルーツなどのつる性果樹やカキ，カンキツ類などである（図9-13）．ナシなどの花芽は葉芽に比べて丸くふくらんでおり，この中には小さな花の原基が肉眼でも観察できる．これらの芽は，冬季の低温により休眠打破され，翌春に開花・新梢成長する．

樹種によって，萌芽した花芽に花のみを着生するものと，新梢と花を同時に発生するものがある．前者を純生花芽と呼び，核果類，ビワ，イチジクなどがあり，後者を混合花芽と呼び，リンゴ，ナシ，ブドウ，カキなどが含まれる．カンキツ類の場合は両者の性質を合わせもち，充実した強い結果母枝に形成された花芽からは新梢が発生してその先端部に花が咲き，これを有葉花といい．一方，弱い結果母枝上の花芽はその場に花を着生するが，これを直花という（図9-14）．

混合花芽は，萌芽と同時に開花した後にその脇にある成長点が生育して新梢となるもの（ナシ，リンゴなど）と，萌芽して新梢を伸ばした後に新梢上に開花するもの（ブドウ，カキ，キウイフルーツなど）がある．したがって，前者は二年生枝上で開花しているようにみえる．以上のように，花芽形成位置，花芽の種類，開花・着果位置は樹種によってほぼ決まっており，この性質を結果習性という（図9-15）．

9.12 台　　木

果樹類は，そのほとんどを接木，挿木，株分けといった栄養系で繁殖し，種子繁殖するケースはきわめてまれである．これは，果樹類が遺伝的にヘテロであるので，種子繁殖しても同一形質の個体が得られないためである．逆にいえば，育種・選抜で優良な1個体が得られれば，あとは無限に苗木生産が可能ともいえる．一般に，挿木や取木繁殖が困難な場合や樹勢をコントロールしたい場合（リンゴのわい性台木など），また悪条件土壌や病虫害（ブドウのフィロキセラ抵抗性台木など）にさらされるおそれがある場合に接木繁殖が行われるが，日本で栽培されている主要果樹の大部分は挿木や取木が困難なため，接木繁殖が主流となっている．接木は，栽培したい品種の一部を接穂として台木に接ぐ技術である．接穂の違いによって枝接ぎと芽接ぎに分かれ，また接ぎ方によって切接ぎ，割接ぎ，腹接ぎなどに分けられる（3.5節参照）．接木を成功させるためには時期が重要で，春（3月中・下旬～5月上旬）と秋（8月中・下旬～9月中旬）に適期がある．また，接木を行う際，台木の形成層と接穂の形成層を密着させて乾燥を防ぐことが重要である．なお，接木は苗木生産ばかりでなく，成園地の品種更新の際にも高接ぎとして行われる．接木の問題点に，①接木ができなかったり接木後の穂木の生育が異常を示す接木不親和，②台木の成長が極端に勝る台勝ちおよび劣る台負け現象，③台木の影響による

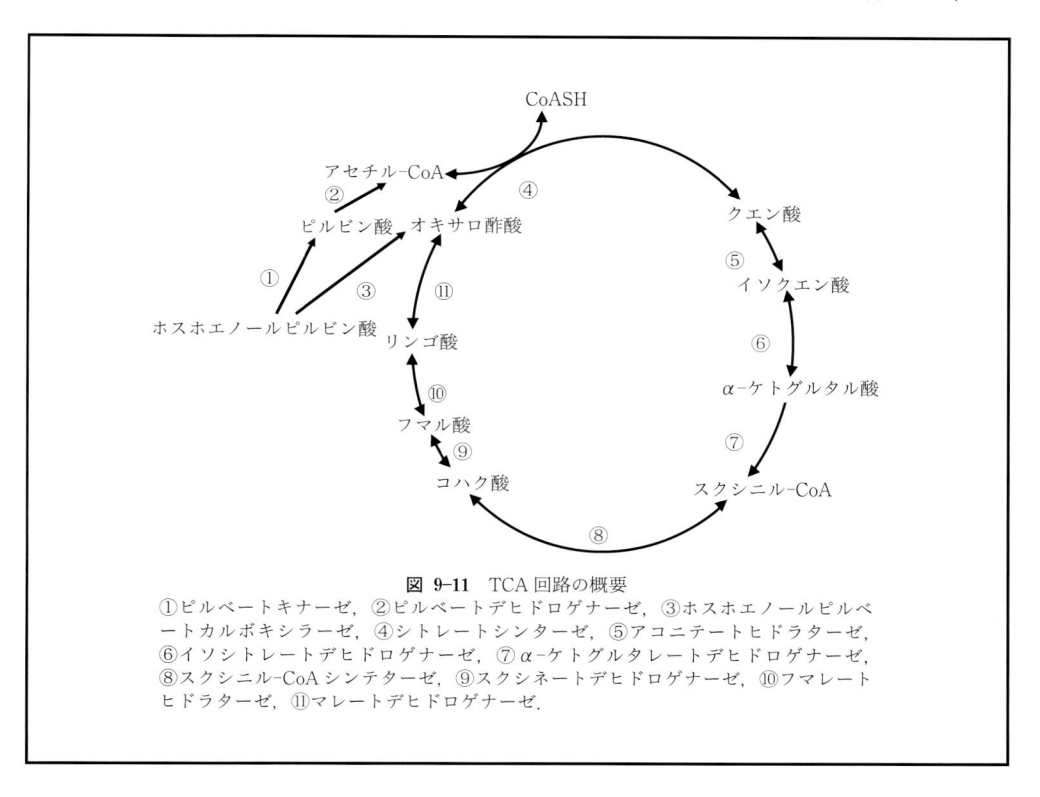

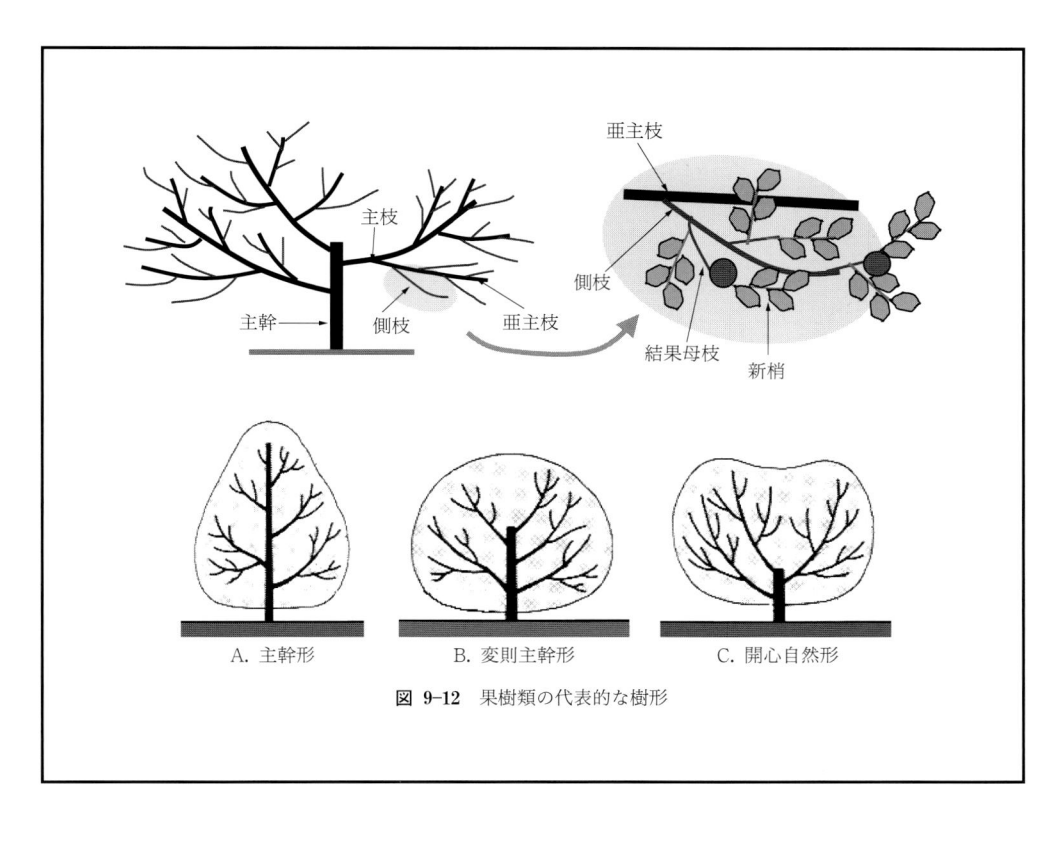

図 9-11 TCA 回路の概要
①ピルベートキナーゼ, ②ピルベートデヒドロゲナーゼ, ③ホスホエノールピルベートカルボキシラーゼ, ④シトレートシンターゼ, ⑤アコニテートヒドラターゼ, ⑥イソシトレートデヒドロゲナーゼ, ⑦α-ケトグルタレートデヒドロゲナーゼ, ⑧スクシニル-CoA シンテターゼ, ⑨スクシネートデヒドロゲナーゼ, ⑩フマレートヒドラターゼ, ⑪マレートデヒドロゲナーゼ.

図 9-12 果樹類の代表的な樹形

果実品質の低下などがある．表9-5に主要果樹類の台木を示す．

9.13 土壌管理

9.13.1 肥　　料

果樹園の施肥量の決定には様々な方法があり，また経験に頼ることも少なくないが，一般的な量は以下の式から求められる．

$$施肥量 = \frac{植物体の肥料吸収量 - 天然供給量}{肥料の吸収率（100\% = 1 とする）}$$

樹種によっても異なるが，ニホンナシの10a当たりの標準的な施肥量は，窒素：約17kg，リン酸：約7.5kg，カリ：約17kgとなっており，これを冬肥（元肥），夏肥（追肥），秋肥（礼肥）などとして2～3回に分けて施用する．ただし，施肥は冬肥主体で，樹勢をみながら窒素を夏や秋に与える．また，微量要素欠乏症が現れた際には，欠乏要素を含む塩を溶解して葉面散布による応急措置をとることがある．

9.13.2 土 壌 pH

日本の土壌は酸性の場合が多い．これは，①降水量が多いために塩基（カルシウム，マグネシウムなど）が流亡すること，②硫酸アンモニウムなど土壌中で酸性を示す化学肥料を多用すること，③有機物の施用が少ないことなどによる．一般に，果樹類の生育に適する土壌pHは中性（ブドウは5.6～8.1）～弱酸性（ウンシュウミカン，モモは4.6～6.0）であるが，pHが下がりすぎると①土壌微生物の活性低下，②有機物の分解遅延，③リン酸の不可給態化（溶解度の減少），④特定要素の欠乏症（カルシウム，マグネシウムなど）などを引き起こすため，苦土石灰や有機物を与えて矯正をはかる．

9.13.3 いや地現象

特定の果樹を栽培した跡地に苗木を植えると，生育がきわめて劣る場合があり，これをいや地（忌地）現象と呼ぶ．いや地現象が激しい果樹としてモモ，リンゴ，クルミ，イチジクなどが知られている．これは，特定の病原菌やセンチュウの繁殖，および植物体由来の分解物や分泌物であるいや地物質による．よく知られる果樹類のいや地物質として，モモのプルナシン（青酸化合物），リンゴのフロリジン（フェノール化合物），クルミのユグロン（ナフトキノン化合物）などがある．

〔平塚　伸〕

━━ キーワード ━━

9.1
幼木期 (juvenile phase), 生殖成長期 (reproductive growth phase), 初成り (first crop), 品質年齢 (quality age), 盛果期 (high productive phase), 老熟期 (senescent phase)
9.2
自発休眠 (endodormancy), 他発休眠 (ecodormancy), 春根 (spring root), 秋根 (fall root), 樹体内貯蔵養分 (reserve nutrient in tree)
9.3
リンゴ地帯 (apple zone), カンキツ地帯 (citrus zone)
9.4
真果 (true fruit), 偽果 (false fruit), 子房壁 (ovary wall), 花托 (receptacle), 堅果類 (nuts), 外果皮 (exocarp), 中果皮 (mesocarp), 内果皮 (endocarp), 果皮 (rind), アルベド (albedo), 砂じょう (juice sac), 子房上位 (hypogyny), 子房下位 (epigyny), 単為結果性 (parthenocarpy), 雄性不稔 (male sterility), 配偶体型自家不和合性 (gametophytic self-incompatibility), S 遺伝子（座） (S-gene locus), 複対立遺伝子 (multiple alleles), 偏性不和合 (patroclinal cross-incompatibility), 交雑不和合性 (cross-incompatibility), S ハプロタイプ (S-haplotype), アリル (allele)
9.5
隔年結果 (alternate bearing), 表年 (on year), 裏年 (off year), C/N率 (C-N ratio), 摘果 (fruit thinning), 葉果比 (leaf-fruit ratio), 予備摘果 (preliminary fruit thinning), 本摘果 (follow-up fruit thinning), 摘らい・摘花 (disbudding, flower thinning), 摘房 (cluster thinning), 摘粒 (berry thinning), カルバリル剤 (carbaryl), エチクロゼート (ethychlozate), α-ナフタレン酢酸 (α-naphthaleneacetic acid: NAA), 着果負担 (crop load), 隔年交互結実法 (intentional alternate bearing method), 生理障害 (physiological disorder), シンク (sink), ソース (source)
9.6
生理落果 (physiological fruit drop), 花振い (shatter), 早期落果 (early

9.13 土壌管理

表 9-4 主要果樹類の花芽分化期

果樹名	花芽形成時期
リンゴ	6〜8月
ナシ	6〜8月
モモ	6〜8月
ウメ	6〜8月
ブドウ	5月下旬〜7月
カキ	7月
イチジク	5月中旬〜6月＝秋果
	7〜8月上旬＝夏果
クリ	雄花＝7月
	雌花＝翌春4月
カンキツ類	10〜11月
ビワ	7〜8月

表中の時期は，生理的分化期を示す．同じ果樹でも，芽の着生位置，品種，栽培様式によって異なる．

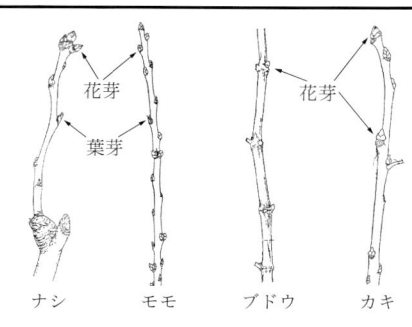

図 9-13 各種果樹の花芽と葉芽

表 9-5 主要果樹類の台木

果樹の種類	台木の種類	備考
リンゴ	マルバカイドウ	強勢台木
	M系，MM系，JM系	わい性台木
ニホンナシ	ニホンヤマナシ	実生利用
	マンシュウマメナシ	細根が多い，耐乾性
モモ	野生モモ	実生利用
ウメ	共台	実生利用
ブドウ	3309，3306，420A，テレキ5C	フィロキセラ抵抗性 わい性
カキ	共台	実生利用
	マメガキ	実生利用
カンキツ	カラタチ	実生利用
	ヒリュウ	実生利用，わい性
ビワ	共台	実生利用

図 9-14 ウンシュウミカンの有葉花（上）と直花（下）

図 9-15 主要果樹類の結果習性
（ ）内は花芽分化時期（月）．

花芽の着生位置	純正花芽（旧枝上に着果）	混合花芽I（旧枝上に着果）	混合花芽II（新梢上に着果）
頂生花芽	ビワ（7〜8）	ナシの短果枝（6下〜7中），リンゴの短果枝（7中〜8中）	
頂腋生花芽	ブルーベリー（7上〜8下），カンキツ類；直花（11）	ナシの中・長果枝（6下〜7中），リンゴの中・長果枝（7中〜8中）	カキ，クリ（7下〜8上），カンキツ類；有葉花（11）
腋生花芽	モモ，スモモ，オウトウ（6上〜8上）		キウイフルーツ（7〜8?），ブドウ（5下〜7）

fruit drop), ジューンドロップ(June drop), 後期落果 (preharvest drop)

9.7
袋かけ (bagging)

9.8
細胞間物質 (intercellular substance), S字型成長曲線 (sigmoid growth curve), 二重S字型成長曲線 (double sigmoid growth curve), 迅速成長期 (rapid growth stage), 硬核期 (stone hardening stage), 着色・成熟期 (coloring (ripening) stage), スクロース合成酵素 (sucrose synthase), スクロースリン酸合成酵素 (sucrose phosphate synthase), TCA回路 (tricarboxylic acid cycle)

9.9
夏季せん定 (summer pruning), 摘芽 (disbudding), 摘心 (pinching), 副梢 (lateral shoot), 誘引 (training), ねん(撚)枝 (twisting), 冬季せん定 (winter pruning)

9.10
主幹 (trunk), 主枝 (primary scaffold branch), 亜主枝 (secondary scaffold branch), 側枝 (lateral branch), 結果母枝 (fruiting mother shoot), 発育枝 (vegetative shoot), 徒長枝 (water shoot), 予備枝 (preliminary shoot), 切返しせん定 (cutting back pruning), 間引きせん定 (thinning-out pruning), 強せん定 (heavy pruning), 弱せん定 (light pruning), 頂腋生花芽 (flower bud terminal and lateral), 腋生花芽 (flower bud lateral)

9.11
鱗片葉 (bud scale), 擬頂芽 (pseudoterminal bud), 花芽 (flower bud), 葉芽 (leaf bud), 純正花芽 (pure flower bud), 混合花芽 (compound bud), 有葉花 (inflorescence with leaves), 直花 (leafless inflorescence)

9.12
わい性台木 (dwarf rootstock), フィロキセラ抵抗性台木 (phylloxera resistant rootstock), 枝接ぎ (scion grafting), 芽接ぎ (budding), 切接ぎ (veneer grafting), 割接ぎ (cleft grafting), 腹接ぎ (side grafting), 高接ぎ (top-grafting), 接木不親和 (graft incompatibility), 台勝ち (overgrowth of the rootstock), 台負け (overgrowth of the scion)

9.13.1 冬肥 (winter fertilizing), 夏肥 (summer fertilizing), 秋肥 (fall fertilizing), 葉面散布 (foliar spray)

9.13.3 いや地 (sick soil), いや地物質 (sick soil substance), プルナシン (prunasin), フロリジン (phlorizin)

■ 演習問題

問1 落葉果樹における地上部と地下部の1年間の発育を概説しなさい．

問2 果樹類における自家不和合性の遺伝的背景を，偏父性不和合現象を用いて説明しなさい．

問3 代表的果樹を1つ選び，摘花，摘果の意義と実際を述べなさい．

問4 果樹類の隔年結果の原因と対策を述べなさい．

問5 次の果樹類の結果習性について，①〜③のAまたはBに分類しなさい．
　　リンゴ，カキ，ブドウ，モモ，ナシ，キウイフルーツ，ウメ
　　①A．純正花芽　　②A．腋生花芽　　③A．新梢の葉腋に着果
　　　B．混合花芽　　　B．頂腋生花芽　　　B．前年枝上に着果

コラム 9

ブドウの果皮色が黄緑色から赤色に突然変異したメカニズムの解明

いろいろな園芸作物で，枝変わり（自然突然変異）が広く知られており，また，枝変わりを積極的に利用して多くの品種が育成されている．しかしながら，枝変わりがなぜ起こるのかというメカニズムについては，ほとんど知られていない．小林らは，ブドウの黄緑色品種 'イタリア' の枝変わりである赤色品種 'ルビー・オクヤマ' を用いて（図 1），果皮色の枝変わりについての分子機構を解明した（Kobayashi, S., *et al.*（2004）: Retrotransposon-induced mutations in grape skin color. *Science,* 304：982）．

赤い果皮色のもとになる色素であるアントシアニンの生合成において，*VvmybA1* という遺伝子に着目し，この遺伝子を黄緑色の 'マスカット・オブ・アレキサンドリア' の果皮に導入したところ，アントシアニンを生産する赤色細胞が形成されたことから，*VvmybA1* 遺伝子はアントシアニン合成を誘導するはたらきをもっているということがわかった．さらに，'イタリア' と 'ルビー・オクヤマ' について調べたところ，黄緑色の 'イタリア' では，*VvmybA1* 遺伝子の上流にレトロトランスポゾン（ゲノム中を転移する遺伝因子の一種で，RNA を転移の中間体とするもの）が入り込み，遺伝子の発現が完全に抑制されているが，赤い色の 'ルビー・オクヤマ' では，そのレトロトランスポゾンが抜けたため，再び *VvmybA1* 遺伝子が発現し，アントシアニンが合成されるようになったことが明らかになった（図 2）．よって *VvmybA1* 遺伝子は，赤い果皮色のもとになる色素であるアントシアニンの生合成に重要な役割を果たしていることを明らかにした．また，この研究により，*VvmybA1* 遺伝子はブドウの果皮色の進化を探る道具としても有効であることがわかった．

果物の着色は温度の影響を強く受け，温度が高いと着色が悪くなるため，気候の温暖化によって果実の着色が困難になることが懸念されている．着色メカニズムを分子生物学的に解明した今回の研究成果は，将来，温暖化に負けない果樹農業の確立に応用されることが期待されている．

［山本俊哉］

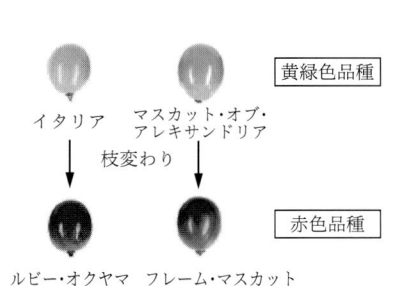

図 1 黄緑色の品種が赤色の品種に変わる原因（農研機構果樹研究所，小林省蔵氏 提供）レトロトランスポゾンが果皮色に関与．

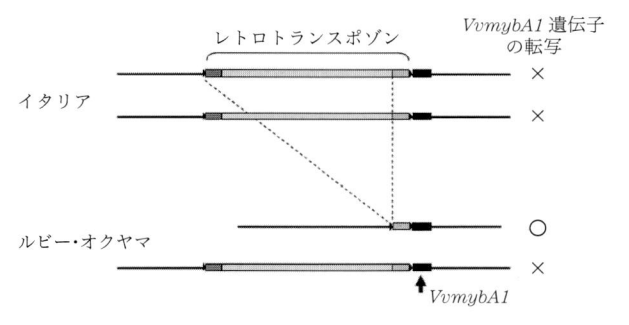

図 2 'イタリア' と 'ルビー・オクヤマ' との遺伝子構造の比較

10

果樹/仁果類，つる性果樹などの特性

10.1 仁 果 類

　リンゴ，ナシ，マルメロなどを総称して仁果類と呼ぶ．この分類は，18世紀頃からドイツの園芸学者が用いていた方法であるが，現在の園芸学の分野でもしばしば使われる．「果樹園芸学」の英訳を pome（仁果）と logy（学問）を合成した pomology というように，果樹園芸学の中心的な位置を占める果樹類である．仁果類は，可食部が花床（花托）組織に由来する偽果であり，花は子房下位という特徴をもつ．表10-1に，主要仁果類の学名，原産地などを示す．

10.1.1　リ ン ゴ

　リンゴの原生地はコーカサスの北方地帯とされ，これがヨーロッパに広がり，また，アメリカには大陸発見後に持ち込まれ，改良されながら広く栽培されるようになった．

　わが国におけるリンゴ栽培の歴史は浅く，1871（明治4）年にアメリカより75品種を導入したのが始まりである．現在の主産地は青森，長野，岩手県などであり，約80万トン（2000年）が生産されている．表10-2に主要品種とその特性およびわが国における栽培品種構成を示す．

　リンゴの花は，中心花とその周りの4～6個の側花からなる有限花序であり，まず中心花が開花した後に側花が開く（図10-1）．中心花によい果実がなるので，基本的には中心花を利用する．リンゴは自家不和合性のため，ミツバチなどの放飼や人工受粉により結実を確保し，その後品種ごとに設定された葉果比（表9-2参照）に従って摘果する．その後の栽培管理として特徴的なのが袋かけである．袋かけの目的は，元来モモシンクイガの防除であったが，現在は主として外観をよくするため，特に着色増進のために用いられている．摘果後，まず幼果に二重袋や着色袋をかけて日光を遮断し，果皮のクロロフィル生成を阻害する．次に，アントシアニン生成が可能な状態となる成熟期の1カ月ほど前に除袋し，果実に日光をあてて着色を開始させる．クロロフィルがない果皮の上に赤色色素が生成されるため，鮮明な果皮色となる．さらに除袋後は，果実の周りの葉を除去する葉つみ，数日ごとに果実を回転させる玉回しなどを行い，果実に均等に光をあてて着色促進をはかっている．ただし，袋かけは労力がかかる上に果実の糖度・食味ともに低下させる傾向があり（表10-3），除袋後の果皮の日焼けも問題になる．袋かけによる果汁糖度の低下には，遮光による果実の光合成阻害，高温・高湿による果実のシンク力低下などの理由が考えられるが，明らかではない．一方，「着色系ふじ」と呼ばれる着色の良好な'ふじ'の枝変わりもよく用いられる．近年は「サンふじ」「サンつがる」などと呼ばれる無袋栽培果実の生産も盛んになっている．

　リンゴの栽培特性の1つにわい性台木の普及がある．わい性台木使用の利点として，①樹高を低く保ち，管理作業が容易，②密植栽培が可能（マルバカイドウ台木苗が10a当たり30本前後であるのに対し，わい性台木苗は150～250本），③樹勢が早く落ち着くため，栄養成長期間の短縮が可能，などがある．一方，①根が浅くて倒伏しやすいため支柱が必要，②苗木代がかかる，③樹勢が弱くて樹高が低いため，肥培管理や凍霜害に対する注意が必要，などの欠点があげられる．わい性台木はイギリスやアメリカで育成・選抜がされており，M系（East Malling 試験場），MM系（East Malling, John Innes 試験場）およびCG系

10.1 仁果類

表 10-1 主要な仁果類，つる性果樹などの学名，英名，染色体数と原産地

種類	学名	英名	染色体数	原産地（育成地）
リンゴ	*Malus pumila* Mill. var. *domestica* Schneid.	apple	$2n=34$	コーカサス北方地帯
ニホンナシ	*Pyrus serotina* Rehd. var. *culta* Rehd.	Japanese pear	$2n=34$	日本, 朝鮮半島, 中国華中地方
セイヨウナシ	*P. communis* L. var. *sativa* DC.	European pear	$2n=34$	ヨーロッパ中央部, 地中海沿岸
チュウゴクナシ	*P. ussuriensis* Max.	Chinese pear	$2n=34$	中国・満州南部〜山西省
マルメロ	*Cydonia oblonga* Mill.	quince	$2n=34$	ペルシャ, トルキスタン
カリン	*Chaenomeles sinensis* Koehne.	Chinese quince	$2n=32$	中国
アメリカブドウ	*Vitis labrusca* L.	grape	$2n=38$	北アメリカ東部
ヨーロッパブドウ	*V. vinifera* L.	grape	$2n=38$	アジア西南部
キウイフルーツ	*Actinidia deliciosa* (A. Chev.) C. F. Liang et A. R. Ferguson var. *deliciosa*	kiwi fruit	$2n=174$	中国
カキ	*Diospyros kaki* Thunb.	persimmon	$2n=30$	中国
ハイブッシュブルーベリー	*Vaccinium corymbosum* L.	blueberry	$2n=24$	北アメリカ
スグリ	*Ribes* spp.	gooseberry	$2n=16$	ヨーロッパ, アメリカ
キイチゴ類（ラズベリーなど）	*Rubus* spp.	brambles	$2n=14$	世界各地に分布
イチジク	*Ficus carica* L.	fig	$2n=26$	アラビア南部, 小アジア
ニホングリ	*Castanea crenata* Sieb. et Zucc.	chestnut	$2n=24$	日本全域に分布

表 10-2 リンゴの主要品種の特性（A）と栽培品種構成（B）

A. 特性

	品種名	由来（育成地）	特性
早生	つがる	ゴールデンデリシャス×不明（青森県りんご試験場）	豊産性で8月下旬から収穫できる早生の中心品種 縞状に赤く着色し, 甘味が強くて食味がよい
中生	ジョナゴールド	ゴールデンデリシャス×紅玉（ニューヨーク州立農業試験場）	酸甘適和で10月下旬から収穫できる 赤色に縞が入り果汁も多いが, 貯蔵性が若干劣る
中生	陸奥	ゴールデンデリシャス×印度（青森県りんご試験場）	三倍体で樹勢は強く, 10月下旬から収穫できる 黄色品種であるが, 有機栽培によりピンク色になる 酸味があるが, 食味はよい
晩生	ふじ	国光×デリシャス（農水省果樹試）	豊産性で貯蔵性もよく, 11月上旬から収穫できる わが国のリンゴ生産量の大半を占める 縞状に着色するが, 多くの着色系枝変わりがある
晩生	王林	ゴールデンデリシャス×印度（福島県 大槻氏育成）	香りが強く豊産性で, ふじとともに晩生種の中心品種である 黄緑色で甘みが強く, 貯蔵性は高い

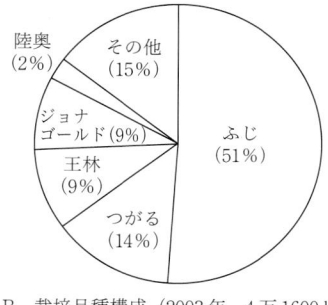

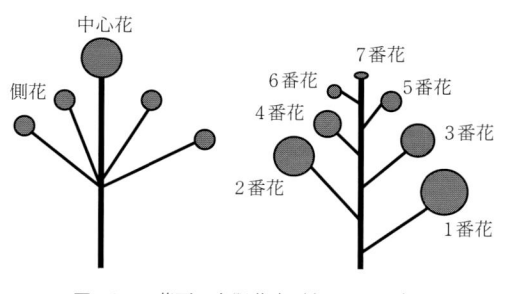

B. 栽培品種構成（2003年, 4万1600 ha）

- ふじ (51%)
- つがる (14%)
- 王林 (9%)
- ジョナゴールド (9%)
- 陸奥 (2%)
- その他 (15%)

図 10-1 花房の有限花序（左：リンゴ）と無限花序（右：ナシ）

（左：中心花, 側花）
（右：1番花, 2番花, 3番花, 4番花, 5番花, 6番花, 7番花）

（コーネル大学，ニューヨーク州立農業試験場）台木が実用化されている．それぞれの台木にはいくつかの系統があり，系統によってわい化程度が異なる（図10-2）．日本の環境に適した台木育成を目的に，わが国でもM9とマルバカイドウの交雑実生を選抜したJM系（Japan, Morioka）台木が育成され，今後の普及が期待されている．わい性台木を用いた栽培は密植を前提としているため，整枝は主幹形のスレンダースピンドル（細型紡錘形）などが，また，植えつけは並木植え（ヘッジロー）が基本となる（図10-3）．なお，樹勢をコントロールするため，強勢台木と品種の間に長さを変えたわい性台木を中間台木として用いることもある．

成熟したリンゴ果実の中心部が水浸状となるみつ症は，バラ科の転流糖であるソルビトールがグルコースに代謝されずに細胞間隙に蓄積すること，および崩壊を含めた細胞壁の構造変化によって引き起こされる．以前は生理障害として扱っていたが，現在では「みつ入りリンゴ」として付加価値となっている．

わが国における果実の貯蔵法は，リンゴにおいて最もよく研究され，広く普及に至っている．なかでもCA貯蔵は，リンゴ果実の長期貯蔵法として，現在ではなくてはならないものとなっている．これは，低温（0～5℃），低酸素（1～3%）および高炭酸ガス濃度（1～3%）の密閉条件下で，果実の呼吸を抑制して貯蔵する方法であり，数カ月は新鮮な状態に保つことができる（5.5節参照）．ただし，熟度の進んだ果実をCA貯蔵すると貯蔵障害が発生し，鮮度を著しく低下させることがある．また，炭酸ガスなどは通過するが水分は通さないプラスチック資材で個々の果実を密閉し，鮮度保持をはかるMA貯蔵法も用いられる．

リンゴにおける主な生理障害，病虫害，ウイルスとその対策などを表10-5に示す．

10.1.2 ニホンナシ

世界的に食用とされているナシ属にはニホンナシ（*Pyrus serotina* Rehd.），チュウゴクナシ（*P. ussuriensis* Max.）およびセイヨウナシ（*P. communis* L.）の3種がある．それぞれ，中国大陸中部～朝鮮半島南部～わが国中部以南，満州南部～河北省～山西省，地中海沿岸地方が原生地とされている．

ニホンナシはニホンヤマナシを基本として，主としてわが国で育種・改良してきた品種群の総称である．わが国におけるナシ栽培の歴史は古く，8世紀頃から栽培されていたとする記録がある．ニホンナシは，生育期間に雨が多くて温暖なわが国の気候に適しているため，各地で栽培されている．一方，セイヨウナシは日本の高温多湿な風土に合わず，山形，長野，新潟県などで小規模栽培されている．また，チュウゴクナシは，'ヤーリー'および'ツーリー'がそれぞれ明治時代および大正時代にわが国に導入されたが，果肉が硬いことや糖度が低いことなどの理由で広く普及はしなかった．しかし，開花期が早いことから，現在も受粉樹として用いられている．ただし，近年中国では糖度の高い'スーリー'，大果の'ターリー'，果皮の赤くなる'ホンシャンスー'などといった品種が育成されている．

ニホンナシの主産県は千葉，鳥取，茨城県の順となっており，全国でおよそ40万トン（2000年）が生産されている．わが国で栽培されている主要品種は，'幸水'，'豊水'および'二十世紀'などである．'幸水'は8月中旬頃成熟する早生の中間色ナシで，果肉が軟らかくて糖度も高く，現在の生産量は最も多い．'豊水'と'二十世紀'は8月下旬～9月上旬に成熟する中生ナシで，前者は多汁で爽やかな酸味をもつ赤ナシ，後者は爽やかな食感をもつ代表的な青ナシである．'豊水'の欠点としてみつ症が発生しやすいこと，'二十世紀'は黒斑病に弱いことがあげられる．ただし，近年は黒斑病抵抗性の'ゴールド二十世紀'などの栽培が広がっている．表10-4に主要品種とその特性およびわが国における栽培品種構成を示す．

ナシの花は1芽に6～9花を含み，下部から順次咲いていく無限花序であり，花数は花芽形成時の樹の栄養状態の良否によって決まる（図10-1参照）．また，ナシは花房と新梢を含む混合花芽

表 10-3 リンゴ品種における有袋果と無袋果の糖度（％）の比較

品　種	無　袋	有　袋
ふじ	15.4	14.7
スターキング	14.6	13.8
王林	16	14.4
ジョナゴールド	15	14
陸奥	14.8	13.9

青森県リンゴ品評会（1971年）における糖度検定の結果.

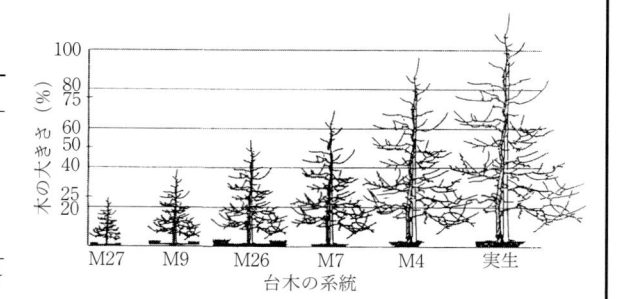

図 10-2 リンゴ台木の種類と木の大きさ（小池ら，1997）

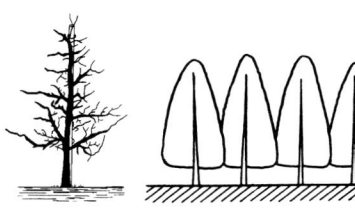

図 10-3 スレンダースピンドル仕立て（左）と並木植え（右）

赤ナシ（長十郎・豊水）
コルク細胞層が発達して茶褐色になる

青ナシ（二十世紀・八里）
コルク細胞層の形成がない

中間ナシ（幸水・愛甘水）
一部にコルク層ができて，茶褐色と緑色とがまだらになっている

図 10-4 赤ナシと青ナシの果皮構造の比較

表 10-4 ニホンナシの主要品種の特性（A）と栽培品種構成（B）

A. 特性

	品種名	由来（育成地）	特　性
早生	筑水	豊水×八幸 （農水省果樹試）	早生種として注目される青ナシ 芳香があって糖度も高く，食味良好 果梗が短いので，袋かけに難がある
	幸水	菊水×早生幸蔵 （農水省果樹試）	わが国で最も生産量の多い中間色ナシ 糖度が高くて果肉も軟らかく，食味良好 秀玉や愛甘水と交配不和合性を示す
中生	豊水	幸水×イ-33 （農水省果樹試）	幸水に次いで，第2位の生産量を誇る赤ナシ 果心部に爽やかな酸味があり，果汁も多くて食味良好 栽培条件によっては，水ナシ果の発生が問題となる
	二十世紀	偶発実生 （千葉県 松戸氏発見）	わが国の代表的な青ナシ 貯蔵性が高く，爽やかな食感がある 黒斑病に弱いため有袋栽培が必須であるが，近年は抵抗性品種のゴールド二十世紀が普及している
晩生	新高	天の川×今村秋 （京都府 菊池氏育成）	晩生種の中では食味の優れた赤ナシ 最も早く開花して雄性不稔性があるので，受粉用の花粉の準備が必要

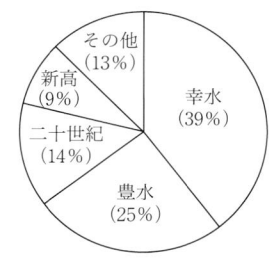

B. 栽培品種構成（2003年，4万1600 ha）

幸水（39％）
豊水（25％）
二十世紀（14％）
新高（9％）
その他（13％）

（写真：農研機構果樹研究所 提供）

であるが，新梢の成長点も花芽分化して「子花」と呼ばれるもう1つの花そうをつけることがある．

ニホンナシには自家および交配不和合性があるため，多くの場合人工受粉を行う（図9-6参照）．ニホンナシは'二十世紀'（S_2S_4）や'幸水'（S_4S_5）を育種親とした品種が多いため（図10-5），新しく登録された品種にはS_2，S_4，S_5遺伝子座をもつものが多く，'幸水'や'二十世紀'と交配不和合性を示す可能性が高いので受粉樹の選択の際に注意が必要である．なお，1970年代に'二十世紀'の枝変わりとして鳥取県で発見された自家和合性の'おさ二十世紀'を用い，'秋栄'のような自家和合性品種の育成が進められている．

着果した幼果は下から順に1番果，2番果，…と呼び，1～2番果は糖度は高いが扁平で酸度が低く，6～7番果は糖度が低くて腰高となり酸度が高い傾向があるので（図10-6），普通3～5番果を用いる．したがって，人工受粉も3～5番花が咲く頃にこれらの花に対して行う．

ニホンナシ品種群は，果皮表面にコルク層が発達する赤ナシ（'豊水'，'新高'，'晩三吉'など），果点以外はほとんどコルクがみられない青ナシ（'八里'，'秀玉'，'二十世紀'など），および部分的にコルクの発達する中間ナシ（'幸水'など）に分類される（図10-4）．なお，果点は幼果期の気孔が果実成長に伴って崩壊してコルク化したものである．仕上げ摘果終了後，青ナシ品種は袋かけを行う．袋かけの目的は，病虫害からの保護とサビ防止などの外観保護のためである．特に，'二十世紀'は黒斑病に感受性のため，満開20日後頃にパラフィンの小袋，果実肥大に伴って小袋がいっぱいになったらパラフィン紙とハトロン紙の二重大袋と，2回の袋かけを行う．赤ナシでも，産地によっては夜蛾やシンクイムシ対策として，6月中下旬に大袋かけを行う．なお，近年'二十世紀'にγ線を緩照射して得られた黒斑病抵抗性の'ゴールド二十世紀'の栽培が広がっている．

ニホンナシ栽培でしばしば問題となる生理障害は，ユズ肌（石ナシ）とみつ症である．前者は石細胞が多量に発達して果皮表面に凹凸が生じるもので，根の障害によるカリウムの過剰蓄積が原因と考えられる．また，後者は成熟した果肉の一部がリンゴのみつ症のように水浸状を呈するもので，細胞壁の崩壊などの構造変化が原因と考えられている．

表10-6に，ニホンナシの主な生理障害，病虫害およびその対策などを示す．また，図10-7にユニークな宿主交代をする赤星病菌の生活史を示す．

10.2 つる性果樹

わが国における主要なつる性果樹は，ブドウとキウイフルーツである．つる性果樹とは，枝がつるとなって他の植物に巻きつきながら成長する果樹類の総称である．

10.2.1 ブドウ

ブドウは中果皮と内果皮が果肉となった真果である．山梨県で古くから栽培されていた'甲州'を除き，明治以降にわが国に導入され，栽培の歴史が浅い果樹である．国内でおよそ24万トンの生産量があり，山梨，長野，山形県が主産地となっている．

ブドウの品種群を大別すると，欧州系（*Vitis vinifera*）と米国系（*V. labrusca*）および両者の雑種（*V. labruscana*）に分けられる．欧州系の原生地はアジア西南部，米国系は北アメリカ東部とされている．一般に，欧州系は高品質であるがわが国のような高温多湿条件下では病害の発生が多く，一方，米国系は耐病性に優れることから，わが国では'巨峰'を中心とした両者の特性を合わせもつ欧米雑種品種が主として栽培されている．ただし，岡山県などでみられる'マスカット・オブ・アレキサンドリア'のガラス室栽培のように，一部の地域では欧州系品種を雨よけ栽培している．表10-7に主要なブドウ品種とその特性およびわが国における栽培品種構成を示す．

ブドウの腋芽のほとんどは花芽であり，中央に主芽，その両側に副芽をもつ．通常は主芽が萌芽して新梢が成長し，新梢上の3節目に第1花穂が

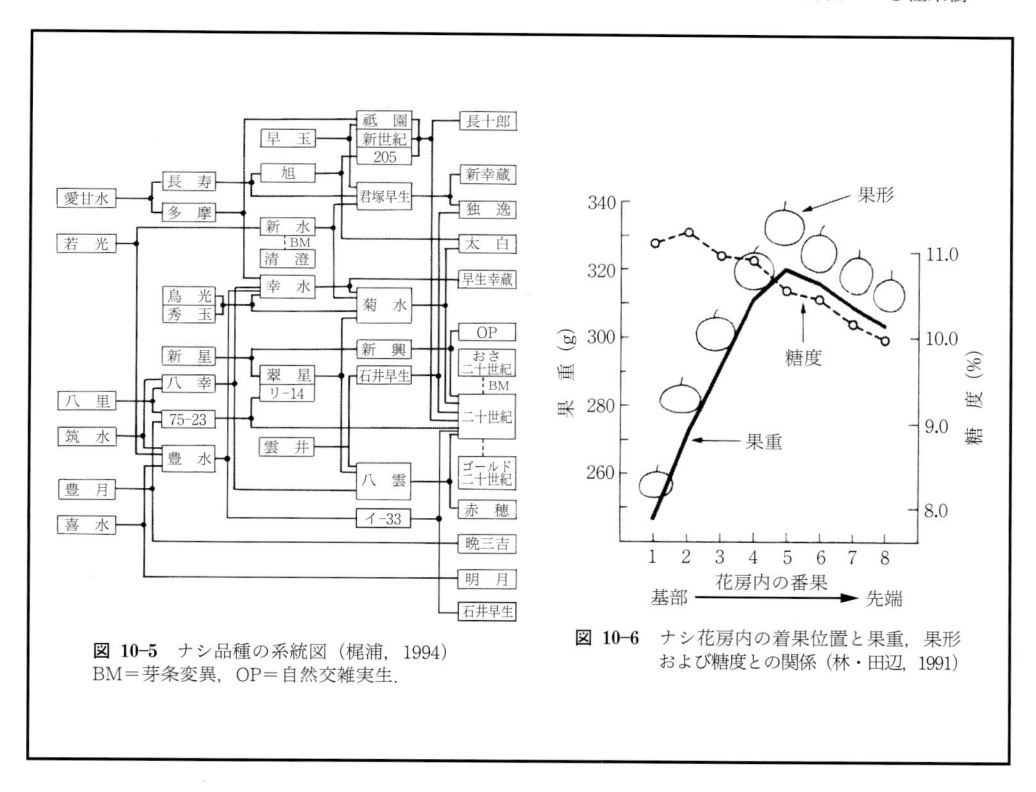

図 10-5 ナシ品種の系統図（梶浦, 1994）
BM＝芽条変異, OP＝自然交雑実生.

図 10-6 ナシ花房内の着果位置と果重, 果形および糖度との関係（林・田辺, 1991）

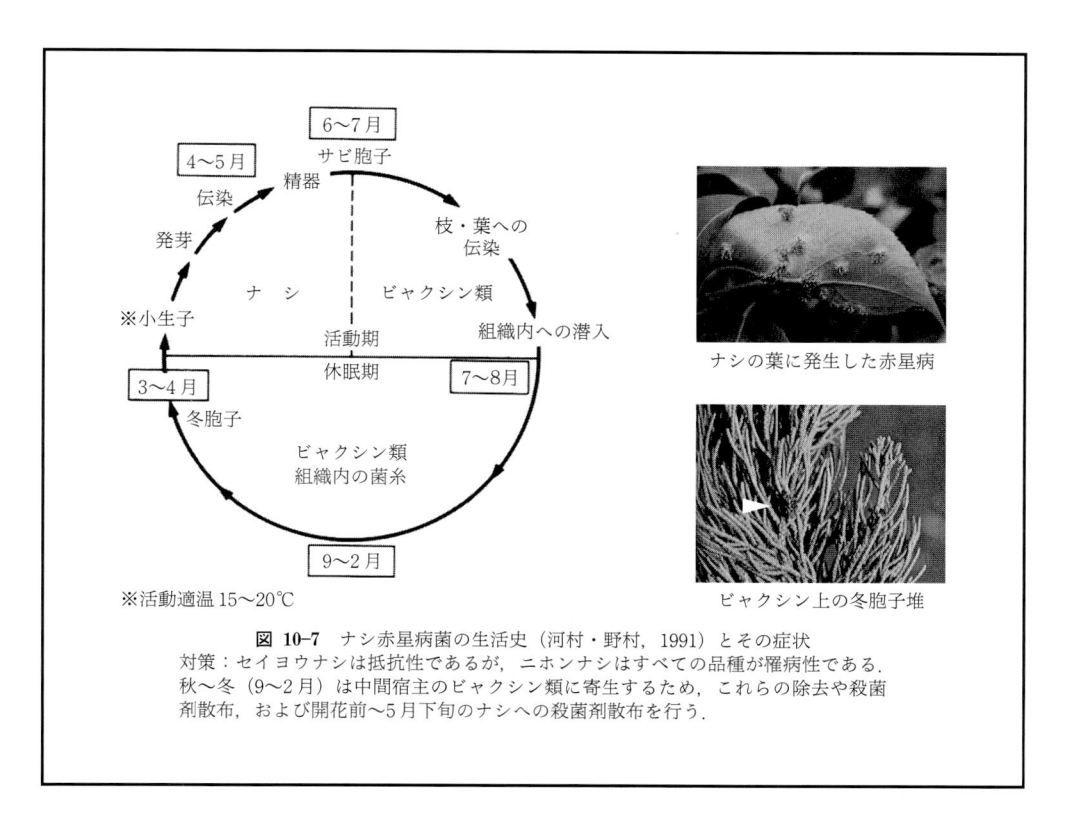

図 10-7 ナシ赤星病菌の生活史（河村・野村, 1991）とその症状
対策：セイヨウナシは抵抗性であるが、ニホンナシはすべての品種が罹病性である。秋〜冬（9〜2月）は中間宿主のビャクシン類に寄生するため、これらの除去や殺菌剤散布、および開花前〜5月下旬のナシへの殺菌剤散布を行う。

つき，次いで第2，第3花穂を順次つけていく．'巨峰'のような大粒系品種では1新梢当たり1～2房，'デラウェア'などの小粒系品種では2～3房に摘房し，大粒系品種では残した房の穂軸が13～15段となるよう整房する．さらに，大粒系品種では，満開後3～4週目に残した房の摘粒を行って袋かけするのが一般的である（図10-8）．

ブドウ栽培では，しばしばジベレリン酸（GA）処理による無核果生産が行われる（図10-9）．最も一般的な品種は'デラウェア'であり，処理により無核となるとともに成熟期が1カ月以上早まるという利点がある．実際の処理法は，開花2週間前に100 ppmのGA溶液に花房を浸漬して花粉の稔性を低下させるとともに胚のうの発育を抑制し，開花10日後に再び同濃度の処理をして子房の発育を促す．一方，ブドウ品種には二倍体と四倍体があり，後者は一般に樹勢が強くて大きな果粒を着生するが，花振いが激しいという特性をもつ（9.6節参照）．わが国における最近の生食用品種の多くは'巨峰'と血縁関係をもつ四倍体であり，しばしば強い新梢成長に伴う激しい花振いを示すため，結実の安定を目的としたGA処理法が考案された．表10-8に，数品種におけるGA処理時期と濃度に関する一般的な基準を示す．GA処理すると花振いを防ぐことはできるが，無核となるため果粒の肥大は抑制気味となり，果梗が硬化して脱粒しやすくなるという欠点がある．果粒肥大促進のため，GA処理を2回行ったりGAと合成サイトカイニンであるホルクロルフェニュロン（商品名：フルメット）などとの混用処理法が開発されている．なお，ブドウ品種の中には，'ヒムロット・シードレス'や'トムソン・シードレス'といった種なし品種も選抜・固定されている．

果粒の成長は二重S字型を示し，第Ⅲ期の半ばにベレーゾンと呼ばれる成熟・着色開始期が1週間ほどある．これは「水回り期」ともいわれ，果粒の透明度が増して内部の維管束が透けて見え始める時期である．ブドウの着色は，果皮およびその下に存在する亜表皮細胞でのアントシアニン色素の生成・蓄積による．アントシアニンは六炭糖を出発点として，シキミ酸経路，フェニルプロパノイド経路，フラボノイド経路を経由して合成される色素であり，シキミ酸経路まではフェノールと全く同じ代謝経路をたどる．着色している果皮にはフェノールが多いが，これはこの代謝系が活性化しているためと考えられる．なお，ブドウのアントシアニン生成・蓄積の促進には，光，果皮・果汁の糖濃度の上昇，果皮中のアブシジン酸（ABA）濃度の上昇などの要因が関与している．

一方，新梢は7月中旬頃まで伸長し続け，その新梢の腋芽が成長して副梢を出すが，そのまま放置すると過繁茂となるため，その基部または1葉残して除去する．さらに，強く成長している枝や花振いの激しい園では，新梢の先端部を除去する摘心作業を行う．新梢の理想的な長さは1～2 mで，これ以上伸びる場合は徒長的と判断してよい．摘心を行うと，残した部分の芽が再び強く発生することがあるが，強すぎる場合はこれも摘心する．

ブドウは挿木で容易に繁殖するが，一般に台木を用いる．これは，根などを食害するフィロキセラというアブラムシ科の害虫から守るためである．したがって，用いられる台木はフィロキセラ抵抗性であり，主として原種のリパリア（*V. riparia*），ベルランディエリ（*V. berlandieri*），およびルペストリス（*V. rupestris*）を交配して育成・選抜した品種群である．なお，リパリアとベルランディエリは樹をわい化させ，果粒は早熟で高品質化する傾向にある．

ブドウはつる性のため，放置すると地面を這って病虫害による甚大な被害を被る．そこで，独立仕立て，垣根仕立ておよび棚仕立てなどの整枝法が考案されているが，わが国ではほとんどが棚仕立てを採用している．せん定は，一年生枝を7～8芽で切り返す長梢せん定と1～2芽の短梢せん定に大別され，前者は一般露地栽培，後者はガラス室栽培などで行われている（図10-10）．露地栽培で長梢せん定を行う理由は，わが国は花芽分化期に雨が多いので枝が徒長傾向を示し，7～8節目の花芽は充実するが基部のものは未熟なためである．

表 10-5 リンゴにおける主要な生理障害と病虫害

種類		症状	原因と対策など
生理障害	ビターピット	果皮に褐色の斑点が生じる	Ca欠乏が原因なので，石灰を施用したり0.3～0.5%のCaCl$_2$溶液を散布する．NとPの過用を避ける
	みつ症	果肉の維管束周辺の細胞間隙に汁液が浸出して半透明化する	転流糖であるソルビトールの蓄積と細胞壁の構造変化による．現在は付加価値となっており，日当たりのよい樹上完熟の大果でよく発生する
病虫害	紋羽病	根に寄生し，菌糸がネット状に付着する．根の腐敗とそれに伴う樹勢衰弱が起こる	菌糸の色により，白紋羽と紫紋羽に分類される．半活物寄生菌のため，生の堆肥などは用いない．発病したら，根を露出させて殺菌剤処理する
	モニリア病	葉，花（実），株が腐敗する	積雪地帯に多く，キノコが発生源となる．葉腐れは花腐れ，株腐れに進行するので，罹病部を早期につみとる．発芽時の殺菌剤散布を行う
	斑点落葉病	葉や実に褐色～暗褐色の円形斑点を生じ，早期落葉する	落花直後から，定期的な殺菌剤散布を行う
	キンモンホソガ	幼虫が葉を巻き，被害が著しいと落葉する	落葉内でさなぎで越冬し，5月下旬から9月下旬まで4～5回発生する．落葉の処理と発生期の殺虫剤散布を行う
ウイルス	ACLSV	高接ぎによって発生し，根の壊死，樹体の衰弱・枯死を招く	アップルクロロティックリーフスポットウイルスによる．マルバカイドウ台木は感受性なので，共台やM系台木を使う．発病したら実生苗木を寄せ接ぎする
	ASPV	ACLSVと同じ	アップルステムピッティングウイルスによる．対策はACLSVと同じ

表 10-6 ニホンナシにおける主要な生理障害と病虫害

種類		症状	原因と対策など
生理障害	ユズ肌（石ナシ）	石細胞が発達して果肉が硬くなり，果皮はユズのように凹凸となる	二十世紀，長十郎，新興で発生．梅雨後の乾燥により多発する．K肥料を控えて高温乾燥期の灌水，および耐乾性のあるマンシュウマメナシ台木使用により軽減する
	みつ症	果肉に水浸状の透明な部分ができ，品質・日もちが低下する	豊水，秋栄，二十世紀などで発生する．5～6月の高温と7月下旬からの低温多湿，果実肥大促進のためのGAペースト処理，強摘果などで頻発する．カルシウム剤の葉面散布，石灰施用，適度な着果負担で対応する．細胞壁の構造変化が原因と考えられる
病虫害	黒星病	6月中旬までに葉柄，葉脈，果梗などに黒い粉状の病徴が出て，落葉・落果を引き起こす．芽に潜伏すると，鱗片が開いた「ボケ芽」となる	赤ナシ品種で発病しやすい．鱗片や落葉病斑で越冬し，4月下旬～5月中旬に胞子が飛散して感染する．罹病枝や落ち葉の徹底処理，発芽前の石灰硫黄合剤散布を行う．また，開花前後～梅雨期，および収穫後の殺菌剤散布を行う
	黒斑病	葉，新梢，果実などに黒い斑点を生じ，枝葉の成長停止や落葉，果実の裂果と落果を引き起こす	芽の鱗片や枝の病斑で越冬し，気温の上昇と多湿により胞子形成して若い葉に1次感染する．28～30℃になると葉で胞子形成し，果実・枝葉に伝染する．被害枝の処理や果実の袋かけ，ポリオキシン剤の散布で対応する
	ナシヒメシンクイ	果心部を食害して，果面からふんを出す	地域により発生回数が異なり，主要ナシ産地では4～5回発生する．樹皮の隙間などにまゆを作って越冬し，4月中旬に成虫となって活動し，9～10月まで発生する．7～8月に特に被害が多い．冬期のバンド誘殺や粗皮削りとともに，成虫の発生に合わせた殺虫剤散布を行う

表 10-7 ブドウの主要品種の特性（A）と栽培品種構成（B）

A．特性

	品種名	特性
早生	キャンベルアーリー	ムーアアーリー×ベルビレーデ×マスカットハンブルグ（アメリカ　キャンベル氏育成）．露地栽培では，かなり早く収穫される黒色種．欧米雑種で，独特の甘酸味と狐臭がある
中生	デラウェア	アメリカ在来品種．ジベレリン処理と施設栽培の組合わせによって，4月から出荷されるわが国で最もポピュラーな品種の1つ．欧米雑種の赤色種で，輸送に耐えるのも特徴の1つ
	巨峰	石原早生×センテニアル（大井上氏育成）．わが国で最も生産量の多い黒色系大粒品種．四倍体で，これを親とした多くの優良品種も育成されている．花振いしやすいのが問題．欧米雑種
	ピオーネ	巨峰×カノンホールマスカット（静岡県　井川氏育成）．大粒の黒色系品種．花振いは巨峰より強いが，開花後1回のジベレリン処理で容易に無核となり，結実も安定する
	マスカット・ベーリーA	ベーリー×マスカットハンブルグ（川上氏育成）．栽培容易できわめて豊産性の黒色系品種．肉質はやや粗いが，糖度が高くて食味良好．生食・醸造兼用種として作られている
晩生	甲州	山梨県在来品種．わが国では最も栽培の歴史が長い純粋な欧州種．淡紅色に着色し，豊産性である

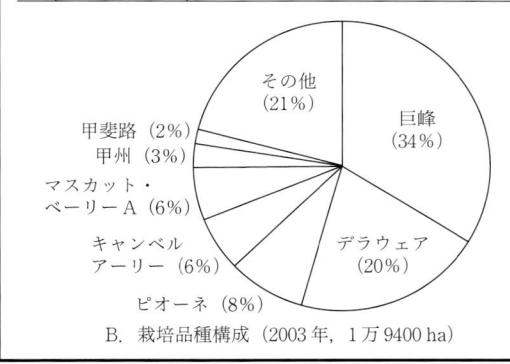

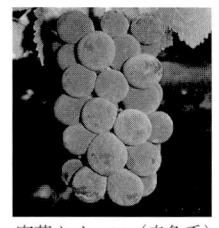

B．栽培品種構成（2003年，1万9400 ha）

- 巨峰（34%）
- デラウェア（20%）
- ピオーネ（8%）
- キャンベルアーリー（6%）
- マスカット・ベーリーA（6%）
- 甲州（3%）
- 甲斐路（2%）
- その他（21%）

安芸クイーン（赤色系）　　ピオーネ（黒色系）

（写真：農研機構果樹研究所　提供）

ブドウは，最も作型が分化した果樹である．これは，休眠打破と施設栽培およびGA処理技術の進歩と深く関わっている．休眠打破には，石灰窒素（$CaCN_2$）溶液の結果母枝やせん定切口処理が実用化されている（石灰窒素：水＝20：80の上清使用）．また，秋に顆粒肥大させる作型では，短日下では新梢成長が劣るため補光処理を行ったり，春の萌芽を抑制するために紫外線カットフィルム処理を行うことにより，現在，超早期加温栽培（11月休眠打破；4月収穫）から抑制栽培（4月紫外線カットフィルム被覆；12月収穫）まで，7～8の作型が開発されている．なお，副梢に着生した果房を収穫する二期作栽培も，一部の地域で行われている．

表10-9にブドウにおける生理障害と主要病虫害およびウイルスを示す．

10.2.2 キウイフルーツ

わが国では4.4万トン（2000年）の生産量があり，愛媛県と福岡県が主産県である．キウイフルーツは35～40の子室をもつ多心皮子房が発達した果実であり，種子など子房壁以外も食用とするが，真果に分類して問題ないと考えられる．

中国長江中流域の山岳地帯が原産で，ニュージーランドで育種・選抜が行われた果樹であり，日本での栽培は1970年代以降という新しい果樹である．わが国で栽培されている主要品種は'ヘイワード'であり，100g前後の卵形大果で，追熟後は香気も多くて高品質である．'ブルノー'は70～80gの長方形果で，糖度がやや低くて香気が少ない．一方，果肉が淡黄色を示す'ゴールデンイエロー'や淡赤色の'レッドプリンセス'なども作出されている．

キウイフルーツは雌雄異株のため，'ヘイワード'や'ブルノー'には雄品種として'マツア'や'トムリ'を，'ゴールデンイエロー'や'レッドプリンセス'には開花期の早い'シー・シー・アーリーメイル'などを混植するか接木する必要がある．

基本的な結果習性はブドウと同じであるが，前年に結果した節には花芽分化しないので注意が必要である．また，キウイフルーツはしばしば過繁茂するので，春先の芽かきや誘引作業が必須である．基本的に，キウイフルーツは樹上で成熟しないため収穫期の判断は難しく，一般に果汁の糖度で決定している．日本では約6.5％を適期とし，収穫後あるいは貯蔵後にエチレン処理して出荷する．

10.3 その他の果樹類の特性

10.3.1 カ　　　キ

古くからわが国で栽培されている果樹の1つであるが，中国から渡来したものと考えられる．全国で約28万トン（2000年）の生産があり，和歌山，福岡，奈良県などを中心に栽培が行われている．基本的に雌雄異花，雌雄同株であるが，'富有'や'次郎'などの主要経済品種は雌花しか着生しない．単為結果性や受精後の種子形成能力には大きな品種間差がある．'会津身不知'や'平核無'は単為結果性が強く，種子はほとんど形成されない．

カキは頂腋性の混合花芽である．品種によって若干異なるが，新梢が伸長して3～4節目の葉腋に1番目の花が開花し，次いで順次2～3節に花をつける．単為結果性の強い'平核無'や'四ツ溝'などを除けば，確実に着果させて生理落果を防止するためには，雄花をつける受粉樹の混植が望ましい．果実は子房上位の真果であり，その発育は二重S字型成長曲線を示す．一般に，カキにはジューンドロップと呼ばれる6月中旬の激しい生理落果がある．これは，梅雨期の日照不足が主原因と考えられるが，種子数が少ないもの，樹冠内部のもの，枝が混み合った位置に着果したものが落果する．なお，ヘタムシの被害果もこの時期に落ちる．

カキの品種群は甘ガキと渋ガキに分けられ，前者はさらに完全甘ガキと不完全甘ガキに，後者も完全渋ガキと不完全渋ガキに分類される（表10-11）．不完全甘ガキは，受精して種子が形成されると果肉にゴマ（褐斑）を生じて甘ガキとなるものでPollination Variant Non Astringent（PVNA）という．また，不完全渋ガキは種子形

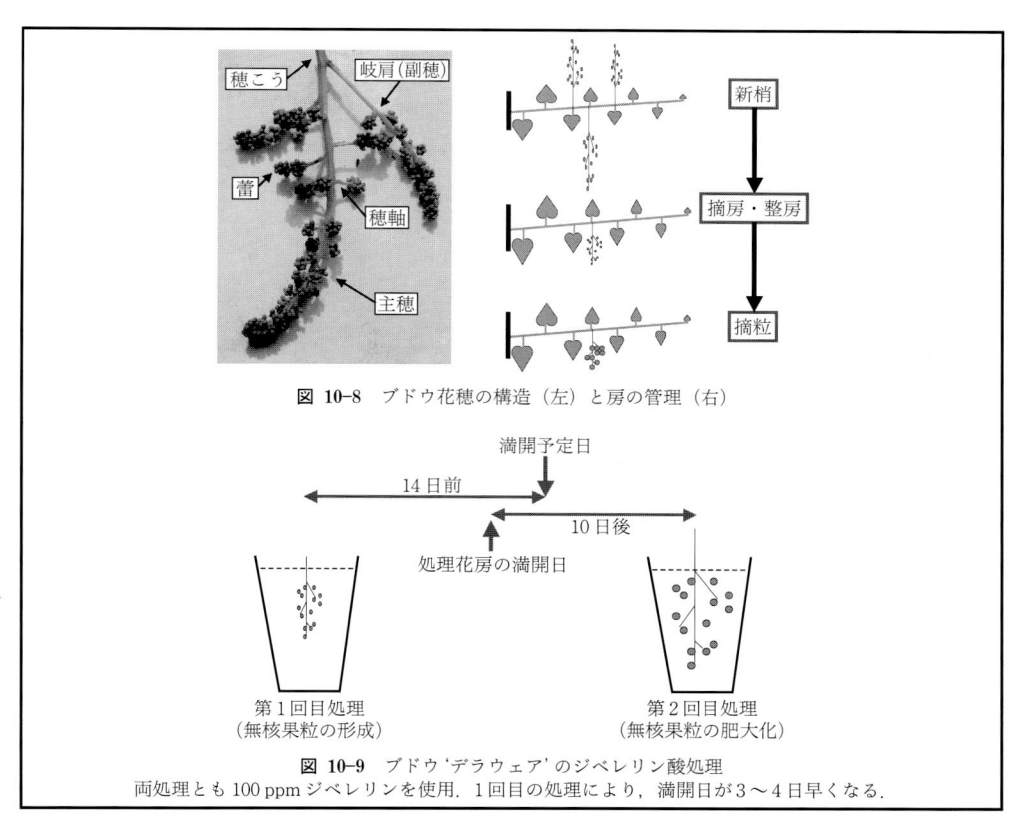

図 10-8 ブドウ花穂の構造（左）と房の管理（右）

図 10-9 ブドウ'デラウェア'のジベレリン酸処理
両処理とも 100 ppm ジベレリンを使用．1回目の処理により，満開日が 3～4 日早くなる．

表 10-8 ブドウ品種のジベレリン酸処理時期と濃度

品　種	1回目処理 （濃度）	2回目処理 （濃度）	備　考
デラウェア	満開 12～16 日前 （100 ppm）	満開 6～13 日後 （100 ppm）	
マスカット・ ベーリーA	満開 10～15 日前 （100 ppm）	満開 10～15 日後 （100 ppm）	完全無核にするためには，1回目の処理に 200 ppm ストレプトマイシン添加
巨峰	開花始め～満開日 （15～25 ppm）	満開 10～15 日後 （25 ppm）	有核果なみにするときは，2回目処理を行う 果穂軸の硬化を避けるため，花房の先端利用
ピオーネ	満開日～開花終直後 （15～25 ppm）	満開 10～15 日後 （25 ppm）	有核果なみにするときは，2回目処理を行う 果穂軸の硬化を避けるため，花房の先端利用

処理方法の違いは，ジベレリン酸に対する感受性の品種間差によるものである．

図 10-10 ブドウの長梢せん定と短梢せん定

成により種子の周りの部分のみ脱渋されるが，果肉自体は渋いままのもので Pollination Variant Astringent（PVA）という．一方，受粉が果肉の性質に影響しない甘ガキおよび渋ガキをそれぞれ完全甘ガキ（Pollination Constant Non Astringent（PCNA）），完全渋ガキ（Pollination Constant Astringent（PCA））と呼ぶ．渋味の原因は可溶性タンニンであり，不完全甘ガキの脱渋機構は種子から生産されるエタノールやアセトアルデヒドによるタンニンの不溶化とされるが，完全甘ガキでは果実発育途上でのタンニン生成の停止によるものとされる．なぜ完全甘ガキだけタンニン生成が停止するのかは明らかでない．

渋ガキは脱渋して食用にするが，その方法としては炭酸ガス脱渋，アルコール脱渋，干しガキ，熟柿などがある．炭酸ガス脱渋は，コンテナなどに詰めたカキを密閉状態にして炭酸ガスを封入し（100％），一晩〜1日処理するものである．この方法は，一般に CTSD（constant temperature short duration）法と呼ばれている．処理後開封して2〜3日放置すると，脱渋が完了する．アルコール脱渋は，35〜40％のアルコール（果実酒用の焼酎など）をヘタ部に噴霧して密閉し，1週間程度放置する．炭酸ガス脱渋では無気呼吸によって誘導されたアセトアルデヒドが，またアルコール脱渋ではアルコールが代謝されて生じるアセトアルデヒドが，タンニンを渋味を感じない非可溶化型にすると考えられている．なお，種子が入ると果肉が粗くなる傾向にあるため，不完全甘ガキを無核の渋ガキとして生産し，脱渋して出荷している地域もある．変わった脱渋法として，樹上脱渋がある．これは，完熟前の樹上の果実を固形アルコールを入れたポリエチレン袋で2〜3日間覆袋して脱渋するもので，脱渋果には褐斑が生じる．和歌山県では，この方法で脱渋した'平核無'や'刀根早生'を「紀ノ川柿」の商品名で出荷している．

カキは成熟後の軟化がきわめて早く，収穫後数日で熟柿になることもある．脱渋果でこの傾向が著しい．軟化にはエチレンが強く関与しており，エチレン拮抗剤である 1-MCP（1-メチルシクロプロペン）処理により防止できる品種が多い．カキにおける 1-MCP の使用は，2006年に認可される予定である．表10-10に，カキの主な生理障害，病虫害を示す．

10.3.2 低木性果樹

低木性果樹とは灌木性を示す樹種の総称で，根元から次々と新しい枝を出して増殖する果樹類を指す．コケモモ類（ブルーベリーなど），キイチゴ類（ラズベリーなど）およびスグリ類に分けられるが，わが国での経済栽培ではブルーベリー（Vaccinium spp.）がわずかに行われている程度である．

ブルーベリーの原産地は北アメリカ大陸で，当地で選抜・育種されたものが1950年代以降に日本に導入された．花床や果皮を食用とする偽果に分類される．栽培されているブルーベリーにはいくつかの種があり，便宜的に樹勢の強い種から順にラビットアイブルーベリー，ハイブッシュブルーベリー，ローブッシュブルーベリーに大別している．わが国での栽培は，ラビットアイおよびハイブッシュに属する品種群である．果実には多量のアントシアニン色素を含むため，近年の健康食ブームによって栽培が増加している．

〔平塚　伸〕

キーワード

10.1
仁果類（pome fruit）
10.1.1 有限花序（definite inflorescence），中心花（central flower），側花（lateral flower），着色促進（coloring promotion），アントシアニン（anthocyanin），葉つみ（defoliation），シンク力（sink activity），枝変わり（bud mutation），わい性台木（dwarf rootstock），スレンダースピンドル（slender spindle），並木植え（hedge-row training），中間台木（interstock），CA貯蔵（controlled atmosphere storage），MA貯蔵（modified atmosphere storage）
10.1.2 無限花序（indefinite inflorescence），人工受粉（artificial pollination），果点（fruit dot），黒斑病（black spot disease），生理障害（physiological disorder），みつ症

10.3 その他の果樹類の特性

表 10-9 ブドウにおける主要な生理障害と病虫害

種類		症状
生理障害	花振い	満開後2週間以内に生じる激しい生理落果
	裂果	ベレーゾン以降に柱頭痕, 胴部, 小果柄付近に亀裂が発生する
	着色不良	黒色系品種は「赤うれ果」, 紅色系では紅色不足顆粒となる
病虫害	黒とう病	新梢, 幼葉, 幼果に黒褐色斑点が生じ, 成長停止や落葉・落果する
	晩腐れ病（炭疽病）	豆粒状の顆粒に赤褐色の斑点ができ, その周囲が輪紋状になる. 最終的には顆粒は腐って黒く乾燥する
	ブドウトラカミキリ	木部の食害による結果枝, 結果母枝の枯死
ウイルス	リーフロールウイルス	晩夏に葉縁が下方に巻き, 赤および黒色系欧州種では葉全体が赤変する 顆粒は熟期が遅れて不ぞろいとなり, 糖度や着色が劣る

表 10-10 カキにおける主要な生理障害と病虫害

種類		症状
生理障害	汚損果	果皮表面に黒色の汚れが生じる 汚れの形態によって雲状形, 線状および黒点隆起状汚損果などと呼ぶ
病虫害	角斑性落葉病	葉の葉脈に囲まれた組織単位で四角形の変色症が現れ, 早期落葉する
	ヘタムシ（カキミガの幼虫）	落果の主原因の1つ 果梗部に虫ふんが観察される

表 10-11 主要なカキ品種の甘渋性による分類（A）と栽培品種構成（B）

A. 甘渋性による分類

分類	品種
完全甘ガキ（PCNA）	富有, 次郎, 伊豆, 御所, 花御所
不完全甘ガキ（PVNA）	西村早生, 甘百目, 伽羅, 禅寺丸
不完全渋ガキ（PVA）	刀根早生, 平核無, 会津身不知, 甲州百目
完全渋ガキ（PCA）	西条, 四ツ溝, 横野, 堂上蜂屋

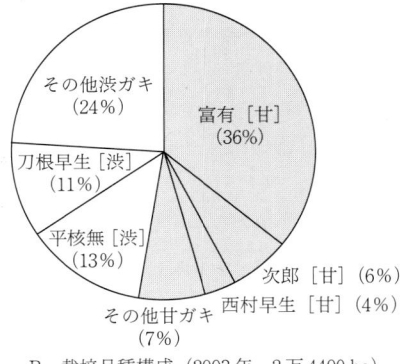

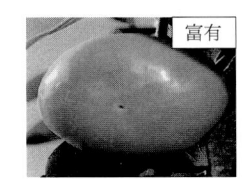

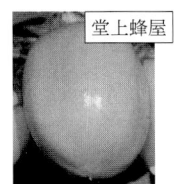

B. 栽培品種構成（2003年, 2万4400 ha）

- 富有［甘］(36%)
- その他渋ガキ (24%)
- 刀根早生［渋］(11%)
- 平核無［渋］(13%)
- その他甘ガキ (7%)
- 西村早生［甘］(4%)
- 次郎［甘］(6%)

（写真：農研機構果樹研究所 提供）

(water core), 石細胞 (stone cell), 宿主交代 (alternation of hosts)

10.2 つる性果樹 (climbing fruit tree)

10.2.1 中果皮 (mesocarp), 内果皮 (endocarp), 主芽 (main bud), 副芽 (lateral bud), 穂軸 (rachis), ジベレリン酸 (gibberellic acid: GA), 花房 (flower cluster), 胚のう (embryosac), ホルクロルフェニュロン (forchlorfenuron), 種なし品種 (seedless cultivar), ベレーゾン (veraison), 亜表皮細胞 (subepidermal cell), シキミ経路 (shikimic acid pathway), フェニルプロパノイド経路 (phenylpropanoid pathway), フラボノイド経路 (flavonoid pathway), アブシジン酸 (abscisic acid: ABA), 副梢 (lateral shoot), 摘心 (pinching), フィロキセラ (phylloxera), 独立仕立て (independent training), 垣根仕立て (hedge-row training), 棚仕立て (trellis training), 長梢せん定 (long pruning), 短梢せん定 (short pruning), 石灰窒素 (calcium cyanamide), 二期作栽培 (double cropping)

10.2.2 子室 (locule), 雌雄異株 (dioecism), 雌雄異花 (diclinism), 雌雄同株 (monoecism), 雌花 (female flower), 雄花 (male flower), 受粉樹 (pollinizer), ジューンドロップ (June drop), 脱渋 (removal of astringency), CTSD (constant temperature short duration), 固形アルコール (solid alcohol), 1-メチルシクロペン (1-methylcyclopropene)

10.3.2 ラビットアイブルーベリー (rabbit eye blueberry), ハイブッシュブルーベリー (high bush blueberry), ローブッシュブルーベリー (low bush blueberry)

■ 演習問題

問1 リンゴのわい性台木利用の利点と欠点を述べなさい.

問2 以下のリンゴのわい性台木を，わい化程度の強い順に並べなさい.
M4, M26, M27, M9, M7

問3 ナシにおける袋かけの目的と実際の方法を述べなさい.

問4 ナシのユズ肌果（石ナシ）の原因と対策を述べなさい.

問5 ブドウは挿木繁殖が容易にもかかわらず，台木を用いた接木繁殖を行う．この理由を述べなさい.

問6 ブドウ'デラウェア'におけるジベレリン処理の目的と実際の方法について述べなさい.

問7 渋ガキにおける炭酸ガス脱渋の方法と脱渋の生理的メカニズムを述べなさい.

問8 以下のカキ品種を①完全甘ガキ，②不完全甘ガキ，③不完全渋ガキおよび④完全渋ガキに分類しなさい.
富有，西条，禅寺丸，甲州百目，堂上蜂屋，西村早生，次郎，平核無，会津身不知，甘百目，伊豆，四ツ溝

コラム10

遺伝子組換え農作物の安全性

1. 遺伝子組換え農作物の安全性に関する各種制度およびカルタヘナ法の制定

遺伝子組換え技術を用いた育種は，従来の交雑による品種改良では実現できないような形質の付与を可能にすることから，大きな可能性を有している．一方で，安全性の確保をはかりつつ利用を推進していくことが求められている．わが国では，遺伝子組換え農作物の食品および飼料としての安全性に関しては，「食品衛生法」および「飼料の安全性の確保及び品質の改善に関する法律（飼料安全法）」に基づき，安全性の評価・確認が行われたもののみが販売，流通を認められている．さらに，遺伝子組換え農作物の環境への影響の防止については，生物多様性条約カルタヘナ議定書の国内担保法である「遺伝子組換え生物等の使用等の規制による生物の多様性の確保に関する法律」（カルタヘナ法）に基づき，使用の規制の措置が講じられている．

カルタヘナ議定書は，2000（平成12）年12月に，遺伝子組換え生物の利用が生物多様性に及ぼす悪影響を防止するため，遺伝子組換え生物の輸出入などに関する国際的枠組みとして採択され，

(1) 生態系への侵入による影響

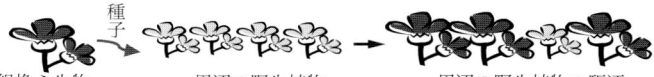

組換え生物 →種子→ 周辺の野生植物 → 周辺の野生植物の駆逐

(2) 近縁の野生種との交雑による影響

組換え生物 →花粉→ 近縁の野生種 → 交雑したものへの置き替わり

(3) 有害物質の産生による影響

組換え生物 →有害物質→ 周辺の野生生物 → 周辺の野生生物の減少

図 1 遺伝子組換え生物の生物多様性への影響の例

2003（平成15）年9月に発効した．

わが国では，遺伝子組換え生物等の使用等の規制に関する措置を講ずることにより，カルタヘナ議定書の的確かつ円滑な実施を確保することを目的に，国内担保法としてカルタヘナ法を2003（平成15）年に制定し，2004（平成16）年2月から施行されている．

本法の施行に伴い，農林水産省の「農林水産分野等における組換え体の利用のための指針」や，文部科学省の「組換えDNA実験指針」などの指針は廃止され，遺伝子組換え生物の研究開発及び産業利用に関しては，カルタヘナ法に基づき規制されることとなった．

2. カルタヘナ法の主な内容

（1） 遺伝子組換え生物等の使用等に係る措置

① 第一種使用等

遺伝子組換え農作物のほ場での栽培等，「環境中への拡散を防止しないで行う使用等（第一種使用等）」をしようとする者は，事前に使用規程を定め，かつ，その使用等による生物多様性影響（野生動植物の種又は個体群の維持に支障を及ぼすおそれがある影響等）（図1に，生物多様性への影響の例を示す）を評価した生物多様性影響評価書等を添付して主務大臣に提出し，承認を受けることが義務付けられている（農林水産分野における産業利用目的での承認は，農林水産大臣及び環境大臣が行う）．

② 第二種使用等

施設内における遺伝子組換え実験や遺伝子組換え微生物を利用した動物用医薬品の生産等，「遺伝子組換え生物等の環境中への拡散を防止しつつ行う使用等（第二種使用等）」をする者は，その拡散防止措置（設備の要件等，環境中に遺伝子組換え生物等が拡散することを防止するための措置）について，「主務省令で定められている場合は当該措置をとること」及び「主務省令で定められていない場合は事前に主務大臣の確認を受けること」が義務付けられている（農林水産分野における産業利用目的での確認は，農林水産大臣が行う）．

（2） その他の規定

輸入に際して未承認の遺伝子組換え生物等の検査（生物検査）を行う仕組み，輸出の際の相手国への情報提供，科学的知見の充実のための措置，国民の意見の聴取，違反者に対する措置命令，罰則等所要の規定が整備されている．

カルタヘナ法関係の情報および承認された遺伝子組換え農作物の概要などの情報は，環境省が設置している日本版バイオセーフティクリアリングハウスのホームページ（http://www.bch.biodic.go.jp/），または農林水産省ホームページ（http://www.maff.go.jp/carta/index.htm）を，遺伝子組換え技術に関する情報は農林水産技術会議事務局のホームページ（http://www.s.affrc.go.jp/docs/anzenka/index.htm）を，研究開発分野におけるカルタヘナ法関係の情報は文部科学省ホームページ（http://www.mext.go.jp/a_menu/shinkou/seimei/kumikae.htm）を参照願いたい．

［福嶋正人］

11

果樹/核果類，堅果類などの特性

バラ科サクラ属（Prunus 属）は，モモ亜属，スモモ亜属，サクラ亜属の3亜属に類別される（図11-1）．主要果樹として，モモ亜属にはモモ，アーモンドが，スモモ亜属にはウメ，アンズ，ニホンスモモ，ドメスティカスモモが，サクラ亜属には甘果オウトウや酸果オウトウが含まれる．わい性台木として注目されているユスラウメや花木のサクラは，サクラ亜属に分類される．これらの植物を人為分類すると，アーモンドは堅果類に，その他のモモ，オウトウ，ウメなどは核果類に分類される．なお，主要な核果類・堅果類果樹の学名，英名，染色体数と原産地を表11-1に示す．

核果類の果実は，外側から果皮，果肉，核，種子からなる．核果類の特徴は，果実の中に内果皮がリグニン化した硬い核をもつことである（図11-2）．受精後に子房壁が肥厚して果肉となり，中果皮の柔組織細胞が肥大して可食部となる．すなわち，子房壁が外果皮（外皮）に，中果皮が果肉に，内果皮が核となる（コラム3；p.49参照）．

11.1 モ モ

モモの原生地は中国の陝西省，甘粛省といった黄河上流の高原地帯である（表11-1）．中国では，紀元前4～3世紀には栽培されており，その後ペルシャ，ギリシャ，ローマを経て地中海沿岸諸国に広まったとされる．モモの近縁種のほとんど（ノモモ，甘粛桃，光核桃，新疆桃，オヒヨモモなど）が中国に自然分布している（図11-3）．日本でも古来から野生モモが存在し，『古事記』などにも記載があるが，これは縄文時代晩期以降に中国から渡来したと考えられている．江戸時代には食用モモが各地で生産されたが，小果で果肉も硬く品質が劣るものであった．

現在，われわれが食用に栽培しているモモは，明治時代に中国や欧米から導入されたものに由来する．明治初年に清国から'上海産水蜜桃'，'天津産水蜜桃'，'幡桃'が導入された．なかでも上海の港から積み出された水蜜桃は'上海水蜜桃'と呼ばれ，これが日本のモモ品種の起源であるといわれている．

生食用の主要モモ品種とその来歴，特徴を表11-2に示す．生食用モモは，果肉が溶質で多汁質のものである．主な品種は'白鳳'，'あかつき'（図11-4），'川中島白桃'，'日川白鳳'，'清水白桃'である．いずれの品種も，みずみずしく甘く，かつ白肉，粘核（核と果肉が離れにくい性質）特性をもっている．かつては缶詰め用モモの栽培が盛んであったが，最近では少ない．一方，近年の消費の多様化の流れとともに，黄色の果肉の桃，果皮に毛のないネクタリン，円盤形の果形をもつ蟠桃（ばんとう）も栽培されている．

モモ樹の生育は果樹の中では早く，苗木植えつけ2年後に開花結実し，6～7年で成木となる．一方，盛果樹齢は約25年で他の果樹と比較して非常に短いのも特徴である．モモを含む核果類の花芽は，芽の中に花の始原体のみが含まれている純正花芽である（第9章参照）．モモは自家和合性であるので，基本的には人工受粉は必要ないが，花粉が少ない品種（'白桃'，'川中島白桃'など）では人工受粉が必要である．

果実の肥大過程は，典型的な二重S字型曲線を描く（図11-5）．受精後細胞分裂を繰り返して肥大し，30日程度経過した後に分裂を停止し，細胞容積の増大が始まる．この期間は40～50日である（発育第1期）．6～7週間後に果実の肥大がいったん停止し，核の充実，内果皮の木化，種

表 11-1 主要な核果類・堅果類果樹の学名，英名，染色体数と原産地

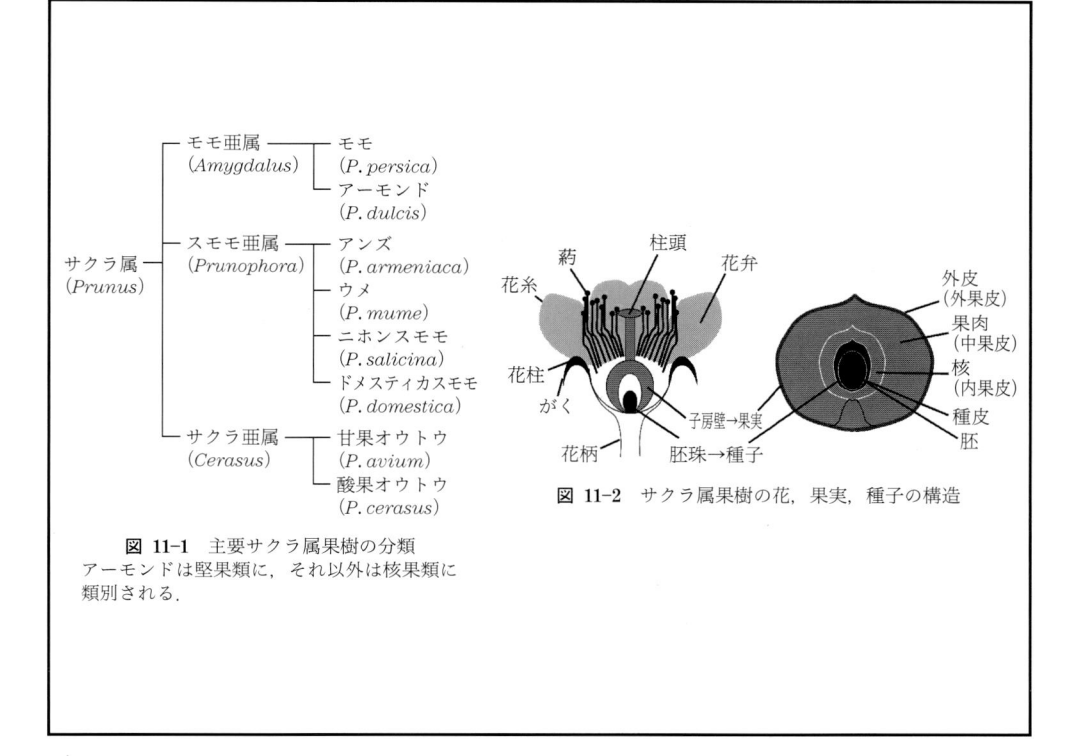

樹 種 名	学　　　名	英　名	染色体数	原　産　地
モモ	*Prunus persica* (L.) Batsch.	peach	$2n=16$	中国
ニホンスモモ	*Prunus salicina* Lindl.	Japanese plum	$2n=16$	中国
ドメスティカスモモ	*Prunus domestica* L.	European plum	$2n=48$	西アジア〜ヨーロッパ南部
ウメ	*Prunus mume* Sieb. et Zucc.	Japanese apricot	$2n=16$	中国
アンズ	*Prunus armeniaca* L.	apricot	$2n=16$	中央アジア〜東アジア
甘果オウトウ	*Prunus avium* L.	sweet cherry	$2n=16$	西アジア〜ヨーロッパ西部
酸果オウトウ	*Prunus cerasus* L.	sour cherry	$2n=16$	西アジア〜ヨーロッパ西部
ニホングリ	*Castanea crenata* Sieb. et Zucc.	Japanese chestnut	$2n=24$	日本〜朝鮮半島
チュウゴクグリ	*Castanea mollissima* Bl.	Chinese chestnut	$2n=24$	中国
ヨーロッパグリ	*Castanea sativa* Mill.	European chestnut	$2n=24$	南ヨーロッパ
アメリカグリ	*Castanea dentata* Borkh.	American chestnut	$2n=24$	北アメリカ
クルミ	*Juglans* spp.	walnuts	$2n=32$	—
アーモンド	*Prunus dulcis* Mill.	almond	$2n=16$	西南アジア

図 11-1 主要サクラ属果樹の分類
アーモンドは堅果類に，それ以外は核果類に類別される．

図 11-2 サクラ属果樹の花，果実，種子の構造

子の成熟が起こる（第2期，硬核期ともいう）．品種の早晩は主に第2期の長短による．第3期では，果肉が肥大し収穫期まで肥大を続ける．この時期に果実重量の70％が肥大し，品質を左右する糖含量も急増する（図11-6）．

モモの成樹では，2万〜2万5000ほどの花が咲き，そのときに消費される貯蔵養分は非常に大きい．一方，収穫に至る割合は4％程度であり，貯蔵養分の有効利用のために，70〜80％の花を摘らい，摘花する．さらに，商品価値が高く品質の良好な果実の生産のため，3回程度（満開後2〜3週間，同40日前後，同60日頃）に分けて摘果を行う．

モモをはじめとする核果類果樹では，受精から6月までの発育第1〜2期にかけて，生理的落果が起こる．生理的落果には大別して3回の落果時期がある．1回目は開花直後で主に不完全な花器官に起因するものである．2回目は開花3週間〜1ヵ月で起こり，原因は不受精によるものである．これは自家不親和品種で受粉が不十分なときに起こりやすい．3回目は5〜6月にかけてで，いわゆるジューンドロップである．落果の原因はいろいろあるが，養分不足，結実過多，樹の衰弱などのため胚が死滅することによって起こると考えられる．

果実表面の荒れや着色不良などの問題点を改善するために，袋かけが行われる．遮光袋を用いた果実では，袋内で葉緑素の退化が進み，除袋後数日間でアントシアン色素が現れ美しい果実になる．その際，地面に反射マルチを敷くことによって太陽光を反射させ，下枝の果実の着色をよくすることができる．

近年では，近赤外線を使用した光センサー選果機により，果実を破壊することなく糖度や熟度で選果することが可能となっている．

モモの整枝法として，現在では開心自然形整枝が樹形の基本になっている．仕立て方には，2本主枝仕立て，3本主枝仕立て，主幹形仕立てなどがある．数年かけて目的の樹形に仕上げる（図11-7）．

モモは乾燥と豊富な日照を好み，春から夏にかけての多雨は，病気の多発，果実の生理的落果，裂果や品質の低下など栽培上の重要問題となる．日本での主産地の4〜9月の降雨量は1000 mm以下である．モモは冬の休眠期間における耐寒性が高く，−20℃程度でも異常は少ない．逆に，休眠覚醒に必要な低温要求性（約1000時間の低温）が問題で，日本の南部地方，アメリカ南部やイスラエルでも，低温不足による発芽・開花の遅れや不ぞろいがみられる．

11.2　スモモ

スモモは，アジア，ヨーロッパ，北アメリカの三大陸に約30種が分布し，原生または原産地分布地域によって3つに大別される（表11-3）．東アジアに分布するものに，ニホンスモモ，サイモンスモモ，西アジアやヨーロッパに分布するものとして，ドメスティカスモモ（ヨーロッパスモモ），インシチチアスモモなどがある．北アメリカには，アメリカスモモ，チカソウスモモなどが分布している．ほとんどのスモモは二倍体（$2n=16$）であるが，ドメスティカスモモやインシチチアスモモは六倍体，スピノーサスモモは四倍体である．

栽培種として，ニホンスモモとヨーロッパスモモが特に重要であり，日本ではニホンスモモが栽培されている．世界の栽培面積は254万 ha，生産量は1000万トンで，栽培面積で世界の果樹生産の約5％，生産量で世界の果樹生産の約2％を占めている（FAO統計，2003年）．日本国内の栽培面積は約3500 ha（2001年），生産量は約3万トンである．

中国で誕生したニホンスモモは，かなり古い時代に日本に渡来し，『古事記』『日本書紀』『万葉集』などにその名がみられる．栽培の歴史は古く，江戸時代に栽培が普及していったが，スモモは2次的な果樹として扱われ，品種名のつくものは少なかった．在来品種には，赤肉と黄肉のものがあり，酸味が強いのが特徴であるが，品質や不安定な生産のため現在ではあまり生産されていない．

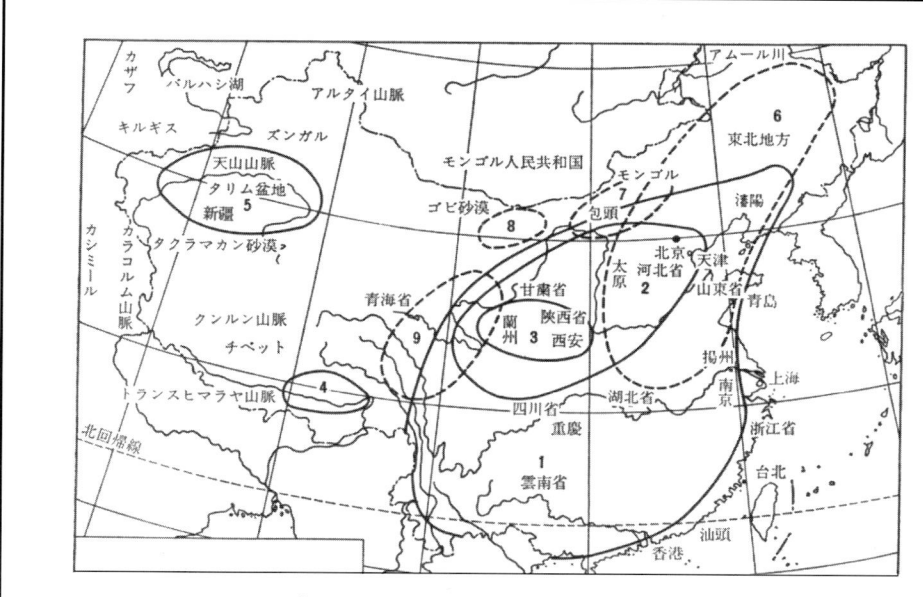

図 11-3 中国におけるモモ亜属の分布（兪 徳浚：中国果樹分類学,
農業出版社（北京），1979）
1：モモ，2：ノモモ，3：甘粛桃，4：光核桃，5：新疆桃，6：オヒヨモモ，
7：蒙古扁桃，8：長柄扁桃，9：西康扁桃．

表 11-2 モモ（生食用）の品種別栽培面積と特徴

品種名	栽培面積*（%）	来　歴	早晩性（成熟日数）	果実重
白鳳	14.6	白桃×橘早生	中生（100〜105日）	200〜230 g
あかつき	12.5	白桃×白鳳	中生（100〜105日）	220〜250 g
川中島白桃	11.0	上海×白桃	中生（120〜130日）	250〜300 g
日川白鳳	7.0	白鳳の枝変わり	早生（85日）	200〜250 g
清水白桃	3.9	白桃×岡山3号？	中生（110〜120日）	250 g 前後
浅間白桃	3.7	高陽白桃の枝変わり	中生（110〜120日）	250 g 前後
長沢白鳳	2.6	白鳳の枝変わり	中生（110〜120日）	280〜300 g
一宮白桃	2.3	偶発実生	—	—
山根白桃	1.7	偶発実生	中生（110〜120日）	250 g
八幡白鳳	1.6	白鳳の枝変わり	早生（90〜95日）	210〜250 g
その他	39.1			

＊2001年，1万1500 ha．

明治時代の初めに日本や中国からアメリカに渡ったニホンスモモは，アメリカのバーバンクによりアメリカ在来のスモモやミロバランスモモなどと交雑され，'サンタローザ'，'ビューティ'，'フォーモサ'などの品種が育成された．これらのスモモは，世界各地で主要品種として栽培されている．日本では，民間育種家の大石氏が，'フォーモサ'を母本として，'サンタローザ'，'ビューティ'，'ソルダム'などと混植・自然交雑を行い，'大石早生すもも'，'大石中生'，'月光'など20ほどの優良な系統を選抜した．

現在のニホンスモモの品種別栽培面積を図11-8に示す．主要品種は，'大石早生すもも'，'ソルダム'，'太陽'，'サンタローザ'，'ガラリ'である．収穫期は6月下旬〜8月中旬と長く，'大石早生すもも'，'ビューティ'，'メスレー'が代表的な早生品種，'サンタローザ'，'ソルダム'，'大石中生'が中生品種，'太陽'などが晩生品種である．果実重は，早生品種が25〜50gほどであるのに対し，'大石中生'や'太陽'は120〜140gと大きい．果皮の色は，紫赤，赤，黄〜赤，黄，緑黄と多様であり，果肉色も，濃赤，赤，黄〜赤，黄，緑白，乳白と様々なタイプのものが存在する．

ニホンスモモのほとんどの主要品種は，自家不和合性を示す．例外的に'ビューティ'や'サンタローザ'などアメリカスモモとの雑種品種や，'メスレー'などミロバランスモモとの雑種品種では，自家和合性になっている．また，スモモは多くの花が咲くが，成熟に至る果実数が少ない果樹である．これは生育の途中で生理的落果を起こすためである．

11.3 ウ メ

ウメの日本国内の栽培面積は1万8200ha（2003年）で，核果類果樹の中で最も面積が大きい．生産量は8万8300トンであり（2003年），主要生産県は和歌山県で，国内生産量の55%を占める．ウメの収量は年次変動が大きく，経営上かなり不安定な果樹であるが，ウメ加工品が自然食品として注目され，その用途も見直されている．

ウメの原産地は中国の華中，華南一帯の地域といわれているが，四川省や湖北省の山岳地を含む中国南東部から日本の南部や台湾にも原生分布がみられるという報告がある（表11-1）．中国や日本での栽培の歴史は古いが，生食用ではなく薬用に果実が用いられたようである．また，花が美しいため観賞用樹としても，もてはやされた．

主要品種では，'南高'が最も多く栽培されており，栽培面積の26%を占める．次いで，'白加賀'，'竜峡小梅（りゅうきょうこうめ）'，'豊後（ぶんご）'，'鶯宿（おうしゅく）'である（図11-10）．'南高'は，和歌山県で選抜された結実のよい品種で，干し用品種として優れている．'白加賀'は，江戸時代から加賀白梅の名で栽培された品種とされ，現在では関東地方を中心に全国的に栽培されている．最近では，'白加賀'の血を引く'加賀地蔵'などが育成されている（図11-9）．ウメとアンズが自然交雑したものが'豊後'とされており，葉はウメとアンズの中間，果実外観はアンズに似ている．

ウメは，休眠が破れるのが早く，開花も1月下旬〜3月下旬と非常に早いのが特徴である．開花前の気温が開花期の早晩に大きく影響する．そのため低温障害を受けやすい．また，他の果樹に比べて受精能力のない不完全花が多く，このことが結実不安定要因になっている．しかし，果実の成熟期が早く，花芽分化期までに収穫が終わるので，隔年結果は起こりにくい．また，ウメのほとんどの品種が自家不和合性である．

ウメはかいよう病におかされやすく，果実に発病すると表面に紫赤色の斑点やコルク組織が形成され，商品価値が失われる．また，果皮組織に亀裂を生じて樹脂状の粘脂物を生じる樹脂障害果（やにふき果）が問題となっており，原因はホウ素欠乏による生理障害であることが明らかになっている．

11.4 アンズ

世界の栽培面積は約40万ha，生産量は260万

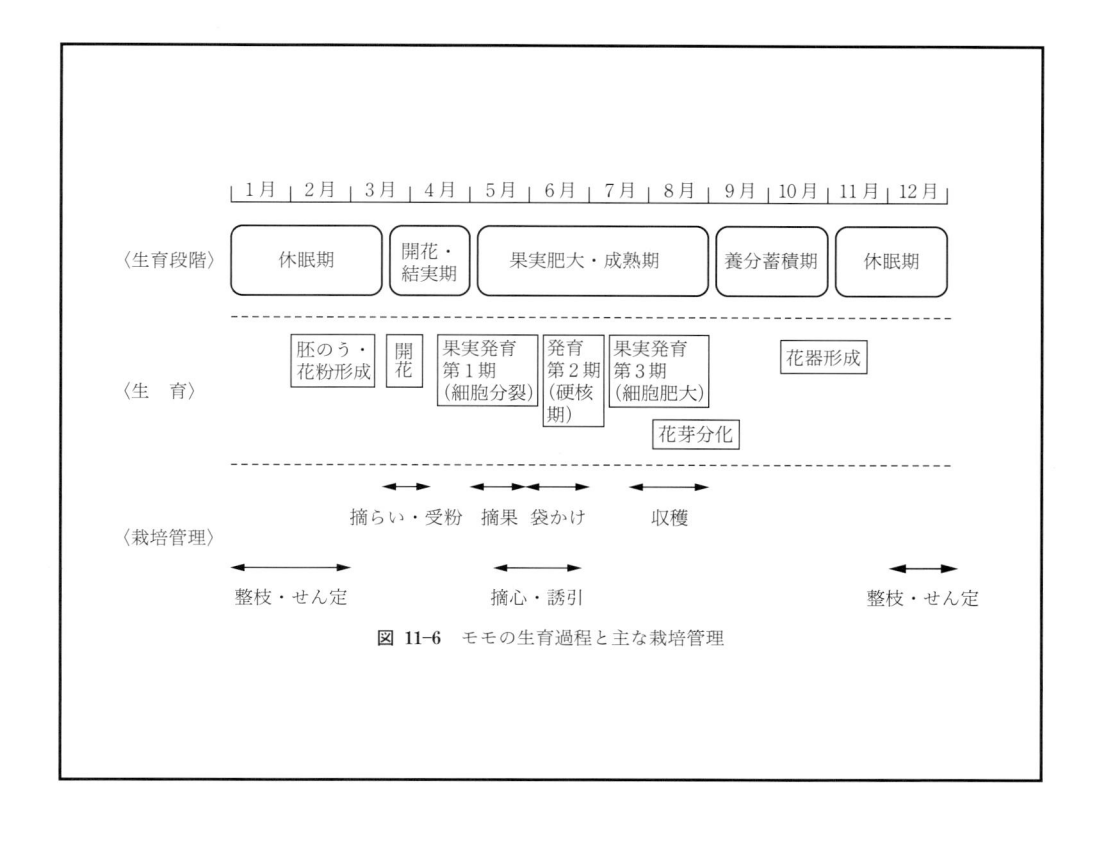

11.4 アンズ　157

図 11-4　モモ品種'あかつき'の花（上）と果実（下）（農業・生物系特定産業技術研究（以下，農研）機構果樹研究所核果類育種研究室 提供）
スケール：cm．

図 11-5　モモ果実の横径の肥大曲線

図 11-6　モモの生育過程と主な栽培管理

トンである（FAO統計，2003年）．日本国内の栽培は少なく，主に長野県において特産果樹として栽培されている．用途は，ジャム，シロップ漬けなど加工専用となっている．

アンズは，中央アジアからアジア東部を原生地とし，古墳からアンズの核が出土することから，古くから薬用および食用として重要な果樹であったと考えられる．日本には，ウメやモモと同様，古い時代に中国から渡来し，栽培されたと考えられる．主な栽培品種として，'信州大実'，'信山丸'，'信陽'，'平和'，'鏡台丸'，'秋田大実'，'甲州大実'などがある．

アンズは，もともと乾燥地に適応・分化しているため，夏季に雨の多い日本の気候条件下では，栽培は難しい．夏季の降雨が果実の裂果，灰星病や灰色カビ病の発生につながり，果実の商品性を損なうためである．アンズは単為結果性（受精なしでも子房壁や花床が肥大して果実が形成されること）がほとんどなく，結実のためには受精が必要である．また，アンズは自家不和合性であり，自家結実性は高くない．

アンズの果実は，他の核果類と同様に果皮，果肉，核で構成され，核の中に種子が含まれている．種子は仁とも呼ばれ，かつては医薬品として利用された．果実は糖分5.0％，有機酸2.1％を含んでいる．主な有機酸の種類はリンゴ酸とクエン酸であり，品種によりその比率が異なる．

11.5 オウトウ

オウトウはサクランボウとも呼ばれ，甘果オウトウ（*Prunus avium*）と酸果オウトウ（*P. cerasus*）が経済栽培されている．世界の栽培面積は約19万ha，生産量は380万トンである（FAO統計，2003年）．日本の栽培面積は3990ha，生産量は約1万9000トンである．オウトウは果樹の中で単価が最も高く，1kg当たり2000円近くの値段で取引されている．主要生産県は山形県で，国内生産量の73％を占めている（2003年，図11-11）．1992年からオウトウの輸入が完全自由化され，2001年にはアメリカから1万6800トンが輸入されている．

甘果オウトウの原産地は，イラン北部からヨーロッパ西部と考えられている．ローマ帝国時代にオウトウの栽培の記録があり，ここからヨーロッパ各地に広がったとみられている．わが国では，1874〜1875（明治7〜8）年頃にアメリカやヨーロッパから苗木が導入され，栽培環境が適していた山形県の内陸部でオウトウ栽培が定着した．

'佐藤錦'，'高砂'，'ナポレオン'，'南陽'，'紅さやか'，'紅秀峰'などが日本での主要品種であり（図11-12），'佐藤錦'75％，'高砂'5％，その他20％となっている．昭和50年代前半まで加工用として'ナポレオン'が半分以上を占めていたが，生食需要の増加に伴い'佐藤錦'が急増し割合が逆転した．'佐藤錦'は，6月20日頃収穫の中生種で，果皮は黄色地に鮮紅色に着色し，外観が美しい．果肉は黄白色で肉質は中位で多汁である．'ナポレオン'は，世界で最もポピュラーな品種であり，明治時代初期の導入以来，良好な品質，加工適性，豊産性から主要品種として栽培されてきた．最近では，'紅さやか'，'紅秀峰'，'紅てまり'（図11-12）といった新しい品種が育成されている．また，自家和合性の品種が知られており，積極的に自家和合性品種の育種も行われている．

オウトウは他の果樹と比較して，果実が形成されてから成熟に達するまでの期間が短く，早生品種で約40日，晩生品種でも約60日である．オウトウの開花期は，落葉果樹の中では最も早い部類に属する．したがって，開花直前の花らい期から開花期にかけて晩霜害にあうことが多く，被害程度が大きいとその年の収穫が皆無になることもある．花粉よりも雌ずいの低温抵抗性が弱く，−2〜4℃の低温に数時間遭遇すると，蕾や満開期の花において半分以上が被害を受ける．

11.6 その他の核果類果樹

その他の核果類果樹として，ドメスティカスモモ（*P. domestica*）がある．別名，ヨーロッパスモモやプルーンと呼ばれ，コーカサスなどのアジア西部が原生地であると考えられている．染色体

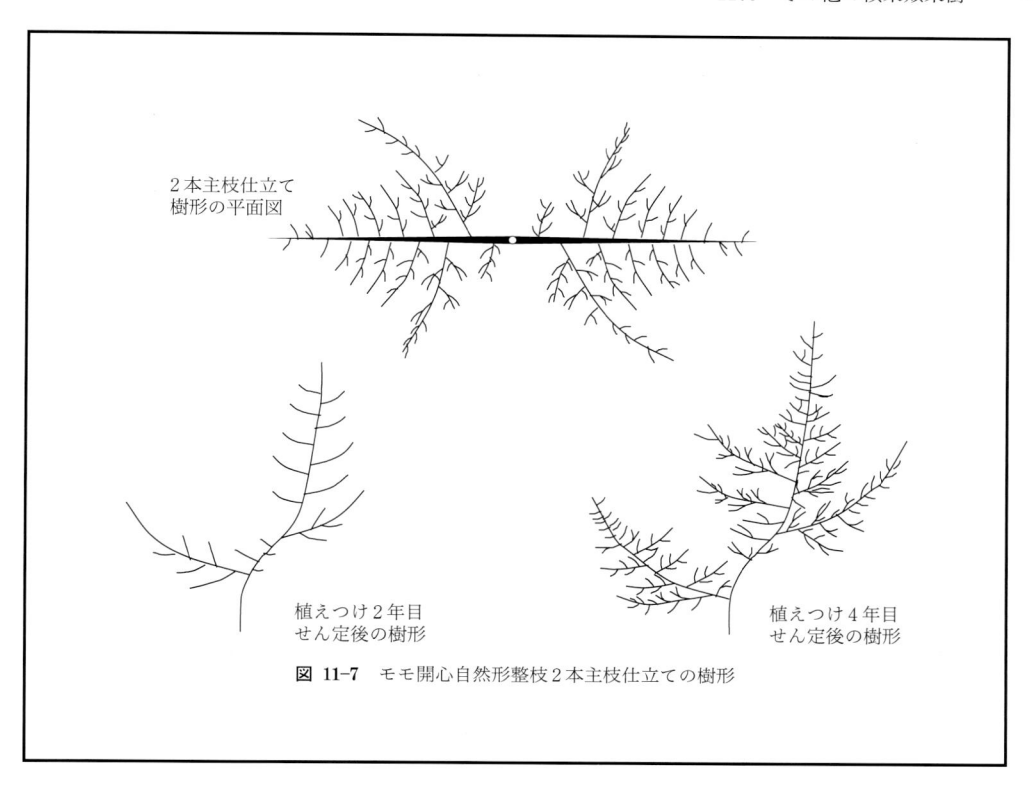

図 11-7 モモ開心自然形整枝2本主枝仕立ての樹形

表 11-3 主なスモモの種類と特性

和名（学名）	染色体数(2n)	分 布	用途・特性
ニホンスモモ (*Prunus salicina*)	16	中国，日本	果実
サイモンスモモ (*P. simonii*)	16	中国	果実
ドメスティカスモモ (*P. domestica*)	48	西アジア	果実，豊産性
インシチチアスモモ (*P. insititia*)	48	西アジア～ヨーロッパ	果実
ミロバランスモモ (*P. cerasifera*)	16	西アジア～ヨーロッパ	果実，台木
スピノーサスモモ (*P. spinosa*)	32	ヨーロッパ～シベリア	果実
アメリカナスモモ (*P. americana*)	16	北アメリカ東部	果実，耐寒性
チカソウスモモ (*P. angustifolia*)	16	北アメリカ東南部	早熟性，耐病性
ホーチュラナスモモ (*P. hortulana*)	16	北アメリカ中部	果実
ビーチスモモ (*P. maritina*)	16	北アメリカ東北部	果実，観賞用
マンソニアスモモ (*P. munsoniana*)	16	北アメリカ中部	果実，耐病性
カナダスモモ (*P. nigra*)	16	北アメリカ中部，カナダ	果実，耐寒性

図 11-8 スモモの品種別栽培面積（2001年，3490 ha）

- 大石早生すもも (22.6%)
- ソルダム (18.9%)
- 太陽 (5.9%)
- サンタローザ (4.8%)
- ガラリ (3.7%)
- 大石中生 (2.3%)
- 大山早生 (1.8%)
- 紅りょうぜん (1.1%)
- ビューティ (1.0%)
- メスレー (0.9%)
- その他 (37.0%)

数が $2n=6x=48$ の六倍体で，二倍体のミロバランスモモと四倍体のスピノーサスモモの自然交雑により誕生したとされる．ドメスティカスモモは，果実の特性によって，5つのグループに分類されている．プルーングループは楕円形か紡錘形の果実で，果皮は赤～紫色で甘味が多く乾燥果実に適する．その他，レイネクロードグループ，インペラトリスグループなどがある．日本の気候に適した品種が少ないため，日本ではほとんど栽培されていない．

11.7 堅果類

ブナ科のクリ，クルミ科のクルミなどは，果実が硬い殻に包まれ，種子の子葉部分が食用になり，堅果類に類別される．アーモンドは，バラ科サクラ属であるが，食用とする部分が種子の子葉であり，堅果類に類別されている．日本では，主にクリとクルミが栽培されるが，世界では，ヘーゼルナッツ，ピスタチオ，ココヤシ，ココナッツ，ブラジルナッツ，マカダミアナッツなどが栽培されている．

11.8 クリ

クリは，ブナ科（*Fagaceae*）クリ属に属する植物で，アジア，ヨーロッパ，北アメリカの温帯地域に原生分布する．果実を食用として利用するのは，ニホングリ（*Castanea crenata*），チュウゴクグリ（*C. mollissima*），ヨーロッパグリ（*C. sativa*），アメリカグリ（*C. dentata*）の4種である．日本では，ニホングリが主に栽培されている．ニホングリは，日本や朝鮮半島南部に自生分布しており，縄文時代の遺跡からクリの果実の遺物が発掘されることから，クリの果実の利用や栽培の歴史は非常に古いことが知られている．

2001年の栽培面積は2万7000 haであり，主要品種は，'筑波'（図11-13）24％，'丹沢'11％，'銀寄（ぎんよせ）'11％であり，その他'国見'，'石鎚'，'利平'などがある．なお，'利平'は，ニホングリとチュウゴクグリの雑種である．

栽培クリ品種の具備すべき重要形質の1つは，クリタマバチ（*Dryocosmus kuriphilus*）抵抗性である．抵抗性を示す品種は'国見'，'銀寄'などであり，クリタマバチ抵抗性の強弱と収穫時期について表11-4に示した．クリタマバチの被害は，4月の新葉展開期に緑色の虫こぶができて芽が伸びず，新梢が生じなくなり，結果枝ができないために樹勢も弱くなる．現在では，クリタマバチの天敵であるチュウゴクオナガコバチという寄生バチの導入による生物的防除や抵抗性の品種の利用によって，被害は少なくなっている．

クリの花は，雌雄異花，同株であり，5月下旬～6月上旬頃に開花する．尾状花序（穂状花序）を形成し，一般に花穂と呼ばれるが，雌花と雄花を着生する帯雌花穂と雄花だけをつける雄花穂がある（図11-14，11-15）．雌花は新梢上部の雄花穂の基部に1～4個着生し，総包に包まれた3つの子房を含む（いがの中に果実が3個形成される）．総包は発達して，きゅう果（いが）となる．果実は子房が発達した真果であり，肥厚した子葉部分が食用に供される．

クリは自家不和合性で，受粉は風媒もしくは虫媒によって起こり，経済栽培では10 m以内に受粉樹が必要である．また，クリには受粉・受精してできた種子に対して花粉品種の性質が現れ，メタキセニアと呼ばれている．たとえば，チュウゴクグリ（剝皮性がよい）にニホングリ（剝皮性が悪い）の花粉が交雑すると，チュウゴクグリの剝皮性が著しく悪くなる．

11.9 クルミ

日本の自生種にはオニグルミ（*Juglans seiboldiana*）とヒメグルミ（*J. subcordiformis*）があり，古くから食料として利用されてきた．しかし，核が硬く果肉も少ないため，経済栽培はされていない．栽培クルミは，シナノグルミと呼ばれており，テウチグルミ（*J. regia* var. *orientis*）と明治時代以降に欧米から導入されたペルシアグルミ（*J. regia*）の自然交雑由来であると考えられている．果樹としての栽培面積は800 haほど

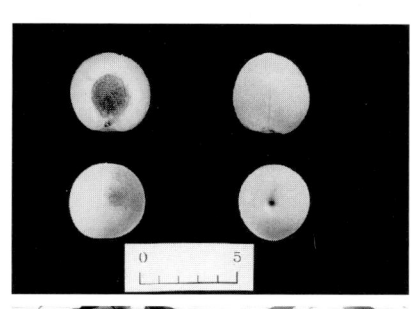

図 11-9 ウメ品種'加賀地蔵'の果実（上）と結実状況（下）（農研機構果樹研究所核果類育種研究室 提供）
上段のスケール：cm.

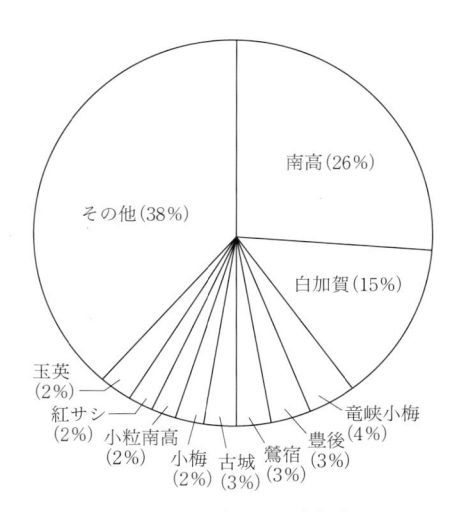

図 11-10 ウメの品種別栽培面積（2001年，1万8900 ha）

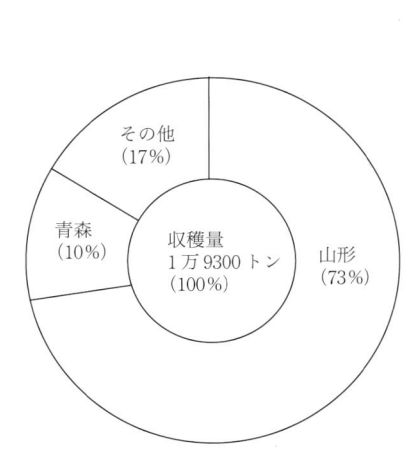

図 11-11 オウトウの収穫量の県別割合（2003年）

図 11-12 オウトウ品種'佐藤錦'（上）と'紅てまり'（下）（山形県立園芸試験場 提供）

であり，主産地は長野県である．クルミは雌雄異花，同株であり，風媒により受粉が行われ，自家不結実性は認められない．雄花と雌花の開花時期が異なる雌雄異熟現象がある．　　　［山本俊哉］

キーワード

核果類 (stone fruits), 堅果類 (nuts), バラ科 (Rosaceae), 果皮 (skin, pericarp), 果肉 (flesh), 核 (stone)

11.1
粘核 (clingstone), ネクタリン (nectarine), 自家和合性 (self compatibility), 人工受粉 (artificial pollination, hand pollination), 硬核期 (stone hardening stage), 摘らい (disbudding), 摘花 (flower thinning), 摘果 (fruit thinning), 生理的落果 (physiological fruit drop), ジューンドロップ (June drop), 袋かけ (bagging), 近赤外線 (near infrared rays), 選果 (fruit grading, fruit sorting), 休眠 (dormancy)

11.2
六倍体 (hexaploid), 四倍体 (tetraploid), 自家不和合性 (self-incompatibility)

11.3
低温障害 (chilling injury, low temperature injury), 隔年結果 (biennial bearing)

11.4
有機酸 (organic acid), リンゴ酸 (malic acid), クエン酸 (citric acid)

11.7
ブナ科 (Fagaceae), クルミ科 (Juglandaceae)

11.8
天敵 (natural enemy), 生物的防除 (biological control), 雌雄異花 (diclinism, unsexual flower), 風媒 (anemophily), 虫媒 (entomophily), メタキセニア (metaxenia), 剝皮性 (peeling)

11.9
雌雄異熟現象 (dichogamy)

■ **演習問題**

問1　モモの果実の肥大のパターンについて説明しなさい．
問2　果樹でのメタキセニアの例について説明しなさい．
問3　核果類果樹の原生地について述べなさい．
問4　生理的落果について説明しなさい．
問5　堅果類について説明しなさい．

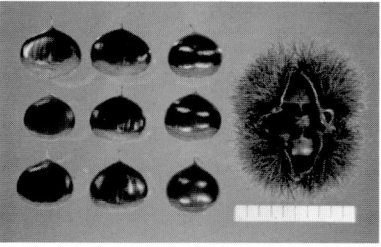

図 11-13 クリ品種'筑波'の果実(農研機構果樹研究所ナシ・クリ育種研究室 提供)
下段のスケール：1目盛りが1cm．

表 11-4 主要クリ品種のクリタマバチ抵抗性と熟期

熟期	クリタマバチ抵抗性		
	強	中	弱
早生	豊多摩早生 森早生 国見	丹沢 伊吹	大正早生 笠原早生
中生	銀寄 有磨 利平	筑波	芳養玉
晩生	石鎚 岸根 長光寺		片山

図 11-14 クリの雄花着生状況(上)と結実幼果(下)(農研機構果樹研究所ナシ・クリ育種研究室 提供)

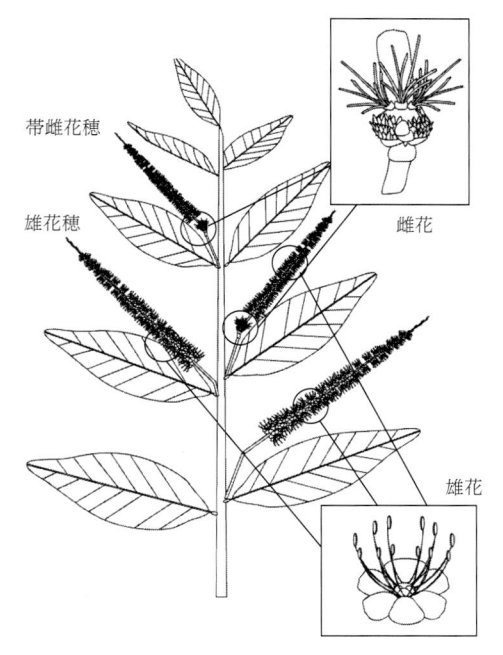

図 11-15 クリの花着生状況

コラム 11

植物新品種保護制度（品種登録制度）

　八百屋やスーパーマーケットをのぞいてみると，様々な野菜や果物が並んでいる．イチゴであれば，少し前までは'女峰'や'とよのか'が主流であったが，最近では'とちおとめ'，'あまおう'などに置き替わりつつある．私たちの食卓には，種苗会社や国公立試験研究機関，さらには農家の努力により，消費者や生産者のニーズに対応した新品種が次々と登場し，食生活を豊かなものにしている．実は店頭に並ぶ野菜や果物の多くは，「種苗法」という法律に基づいて保護されている品種である．

　工業製品の発明に「特許権」があり，音楽や小説に「著作権」があることは聞いたことがあると思う．「知的財産権」と呼ばれるこれらの権利は，技術開発や創造の成果であり，わが国の経済発展のかぎとなる．一方，企業における発明者の貢献度について訴訟が起こったり，海外からの海賊版の輸入が問題となるなど，注目度の高い分野でもある．知的財産については，2002年に「知的財産基本法」が制定され，「知的財産立国」の実現に向けた知的財産の創造，保護，活用などの取組みが，大学，企業，政府などのあらゆる部門で進められているところである．

　農林水産分野における知的財産権としては，「種苗法」に基づく植物新品種保護制度（品種登録制度）がある．農林水産業の発展のためには，高品質，多収，病害抵抗性など優れた性質をもつ新品種が育成され，生産者に利用されることが不可欠である．新品種の育成には長い年月や多大な労力・資金が必要な一方で，第三者が新品種を増殖したりすることはきわめて簡単である．したがって，新品種を育成した者（育成者）がその種苗を販売し他の人に種苗の生産などを許諾することで新品種の育成に要した費用を回収し，さらに新たな品種育成を進めていくためには，育成者の権利を法律で保護する必要がある．このため，種苗法は品種登録制度を設けて，農林水産植物の育成者に対し，その品種に関する独占的な権利を与えることにより，品種の育成の振興をはかっている．育成者が農林水産省に品種登録出願を行い，審査を経て品種登録の要件を備えていることが確認されれば品種登録が行われ，「育成者権」という権利が発生して，登録品種を利用する権利を育成者が専有することができるようになる．

　もう少し詳しくみてみると，まず，主要な品種登録の要件は3つあり，「区別性」「均一性」「安定性」と呼ばれている．「区別性」とは，すでにある品種（既存品種）と形状，品質，耐病性といった形質で明確に区別できることで，既存品種と同じものであれば新品種として登録することができない．「均一性」とは同一世代でその形質が十分類似していること，つまり，播種した種子からすべて同じものができることである．「安定性」とは，増殖後も形質が安定していること，つまり，何世代増殖を繰り返しても同じものができることである．

　出願品種については，農林水産大臣による審査の結果，これらの3要件のほか，未譲渡性（出願日より1年以上前に出願品種を譲渡していないこと），名称の適切性（品種の名称が既存品種や登録商標とまぎらわしいものでないこと）についても満たしていることが確認されると，品種登録されて登録品種として公表され，「育成者権」が発生する．育成者権をもつ者（育成者権者）は，登録品種や登録品種と明確に区別されない品種などを利用する権利を専有することとなり，育成者権者以外の人は，育成者権者の許諾を得なければ登録品種などを業として利用することはできない．具体的には，登録品種の種苗の生産，譲渡，輸入などのほか，収穫物や加工品などについても，同様に育成者権の効力が及ぶこととなる．ただし，育成者権には例外があって，試験研究のために登録品種を利用することなどには育成者権は及ばないこととされている．なお，育成者権には存続期間があり，果樹などの永年性植物については30年，その他の植物については25年となっている．

ところで，品種登録に関する現状をみると，品種登録出願の件数は1996年度に初めて年間1000件を超え，以後も増加傾向にあり，この数字はEU，アメリカに次ぐものとなっている．植物の分野別にみると，草花類（62%），観賞樹（16%）などが多く出願されており，次いで野菜（7%），果樹（6%），食用作物（5%）の順となっている．また，出願者の内訳は，種苗会社（52%）が最も多く，次いで個人（27%），都道府県（9%），食品会社（6%），国（4%），農協（2%）となっている．登録品種には'ひとめぼれ'（水稲），'とちおとめ'（イチゴ）など，農業生産上重要な品種も多く，農林水産業の発展に大きく寄与していることがわかる．

種苗法に関連して最近問題となっている事柄として，無断で海外に持ち出された登録品種が収穫物や加工品として輸入されている問題がある．すなわち，わが国で登録された優良品種が海外で育成者に無断で利用され，生産された収穫物や加工品がわが国に輸入される事態が生じているのである．

このため，2003年に種苗法を改正し，罰則の対象範囲を収穫物段階にまで拡大するとともに，法人による侵害に対する罰金額を引き上げ，さらに2005年にも種苗法改正を行い，育成者権の効力が及ぶ範囲を加工品にまで拡大するなど，育成者権の保護の強化をはかっている．また，水際措置として，海外からの輸入品を検査する税関において，育成者権の侵害物品の輸入の取締りを行っており，これらを通じて，海外からの侵害物品の輸入の防止に取り組んでいるところである．

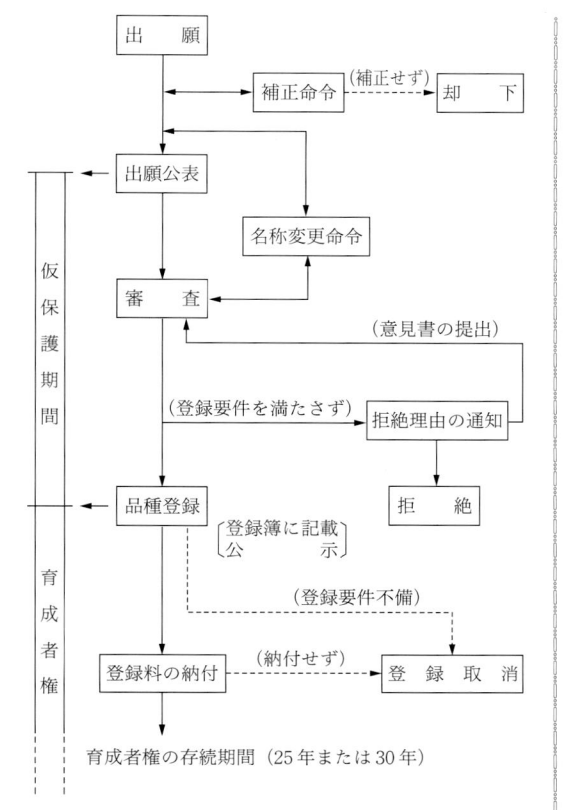

図1 品種登録手続のあらまし

［宮本　亮］

12

果樹/常緑果樹類の特性

わが国で栽培されている常緑果樹をみると，温帯気候の日本列島南岸沿いではカンキツ類，ビワなどが，亜熱帯気候の列島南岸沿いの一部と沖縄県でオリーブ，パイナップル，マンゴーなどが作られている．

12.1 カンキツ類

ミカン亜科に属する植物群の総称をカンキツ類と呼んでいる（図 12-1）．園芸的に重要なものは，ミカン属（*Citrus*），キンカン属（*Fortunella*）およびカラタチ属（*Poncirus*）であり，それぞれの原生地はインドのアッサム地方，中国中南部および長江流域と考えられている（表 12-1）．ミカン属とキンカン属は常緑性で，カラタチ属は落葉性である．ミカン亜科は 8 属で構成され，さらにミカン属は 2 つの亜属からなり，それぞれの亜属には多くの種が存在して複雑なため，便宜的に亜属に含まれる種をいくつかの区にまとめている．すなわち，ミカン区のウンシュウミカン（*C. unshiu*），ポンカン（*C. reticulata*），キシュウミカン（*C. kinokuni*）などは，同じミカン属に属するそれぞれ異なった種である．一方，カンキツ類をミカン類，オレンジ類，雑カン類などと分類する人為分類法もよく使われる．

タチバナはわが国に自生していたものであるが，他のカンキツ類は中国や東南アジアから渡来したものであり，渡来後，自然交雑や突然変異などによって新しい種や品種が分化した．なかでも，鹿児島県の長島で発見されたウンシュウミカンはソウキツまたはマンキツから生まれた偶発実生とされており，現在わが国のカンキツ産業の中心となっている．ウンシュウミカンはその後，極早生，早生および普通系と呼ばれる多くの品種に分化した．その他に，雑カン類と呼ばれる'川野ナツダイダイ'，ハッサク，イヨカンなどがわが国で発生した主要カンキツ類である．日本での生産は愛媛，和歌山，静岡が主産県であり，生産量はウンシュウミカンが 130 万トン，次いでイヨカンが 18 万トン，川野ナツダイダイが 9 万トン，ハッサクが 7 万トン（2000 年）となっている．表 12-2（1），(2) および図 12-2 に主要なカンキツ品種とその特性を示す．

わが国のような比較的寒い地域でもカンキツ栽培ができるのは，耐寒性に富む落葉性カラタチを台木としているためである．このほかにカラタチ台木を用いる利点として，トリステザウイルスに抵抗性を示すことがあげられる．すなわち，わが国のミカンはすべてこのウイルスに感染していると考えられるが，カラタチ台に接木すると葉脈の突起や枝のくぼみといった病徴が現れない．なお，ユズやサワーオレンジなどの罹病性台木にミカンを接ぐと，このウイルスによる接木不親和現象を示すことが知られている．一方，わい化栽培を目的としたヒリュウ台木も一部で利用されている．

わが国におけるカンキツ栽培の特色の 1 つに，傾斜地での栽培が多いことがあげられる．70％以上の面積を傾斜地で占めており，15°以上の急傾斜の園も多い．このため，土壌，肥料，水分の流出が起こりやすく，根群の分布が浅くなる結果，樹が干ばつや寒害を受けやすくなり，また，肥料の過不足の影響が敏感に現れる．一方，傾斜地には冷気が停滞しにくく，南東向きの園では冬の北風や西風が遮られるという利点もある．

愛媛県における一般的な早生ウンシュウミカン園の 10 a 当たりの施肥量は，窒素，リン酸およびカリがそれぞれ 20，14 および 14 kg である．

12.1 カンキツ類

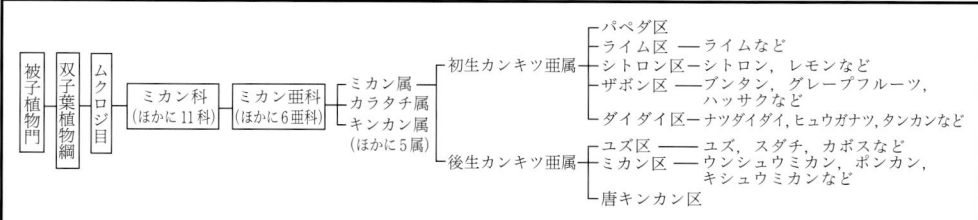

```
被子植物門 — 双子葉植物綱 — ムクロジ目 — ミカン科 — ミカン亜科 — ミカン属
                              (ほかに11科)  (ほかに6亜科)  カラタチ属
                                                       キンカン属
                                                       (ほかに5属)

初生カンキツ亜属 ┬ パペダ区
                ├ ライム区 ── ライムなど
                ├ シトロン区 ─ シトロン、レモンなど
                ├ ザボン区 ── ブンタン、グレープフルーツ、ハッサクなど
                └ ダイダイ区 ─ ナツダイダイ、ヒュウガナツ、タンカンなど

後生カンキツ亜属 ┬ ユズ区 ──── ユズ、スダチ、カボスなど
                ├ ミカン区 ── ウンシュウミカン、ポンカン、キシュウミカンなど
                └ 唐キンカン区
```

図 12-1 カンキツ類の分類の概要

表 12-1 主要常緑果樹の学名，英名，染色体数と原産地

種　類	学　名	英　名	染色体数	原産地（育成地）
ウンシュウミカン	*Citrus unshiu* Marc.	satsuma mandarin	$2n=18$	鹿児島県・長島
ポンカン	*C. reticulata* Blanco	ponkan mandarin	$2n=18$	インド・スンタラ地方
オレンジ類	*C. sinensis* Osbeck		$2n=18$	ブラジル
ワシントン・ネーブル		Washington navel		ブラジル
トロビタ・オレンジ		Trovita orange		アメリカ・カリフォルニア州
福原オレンジ		Fukuhara orange		千葉県・安房郡
ナツダイダイ	*C. natsudaidai* Hayata	natsudaidai	$2n=18$	山口県
ハッサク	*C. hassaku* Hort. ex. Tanaka	hassaku	$2n=18$	広島県
イヨカン	*C. iyo* Hort. ex. Tanaka	Iyo	$2n=18$	山口県
ヒュウガナツ	*C. tamurana* Hort. ex. Tanaka	Hyuga-natsu	$2n=18$	宮崎県
ブンタン	*C. grandis* Osbeck	pummelo	$2n=18$	ポリネシア、マレーシア
レモン	*C. limon* Burmann	lemon	$2n=18$	インド・ヒマラヤ東部
シトロン	*C. medica* Linn.	citoron	$2n=18$	インド・北東部
ユズ	*C. junos* Sieb. ex. Tanaka	yuzu	$2n=18$	中国・揚子江上流
キンカン	*Fortunella* spp.	kumquat	$2n=18$	中国
カラタチ	*Poncirus trifoliata* Rafinesque	trifoliate orange	$2n=18$	中国・揚子江上流
ビワ	*Eriobotrya japonica* Lindley	loquat	$2n=34$	中国、日本

表 12-2(1)　カンキツ類の主要品種とその特性

分　類		特　　性
ミカン類	ウンシュウミカン	わが国で最も生産量の多い果樹であり、鹿児島県の長島が原産地とされる。ソウキツまたはマンキツから生まれた偶発実生といわれており、花粉はほとんど退化して単為結実する。在来系、池田系、伊木力系、尾張系、平系、早生系からなり、これら各系統から多くの品種が育成されている
	極早生	収穫期が9月上～下旬の橋本早生，脇山早生，9月下旬～10月上旬の力武早生，宮本早生，堂脇早生，井上早生，10月下旬以降の徳森早生，楠本早生，大浦早生などの品種がある
	早生	全生産量の6割が早生品種で占められる。また、一部の品種はハウス栽培されている。主な品種に宮川早生，松山早生，興津早生，三保早生などがある
	中生	主な品種は大津4号，南柑20号，繁田温州，久能温州，瀬戸温州である
	晩生	12月上～下旬に熟し、貯蔵力が大きい。主な品種に青島温州，十万温州，杉山温州，尾張温州などがある
	その他，ポンカン，クネンボ，地中海マンダリン，クレメンティンマンダリン，ダンシータンゼリンなどがある	
オレンジ類	ワシントンネーブル	ブラジル原産で、品質のきわめて優れた早生オレンジ品種。花粉はなく単為結果するが、日照不足などにより生理落果が頻発する。12月中・下旬に収穫して貯蔵後、2～4月に出荷する。わが国ではこの品種の枝変わりが相次いで発見され、主要な栽培品種群を形成している。ネーブルの仲間は、果頂部に重のう（ヘソ＝ネーブル）を生じるのが特徴である
	福原オレンジ	ジョッパ（アメリカで育成された品種）の枝変わりとして、千葉県の福原氏が発見。3～5月収穫の晩熟オレンジ品種で、果実の耐寒性が強い。風味優良であるが、果形、大きさ、ヘソの有無などに変異がみられる
	清家ネーブル	愛媛県の清家氏がワシントンネーブルの枝変わりとして発見。酸含量が低いために甘味比は高く、12月上旬には収穫できる早生品種である。結果年齢に達するのが早く、豊産性である

これを総量とし，春肥（40%），夏肥（15%）および秋肥（45%）に分けて施肥する．

カンキツ類の新梢成長は年3回行われ，それぞれ春枝（4月上旬〜5月下旬に成長），夏枝（7月上旬〜8月中旬）および秋枝（8月中旬〜10月上旬）と呼ばれるが，秋枝が多発する樹は樹勢が強すぎる．春・夏枝は翌年着果させるための結果母枝となる．根の成長は新梢と同様に年3回行われ，各時期の新梢成長が終了する頃に開始するという点が落葉果樹とは基本的に異なっている．葉は新葉（一年生），および旧葉（二・三年生）が混在し，個々の葉の平均寿命は約2年半である．光合成速度は新葉が最も高く，長い年月着生した葉ほど低くなる．しかし，2年および3年間着生した葉（旧葉）が冬季に寒波などで落葉すると，翌春に新梢が発生しても成長は悪く，果実の発育もきわめて不良となる．このように，旧葉はカンキツ類の正常な生育のために重要な養分の貯蔵器官である．カンキツ類の落葉は，主として寒風にさらされることによって生じる．これは，低温と強風によって気孔が開き，樹が水分不足になるためと考えられている．したがって，冬季に北西の風があたる園では，防風林を植えたり防風ネットを設置する必要がある．簡単な落葉防止法として，樹冠にワラをかけたり枝を集めて結束するなどの方法もある．

ウンシュウミカンには雄性不稔性があるが単為結果するため，開花すれば結実に関する問題点は比較的少ない．ただし，幼果期に二度の激しい生理落果を示す．第1期は開花後3週間目頃で，果柄基部の離層が発達して落果する（図12-3）．第2期は開花後5〜6週間目頃で，このときはがくと果実の間にある離層が発達して落果する．どちらも樹勢が弱かったり冬季に落葉した場合に激しくなる傾向がある．なお，花数が多い場合は，蕾の時期に摘らいすると隔年結果の防止や小果の着生・浮皮果発生防止に効果がある．

着果した果実はS字型成長曲線を示して発育するが，初期発育はほとんどが果皮の肥厚によるものであり，開花後5週間目頃から子室であるじょうのう内部が砂じょうで満たされるようにな

る．なお，砂じょうはじょうのう膜から発達したものであり，開花期にはすでに砂じょうの原基であるじょうのう膜の突出が認められる（図12-4）．その後砂じょうは急激に肥大し，砂じょうの中央部にある大きな細胞群に液胞を発達させて水分とクエン酸を蓄積する．種類や品種によっても異なるが，8月中・下旬にクエン酸濃度が5〜6%のピークを迎えた後，減少し始める．クエン酸の蓄積と減少が何によって支配されているのかは明らかでない．酸の減少に伴って，9月上旬頃からほぼS字型曲線を示しながら糖が蓄積する．増加する糖はほとんどがスクロースであり，この増加には砂じょう内のスクロース合成酵素とインベルターゼ（スクロース分解酵素）が関与すると考えられている．すなわち，ソースである葉で合成されたヘキソースが転流糖のスクロースに変換され，師管を通ってシンクの果実内へ運ばれる．スクロースは，果実内で再びインベルターゼの作用によってグルコースとフルクトースに分解され，一部は果実成長に使われ，残りはスクロースを再合成して液胞内に蓄積するという機構である．なお，ミカンの糖組成はスクロース：グルコース：フルクトース＝3：1：1であるが，ハウス栽培するとほぼ1：1：1になるとする報告がある．すなわち，基本的な糖組成は遺伝的に決まっているが，これは栽培条件の違いで大きく変動することを示している．

カンキツ類の収穫期は，①年内に収穫して出荷する早生および普通系ウンシュウミカン類，②12月に収穫して貯蔵後，2〜3月に出荷するネーブルオレンジ，イヨカン，ハッサク，ブンタン類，③3月以降まで樹上においてから収穫・出荷するナツダイダイ，ヒュウガナツ，バレンシアオレンジなど，の3つに大別できる．

カンキツ果実は子房上位の真果であり，外果皮が果皮のフラベド，中果皮がアルベド，内果皮が果肉というように，きわめて変化に富んだ器官に分化した果実である（図12-5）．また，果肉は十数個のじょうのうからなり，その中には果汁を蓄積する細胞群からなる多数の砂じょうが詰まっている．それぞれの砂じょうは，糸状の維管束によ

表 12-2(2) カンキツ類の主要品種とその特性

分　類		特　　　性
雑カン類		ブンタン，ミカン類，スイートオレンジ，ダイダイ，ユズなどの自然交雑により，わが国で発生した中晩生カンを総称して雑カン類と呼ぶ
	ハッサク	12月末～1月に収穫し，2～4月に出荷する広島県原産のカンキツ．ブンタンの血を受けた雑種とみなされている．厳寒期前に収穫するので，ナツダイダイより低温地でも栽培できる．単為結果性が多少あるが，種子がないと生理落果したり小果となり，また，自家不和合性もあるため受粉樹の混植が必要である
	イヨカン	山口県の中村氏により発見された晩生種で，発生の起原は不明であるが，タンゴールに類するものと推察されている．1997年の実績では，ウンシュウミカンに次いで第2位の生産量を誇る．耐寒性は強いが環境適応性が低いため，ほとんど愛媛県の特産物となっている．愛媛県の宮内氏が発見した枝変わりの宮内イヨカンは，イヨカンより豊産性で早熟化したものであり，現在の主力品種となっている
タンゴール類		ミカン類とオレンジとの雑種の総称．清見（宮川早生×トロビタオレンジ），マーコット（親は不明であるが，タンゴールの一種と考えられている），不知火（清見×ポンカン）などがある
タンゼロ類		ミカン類とグレープフルーツまたはブンタンとの雑種の総称．セミノール（ボエングレープフルーツ×ダンシータンゼリン），スイートスプリング（上田温州×ハッサク），サマーフレッシュ（ハッサク×ナツダイダイ）などがある
ブンタン類	晩白柚	池田氏によって台湾から導入された品種で，2kgもの淡黄色の巨大果実をつける．肉色は淡黄緑色で，肉質は柔軟多汁，色味は濃厚でわずかに苦味がある．熟期は2月上旬頃で，2～3カ月の貯蔵ができる．1～2月の平均気温が10℃以下の地帯では，果皮が厚くなって食味も劣る
	平戸ブンタン	ジャカルタから長崎に渡来したブンタンの実生が起原となっている．1.4kg前後の黄色の果実となり，果肉は淡黄色で肉質は柔軟多汁，食味は良好で若干の苦味がある．収穫期は11～12月と早い
その他，レモン，シトロン，ユズ類，キンカン類がある		

図 12-2　代表的なカンキツ類の果実形態

図 12-3　勾配の異なった主枝・亜主枝に着生した果実の落果率の推移と離層の発達部位（農業技術大系 果樹編，1982）

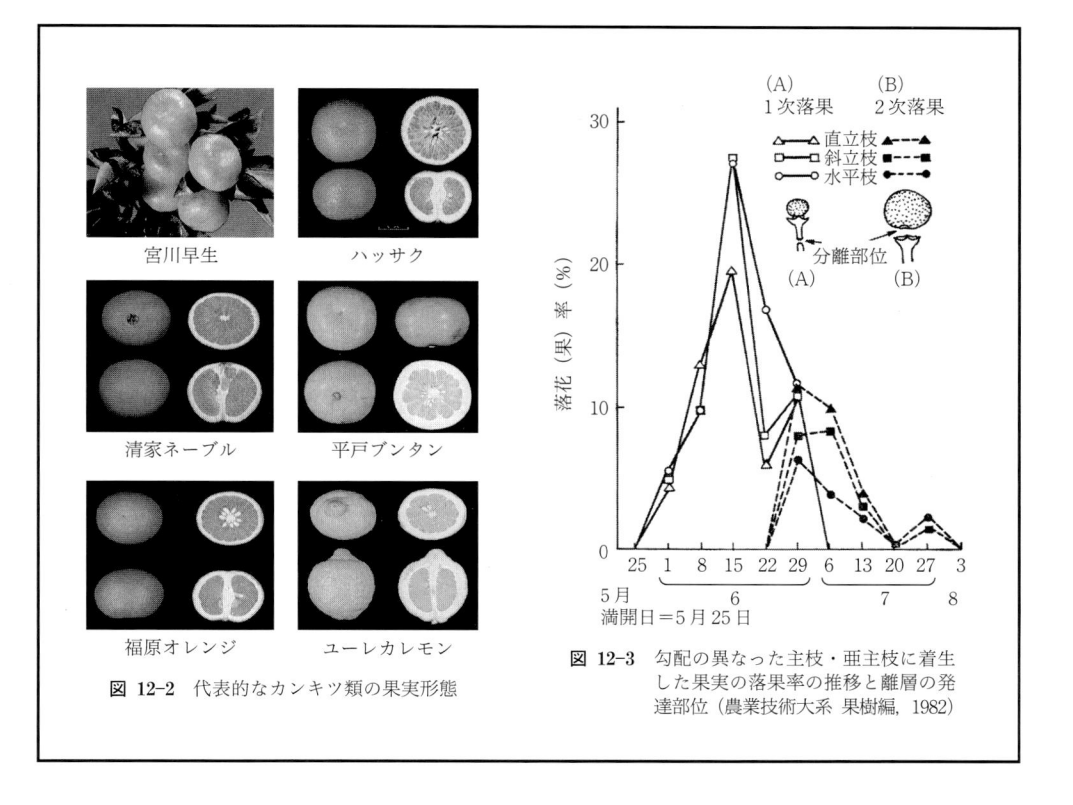

ってじょうのう膜の外側にある背面維管束とつながっている．このように分化した構造をしているため，海外では糖の転流や分解・再合成などの詳しい研究がカンキツ果実を用いて行われている．フラベド組織の下方部には油胞が配置されており，その中にはモノテルペン炭化水素のリモネン，含酸素化合物のアルコール，アルデヒド，ケトンエステルなどが含まれている．近年注目されている機能性成分としての各種フラボノイド類（アピゲニン，ヘスペリジンなど），カロテノイド類（β-カロテン，クリプトキサンチン，リコピンなど）を多く含むのも，カンキツ果実の特徴である．また，果実を食べたとき感じる苦味成分は，フラボノイド系のナリンギンやプルニン，およびリモノイド系のリモニン，ノミリンなどによるものである．

カンキツ類は，1種子中に複数の胚を形成するという多胚現象を示すものが多い（表12-3）．これらの胚のうちの1つは受精胚であるが，残りは珠心胚と呼ばれる種子親品種由来の細胞が分化した無性胚で，種子親品種と同形質である．すなわち，交雑種子を播種すると1個の種子から数本の実生が生じ，一般に交雑胚は生育が悪いため，多胚現象は育種上の大きな障害となる．ただし，珠心胚の分化は受精前に行われるため，受精前の雌ずいに放射線や高温処理をすることにより，珠心胚の発達を抑制して受精胚を得ることができる．また，ウンシュウミカンの'興津早生'や'三保早生'は，'宮川早生'にカラタチの花粉を交配して得た珠心胚実生を品種としたものである．このように，理論的には珠心胚は種子親と同形質であるが，実際には異なった形質をもつ個体が得られることがある．

カンキツのせん定は，落葉果樹のように多量の切除は行わないが，枝を切り縮めたり間引いて結果層を厚くする目的で行われる．一般に，暖地では2月中旬〜3月下旬，山間部では3月上旬〜4月上旬に行われる．樹勢が強くて結果不良の樹では間引きせん定を主体に，また，結果量が多くて樹勢不良の樹では切返しせん定を心がける．切返しは残った枝の成長を促し，間引きは樹を結果させる傾向に導く．樹形は，樹の各部分に十分光線があたるようにするのが基本である．

消費の多様化に対応して，また，周年生産と高品質化を目的に，昭和40年代からハウス栽培が行われるようになり，1999年には全国で1300 haを超える栽培面積となった．ハウス栽培は，早生ウンシュウミカンを中心にネーブルオレンジ，タンゴール類，マーコット，アンコールなどで行われている．ウンシュウミカンのハウス栽培は，加温時期，温度管理，灌水技術などの基礎的・応用的研究により，安定して高品質果実を生産できるようになった．

一方，化石燃料を使わない果実の高品質化栽培法としてマルチ栽培がある．これは，樹の下の土壌表面にプラスチックフィルムをマルチし，雨水の浸透を防いで果実の糖度を上昇させる技術である（図12-6）．成熟期に水ストレスを与えると，果実の糖度が上昇するという性質を利用したものである．このフィルムは，雨水は通さないが土壌からの蒸散水は通すという特殊なものが用いられる．ただし，数年間フィルムの撤去を行わない場合は，灌水設備が必須となる．この栽培法の欠点として，酸が減少しにくいことがあげられる．

ウンシュウミカン栽培では，全国的にほぼ一致して隔年結果が生じる．この結果，果実のなる表年は生産過剰で値くずれを起こし，ならない裏年は品不足で高値となる．また，ウンシュウミカンはある程度の着果負担をかけないと，糖度・食味ともに上がらない．これらの問題を解決するとともに，栽培の省力化を目的として，隔年交互結実法が開発された．これは，1本の樹を主枝・亜主枝単位で1年おきに結実させる方法，樹単位で行う樹別交互結実法，園単位で行う園地別交互結実法に分けられる（9.5節参照）．この栽培法では，枝・樹の全摘果を行うため，エスレルやエチクロゼートなどの薬剤摘果が利用できるので大きな省力化となる．

表12-4に，カンキツにおける主要な生理障害と病虫害を示す．

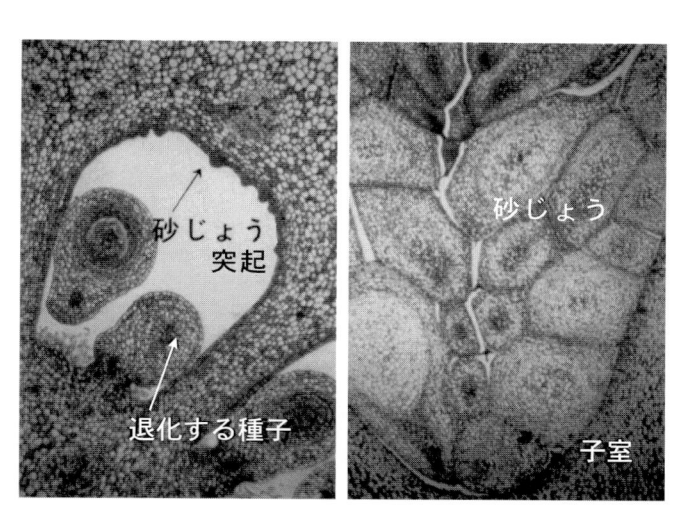

図 12-4 ミカン果実内における砂じょうの発生と発達（農業技術大系 果樹編，1982）
内果皮から分化したじょうのう膜の内側に砂じょうの原基がみられ（左），果実の発育とともに発達してじょうのう内を満たす（右）．
左：開花日，右：開花 35 日後．

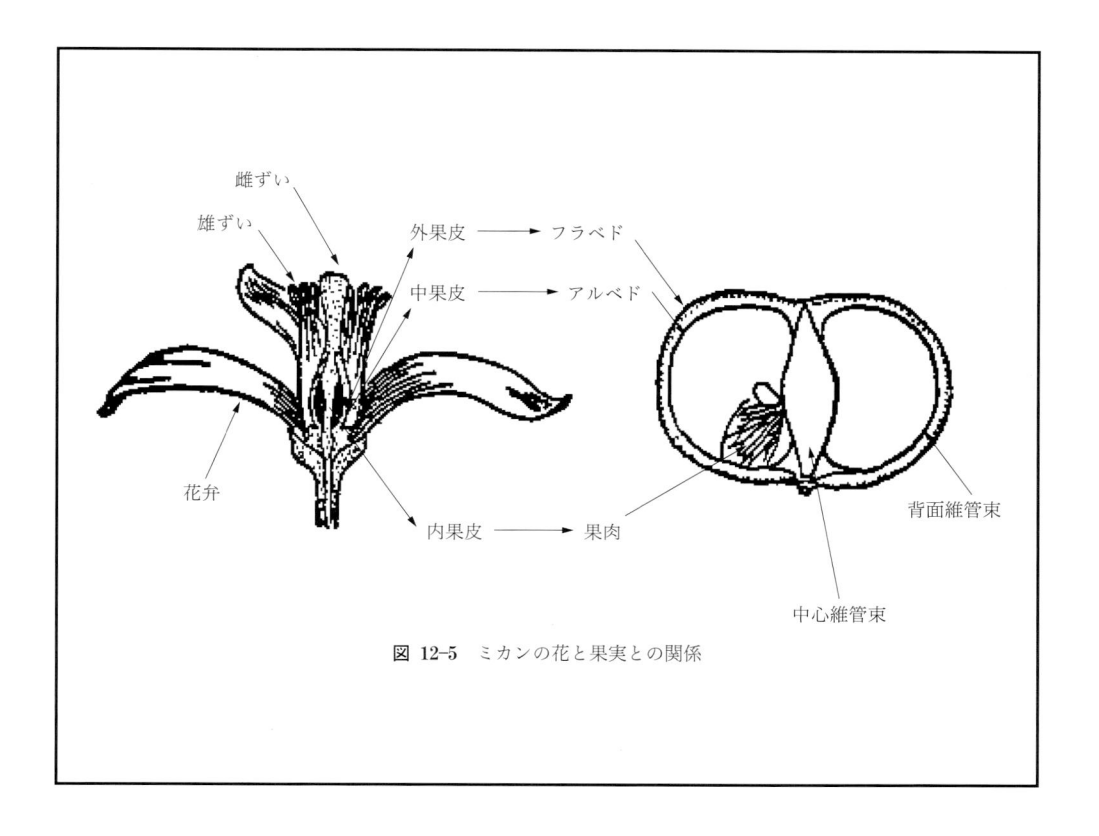

図 12-5 ミカンの花と果実との関係

12.2 ビ ワ

ビワの原産地は中国長江沿岸から日本南部とされ，わが国では古くから一部の地域で自生の小型ビワを栽培していた．しかし，江戸時代末期に中国から唐ビワが伝えられ，その実生から'茂木'が発見されて栽培が盛んとなった．主要な産地は長崎，千葉，愛媛県であるが，生産量は全国で8200トン（2000年）程度である．生産量の30％以上が長崎県で，'茂木'を中心に栽培され，千葉県では'田中'を主に生産している．

新梢成長は年3回行われ，2月下旬～5月下旬（春枝），5月下旬～7月下旬（夏枝）および9～10月に伸長する．春枝と早く伸長停止した夏枝の頂芽に，7月下旬頃花芽分化する．開花は11月上旬～2月中・下旬の約4カ月間にわたるが，これは1花房の花数が多く，すべてが咲き終わるのに約2カ月間要することに起因する．図12-7にビワ花房の開花順序を示す．一般に，早咲きの果実は遅咲きのものより寒害を受けやすいが，果実は大きくて熟期も早く，果形・品質ともによい傾向がある．

10月頃に摘花を，また3月上旬に摘果を行い，1果房に3～5果残すようにする．摘果後には害虫防止や果面保護のため，果房に袋かけする．なお，果実は花托部が肥大した偽果である．

［平塚　伸］

キーワード

12.1
ミカン亜科 (Aurantioideae)，カンキツ類 (citrus)，雑カン類 (minor citrus)，トリステザウイルス (tristeza virus)，春枝 (spring shoot)，夏枝 (summer shoot)，秋枝 (fall shoot)，新葉 (new leaf)，旧葉 (old leaf)，防風林 (windbreak forest)，防風ネット (windbreak net)，雄性不稔性 (male sterility)，単為結果 (parthenocarpy)，生理落果 (physiological fruit drop)，離層 (abscission layer)，浮皮 (peel puffing)，S字型成長曲線 (sigmoid growth curve)，じょうのう (segment)，砂じょう (juice sac)，液胞 (vacuole)，スクロース合成酵素 (sucrose synthase)，インベルターゼ (invertase)，転流糖 (translocated sugar)，糖組成 (sugar composition)，フラベド (flavedo)，アルベド (albedo)，背面維管束 (dorsal vascular bundle)，油胞 (oil gland)，フラボノイド(類) (flavonoid)，カロテノイド(類) (carotenoid)，ナリンギン (naringin)，リモニン (limonin)，多胚現象 (polyembryony)，受精胚 (fertilized embryo)，珠心胚 (nucellar embryo)，無性胚 (asexual embryo)，ハウス栽培 (greenhouse culture)，タンゴール (tangor)，マルチ栽培 (mulch culture)，着果負担 (crop load)，隔年交互結実法 (intentional alternate bearing method)

■ 演習問題

問1　カンキツ類の栽培適地を決定する要因を述べなさい．

問2　カンキツ類の多胚現象を概説するとともに，交雑胚を獲得する手法を述べなさい．

問3　ウンシュウミカンの隔年交互結実法についての長所と短所を論じなさい．

問4　次の (A)～(G) に適切なカンキツ名を入れなさい．
- カンキツ類の収穫期は3つに大別でき，年内収穫・出荷するのは (A)，年内収穫して貯蔵し，2～3月に出荷するのは (B)，樹上に2～3月までおいて収穫・出荷するのは (C) である．
- タンゴールは (D) と (E) を交配して育成したカンキツ類であり，タンゼロは (F) と (G) を交配したものである．

問5　ビワにおける開花特性と開花後の結実管理を簡潔に述べなさい．

表 12-3 カンキツ種子の胚数および1種子からの発芽数（岩崎，1966を改変）

種　類	胚　数	1種子からの発芽数
マメキンカン	12.3	—
ウンシュウミカン	10.9	2.1
バレンシアオレンジ	4.8	1.7
ポンカン	4.5	—
グレープフルーツ	3.1	1.6
レモン（リスボン）	2.5	1.2
ユズ	2.4	1.7
カラタチ	2.1	1.2
ナツダイダイ	1.8	1.5
イヨカン	1	1
ヒュウガナツ	1	1
ハッサク	1	1
ブンタン（平戸）	1	1

図 12-6　根域制限栽培・マルチング栽培
・根の分布をポット，不透根シートで覆って制限して栽培する方法．ウンシュウミカン，ブドウで行われている．
・土の水分量や肥料成分をコントロールできるので，高品質の果実が生産できる．
・マルチング栽培では雨水の土中への侵入を抑え，太陽光を反射して樹内部の果実の着色をよくさせる役割がある．

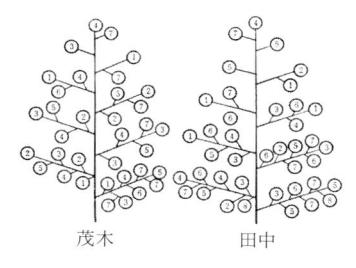

図 12-7　ビワ花房の開花順序（農業技術大系 果樹編，1982）
数字は開花順序を示す．

茂木　　田中

表 12-4　カンキツにおける主要な生理障害と病虫害

種類		症　状	原因と対策など	
生理障害	裂果	夏の高温乾燥後，初秋の雨で果実が裂ける	果実内の急激な膨圧上昇による．早生ウンシュウミカンやネーブルオレンジのような果皮の薄い種類で多発し，夏の適度な灌水によって土壌水分の激変を避ける	
	浮き皮	アルベド組織の内層が崩壊し，果皮と果肉が分離する	ウンシュウミカンのような寛皮性の果実で生じ，成熟後のさらなる果実肥大が原因と考えられる．"ブクミカン"とも呼ばれる．秋季の高温，窒素の遅効き，秋の長雨などによって発生が多くなる	
病虫害	そうか病	葉や果実にいぼ型やそうか型の病斑を引き起こし，落葉や成熟の遅延・落果を誘発する	幼木や若木などの新植園に被害が多い．葉・枝の病斑中で菌糸の形で越冬し，3月上旬頃から胞子形成をして葉に感染する．果実には，主として新葉に形成された病斑上の胞子が伝染する．ビニル被覆などで育てた無病苗を用い，防風や窒素の過剰施用に注意する．被害夏・秋枝の処理を徹底し，発芽期〜7月上旬に2〜3回殺菌剤を散布する	そうか病
	黒点病	葉や果実に黒点状の病斑を作り，激しい場合は赤褐色の泥塊状となる．果実の外観を著しく損なう	枯れ枝上に黒点状の柄子殻を形成して越冬する．3月下旬頃から胞子を形成し，雨で伝染する．葉は5月上旬頃，果実は落Shot直後と夏〜秋の2回感染する．感染はすべて枯れ枝からの1次伝染によるもので，葉から果実への2次伝染は行われない．密植園の間伐，老齢樹の更新などにより枯れ枝の発生を防ぐとともに，枯れ枝を除去して処分する．殺菌剤散布の適期は，6月上・中旬，7月中旬，8月下旬の3回である	黒点病
	かいよう病	葉や果実に淡黄色の病斑を作り，後にコルク化や亀裂が生じる	わが国のカンキツでは唯一の細菌病で，雑カン類に被害が大きい．夏・秋枝の病斑で越冬し，3月中旬頃から増殖し始める．菌は雨水によって新梢に運ばれ，気孔から侵入する．果実への感染は，葉からの2次伝染による．なお，気孔からの感染は葉では6月上旬まで，果実では7月までで，以後は傷口からの感染のみとなる．無病苗を用いるとともに，初夏〜秋の防風に心がける．また，被害枝の処理とハモグリガの駆除を徹底し，開花前〜6月下旬まで，および，台風来襲前のボルドー液，ストレプトマイシン剤またはナフトキノン銅剤の散布を行う	かいよう病
ウイルス	トリステザウイルス	ライムに葉脈突起，コルク化，枝のくぼみなどの症状を示す	ステムピッティングウイルス，シードリングイエローズウイルスとともにトリステザウイルスグループを構成する．接木，ミカンクロアブラムシによって伝染する．基本的な対策は，組織培養や種子経由で無病苗を作ることであるが，抵抗性台木を用いることなどで対応する	サツマドワルフウイルス（葉が反って舟形となっている）
	サツマドワルフウイルス	春芽が外転して，幼葉に"ふ"（フレッキング）が入る．成葉は舟形となり，節間が短く枝が叢生する	接木伝染とされるが，地下部の接触，土壌中の生物による媒介との考えもあり，明確ではない	

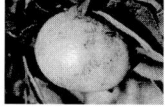

コラム 12

遺伝子組換えによる花色の改変

　花き類における遺伝子組換え植物の作出は，現在のところ40種以上で報告されている．遺伝子組換え技術を用いた育種の利点は，植物に限らず全生物種の遺伝子を利用でき，従来の育種法の限界を超えた形質の導入を可能にする点にある．また，導入したい植物種の諸形質を変えることなく特定の形質（遺伝子）のみを導入することができ，戻し交雑などによる不要形質の削除を必要としないため，大幅な育種年限の短縮を可能にする．

　花きの育種において重要な目標の1つは，新花色の作出である．花の主要な色素には，フラボノイド，カロテノイド，クロロフィル，ベタレインがあり，これら色素の単独作用，あるいは共存作用によって多様な花色が作られる．遺伝子組換え技術による花色育種は，これらの色素合成に関与する遺伝子の発現を制御することによって，これまでにない新花色を作出しようとする試みである．現在のところ，主要色素の中ではフラボノイド色素における花色育種の研究が最も進んでおり，実用的な成果も出ている．フラボノイド色素には，アントシアニン，フラボン，フラボノール，カルコン，オーロンなどが含まれる．これらの色素は水溶性で，花弁表皮細胞の液胞内に存在し，オレンジ，赤，青，黄色などのほとんどの花色に関与している．また，アントシアニンは，ペラルゴニジン，シアニジン，デルフィニジンに大別され，この基本骨格に糖や有機酸が結合しさらに多様なアントシアニンが合成されることによって，種や品種特異的な花色が生じる．3大花きのキク，バラ，カーネーションは，これまでに多数の品種が育成されてきたにもかかわらず，青色花品種は存在しない．その大きな理由は，これらの花きが青色花の発現に重要なデルフィニジン色素を合成できないことにあった．ところが現在は，遺伝子組換え技術を用い花弁にデルフィニジンを合成させることによって，青紫色のカーネーションおよびバラを作り出すことが可能になった．すでにカーネーションは'ムーンダスト'の品種名で市販されている．カーネーションでは，ペチュニアから単離された $F3'5'H$（フラボノイド3',5'-水酸化酵素）と DFR（ジヒドロフラボノール4-還元酵素）の両遺伝子を内在 DFR 遺伝子欠損の白花品種に導入することによって，バラではパンジーの $F3'5'H$ 遺伝子を導入することによって，本来は花弁で合成されないデルフィニジンを合成させている（図1参照）．しかしながら，同様の方法を用いて他の植物に $F3'5'H$ 遺伝子を導入

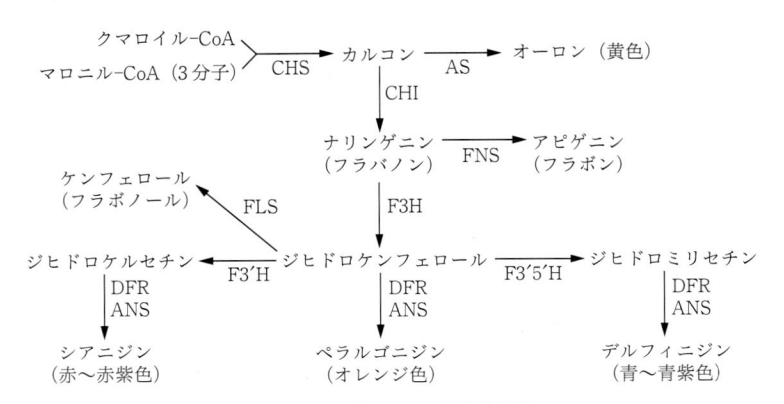

図1 フラボノイドの生合成経路
CHS：カルコン合成酵素，AS：オーレウシジン合成酵素，CHI：カルコン異性化酵素，FNS：フラボン合成酵素，F3H：フラバノン3-水酸化酵素，FLS：フラボノール合成酵素，F3'H：フラボノイド3'-水酸化酵素，F3'5'H：フラボノイド3',5'-水酸化酵素，DFR：ジヒドロフラボノール4-還元酵素，ANS：アントシアニジン合成酵素．

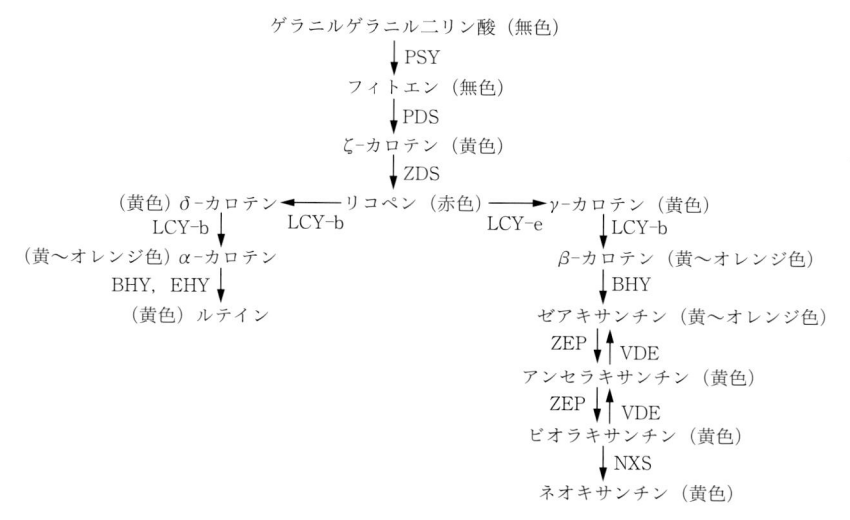

```
ゲラニルゲラニル二リン酸（無色）
        ↓ PSY
    フィテン（無色）
        ↓ PDS
    ζ-カロテン（黄色）
        ↓ ZDS
（黄色）δ-カロテン ←――― リコペン（赤色）――――→ γ-カロテン（黄色）
  LCY-b ↓     LCY-b           LCY-e    LCY-b ↓
（黄～オレンジ色）α-カロテン              β-カロテン（黄～オレンジ色）
  BHY, EHY ↓                           ↓ BHY
   （黄色）ルテイン               ゼアキサンチン（黄～オレンジ色）
                                   ZEP ↓↑ VDE
                               アンセラキサンチン（黄色）
                                   ZEP ↓↑ VDE
                               ビオラキサンチン（黄色）
                                    ↓ NXS
                               ネオキサンチン（黄色）
```

図 2 カロテノイドの生合成経路
PSY：フィトエン合成酵素，PDS：フィトエン不飽和化酵素，ZDS：ζ-カロテン不飽和化酵素，LCY-b：リコペンδ-環状化酵素，LCY-e：リコペンγ-環状化酵素，BHY：β-リング水酸化酵素，EHY：ε-リング水酸化酵素，ZEP：ゼアキサンチンエポキシ化酵素，VDE：ビオラキサンチン脱エポキシ化酵素，NXS：ネオキサンチン合成酵素．

しても，同じように青色花を作出できるとは限らない．その理由は，同じ F3′5′H をコードする遺伝子であっても，その遺伝子を単離した植物種と導入した植物種との組合わせによって，導入した遺伝子がうまく機能しなかったり，花弁のデルフィニジン蓄積量が大きく変化するためである．また，自然界に存在する青色花では，アントシアニンが最終的に蓄積する液胞内の状態が非常に重要であることがわかっている．青色花作出のためには，液胞内における pH，コピグメント（アントシアニンと他のフラボノイドとの共存），金属錯体（アントシアニンと金属イオンとの化合物）などの要素が複雑に関与していることが明らかにされており，現在さらに詳細な研究が進められている．このような研究は，デルフィニジンによる青色花の作出に限らず，他のフラボノイド色素合成による花色育種にも応用可能であり，鮮やかな赤色のリンドウや黄色のシクラメンなどの育成につながるものと期待されている．一方，カロテノイド色素においても遺伝子組換え技術による花色育種の研究が徐々に進められており，今後はフラボノイド色素のように実用的な成果が出てくると思われる（図 2 参照）．

植物で利用可能な遺伝子の探索や遺伝子組換え可能な花き類の拡大がさらに進むことにより，遺伝子組換え技術を用いた育種法は，今後も花きにおける画期的な新品種の育成に貢献していくと考えられる．
〔鈴木　栄〕

13
花き/一・二年草の特性

一・二年草

　花きを生活環など園芸的な特性によって分類する方法を，園芸学的（人為）分類という．播種から1年または2年以内に一度だけ開花，結実して枯死する一・二年草は，主に種子で繁殖するため短期間に大量の苗を生産できるので，切花や鉢物のほか，花壇にも用いられる．

　一年生植物は，春に播種し，夏にかけて生育し，開花・結実する非耐寒性の「春播き一年草」と，秋に播種し，冬を越えた後に，春から初夏にかけて開花・結実する耐寒性もしくは半耐寒性の「秋播き一年草」に分けられる．いずれの場合も，花熟相に達するまでの幼若相が短いことが特徴である．

　春播き一年草には，ヒマワリ，コスモス，アサガオ，マリーゴールド，ペチュニア，トルコギキョウなどがあり，夏花壇や切花として使用される（表13-1）．熱帯原産のものは短日で開花が促進されるものが多い．

　秋播き一年草には，半耐寒性のスイートピー，スターチス，キンギョソウ，ストックなどがあり，簡単なフレームなどで冬越しできる（表13-2）．秋播き一年草の中には，低温遭遇後の長日条件で開花が促進されるものが多く，耐寒性のパンジー，キンセンカ，ハボタン，デージー，アリッサムなどは冬から春の花壇などに用いられる．

　二年草は秋に播種すると翌年には開花せず，2年目に開花・結実する．二年草にはジギタリス，フウリンソウ，ビジョナデシコなどがある．二年草は株があるステージに達した後に低温を受けると開花する緑色植物体春化型（6.4.2項参照）であるが，最近では一年草タイプの品種が育成され，純然たる二年草の割合は減りつつある．

　切花としては，トルコギキョウ，ストック，スイートピー，スターチス，キンギョソウ，キンセンカ，ジニア，ヒマワリ，コスモスなどが重要である．花壇用苗としては，パンジー，ペチュニア，マリーゴールド，サルビアなどの生産額が高い．

　種子繁殖においては発芽適温，好光性または嫌光性などに注意が必要である（3.2節参照）．トルコギキョウ，ペチュニア，インパチェンスは好光性であり，ジニアは嫌光性である（表3-3参照）．発芽をより均一化するため，物理的形状などの良好な精選種子や，播種前に高浸透圧処理や塩類処理をしたプライミング種子が利用されている（3.2節参照）．微細な種子は扱いにくく，播種機にも利用しにくいため，高分子化合物などで被覆処理したコーティング種子やペレット種子が流通している．種子繁殖の花壇苗などの生産にはセルトレイを用いたセル成形苗が普及しており，セルトレイ用播種機も利用されている（3.3節参照）．キンギョソウ，サルビア，ペチュニアなどでは昼夜の温度較差（DIF）を利用した草丈の調節が有効である．出荷時期の調節のために，セル苗の低温貯蔵も行われている．サルビア，ベゴニア，マリーゴールド，ペチュニア，パンジーなどは8℃で6週間以上貯蔵することが可能である．

トルコギキョウ

　トルコギキョウは，北アメリカ（ロッキー山脈の東側）の乾燥気味で弱アルカリ性土壌の草原地帯原産のリンドウ科植物である．草丈は30～100cmで株全体がろう質で覆われ，葉は卵形で対生

一・二年草

表 13-1 主要な春播き一年草花きの学名，英名，染色体数と原産地（（ ）内は別名）

種　類	学　名	英　名	染色体数	原産地
キク科				
ヒマワリ（向日葵）	*Helianthus annuus* L.	common sun flower	$2n=34$	北アメリカ東部
コスモス（秋桜）	*Cosmos bipinnatus* Cav.	cosmos	$2n=24, 48$	メキシコ高原
マリーゴールド	*Tagetes* spp.	marigold	$2n=24, 48$	メキシコ高原
ジニア（ヒャクニチソウ）	*Zinnia elegans* Jacq.	zinnia	$2n=24, 48$	メキシコ高原
トルコギキョウ（ユーストマ）［リンドウ科］	*Eustoma grandiflorum* (Raf.) Shinners	prairie gentian	$2n=72$	北アメリカ
アサガオ［ヒルガオ科］	*Pharbitis nil* Choisy	Japanese morning glory	$2n=30$	熱帯
ペチュニア［ナス科］	*Petunia × hybrida* Vilm.	petunia	$2n=14, 28$	南アメリカ
ベゴニア・センパフローレンス［シュウカイドウ科］	*Begonia* Semperflorens-cultorum Group	bedding begonia	$2n=28, 30, 34,$ ほか	ブラジル
シソ科				
サルビア（ヒゴロモソウ）	*Salvia splendens* Sell ex R. & S.	scarlet sage	$2n=32, 44$	ブラジル
コリウス	*Coleus blumei* Benth.	coleus	$2n=24, 48, 72$	インドネシア
ニチニチソウ（ビンカ）［キョウチクトウ科］	*Catharanthus roseus* (L.) G. Don	Madagascar periwinkle	$2n=16$	熱帯
インパチェンス［ツリフネソウ科］	*Impatiens walleriana* Hook. f.	busy lizzie	$2n=16$	アフリカ

マリーゴールド　　ジニア　　トルコギキョウ　　ペチュニア　　ベゴニア・センパフローレンス

表 13-2 主要な秋播き一年草および二年草花きの学名，英名，染色体数と原産地（（ ）内は別名）

種　類	学　名	英　名	染色体数	原産地
〈一年草〉				
キク科				
キンセンカ	*Calendula officinalis* L.	pot marigold	$2n=28, 32$	地中海沿岸
デージー（ヒナギク）	*Bellis perennis* L.	English daisy	$2n=18$	西ヨーロッパ
ヤグルマギク（ヤグルマソウ）	*Centaurea cyanus* L.	garden cornflower	$2n=24$	地中海沿岸
シネラリア（サイネリア）	*Senecio cruentus* DC. (=*Pericallis*)	cineraria	$2n=60$	カナリア諸島
アブラナ科				
ストック	*Matthiola incana* (L.) R. Br.	stock	$2n=14$	地中海沿岸
ハボタン	*Brassica oleracea* L. Acephala Group	flowering cabbage	$2n=18$	地中海沿岸
キンギョソウ［ゴマノハグサ科］	*Antirrhinum majus* L.	snapdragon	$2n=16, 32$	地中海沿岸
スイートピー［マメ科］	*Lathyrus odoratus* L.	sweetpea	$2n=14, 28$	地中海沿岸
スターチス［イソマツ科］	*Limonium sinuatum* (L.) Miller	statice, sea lavender	$2n=18, 48$	地中海沿岸
パンジー［スミレ科］	*Viola × wittrockiana* Gams	pansy	$2n=24,$ ほか	ヨーロッパ，西アジア
プリムラ類［サクラソウ科］	*Primula* spp.	primrose	$2n=18, 24, 36$	日本，中国，ほか
〈二年草〉				
ジギタリス［ゴマノハグサ科］	*Digitalis purpurea* L.	foxglove	$2n=56$	ヨーロッパ，北アフリカ
フウリンソウ［キキョウ科］	*Campanula medium* L.	Canterbury bells	$2n=34$	南ヨーロッパ
ビジョナデシコ［ナデシコ科］	*Dianthus barbatus* L.	sweet william	$2n=30$	南ヨーロッパ

デージー　　ストック　　キンギョソウ　　パンジー　　プリムラ・マラコイデス　ジギタリス

する．日本には1935年に導入され，夏季の花持ちのよさが評価されたため1960年代から本格的に育種された．現在では，長野県など高冷地を中心として全国的に栽培されており，主要な切花となっている．

一重または八重咲き品種があり，花色は白，紫，桃色，緑，黄の単色，白地に紫やピンクの覆輪などがある．紫色や桃色の花色はアントシアニンが主成分である．花形も釣鐘状，漏斗状，杯状，平わん状などがあり，極早生から晩生まで約400品種が営利用に栽培され，F_1品種が増えている．種子が微細なため販売品種の多くはコーティング種子として扱われている．トルコギキョウの育種は，日本が世界をリードしている．

トルコギキョウは陽地を好み，生育初期は土壌水分多め，後半は乾き気味がよい．好適な環境条件では，本葉が6～10枚（3～5対）展開した後に節間が伸長し始め，花芽分化する．しかし，幼若期に平均気温25℃以上で，夜温が20℃以上の高温に遭遇するとロゼット化する（表13-3）．ロゼットとは，葉原基の分化は進行するものの節間が伸長しないため，葉が重なり合って形がバラの花のようにみえる状態を指す．高温期のロゼット化を防止するためには，植物体を一定期間以上の低温に遭遇させる冷房育苗，種子の低温処理およびロゼット化しにくい品種の利用などが有効である（表13-3）．ロゼット化の性質を利用し，高温期に栽培してロゼット化させ，照明下において12℃程度で4週間程度低温処理するとロゼットが打破され，秋に開花する．その株から春にも収穫するロゼット化・低温処理二度切栽培が可能である（表13-3）（大川，1995）．

暖地では秋まき春～初夏切りの普通栽培を基本に，半促成栽培，促成栽培およびロゼット化・低温処理二度切栽培などによって11月から7月までをカバーする（図13-1）．冷涼地では前年秋に播種して，6～7月に開花させる作型をはじめとし，冬から春播きして7～10月に収穫するなど，夏から秋の切花を中心に栽培される（図13-1）．短日処理により開花を抑えれば，抑制栽培も可能である．低照度期の開花促進とブラインド（花芽分化不全）防止には，電照による補光が有効である．これらの技術の組合わせによりトルコギキョウの周年供給が確立されている．3～4輪開花時期に採花され，切花の品質は花茎の長さや強さ，花形，花持ちなどで評価される．トルコギキョウはカルシウム含有量が低い植物であり，カルシウムが閾値以下に欠乏するとチップバーン（葉先枯症）が発生しやすい．チップバーンには送風・乾燥などにより蒸散を促進して，カルシウムの吸収を促進するなどの対策が有効である．立枯病の予防には，土壌消毒を行う．

パンジー

欧州原産のスミレ属植物である*Viola tricolor*や*V. lutea*など原種の交配により，現在のパンジー園芸種（*V.* × *wittrockiana*）が作出された．ビオラと呼ばれる極小輪の耐寒性のある品種群も普及している．パンジーはかつて春先の花であったが，秋に開花して春まで咲く品種も育成されて，冬の花壇用として長期間の需要がある．

花色は赤，紫，黄，オレンジ，白，ピンク，黒などである．クリアーと呼ばれる単色花，中央に黒や紫のブロッチと呼ばれる斑が入る複色花，上弁と下弁で色の異なる複色花などがあり，300品種以上が栽培されている．1960年に世界で初となるF_1品種が日本の種苗会社から発表されて以降，F_1品種の割合が高まっている．

パンジーの発芽適温は20℃前後であり，30℃以上では著しく阻害される．冷涼で日照が十分な条件下では発芽後一定の生育をすると花芽分化し開花する四季咲き性を示すが，高温・多湿により成長と開花が抑制される．冬季の日照不足も開花を抑制する．

栽培は露地栽培と無加温ハウス栽培がある．7月から9月まで連続的に播種し，10～12月の秋出荷と2～3月の早春出荷がある．セル成形苗で用土はピートにパーライトやバーミキュライトを混ぜたピート配合土が普及している．播種から30～40日後のセル内に根が張った苗を3号（9cm）ポットに移植する．蕾が1，2個出現した時期に出荷する．

表 13-3 トルコギキョウの栽培環境とロゼット化およびロゼット化対策

条件・処理	播種～本葉6～10枚展開期の環境	本葉6～10枚展開期以降の環境	収穫期状態
全ステージ高温	高温（ロゼット化）	高温	ロゼット化
幼若期高温	高温（ロゼット化）	好適	半ロゼット化
種子冷蔵処理（効果に品種間差）	高温	高温	正常に開花，または半ロゼット化
全ステージ好適	好適	好適	正常に開花
冷房育苗処理	冷房育苗	高温	正常に開花
ロゼット化・二度切栽培	高温（ロゼット化）	12℃程度4週間低温処理後好適	正常に開花（2回）

ロゼット化

半ロゼット化

正常

	作型	6	7	8	9	10	11	12	1	2	3	4	5(月)
暖地	無加温普通栽培	✤✤			△	●	◎				✤		
	加温促成栽培			△	●	◎			✤✤✤✤				↑加温開始
	冷房育苗促成栽培		△	◎				✤✤✤✤					
			冷房育苗			↑加温・電照開始							
	ロゼット化・低温処理，二度切栽培	△	◎			✤✤✤✤			✤✤✤✤				
		高温処理 低温処理			↑加温・電照開始			↑電照終 ↑加温終					
		✤✤											
冷涼地	普通栽培	◎	✤✤✤				△						

△：播種，○：仮植，◎：定植，✤：開花・収穫期．

図 13-1 トルコギキョウの主な作型例（今西，2000を一部改変）

秋出荷のためには播種期が高温期になるため，通気などでなるべく冷涼に保つ．高温期には発芽後のダンピングオフ（立枯病）が発生しやすいため，培土の消毒で予防するとともに培地の過湿に注意する．高温期の苗は徒長しやすく，軟弱になってブラスティング（花芽の発育停止）が発生するため，わい化剤によって予防する．セル苗は2カ月以上の冷蔵貯蔵に耐えるため，出荷調整や遠距離輸送などに利用されている．　［山根健治］

キーワード

一年草 (annual), 二年草 (biennial), 切花 (cut flower), 鉢物 (pot (potted) plant), 花壇 (flower bed), 非耐寒性（の）(tender, non-hardy), 耐寒性 (hardiness, cold resistance (tolerance)), 半耐寒性（の）(half-hardy), 花熟相 (phase of ripeness to flower), 幼若相 (juvenile phase), フレーム (frame), 緑色植物体春化 (green plant vernalization), 精選種子 (cleaned seed), プライミング種子 (priming seed), 昼夜の温度較差 (difference beween day and night temperature : DIF)

一重（咲き）(single flowered), 八重（咲き）(double flowered), 覆輪 (marginal variegation), アントシアニン (anthocyanin), 極早生 (very early flowering), 晩生 (late flowering), 幼若期 (juvenile stage (period)), ロゼット (rosette), 半促成栽培 (semiforcing culture), 促成栽培 (forcing culture), 電照 (lighting), チップバーン (tipburn), ブラインド (blind), 土壌消毒 (soil disinfection (sterilization))

ブロッチ (blotch), ピート (peat), パーライト (perlite), バーミキュライト (vermiculite), ダンピングオフ（立枯病）(damping-off), 徒長 (succulent growth), ブラスティング (blasting), わい化剤 (growth retardant)

■ **演習問題**

問1 花のセル成型苗の草丈を調節する方法を2つあげなさい．
問2 トルコギキョウのロゼット化の仕組みと防止策について説明しなさい．
問3 近年，トルコギキョウは周年栽培され，主要な切花の1つになっている．周年栽培のための作型について説明しなさい．
問4 トルコギキョウの生理障害や病気など栽培上の問題点をあげ，その対策について説明しなさい．
問5 パンジーを秋出荷するときの注意点について述べなさい．
問6 最近は二年草の中でも一年草として栽培できる品種が増えている．この理由はなぜかを考察しなさい．

コラム13

ビオトープ・ビオガーデン

わが国では，昭和30年代から40年代にかけて大規模な開発が行われ，各地で自然破壊が進行していった．現在では，当時のような大規模開発はなくなったが，都市部の広がりという形で，自然はいまなお失われつつあるのが現状である．一方，1992年には，ブラジルのリオデジャネイロで国際環境開発会議（通称，地球サミット）が開催され，生物多様性の保全や，遺伝資源から得られた利益の公正な分配などを目的とする条約が結ばれ，日本もこれに署名した．こうしたことを背景に，自然環境の保全や復元に関心が高まるなか，地域住民が参加できるビオトープやビオガーデン作りの活動が注目を集めている．そして，これらは環境に配慮した新しい形態の園芸・造園ととらえることができるので，ここに紹介したい．

ビオトープとはドイツ語で生物を意味するbioと場所を意味するtopを語源とし，生物の暮らす場を意味する．したがって，ビオトープとは，本

コラム13　ビオトープ・ビオガーデン

来は森林や河川など自然の生態系を指す言葉であるが，現在，ビオトープというと，自然環境の維持，復元を目指して作られた植栽環境を指すことが普通である．ビオトープは植物を植えるという点においては従来の庭園作りと同じ要素を有するが，単に植物を植えるのではなく，そこに戻ってくる生物を想定して，植栽する植物の種類や量はもちろんのこと，水場の配置や土地の起伏など，鳥や昆虫などの生物の生態をよく理解した上で作られていく．

　ビオトープはあくまでも自然の動植物にとって快適な環境を再現することを第1に考えて作られているので，人が好む美しい花が常に咲いているわけでもなく，人に対して危害を与える可能性のあるハチなどの生物を排除することもしない．したがって，本格的なビオトープは，必ずしも人間にとって快適な空間とは限らない．そのため，設置場所にもおのずと制限がある．そこで，生物に配慮しつつも，人間にとっての快適性も配慮した，いわばビオトープと従来の観賞目的の庭の中間的な存在としてビオガーデンがある．ビオガーデンというと，やはり特殊な形態の庭のように感じられるかもしれないが，一般的な庭であっても土があれば，ミミズなどの土壌生物もいるであろうし，花にはチョウやハチなどの昆虫が吸蜜に訪れ，それを捕食するカマキリやクモなどが生息していることも珍しくない．一般の庭も，見方を変えれば生物にささやかではあるが生活の場を提供しているので，ビオガーデンとしてとらえることもできる．つまり，これらの生物に配慮して設計されていれば，それをビオガーデンと呼ぶ．たとえば，チョウが好んで吸蜜に訪れる花や幼虫の食草を植栽したバタフライガーデンと呼ばれる庭も，ビオガーデンの1つの形態である．そして，ビオガーデンは人々にとっての快適性を保障しつつ，他の生物にも配慮するということで，園芸はもちろんのこと，昆虫や自然生態系に関する知識が要求される新しいガーデニングの形といえよう．

　ビオトープは生物多様性の維持・復元を目的に作られるが，それ以外にも，環境について学ぶ場として機能することも期待されており，環境教育の一環として小中学校で作られることも多く，学校ビオトープと呼ばれる．また，近年，都市部においてはヒートアイランド現象が問題となっており，これを解決する手段の1つとして屋上緑化があるが，その1つの形態として屋上ビオトープと呼ばれるものもある．これはヒートアイランド現象の緩和という屋上緑化本来の目的に加え，鳥や昆虫の水場，あるいは休息の場として機能することが期待されている．

　どのような目的，形態にせよ，ビオトープやビオガーデンが生物を育む場として機能するためには，こうした環境の多くがなるべく隣接して存在することが重要であり，それにより，昆虫や鳥などの生物はそれらを中継地としながら，生息圏を回復することも可能となってくる．今後，ビオトープやビオガーデンの取組みがさらに活発になることを期待したい．

〔樋口幸男〕

14

花き/宿根草・球根類の特性

14.1 宿根草

　宿根草（多年草）は開花・結実後も株全体が枯死せず，冬季も地下部の根や地下茎，あるいは吸枝が生存して長年にわたり生育できる多年生の草本植物である．

　吸枝，ランナー，株分けおよび挿芽などによって栄養繁殖することができる（第3章参照）．低温に対する耐性により，耐寒性，半耐寒性および非耐寒性などに分類される．球根植物も地下部が生き残ることから，宿根草の一形態といえる．

　宿根草には，キク，カーネーションをはじめデルフィニウム，シュッコンカスミソウ，ガーベラなど切花として重要なものが含まれる（表14-1）．古くから日本で利用されてきたアヤメ，カキツバタ，キキョウ，リンドウ，ミヤコワスレ，シャクヤクも宿根草として扱われる．デージー，トルコギキョウ，キンギョソウなどのように，原産地では宿根草であるものの，日本では園芸的に一・二年草として扱われている種も多い．

14.1.1 キ　　ク

　キク科の宿根草で頭状花序をもつ．染色体数は $2n=18 \sim 90$ の野生種が存在し，栽培ギクは六倍体（$2n=54$）が多い．栽培種の起源は二倍体のチョウセンノギクと四倍体のハイシマカンギクとの交雑によってできた三倍体が倍加して生じたと推定されている．日本では切花が中心であるが，欧米ではポットマム，すなわち鉢花としての人気も高い．

　キクは季咲き（自然の開花期に開花すること）栽培における開花時期により，夏ギク，夏秋ギク，秋ギク，寒ギクに分類される（6.4節参照）．

品種は国内育成のものが主力として栽培されている．主要な輪ギク（大輪，1茎1花）品種として秋ギク'秀芳の力'（白，黄）や夏秋ギク'精雲'（白）などがある．近年は，より省力的に栽培できる無側枝性の秋ギク'精興の誠'（白），'神馬'（白）（図14-1）や夏秋ギク'岩の白扇'（白）などの生産が増加している．輪ギクのほかにスプレーギク（中輪，房咲き）や小ギク（小輪，多花）も生産されている．江戸時代からの伝統的品種も保存されている（図14-1）．

　キクの発育相は複雑であり明確に区別しにくいが，ロゼット相，幼若相，花熟相からなる栄養成長期と，花芽形成相，開花・結実相からなる生殖成長期に分けられる（図14-2）．夏季の高温によりロゼットが誘導され，低温短日条件下で吸枝（冬至芽）が形成される．ロゼット相は低温を十分に受けると打破され，栄養成長して幼若相から花熟（成熟栄養成長相）に達する．花熟に達した夏秋ギクや秋ギクの株が短日条件におかれると，花芽を形成し開花する．

　種苗生産において茎頂培養によるウイルスフリー化も行われている．挿木や吸枝（冬至芽）により栄養繁殖され，セル成形苗も使用される（3.3，3.4節参照）．省力化のために，挿穂を圃場に直接挿す「直挿栽培」も行われている．挿穂の発根促進にはインドール酪酸（オキシベロン剤）処理が有効である．

　作型は季咲きに加え，秋ギクや夏秋ギクの電照栽培を組み合わせて周年栽培されている（図14-4）．短日性の秋ギクは，夜間の電照栽培により花芽分化を抑え，その後の電照停止やシェード（遮光）栽培により開花誘導できる．夏秋ギクは限界日長が夏至の日長よりも長い質的短日植物であるため，電照栽培で開花抑制しておき，適宜消

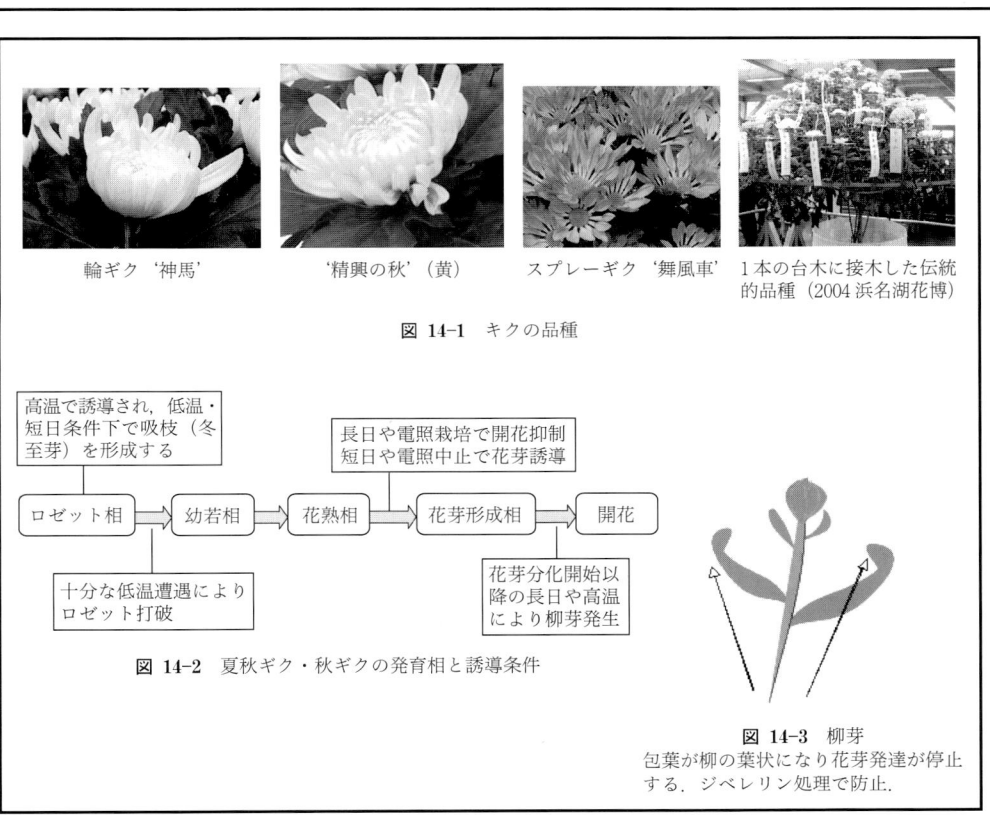

14.1 宿根草

表 14-1 主要な宿根草花きの学名，英名，染色体数と原産地（（ ）内は別名）

種 類	学 名	英 名	染色体数	原 産 地
キク科				
キク	*Dendranthema × grandiflorum* Kitam.	chrysanthemum	$2n=54$, ほか	東アジア
ガーベラ	*Gerbera jamesonii* Bol. ex Adlam.	gerbera	$2n=50, 75$	南アフリカ
クジャクアスター	*Aster ericoides* L.	heath aster	$2n=32$	北アメリカ
アヤメ科				
アヤメ	*Iris sanguinea* Hornem. ex Donn.	Siberian iris	$2n=28$	日本，東アジア
ハナショウブ	*Iris ensata* Thunb.	Japanese water iris	$2n=24, 48$	日本，東アジア
カキツバタ	*Iris laevigata* Fisch.	rabbit ear iris	$2n=32$	日本，東アジア，シベリア
ナデシコ科				
カーネーション	*Dianthus caryophyllus* L.	carnation	$2n=30, 60, 90$	地中海沿岸
シュッコンカスミソウ	*Gypsophila paniculata* L.	baby's breath	$2n=34$	地中海沿岸
エラチオールベゴニア［シュウカイドウ科］	*Begonia* Elatior Group	Elatior begonia	$2n=40, 41, 42$, ほか	南アメリカ
リンドウ［リンドウ科］	*Gentiana scabra* Bunge. var. *buergeri* Maxim.	gentian	$2n=26$	日本
ゼラニウム［フウロウソウ科］	*Pelargonium × hortorum* L. H. Bailey	geranium	$2n=18, 36$	南アフリカ
アスチルベ［ユキノシタ科］	*Astilbe* spp.	astilbe	$2n=14, 28$	日本，中国
デルフィニウム［キンポウゲ科］	*Delphinium* spp.	delphinium	$2n=16, 24, 32$	ヨーロッパ
キキョウ［キキョウ科］	*Platycodon grandiflorus* (Jacq.) A. DC.	balloon flower	$2n=18$	日本，東アジア，シベリア
シャクヤク［ボタン科］	*Paeonia lactiflora* Pall.	Chinese peony	$2n=10$	中国，モンゴル，シベリア

ガーベラ　　アスチルベ　　デルフィニウム　　キキョウ　　シャクヤク

輪ギク'神馬'　　'精興の秋'（黄）　　スプレーギク'舞風車'　　1本の台木に接木した伝統的品種（2004 浜名湖花博）

図 14-1　キクの品種

図 14-2　夏秋ギク・秋ギクの発育相と誘導条件

ロゼット相 → 幼若相 → 花熟相 → 花芽形成相 → 開花

- 高温で誘導され，低温・短日条件下で吸枝（冬至芽）を形成する
- 十分な低温遭遇によりロゼット打破
- 長日や電照栽培で開花抑制　短日や電照中止で花芽誘導
- 花芽分化開始以降の長日や高温により柳芽発生

図 14-3　柳芽
包葉が柳の葉状になり花芽発達が停止する．ジベレリン処理で防止．

灯することにより開花調節できる．電照栽培には白熱電球を照度50 lx以上で深夜3時間程度照射して，暗期中断を行い，花芽分化を抑制する（6.4節参照）．輪ギクでは夏秋ギクの利用によりシェード栽培は減っているが，スプレーギクでは促成栽培のためにシェード処理が行われている．

開花誘導のための連続した短日条件下においては，上位葉の小型化と舌状花数の低下が発生することがあるが，花芽分化後の再電照により防止できる．花芽分化開始後の長日，低温，高温などにより，包葉が柳の葉のような形になり花芽が発育を停止する柳芽となる（図14-3）．柳芽になると腋芽は栄養枝となって伸長し，草姿が乱れる．柳芽の防止にはジベレリン散布が有効である．秋ギクの二度切栽培において，草丈を高めるためにもジベレリン処理が実用化されている．

夏ギクにおいて，エチレン（エセフォン）処理により側芽のロゼット化を誘導し，ロゼット化した挿穂を1°Cで40日間程度低温処理した後，促成栽培に用いることができる（図14-2）（3.4節参照）．低温によりロゼット化しやすい冬季の栽培では，低温貯蔵した苗を利用するとロゼット化を抑制できる．ポットマム（鉢物）の場合は，わい化剤やDIFにより草丈を調節し，コンパクトな草姿に整える．

花芽形成期の高温により花序の中心に総包が形成される「貫生花」が，低温により管状花が増加する「露心花」がそれぞれ発生しやすい．

病虫害としては白さび病，キク微斑ウイルス（TAV），キクBウイルス（CVB），キクわい化ウイロイド（CSVd），トマト黄化えそウイルス（TSWV），アブラムシ，ハダニ，マメハモグリバエ，アザミウマなどが問題となる．

14.1.2 カーネーション

ナデシコ科の半耐寒性多年草で，染色体数は$2n=30, 60$または90である．紀元前1500年頃のクレタ島の壁画に描かれるなど，古くから利用されていた．交配が繰り返されたため原産地は不明であるが，南ヨーロッパの地中海地域に自生していたと推定されている．19世紀には中国のセキチク（*Dianthus chinensis*）との交雑により四季咲き性品種が作出され，世界的な花きとして成長してきた．主な生産国はコロンビア，中国，メキシコ，スペイン，イタリアおよび日本などである．特に高地の冷涼な気候と安い労働力を生かしたコロンビアや中国が生産を伸ばしている．

1939年にアメリカで大輪のスタンダード系（1茎1花）である'ウイリアム・シム'が育成された．その枝変わりにより'スケニア'や'ノラ'など約300のシム系品種が世界に広がった．1960年頃からはイタリアやオランダなどで地中海系品種の育成が盛んになり，耐病性や花型の優れた'フランセスコ'（赤，ピンク）（図14-5）などが普及している．スプレー系としては，1960年代に'バーバラ'（図14-5）や'エンゼル'が作出され，スタンダード系をしのぐほどに生産が拡大してきた．近年では遺伝子組換え技術で，ペチュニア由来のジヒドロフラボノール4-還元酵素遺伝子とフラボノイド3',5'-水酸化酵素遺伝子（青色遺伝子）を導入することにより，デルフィニジン色素をもつ青紫色の品種も作出され流通している（図14-5，コラム12；p.174参照）．

15〜20°Cの冷涼な温度を好む四季咲き性の量的長日植物である．開花習性は栄養成長と生殖成長を交互に繰り返すVR周期型である．天候不順や遮光により生育が抑えられるので，電照による長日処理が低照度期の生育・開花促進に有効である．繁殖は挿芽により栄養繁殖され，茎頂培養によりウイルスフリー化（3.7節参照）した萎ちょう細菌病などのない無病苗を親株として採穂する．花のエチレン感受性は高く，眠り症（スリープネス）や早期老化を防ぐため，チオ硫酸銀錯塩（STS）などエチレン作用阻害剤による処理が必要である（5.5節参照）．

暖地では，初夏に定植して，11月から翌年6月まで収穫する冬春切り作型，冷涼地では春定植して6月から翌年1月頃まで収穫する夏秋切り作型が基本であり（図14-6），両作型を組み合わせ，周年で収穫する長期作型もなされている．年末や母の日などをねらった短期作型もある．

通気性が高い土壌を好み，土壌診断および植物

作　型	1	2	3	4	5	6	7	8	9	10	11	12(月)
夏ギク促成			•••	•••••	•••••	•••						
夏ギク						━━━	━					
夏秋ギク電照							•••	•••••	•••••	•••		
夏秋ギク								━━━	━━━			
秋ギク遮光促成					•••	•••••	•••••	•••				
秋ギク										━━━	━━	
秋ギク電照抑制電照二度切り	•••	•••••	═══	═══	═══							•••
寒ギク	━											━

━━━：自然開花期，•••••：開花調節による開花期，═══：二度切り．

図 14-4 キクの周年生産体系と開花時期（小西，1995を改変）
スプレーギクは秋ギクに準じる．

'フランセスコ'　'ピンクフランセスコ'　'コマチ'　'ライラックブルー'　'レッドバーバラ'
〈スタンダード系〉　　　　　　　　　　（遺伝子組換え品種）　〈スプレー系〉

図 14-5 主なカーネーションの品種

	作　型	1	2	3	4	5	6	7	8	9	10	11	12(月)
長期作型	冬春切り	✿✿	✿✿✿	✿✿✿	✿✿✿	✿✿	◀┄┄	┄┄	┄┄	┄┄	┄┄	┄▶	✿✿
	夏秋切り	✿✿	◀┄┄	┄┄	┄┄	┄▶		✿✿	✿✿✿	✿✿✿	✿✿✿	✿✿✿	✿✿
短期作型	母の日切り	━━	━━	━━	━━	✿✿					◀┄	┄┄	━
	年末切り							◀┄	┄▶		✿✿	✿✿	✿

◀┄┄▶：定植期，✿：開花・収穫期．

図 14-6 カーネーションの主な作型例（樋口，1999を一部改変）

体の栄養診断に基づいて施肥することが望ましく，養液土耕栽培も実用化されている．

低温などの不適な条件下では，がく片の成長抑制や副花芽の形成により「がく割れ」が発生しやすい．カリウムが欠乏すると葉先の枯込みやクロロシス（葉の黄化）が発生し，がく割れも増加する．

夏季を中心に萎ちょう病による立枯れや萎ちょう細菌病による青枯れが発生しやすいため，土壌消毒や無病苗，抵抗性品種の利用などの対策を行う．害虫はダニ，アブラムシ，アザミウマなどに注意する．経営的には品種の多様化や国際化による価格競争への対応が課題である．

14.2 球根類

球根類は宿根草の地下部の茎または根が肥大して貯蔵器官となり，不良環境期は休眠する．球根に養分を蓄えておき，一定の休眠期間を経て好適環境期になると成長を開始する．球根類は春植え球根と，夏季には休眠し，冬季に成長して春に開花する秋植え球根に分類される．春植え球根には耐寒性のないグラジオラス，ダリア，キュウコンベゴニア，カンナ，カラーなど，秋植え球根には，チューリップ，スイセン，アネモネなどがある（表14-2）．

球根は形態と由来する器官から，①鱗茎，②球茎，③塊茎，④根茎および⑤塊根に分類される（3.6節参照）．図14-7に，球根の由来，形態および更新型による分類を示した．球根は基本的には栄養繁殖するが，栄養繁殖の効率の悪いラナンキュラス，シクラメン，キュウコンベゴニアなどは種子繁殖を行う．

① 大部分の鱗茎は鱗葉の腋芽が肥大して子球となり分球する更新型の鱗茎であるが，スイセンやアマリリスなどは分球しにくく，母球が肥大し続ける非更新型である．鱗茎の人為的な増殖法としては，鱗茎の鱗片葉を1枚ずつ挿して増殖させる鱗片挿し（3.6節照），層状鱗茎を縦に分割して2枚の鱗葉と底盤部を挿す二鱗片挿しがある（図14-8 A）．ヒヤシンスやアマリリスでは，鱗茎の底盤部に傷をつけて子球を形成させる方法があり，切込みを入れるノッチング（同図B），えぐりとるスクーピング（同図C），コルクボーラーで穴をあけるコーリング（同図D）などがある．

② 代表的な球茎としてグラジオラス，フリージア，クロッカスなどがある．球茎のシュートの基部が肥大し，新球となる（同図E）．グラジオラスなどでは，新球の基部から木子（きご）と呼ばれる小球茎が多く発生する．木子を1シーズン栽培すると，開花可能な球根が得られる．

③ 塊茎の中でもサンダーソニアやグロリオサは，二又状で先端に芽をもつ特殊な塊茎を形成する（同図F）．

④ 根茎にはジャーマンアイリスやカンナなどがあり，3芽くらいをつけて分けることができる．

⑤ 塊根にはダリアやラナンキュラスがある．塊根の上部の発芽部（クラウン）を切ると発芽できないので注意する（同図G）．

球根類は一般に，ある一定以上の大きさに成長し花熟に達しなければ開花できない．栄養成長や花芽分化を誘導する環境条件は種類によって異なる．チューリップは温周性を示し，夏の高温により花芽分化が始まり，20°Cの中温で花芽形成が完成した後，冬の低温によって花芽の成熟が進み，春の中温で開花する．ジベレリン（GA）とベンジルアデニン（BA）の滴下処理はチューリップの開花を促進する．一方，フリージアの球根は高温で休眠が打破されて栄養成長を開始し，花熟に達した後に10～15°Cの低温で花芽分化が誘導され，15～20°Cの中温で開花する．植えつけ後のフリージアが25°C以上の高温を受けると，花下がりという障害が起こる．ダッチアイリスの球根では，乾燥状態での低温処理が春化作用をもつ．ダッチアイリスやフリージアの休眠打破と開花の促進には，くん煙処理またはエチレン処理が有効である．

14.2.1 ユ リ

ユリ科ユリ属の球根植物で，北半球の寒帯から亜熱帯山地まで約100種が分布する．染色体数は$2n=24$を基本とし，三倍体や四倍体もある．観

14.2 球根類

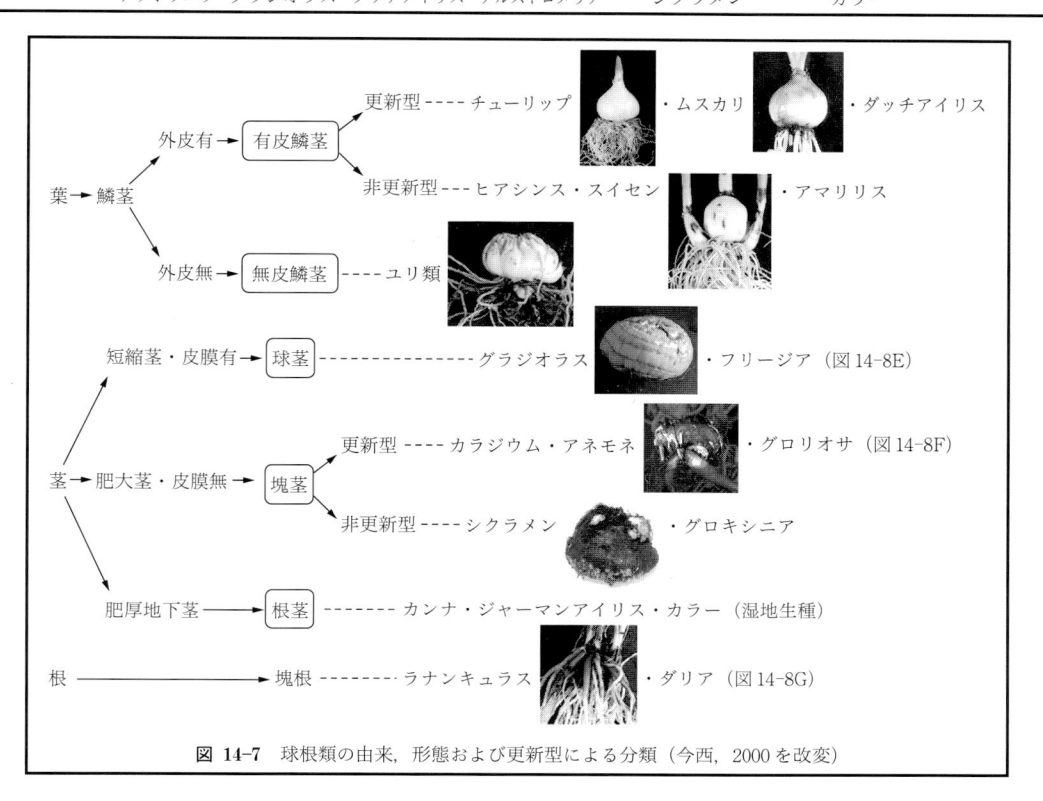

表 14-2 主要な球根類花きの学名，英名，染色体数と原産地

種類	学名	英名	染色体数	原産地
ユリ科				
ユリ類	*Lilium* spp.	lily	$2n=24, 36$, ほか	北半球
チューリップ	*Tulipa gesneriana* L.	tulip	$2n=24, 36, 48$	中央アジア，地中海東部
ユリ科（ヒアシンス科）				
ヒアシンス	*Hyacinthus orientalis* L.	common hyacinth	$2n=16, 24$, ほか	ギリシャ，トルコ
ムスカリ	*Muscari* spp.	grape hyacinth	$2n=18, 36$	地中海沿岸，西南アジア
ユリ科（イヌサフラン科）				
サンダーソニア	*Sandersonia aurantiaca* Hook.	Chinese lantern lily	$2n=24, 48$	南アフリカ
グロリオサ	*Gloriosa superba* L.	glory lily	$2n=22, 66, 88$	熱帯アフリカ
ユリ科（ユリズイセン科）				
アルストロメリア	*Alstroemeria* spp.	lily of the Incas	$2n=16$	南アメリカ
アヤメ科				
グラジオラス	*Gladiolus* spp.	gladiolus, sword lily	$2n=30, 60, 90$	南アフリカ，地中海沿岸
フリージア	*Freesia* spp.	freesia	$2n=22, 33, 44$	南アフリカ
ダッチアイリス	*Iris* Dutch Group (=*Iris*×*hollandica* hort.)	Dutch iris	$2n=31, 34$	地中海沿岸
キンポウゲ科				
ラナンキュラス	*Ranunculus asiaticus* L.	Percian buttercup	$2n=16, 32$	地中海沿岸
アネモネ	*Anemone coronaria* L.	garden anemone	$2n=16$	地中海沿岸
ヒガンバナ科				
スイセン	*Narcissus* spp.	narcissus	$2n=14, 30$, ほか	地中海沿岸，アジア中部
アマリリス	*Hippeastrum* spp.	amaryllis	$2n=22, 33, 44$	熱帯アメリカ
シクラメン［サクラソウ科］	*Cyclamen persicum* Mill.	cyclamen	$2n=48, 96$	地中海沿岸
ダリア［キク科］	*Dahlia* spp.	dahlia	$2n=32, 64$	メキシコ
キュウコンベゴニア［シュウカイドウ科］	*Begonia* Tuberhybrida Group	tuberous begonia	$2n=48, 56, 84$	南アメリカ
カンナ［カンナ科］	*Canna*×*generalis* L. H. Bailey	canna	$2n=18, 27$	熱帯アメリカ
カラー［サトイモ科］	*Zantedeschia* spp.	calla lily	$2n=24, 32$	南アフリカ

テッポウリ　　グラジオラス　　ダッチアイリス　　アルストロメリア　　シクラメン　　カラー

図 14-7　球根類の由来，形態および更新型による分類（今西，2000 を改変）

```
葉 → 鱗茎 ┬─ 外皮有 → [有皮鱗茎] ┬── 更新型 ──── チューリップ・ムスカリ・ダッチアイリス
          │                        └── 非更新型 ── ヒアシンス・スイセン・アマリリス
          └─ 外皮無 → [無皮鱗茎] ──── ユリ類

茎 ┬─ 短縮茎・皮膜有 → [球茎] ──────────── グラジオラス・フリージア（図 14-8E）
   │
   ├─ 肥大茎・皮膜無 → [塊茎] ┬── 更新型 ──── カラジウム・アネモネ・グロリオサ（図 14-8F）
   │                          └── 非更新型 ── シクラメン・グロキシニア
   │
   └─ 肥厚地下茎 → [根茎] ──── カンナ・ジャーマンアイリス・カラー（湿地生種）

根 ─────────── 塊根 ────── ラナンキュラス・ダリア（図 14-8G）
```

賞価値が高く花壇用や切花用として重要である．日本には15種が自生するが，そのうち7種が絶滅危惧種となっている．ヨーロッパでマドンナリリー（*Lilium candidum*）は古くからキリスト教の聖母マリアの象徴として用いられた．テッポウユリ（*L. longiflorum*）は強健で栽培が容易なためにマドンナリリーにとって替わり，イースター（復活祭）などで使用されている．

主要な系統は日本の原種からオランダなどで育種されたものが多く，①オリエンタル・ハイブリッド系，②アジアティック・ハイブリッド系，③ロンギフローラム・ハイブリッド系などの品種群がある．

①オリエンタル・ハイブリッド系は，カノコユリとヤマユリの雑種にササユリ，オトメユリ，サクユリが交配されたものである．代表的な品種として'カサブランカ'（白），'シベリア'（白），'ルレーブ'（ピンク），'ソルボンヌ'（桃色），'マルコポーロ'（淡いピンク），'スターゲイザー'（赤地に白覆輪）などがある（図14-9）．

②アジアティック・ハイブリッド系は，江戸時代にイワトユリとエゾスカシユリから交雑育種されたスカシユリ（*L.×elegans*）にオニユリなどを交配して作出された．代表品種として'コネチカットキング'（黄），'モナ'（黄），'明錦'（橙赤），'ビバルディ'（ピンク）などがある．

③ロンギフローラム・ハイブリッド系のテッポウユリでは，系統選抜による'ひのもと'が切花や鉢物用の代表品種となっている．テッポウユリとタカサゴユリ（*L. formosanum*）の交雑により作出されたシンテッポウユリ（*L.×formolongi*）は，種子繁殖が可能なタカサゴユリの形質により，秋に播種して翌年の夏季に開花・収穫できる．

その他，ロンギフローラムとアジアティック両系の交雑胚を胚培養して作出されたLAハイブリッドやロンギフローラムとオリエンタル両系を交雑したLOハイブリッド系統などもある．

ヤマユリやカノコユリなどの実生は上胚軸休眠という性質をもち，播種後の高温により種子は発芽しても地下で子葉が小球となり地上部は生育しないが，十分な低温に遭遇すると地上部が成長する．

球根生産には茎頂培養由来の無病球を用い，鱗片挿しにより生産された小球を種球として使用する（3.6節参照）．球根の下から発生して主に植物体の支持に寄与する下根と，茎から発生して主に養分吸収に寄与する上根がある．

テッポウユリは高温で球根の休眠が誘導され，一定期間の高温に遭遇すると夏休眠が打破される．休眠打破には45℃の温湯に60分間浸漬する温湯処理やGA_3処理が有効である．休眠打破後に7週（13℃・2週＋8℃・5週）間程度の低温処理を行うと，発芽後まもなく花芽分化する．テッポウユリの花らいは，30℃以上でブラスティングとなるので注意する．シンテッポウユリは種子発芽後，数枚のロゼット葉を形成するが，少量の低温に感応して抽だいし，長日条件下で花芽分化する量的長日植物である．その他オリエンタルや，アジアティック系統などの球根は秋の掘上げ時に休眠に入り，冬季の低温により休眠打破される．

作型としては，露地栽培，低温処理と加温による促成栽培，凍結貯蔵球を用いた抑制栽培がある（図14-11）．オリエンタルとアジアティック系統においては，球根を−1〜−2℃の氷温域で凍結貯蔵し，必要なときに解凍して定植する抑制栽培が主である．ロンギフローラム・ハイブリッド系統は，沖永良部島産のテッポウユリ球根の促成栽培とシンテッポウユリ実生栽培との組合わせによりほぼ周年供給される．しかし，日本のユリ切花栽培は，8割以上をオランダ，ニュージーランド，チリなどから輸入した凍結貯蔵球根に依存している．

長期間の凍結貯蔵，貯蔵・輸送時の温度の変動または急速な解凍などにより花芽や花茎の水浸状化や花芽のブラックノーズ（黒色化）などの生理障害が発生する．日照が不足すると落蕾やブラインドが増えるため，日当たりの確保が重要であり，短日条件では電照も有効である．培土は，排水性のよい砂壌土や埴壌土が適している．土壌病害虫の被害を回避するために土壌消毒が不可欠で

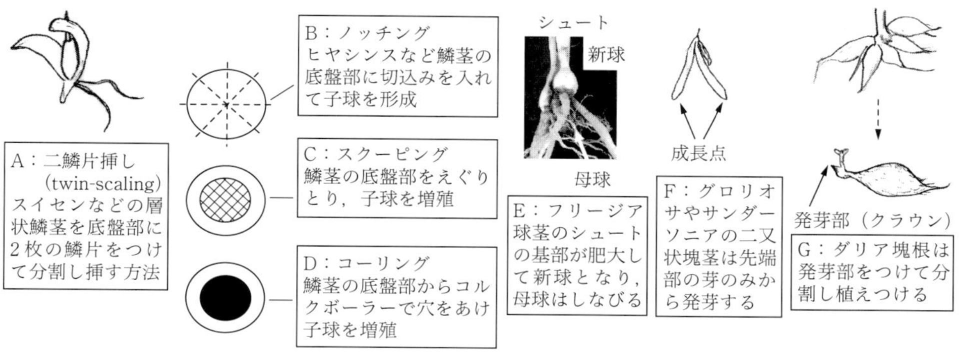

14.2 球根類

図 14-8 球根の自然または人為的繁殖法

- A：二鱗片挿し（twin-scaling）スイセンなどの層状鱗茎を底盤部に2枚の鱗片をつけて分割し挿す方法
- B：ノッチング ヒヤシンスなど鱗茎の底盤部に切込みを入れて子球を形成
- C：スクーピング 鱗茎の底盤部をえぐりとり，子球を増殖
- D：コーリング 鱗茎の底盤部からコルクボーラーで穴をあけ子球を増殖
- E：フリージア球茎のシュートの基部が肥大して新球となり，母球はしなびる
- F：グロリオサやサンダーソニアの二又状塊茎は先端部の芽のみから発芽する
- G：ダリア塊根は発芽部をつけて分割し植えつける

図 14-9 オリエンタル・ハイブリッド系品種
'カサブランカ'（白）　'ソルボンヌ'（桃色）
球根は国産もあるが，オランダ，ニュージーランド，チリなどから輸入される凍結貯蔵球の割合が高い．

図 14-10 コンテナを並べる機械とピート培地でコンテナ栽培されたユリ（オランダ）
臭化メチルの使用禁止により土壌消毒が難しくなったので，ピートモスを培地とし土壌消毒を省略している．

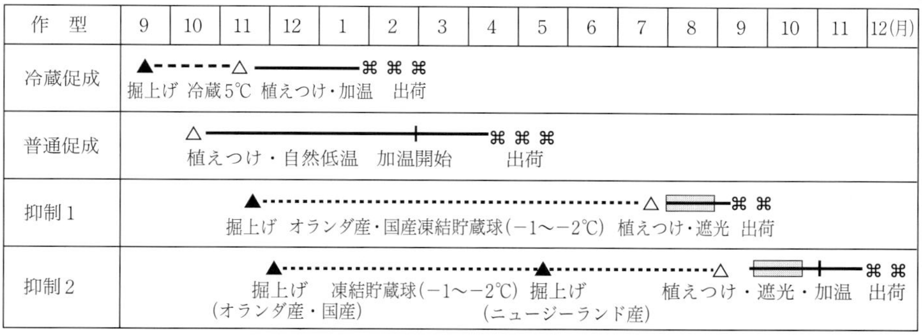

作型	9	10	11	12	1	2	3	4	5	6	7	8	9	10	11	12(月)
冷蔵促成	▲	-----	△				⌘⌘⌘									
	掘上げ	冷蔵5℃	植えつけ・加温	出荷												
普通促成		△						━━	⌘⌘⌘							
		植えつけ・自然低温	加温開始	出荷												
抑制1			掘上げ オランダ産・国産凍結貯蔵球（−1〜−2℃）								△	▨	⌘⌘			
											植えつけ・遮光	出荷				
抑制2			▲				▲					△	▨		⌘⌘	
			掘上げ 凍結貯蔵球（−1〜−2℃）			掘上げ						植えつけ・遮光・加温	出荷			
			（オランダ産・国産）			（ニュージーランド産）										

図 14-11 アジアティック系・オリエンタル系ユリの作型例（大川・今西，2003を改変）

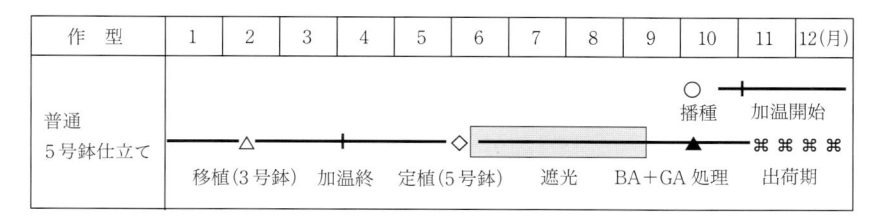

作型	1	2	3	4	5	6	7	8	9	10	11	12(月)
普通5号鉢仕立て		△		┃	◇	▨▨		▲		○ ┃	⌘⌘⌘	
		移植(3号鉢)		加温終	定植(5号鉢)	遮光		BA+GA処理		播種 加温開始	出荷期	

図 14-12 シクラメンの作型例

あるが，臭化メチルの使用禁止により，ピートモスを用いたコンテナ栽培なども行われている（図14-10）．しかし，ピートモスも有限資源であり，環境負荷の少ない土壌消毒法の開発や良質な培地の確保は重要な課題である．

14.2.2 シクラメン

地中海沿岸原産でヨーロッパ，中近東，北アフリカに約15種が分布するサクラソウ科の多年生の球根植物である．栽培種は主に C. persicum がもととなっており，$2n=48$（二倍体）または96（四倍体）である．10月からクリスマス・正月にかけてが出荷のピークであり，冬季の鉢花として長期間にわたり室内で観賞できる．花壇用の生産も行われ，欧米では切花にも利用されている．品種・系統として普通系，パステル系，1代雑種（F_1）系，ミニチュア系がある．

発芽後下胚軸の基部が肥大し塊茎が形成され，その後胚軸が伸長して子葉が地上に出現する．発芽適温は20℃前後であり，暗発芽種子である（表3-3参照）．葉は求心的に展開し，対応する根を遠心的に形成して，第6，7葉以降は葉腋に花芽と葉芽を形成する（栃木農試，1985）．生育適温は昼間20℃，夜間13℃程度で高温多湿を嫌い，30℃以上では花芽を形成しない．

球根に光をあてて花芽分化させ，観賞価値を高める目的で「葉組み」を行う．一般的な作型においては，前年の10月頃に播種し，鉢替え，葉組みなどの作業を経て，10～12月に出荷される（図14-12）．近年はセル成形苗も利用されている．冬季は加温，夏季は遮光し，高温を避けるため山上げを行う場合もある．自動灌水，底面吸水システムによる省力栽培も行われている．花芽形成後のGAとBAの処理は開花を促進する．萎ちょう病，炭疽病，灰色かび病，ダニやアザミウマの害を受けやすい．

[山根健治]

キーワード

14.1
吸枝（sucker），ランナー（runner），株分け（division），挿芽（cutting）
14.1.1 頭状花序（capitulum, head），季咲き（season flowering），スプレー（タイプ）（spray type），房咲き（性）（cluster-flowering, multi-flowering），冬至芽（winter sucker），インドール酪酸（indolebutyric acid：IBA），電照栽培（light (illuminated) culture），シェード栽培（shade culture）（短日処理（short-day treatment）），限界日長（critical day-length），質的短日植物（qualitative short-day plant），暗期中断（night break（interruption），light breaking）），舌状花（ray floret），包葉（bract leaf），柳芽（crown bud，premature budding），エセフォン（エテホン）（ethephon），総苞（involucre），貫生花（proliferate flower）
14.1.2 四季咲き性（ever-flowering, blooming），perpetual flowering），枝変わり（bud mutation），量的長日植物（quantitative long-day plant），栄養・生殖成長（VR）周期型（vegetative reproductive growth periodicity），眠り症（病）（sleepiness, sleeping），チオ硫酸銀錯塩（silver thiosulfate anionic complex：STS），土壌診断（soil diagnosis），栄養診断（diagnosis of nutrient condition），がく割れ（calyx splitting），クロロシス（chlorosis）
14.2
球根類（bulbs, tubers, bulbous plant），鱗茎（scaly bulb），球茎（corm），塊茎（tuber），根茎（rhizome），塊根（tuberous root），鱗片挿し（scaling），二鱗片挿し（twin-scaling, double scaling），ノッチング（notching），コーリング（coring），スクーピング（scooping），木子（きご）（bulblet, cormel），温周性（thermoperiodicity），花下がり（花）（gladiolus-like flower），くん煙処理（smoking treatment）
14.2.1 上胚軸休眠（epicotyl dormancy），水浸状（water-soaked）
14.2.2 暗発芽種子（dark germinating seed），葉組み（leaf arrangement），山上げ（raising nursery plants in highlands），底面給水（subirrigation）

■ 演習問題

問1 キクの周年栽培について，以下の語句を使って説明しなさい．
　　ロゼット，電照，柳芽，冬至芽，シェード，花熟，秋ギク，夏秋ギク
問2 カーネーションの主な作型について説明しなさい．

問3 オリエンタル系ユリの切花生産における，輸入球根の役割と問題点について説明しなさい．
問4 経営的にシクラメンの後作としてふさわしい，鉢物にできる作物を3つあげ，その理由を説明しなさい．
問5 非更新型球根の人為的な増殖法について説明しなさい．

コラム14

趣味園芸と園芸療法・福祉

　花きの営利生産以外に，個人で栽培して観賞することをアマチュア園芸または趣味園芸といい，江戸時代から脈々と続いている．1990年の花の博覧会を期に第2次園芸・ガーデニングブームが起こり，一般の家庭，地域単位または会社ぐるみで園芸に取り組むケースが増えてきた．一方，国民の2割が65歳以上の高齢者となり，高齢化の進む日本では，園芸活動が高齢者の生活の質（quality of life：QOL）の維持・向上に貢献することが期待されている．このような分野を社会園芸という．

　園芸の福祉とQOLにおける役割として，①食糧や環境資源としての役割，②植物の存在に対する心理・生理反応，③植物を育てることによる人間的な成長，④植物の存在や栽培によって促進される社会的交流・コミュニケーションなどがあげられる．②について，植物は環境を物理的に改善するだけでなく，心理状態に影響を及ぼし，ストレス軽減，労働生産性の向上，疲労感や痛みの軽減などをもたらすことが報告されている．また，植物を「育てる」という行為は世話好きや寛容の自我を育て，豊かな情操教育につながる．

　このような園芸による効用を応用したのが園芸療法である．園芸療法という概念は欧米から日本に導入され，1990年頃から広がった．松尾（1998）は，園芸療法とは，①高度な知識をもち，訓練を受けた専門家（園芸療法士）が，②医療や福祉上のはたらきかけを必要とする対象者（クライエント）に対して，③その性格を把握した上で，④目標となる症状を理解し，⑤その治療，改善，または改良のための媒体として，⑥園芸を用い，⑦その過程と成果を記録，評価しつつ，⑧ゴールへ向かって進める一連の手続きであるとした．これが狭義の園芸療法である．

　一方，施設や病院では園芸活動を診療としてではなく，余暇活動，リハビリの一環，職業訓練として取り入れるところが多くなった．これは広義の園芸療法または狭義の園芸福祉といえよう．施設・病院のスタッフや園芸療法士だけでは園芸作物の管理，プログラムの準備，クライエントへのケアやサポートが難しく，ボランティアの協力は不可欠である．園芸療法・福祉のボランティアには，植物に関する知識と技術に加えて，介護や福祉の知識と技術も求められる．

　さらに，園芸が人々のQOLの向上にもたらす効用は病院や福祉施設にとどまらないという考え方から，広義の園芸福祉という概念が生まれ普及しつつある．園芸活動は耕作，種播き，水やり，除草，収穫およびその収穫物を調理して食すなどいくつもの日常生活動作（activities of daily living：ADL）を含んでいる．すなわち，園芸そのものが健康維持法の1つと考えられる．今後，園芸活動の療法・福祉的役割はますます重要性を増すと予想される．

　近年では，園芸福祉士および園芸療法士の資格認定制度も始まり徐々に広がりつつある．バリアフリーやユニバーサルデザインを意図した園芸用品の開発や品種開発など，園芸産業の社会貢献も望まれる．産業としての生産園芸においても，環境や消費者のQOLへの配慮が不可欠である．

　　　　　　　　　　　　　　　　　　［山根健治］

15

花き/花木・ラン類，他の特性

15.1 花　　木

　花木は木本性の多年生植物で，花，葉，果実，枝などを観賞するものであり，庭木，生け垣，街路樹などの緑化用や，切枝（枝物），鉢物，盆栽などに幅広く利用される（表15-1）．木の高さにより高木（3.4 m以上）と低木に分けられる．花木は果樹と同様に，幼若相の長いものが多い．挿木，接木，取木，または実生によって繁殖される．枝物（切枝）では，季咲き（自然の開花期に開花すること）よりも早く開花させる促成栽培が行われる（図15-1）．ウメ，ハナモモ，ボケ，ユキヤナギ，コデマリ，ボタンなどの花芽は前年の夏から秋にかけて形成され，冬に休眠し，春に開花する．枝物の促成栽培では，休眠打破に必要な低温に遭遇した切枝を収穫し，20°C前後の高湿度条件下で管理することにより開花させて出荷する（図15-1）．

　ウメの早生品種は低温要求量が小さく，休眠が破れた後の開花に要する温度も低いため促成に向き，正月花用として年内に出荷される（11.3節参照）．ハナモモはウメよりも低温要求量が大きく，需要はひな祭りの前の1ヵ月に集中する．花芽の休眠打破のための低温要求量が比較的小さい'矢口'（桃色）の系統が主に用いられる（11.1節参照）．枝物用のモモは1 m前後の高さで幹を切るいわゆる「台付け」を行い，台から発生する多数の徒長枝を利用する．出荷の約1ヵ月前に，十分に低温に遭遇したハナモモの切枝を収穫し，殺菌剤や糖類を含む溶液に挿し，高湿度で20°C程度の暗黒下で促成する．花らいが着色し，十分にふくらんだステージで出荷する．

　ユキヤナギは花芽分化開始から花芽の完成までの期間が短く，低温要求量が少ないため，促成の枝物として重要であり，'蒲田早生'系の早生品種が用いられる．切枝を促成する方法と，株を土のついた状態で掘り上げて促成する方法がある．出荷は12月から始まり1～2月がピークで3月頃まで続く．枝物生産においては枝が貧弱にならないように，整枝法などに工夫が必要である．たとえば，ユキヤナギでは7月中下旬に枝の先端部の摘心や断根を行い，側枝の成長を抑えることにより主枝を充実させる．コデマリは同属のユキヤナギよも花芽の発達に長期間を要する．低温に遭遇し，摘葉した後に株を据えおいたままビニルで被覆して加温または無加温で促成栽培し，1月から4月頃まで出荷する．バラ，ガクアジサイ，コデマリなどは切枝にすると水あげが悪いので，水切りするなどの注意が必要である（5.6節参照）．

　鉢物栽培としては，ハイドランジア，ポインセチア，ヒビスカス，アザレア，ツツジ類，バラ，ブーゲンビレアなどが利用される．ハイドランジアは年度末から母の日頃までの需要が高い．春から夏にかけてはヒビスカスやブーゲンビレアなど熱帯原産のものが出荷される．秋から冬の鉢物として需要が多いポインセチアは，限界日長が12時間程度の短日植物である．10月頃から出荷するためには8月頃から短日処理を行う必要がある．ポインセチアでは樹姿を整え，花芽の数を増やすためにわい化剤が処理される．

バラ

　バラは亜寒帯の北シベリアから亜熱帯のエチオピアまで北半球に約150種が分布する木本性植物で，観賞用として古くから利用されてきた．染色体数は$2n=14, 28, 56$で，日本にもノイバラ，ハマナス，テリハノイバラなどの野生種が自生する．18世紀，ヨーロッパに中国からコウシンバ

15.1 花木

表 15-1 主要な花木類の学名，英名，染色体数と原産地（（ ）内は別名）

種類	学名	英名	染色体数	原産地
バラ科				
バラ	*Rosa* spp.	rose	$2n=14, 28$, ほか	北半球（の亜寒帯から亜熱帯）
ソメイヨシノ	*Prunus×yedoensis* Matsum.	Yoshino cherry	$2n=16$	日本
ウメ	*Prunus mume* Siebold & Zucc.	Japanese apricot	$2n=16, 24$	中国
ハナモモ	*Prunus persica* (L.) Batsch	ornamental peach	$2n=16$	中国
コデマリ	*Spiraea cantoniensis* Lour.	reeves spirea		中国
ユキヤナギ	*Spiraea thunbergii* Siebold. ex Bl.	Thunberg spirea	$2n=18$	中国
ハイドランジア(アジサイ)［ユキノシタ科］	*Hydrangea macrophylla* (Thunb.) Ser.	hydrangea	$2n=36$	日本，東アジア
ポインセチア［トウダイグサ科］	*Euphorbia pulcherrima* Willd.	poinsettia	$2n=28$	メキシコ高原，中央アメリカ
ツツジ/シャクナゲ［ツツジ科］	*Rhododendron* spp.	azalea/rhododendron	$2n=26, 39, 52$	アジア，ヨーロッパ，北アメリカ
ボタン［ボタン科］	*Paeonia suffruticosa* Andr.	tree peony	$2n=10$	中国
ヒビスカス［アオイ科］	*Hibiscus rosa-sinensis* L.	Chinese hibiscus, hibiscus	$2n=36, 46$, ほか	中国南部，インド，ほか
ブーゲンビレア［オシロイバナ科］	*Bougainvillea spectabilis* Willd.	Brazil bougainvillea	$2n=34$	中央・南アメリカ
ライラック［モクセイ科］	*Syringa vulgaris* L.	common lilac	$2n=46, 47, 48$	ヨーロッパ東南，コーカサス
ツバキ科				
ツバキ	*Camellia* spp.	camellia	$2n=30, 45, 60$, ほか	日本，東・東南アジア
サザンカ	*Camellia sasanqua* Thunb.	sasanqua camellia	$2n=90, 120$, ほか	日本

ハイドランジア 　　ポインセチア 　　シャクナゲ 　　ツバキ

ハナモモ'矢口'　　ユキヤナギ　　ボタン　　ガクアジサイ

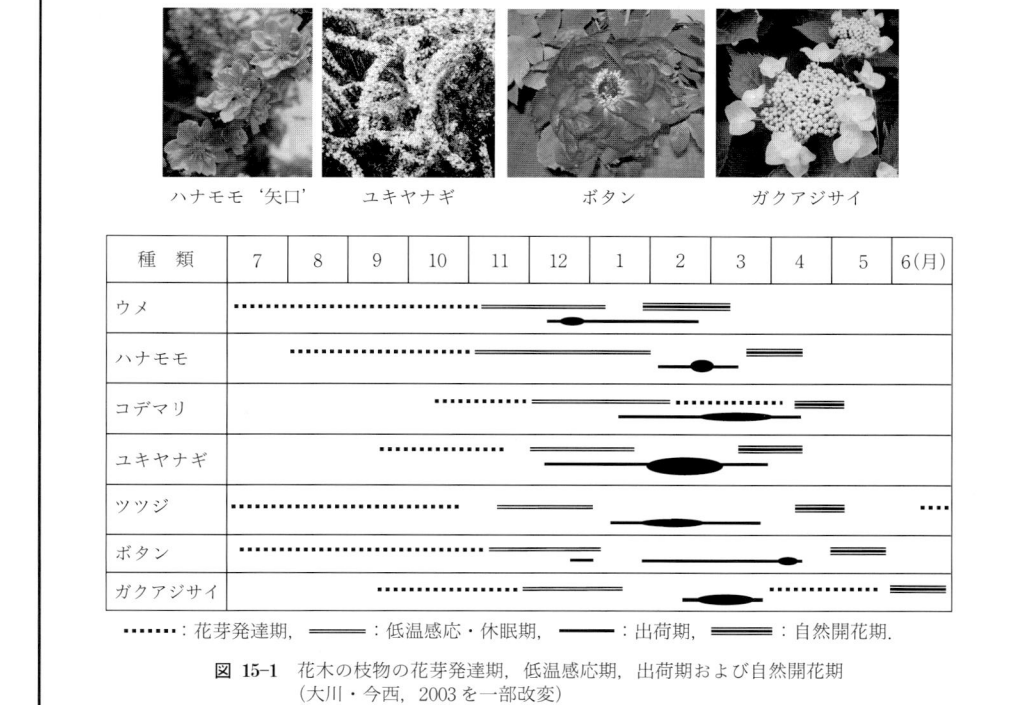

種類	7	8	9	10	11	12	1	2	3	4	5	6(月)
ウメ												
ハナモモ												
コデマリ												
ユキヤナギ												
ツツジ												
ボタン												
ガクアジサイ												

･･･････: 花芽発達期，═══: 低温感応・休眠期，───: 出荷期，＝＝＝: 自然開花期．

図 15-1 花木の枝物の花芽発達期，低温感応期，出荷期および自然開花期
（大川・今西，2003を一部改変）

ラ（*Rosa chinensis*）が導入され，四季咲きの性質が取り入れられた．19世紀にコウシンバラの血をひくティー系やハイブリッド・パーペチュアル系との交雑により，現在の代表的なハイブリッド・ティー系が作出された．近年では，交配や遺伝子組換えによってより青色に近い藤色の品種も作出されている．

国内で栽培されている品種は400以上ある．①ハイブリッド・ティー系：1茎1花の大輪系で花形は剣弁高芯咲きである．切花や花壇に用いられ，主な切花用品種としては'ローテローゼ'（赤），'ティネケ'（白），'ノブレス'（ピンク），'アールスメールゴールド'（黄），'パレオ90'（橙），'デリーラ'（紫）などがある（図15-2）．②フロリバンダ系：中輪の房咲き品種で切花，花壇用，修景（自然景観を破壊しないように整備すること）用として利用される．ノイバラも交配に使われており，耐寒性や房咲き性などの性質をもつ．③ツル系：枝が1m以上に伸びるもので，修景用に用いられる．テリハノイバラが交配に使われた．④ミニチュア系：小輪の房咲きで，30cm以下のわい性タイプであり，鉢物として用いられる．⑤切花用のスプレー系：'ミミローズ'などの系統を中心に，'リトルマーベル'（赤）（図15-2）など栽培方法によって様々な品種が使用されている．その他，花壇用や鉢物としてオールドローズやイングリッシュローズ系の品種も人気が高い．

バラやノイバラの種子休眠を打破するためには，湿潤状態で低温に1～3カ月程度遭遇させる層積法を用いる．センチュウ類，根頭がん腫病，うどんこ病などに抵抗性をもつ系統のノイバラなどを台木として接木繁殖させる．植付け後は，せん定や折り曲げによって株元から太いベーサルシュートを発生させ，株を充実させる．生育適温は昼温20～25℃，夜温15～18℃である．開花はVR周性で，生育適温では周年開花する．低温や低照度により花芽分化が抑制されると，枝の伸長が止まり，葉数の少ないブラインド枝となる．冬季のブラインド防止には補光が有効である．

作型として，暖地では冬切り中心作型，周年切り型，高冷地では夏切り作型，冬季一時休眠型などが行われている．冬切り中心作型では，春に定植し，秋から翌年の梅雨頃まで収穫し，夏にせん定・摘心を行い，再び秋から収穫する．経営安定のためには周年切り型が基本的に望ましいが，設備費や燃料費なども大きくなる．周年栽培では，冬季の高収量と高品質を確保することが課題となる．定植して4～5年は連続採花し，年間の採花回数は6～7回を目安とする．

通気性と排水の優れた土壌を好み，有機物の投入など土作りが重要である．施肥はきめ細かい設定とリアルタイム栄養診断が望ましい．土耕のほかにロックウールを培地とする養液栽培も盛んに行われている．ロックウール栽培では収量が増加するが，廃棄物の問題もある．近年，弱いシュートを折り曲げ同化専用枝として光合成能力を確保した上で，株元や折り曲げたシュートから切花用の充実したシュートを発生させ採花する栽培法も行われている（図15-3）．ロックウール栽培向きの「アーチング®方式」や土耕でも可能で腰の高さでシュートを折り曲げる「ハイラック®方式」などの栽培方法が特許となっている．

経営上の課題は，栽培の省力化や収穫・調整の労働力の確保とその軽減である．日本では，栽培の自動化を進めるとともにバラ生産組合などで共同して出荷・調整を行うケースが多い．オランダなどでは，収穫・調整の労力削減のために大型の選花機も普及している．デンマークなどでは，底面給水型の移動ベンチを利用したミニバラ鉢物の大量生産が行われている．バラは収穫後の水ストレスにより花から水分が失われ，ベントネックを生じやすい．そのため，収穫後の水分補給や保湿が重要であり，日本でもバケット輸送が普及してきた（5.6節参照）．Mg，Mn，Feなどの欠乏やMn過剰，ウイルス，排水不良などによってクロロシスが発生する．うどんこ病，べと病，根頭がん腫病などの病害やアブラムシ，ハダニ，アザミウマなどの害虫の被害を受けやすい．

15.2　ラン類の特性

ラン科植物は約750属，2万～2万5000種が旧

15.2 ラン類の特性　195

'ローテローゼ'(赤)　'ティネケ'(白)　'ノブレス'(ピンク)　'アールスメールゴールド'(黄)　'パレオ90'(橙)　'リトルマーベル'(赤)

図 15-2　バラのハイブリッド・ティー系品種とスプレー系品種

株元から出る充実したベーサルシュートを切花として収穫する

折り曲げたシュートを同化専用枝として光合成能力を確保する

同化専用枝　株元で折り曲げる　同化専用枝

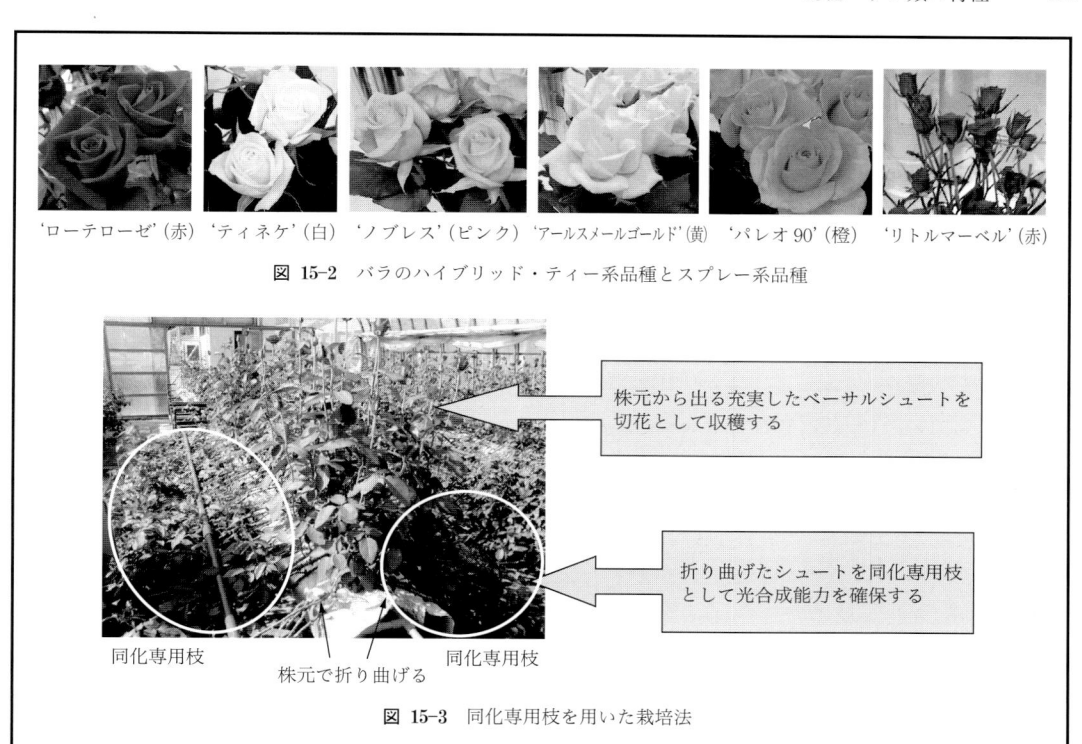

図 15-3　同化専用枝を用いた栽培法

表 15-2　主要なラン類の学名，英名，染色体数と原産地（（　）内は別名）

種　類	学　名	英　名	染色体数	原　産　地
洋ラン				
ファレノプシス(コチョウラン)	*Phalaenopsis* spp.	moth orchid	$2n=38, 76, 114$	台湾，インドネシア，オーストラリア
シンビジウム	*Cymbidium* spp.	cymbidium	$2n=40, 60, 80$	東アジア，東南アジア，ほか
デンドロビウム	*Dendrobium* spp.	dendrobium	$2n=38, 57, 76$	日本，熱帯アジア
カトレア類	*Cattleya* alliance	cattleya	$2n=40, 60, 80$	中央・南アメリカ
バンダ	*Vanda* spp.	vanda	$2n=38, 76$	東南アジア
エピデンドルム	*Epidendrum* spp.	buttonhole orchid	$2n=40, 80$	南アメリカ
オドントグロッサム類	*Odontoglossum* alliance	odontoglossum	$2n=44, 56$	中央・南アメリカ高地
オンシジウム	*Oncidium* spp.	dancing ladies	$2n=28, 42, 56$	中央・南アメリカ
ミルトニア	*Miltonia* spp.	pansy orchid	$2n=56, 60$, ほか	南アメリカ高地
パフィオペディルム	*Paphiopedilum* spp.	lady's slipper	$2n=26$, ほか	東南アジア，中国
東洋ラン				
シュンラン	*Cymbidium goeringii* Rchb. f.	riverstream orchid	$2n=40$	日本，朝鮮半島，台湾，中国
サギソウ	*Pecteilis radiata* (Thunb.) Raf.	egret flower	$2n=32$	日本，朝鮮半島，台湾
エビネ	*Calanthe discolor* Lindl.	calanthe	$2n=40$	日本，済州島，台湾，ほか
フウラン	*Neofinetia falcata* (Thunb.) Hu	Japanese wind orchid, Samurai's orchid	$2n=38$	日本（関東以西）
シラン	*Bletilla striata* (Thunb.) Rchb. f.	bletilla	$2n=32$	日本，中国

カトレア類　オンシジウム　オドントグロッサム類　ミルトニア

熱帯（アジア，アフリカ）と新熱帯（中央・南アメリカ）など全世界に分布している．野生種は自生地の環境変化や園芸用の過度な採集により絶滅危惧種も多く，これらはワシントン条約により国際的取引が規制されている．

　ラン類はシンビジウム，ファレノプシス，デンドロビウム，カトレア類，パフィオペディルムなど洋ラン類と，シュンラン，セッコク，エビネなど東洋ラン類に大別される（表15-2）．シンビジウムやエビネなど地生ランとファレノプシスやデンドロビウムなどの着生ランがある．ファレノプシスやバンダなどのランは，主軸のシュートが成長し続け，茎頂から新葉を展開する単軸性（単茎性）である（図15-4 A）．デンドロビウムやカトレア類は，主軸のシュートが開花すると成長を停止して株元から側枝が発達し，複数の茎をもつ仮軸性（複茎性）である（同図A）．カトレア類などの茎は肥大して貯蔵器官を形成することから，偽球茎（鱗茎）と呼ばれる．ラン類の根では，ベラーメンが発達して貯蔵器官の役割を果たす（同図B）．着生ランは気根をもち，木の枝などに着生する．原産地に乾期がある多肉質のランには，CAM植物（夜間に気孔を開けて二酸化炭素を取り込み，リンゴ酸などの有機酸として蓄えておき，昼間に気孔を閉じたまま光合成を行う植物．多肉植物の仲間に多く，乾燥に強い）が多い．

　ラン類は花弁の1枚が唇弁となり，2枚が左右相称に配置されて昆虫の目を引く虫媒花として進化した（図15-4 C）．最も特徴的な器官は，雄ずいと雌ずいが合着したずい柱である．花粉は花粉塊としてずい柱に付着しており，種によって個数は異なる（同図C）．胚と種皮のみからなる微細な種子をもち，自然条件下では，仮根に着生した菌根菌から養分をもらって発芽する．人工的には，養分を含む培地で無菌発芽させることができる．発芽した種子はプロトコーム（原塊体）という小球を形成し，それから器官が分化する．ラン類では花茎などの組織培養によりプロトコーム状球体（PLB）を形成させるマイクロプロパゲーション技術も用いられている（3.8節参照）．このようにして栄養繁殖された苗をメリクロンといい，実生苗よりも品質が斉一である．苗はフラスコ苗や寄植えされたCP苗（フラスコから出した後，ポットに寄せ植えした状態で生産者に供給される苗）として扱われることが多い．

　シンビジウムなど地生ランの培地には，バークが使用されている．着生ランの培地にはミズゴケが使用されているが，近年植替えの労力が少なく安価なラジアータマツなどのバークが増加している．ファレノプシスでは，苗養成期と開花期など生育ステージごとに栽培を分業するリレー栽培が行われており，国内の生産者だけでなく台湾やインドネシアなど海外の生産者からも苗が供給されている（図15-5）．海外とのリレー栽培はコスト面で有利であるが，苗の品質や輸送時のストレスに注意が必要となる．

　シンビジウムでは夏の高温による花茎の伸長抑制や花飛び（シンビジウムの促成栽培において，高温期に分化した花芽が枯死して，花序上の小花が不連続となる現象．観賞価値が著しく低下する）を避けるため，高冷地への山上げ栽培が行われている．ファレノプシスでは，25℃以上で栽培して花熟に達した株を20℃以下に移して花茎を誘導し，周年供給する（図15-5）．カトレア類では短日性の春咲き種の花芽分化を電照栽培によって抑制し，開花調節できる．

　シンビジウムモザイクウイルス（CyMV）はほとんどのラン類に感染し，退緑斑，えそ斑を生じる．オドントグロッサムリングスポット（ORSV）も広くラン類に感染し，葉の退緑斑や花の斑入りを引き起こす．シンビジウムで開発されたウイルスフリー化技術は，他の洋ラン類でも実用化されている．特に，メリクロン苗の親株はウイルス診断を行い，ウイルスフリーであることを確認してから増殖する（3.7節参照）．ウイルス以外ではフザリウム病，炭疽病，軟腐病，灰色かび病，白絹病などに注意する．

15.3　その他の花き（観賞植物）

　主要な花きとしてほかに多肉植物や観葉植物などがある．多肉植物はシュートが多肉化して貯蔵

15.3 その他の花き（観賞植物）　197

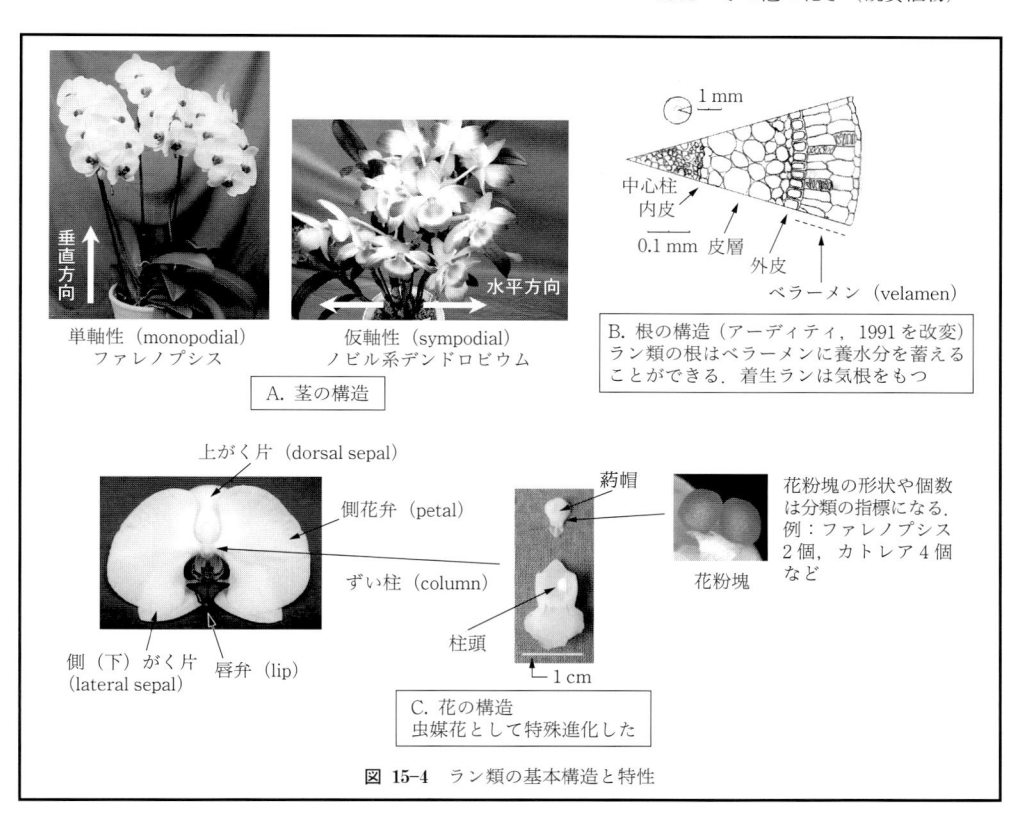

単軸性（monopodial）
ファレノプシス

仮軸性（sympodial）
ノビル系デンドロビウム

A. 茎の構造

垂直方向
水平方向

中心柱
内皮
0.1 mm　皮層
外皮
ベラーメン（velamen）

B. 根の構造（アーディティ，1991を改変）
ラン類の根はベラーメンに養水分を蓄えることができる．着生ランは気根をもつ

上がく片（dorsal sepal）
側花弁（petal）
ずい柱（column）
側（下）がく片（lateral sepal）
唇弁（lip）
葯帽
柱頭
花粉塊

花粉塊の形状や個数は分類の指標になる．
例：ファレノプシス2個，カトレア4個など

C. 花の構造
虫媒花として特殊進化した

図 15-4　ラン類の基本構造と特性

挿芽，またはフラスコ苗 → 栄養成長期（高温，高湿，遮光）→ 出荷（湿式）・輸出
　　　　　　　　　　　　（乾季にはスプリンクラーで灌水を行う）　（糖，殺菌剤，Ag$^+$溶液）

フラスコ苗 → フラスコ出し，順化 → 栄養成長期（25℃以上）→ 開花誘導（20℃程度）

図 15-5　洋ラン類生産の流れ
上：デンファレ（タイ），下：ファレノプシス．ファレノプシスなどでは国内や海外の複数の生産者によるリレー栽培も行われている．

器官として発達し乾燥に耐える植物であり，アロエ，ベンケイソウ科のカランコエやセダムなど約1万種が知られている．サボテン科の植物もとげが発達した多肉植物であるが，種類が多いためサボテン類として別に扱う．多くのサボテン類や一部のベンケイソウ科の種にはCAM植物が多い．

観葉植物はインテリアとして重要性を増し主に暖地や都市近郊で生産され，フィカス類，ドラセナ類，アナナス類，ディフェンバキア，クロトン，シェフレラ，シダ類，ヤシ類（アレカヤシ，フェニックス）などがよく利用される．室内の弱光条件下に適応するため出荷前に弱光順化期間をおく．アレカヤシなどの観葉植物は，室内の空気浄化や湿度の維持にも役立つといわれている．

その他，スイレンやボタンウキクサなどの水生植物，ハエトリソウ，ウツボカズラなど趣味園芸として人気のある食虫植物，メコノプシス，エーデルワイスなどの高山植物，タケ・ササ類，苔玉などに利用されるコケ類など幅広い植物が花き（観賞植物）として利用されている．

〔山根健治〕

キーワード

15.1
低温要求量 (chilling requirement)，断根 (root pruning)，高芯咲き (high-centred bloom)，層積法 (stratification)，センチュウ類（ネマトーダ）(nematodes)，ベーサルシュート (basal shoot)，同化専用枝 (assimilatory branch, bending shoot)，アブラムシ（類）(aphids)，ハダニ（類）(mites)，アザミウマ (thrips)

15.2
地生ラン (terrestrial orchid)，着生ラン (epiphytic orchid)，単軸性 (monopodial)，仮軸性 (sympodial)，偽球茎 (pseudobulb)，ベラーメン (velamen)，気根 (aerial root)，CAM植物 (crassulacean acid metabolism（ベンケイソウ型有機酸代謝）plant)，唇弁 (lip)，ずい柱 (column)，菌根菌 (mycorrhizal fungi)，無菌発芽 (non-symbiotic germination)，プロトコーム (protocorm)，メリクロン (mericlone)，CP (community pot)，ミズゴケ (sphagnum moss)，バーク (bark)，リレー栽培 (relay culture)，花飛び (flower bud blasting)

15.3
多肉植物 (succulent plant)，水生植物 (aquatic plant)，食虫植物 (insectivorous plant)，高山植物 (alpine plant)

■ 演習問題

問1 枝物の促成出荷の方法について例をあげて説明しなさい．
問2 バラの主な系統とその利用法について述べなさい．
問3 バラのロックウール栽培の長所と短所について論じなさい．
問4 ラン類の花，茎および根の形態的特性について説明しなさい．
問5 ファレノプシスのリレー栽培と周年出荷の方法について説明しなさい．
問6 次の (A)～(K) に適当な用語を入れ，文章を完成させなさい．
① 新しいバラの栽培方法として (A) や (B) がある．これらの栽培方法は，仕立て方に特徴があり，枝を折り曲げて (C) として，株元や折り曲げた枝から出る (D) を切花とする．(A) は (E) 栽培に向いているが，(B) は土耕栽培にも適用できる．
② 低温が原因となる花の生理障害として，カーネーションの (F)，バラの (G)，キクの (H) があげられる．高温による生理障害としては，シンビジウムの (I)，キクの (J)，フリージアの (K) などがある．

コラム 15

コミュニティーガーデン

園芸とは元来，植物を栽培することや，植物から得られた花や果実などを収穫し利用することを

コラム 15　コミュニティーガーデン

楽しむ行為である．また，園芸は対象とする植物も多様であるとともに，そのスタイルも自由であることから，きわめて恣意性の高い行為であるといえる．そして，人々は園芸という語のもつ意味のとおり，囲まれた土地の中で個人的に植物を育て観賞したり，収穫物を得たりしている．

一方，生活に彩りを添えてくれる園芸植物は，園芸活動を行っている人にとってはもちろんのこと，そうでない人々にとっても心地よい存在であるとともに，花が咲いたり，野菜や果実が収穫できたりしたときなどは，そのことが人々の会話のきっかけにもなっている．また，自然環境の破壊が進む現代社会においては，自然とは異なる形であっても緑を人々に提供しているといえよう．こうしたことから，少子高齢化の進んだ現代社会において，園芸を個々人の生活の質の向上，地域社会における人間関係の再構築，身近な自然環境の改善などに積極的に活用しようという試みが注目を集めている．そして，個人的に，恣意的に楽しんできた従来の園芸とは異なり，地域社会の人間関係や環境などに配慮した，利他的な側面を有する新しい形の園芸が広がりをみせ，園芸福祉という言葉も使われるようになってきている．ここでは，コミュニティーガーデンをキーワードに，現代社会における園芸の新しい役割について述べたい．

コミュニティーガーデンとは，地域の人々が空き地や公園の一角などを利用して，共同で作る花壇などの植栽空間のことであるが，この話をする前に，まず，現代社会の現状を把握しておかなければならない．戦後の日本では高度経済成長期を迎えると，多くの人々が職を求めて地方から都心へ移動し，大都市周辺には大規模なベッドタウンが山野を切り開いて造成されていった．そこに新たにできた町は，地縁のない人々で構成されており，当然のごとくそこでの人間関係は地方のそれと比較して希薄なものになっていく．また，そうした地域では，子育ての際に母親への負担が増大するとともに，住宅事情もあり少子化が進んでいく．そして，核家族少子化は家庭内における人間関係も希薄なものにしてしまった．さらに，都市化により自然の中で遊ぶ機会が激減してしまったいま，子供たちの人間形成にも問題が生じ，様々な社会問題を生む背景となっている．ほかにも，地域への関心や愛着が薄れてくると，犯罪者がその地域に侵入しても認知されにくいために犯罪が多発したり，ゴミのポイ捨てが増えたりと様々な悪影響が現れてくる．

このような現象が極端な形で現れていたのが，アメリカのスラム街であるが，コミュニティーガーデンの起源はここにある．1970年代に，犯罪が多発し，ゴミが散乱し荒れ果てた土地にグリーンゲリラという名でスラム街に花を植える活動を続けたグループがおり，その活動に地域住民もしだいに賛同し，荒れ果てたスラムから美しい町に変わっていった．そうした活動の成果が広く知られるようになり，アメリカではコミュニティーガーデンとその活動を支援する組織が数多く設立され，人種や年齢，性別による差別なく，多くの人々がコミュニティーガーデンを利用している．そこでは，ただ単に花壇や菜園を作ったりするだけでなく，コンサートを行ったり，子供のための環境教育やハンディキャップを抱えた人たちのための療法的なプログラムを行うなど，多目的に利用されている．

近年，日本においてもこれらの取組みが紹介され，コミュニティーガーデンの社会的，環境的，教育的効用が知られるようになり，各地でコミュニティーガーデンの活動が始まっている．また，防犯や子供の教育においても地域住民のネットワークの重要性が広く認知されるようになってきているので，今後，日本においてもコミュニティーガーデンの活動はますます広がっていくものと考えられる．ただし，コミュニティーガーデンを作るにあたり，場所，予算，指導者，組織作り，機能性を求められる設計など，個人レベルではなかなか難しい問題もあるので，行政やNPOなどの支援体制の確立が望まれる．　　　［樋口幸男］

文　　　献

[引用文献]

寺見広雄ら（1946）：園芸学研究集録（京都大学），**3**：267-271.
Morel, G. M. and C. Martin（1952）：*C. R. Acad. Sci*., Paris, **235**：1324-1325.
土屋四郎（1953）：農業および園芸，**28**：1309-1312.
Morel, G. M.（1960）：*Amer. Orch. Soc. Bull*, **29**：495-500.
嶋田永生・武井昭彦・山岡康宏（1960）：愛知県園芸試験場研究報告，**1**：59.
野口彌吉（1961）：栽培原論，養賢堂.
Murashige, T. and F. Skoog（1962）：*Phyiol. Plant*., **15**：473-497.
伊東秀夫・斎藤　隆（1964）：植物生理，**4**：141-152.
Harris, G. P. and M. Ashford（1966）：*J. Hort. Sci*., **41**：397-406.
岩崎藤助（1966），カンキツ栽培法，朝倉書店.
橋田茂和（1966）：そ菜に関する土壌肥料研究集録：297，全購連.
李　炳駒・高橋和彦・杉山直儀（1970）：園芸学会雑誌，**39**：232-238.
Abdel-Rahman, M.（1977）：*Plant Physiol*., **39**：115.
中川昌一（1978）：果樹園芸原論，養賢堂.
小玉孝司・福井俊男（1979）：奈良県農業試験場研究報告，**10**：71-82.
林　真二（1979）：果樹園芸各論（苫名　孝・小林　章編），養賢堂.
ヴァヴィロフ，N. I.（1980）：栽培植物発祥地の研究（中村英司訳），八坂書房.
滝本　敦（1981）：植物生理学 8，環境情報（古谷雅樹編），朝倉書店.
農業技術大系 果樹編（1982），農山漁村文化協会.
Kimball, B. A.（1983）：*Agronomy J*., **75**：779-788.
高橋栄一（1984）：施肥農業の基礎，養賢堂.
塚本洋太郎監修（1984）：花卉園芸大事典，養賢堂.
小宮山美弘ら（1985）：日食工誌，**32**：522-529.
清水　茂監修（1985）：野菜園芸大事典，養賢堂.
栃木県農業試験場（1985）：昭和 60 年度花き試験研究成績概要集（公立）―北海道，東北，北陸，関東，東海.
安部定夫ら編（1986）：花卉園芸の事典，朝倉書店.
大垣智昭ら（1987）：果樹園芸，文永堂出版.
西　貞夫編著（1988）：野菜のはなしⅡ，技報堂出版.
赤沼慶久（1991）果樹（永沢勝雄ら著），実教出版.
河村貞之助ら（1991）：果樹（永沢勝雄ら著），実教出版.
平田尚美（1991）：くだものつくりの基礎（林　真二・田辺賢二著），鳥取県果実農業協同組合連合会.
Kader, A. A. ed.（1992）：Postharvest Technology of Horiticultural Crops, p. 16, University of California Press.

小西国義（1995）：花卉園芸（今西英雄編著），文永堂出版．
増田芳雄（1998）：植物生理学，改訂版，培風館．
松尾英輔（1998）：園芸療法を探る―癒しと人間らしさを求めて―，グリーン情報．
農林水産省（1999,2001年度）：園芸用ガラス室・ハウス等の設置状況（http://www.tdb.maff.go.jp/toukei/a 02 stopframeset）．
果樹園芸大百科5 モモ，7 クリ，8 ウメ，10 オウトウ，14 スモモ・アンズ（2000），農山漁村文化協会．
香川芳子監修（2001）：五訂食品成分表，女子栄養大学出版部．
望月龍也（2001）：新編 野菜園芸ハンドブック（西　貞夫監修），養賢堂．
吉岡　宏（2001）：農業および園芸，**76**(3)：342-348．
食生活情報サービスセンター編（2002）：食生活データブック，農林統計協会．
農林水産省統計情報部編（2002）：園芸統計，平成14年版．
大川　清・今西英雄（2003）：草花，実教出版．
農林水産省（2003）：我が国の食料自給率，平成14年度食料自給率レポート．
Hosokawa, M., A. Ohtake, Y. Sugawara and S. Yazawa（2004）：*Plant Cell Rep.*, **22**：443-448.
平塚　伸（2004）新編 農学大事典（山崎耕宇ら監修），養賢堂．
松雄英輔・林　良博（2004）：生物活用，農山漁村文化協会．
農林水産省統計部（2005）：農林水産統計，平成17年度版．

[**参考図書**]　（*は引用文献としても使用した）
■園芸関連
石井勇義編（1929）：園芸総論―基礎学一般―，実際園芸社．*
菊地秋雄（1950）：園芸通論，養賢堂．
田中　宏（1992）：園芸学入門，川島書店．
園芸学会監修（1994）：日本の園芸，朝倉書店．*
農林水産省農林水産技術会議事務局（1997）：昭和農業技術発達史〈第5巻〉果樹作編/野菜作編，農林水産技術情報協会．
農林水産省農林水産技術会議事務局（1998）：昭和農業技術発達史〈第7巻〉共通基盤技術編，農林水産技術情報協会．
園芸学会編（1998）：新園芸学全編 園芸学最近25年の歩み，養賢堂．
斎藤　隆ら（1999）：園芸学概論，文永堂出版．
樋口春三（1999）：観賞園芸―花きの生産と利用―，全国農業改良普及協会．
山崎耕宇ら監修（2004）：新編 農学大事典，養賢堂．
■遺伝・育種および繁殖関連
藪野友三郎ら（1987）：植物遺伝学，朝倉書店．
角田重三郎ら（1991）：新版 植物育種学，文永堂出版．
今西英雄・田中道男（1997）：園芸種苗生産学，朝倉書店．
種生物学会編（2001）：森の分子生態学，文一総合出版．
■施設園芸関連
山崎肯哉（1982）：養液栽培全編，博友社．*
古在豊樹ら（1992）：新施設園芸学，朝倉書店．
社団法人日本施設園芸協会（1997）：最新 施設園芸の環境制御技術，誠文堂新光社．
■野菜関連
清水　茂監修（1985）：野菜園芸大事典，養賢堂．
西　貞夫（1986）：野菜種類・品種名考，農業技術協会．
伊東　正ら（1990）：蔬菜園芸学，川島書店．

斎藤　隆（1997）：新版 蔬菜園芸，文永堂出版．*
西　貞夫監修（2001）：新編 野菜園芸ハンドブック，養賢堂．*
鈴木芳夫ら（2002）：新蔬菜園芸学，朝倉書店．
矢澤　進編著（2003）：図説野菜新書，朝倉書店．*

■果樹関連
中川昌一（1978）：果樹園芸原論，養賢堂．
苫名　孝・小林　章編（1979）：果樹園芸各論，養賢堂．
佐藤公一ら（1986）：果樹園芸大事典，養賢堂．
大垣智昭ら（1987）：果樹園芸，文永堂出版．
志村　勲ら（2000）：果樹園芸，第2版，文永堂出版．*
間苧谷徹ら（2002）：新編 果樹園芸学，化学工業日報社．*
水谷房雄ら（2002）：最新果樹園芸学，朝倉書店．

■花き関連
塚本洋太郎監修（1984）：原色花卉園芸大事典，養賢堂
アーディティ，J.（1991）：ランの生物学 I, II（市橋正一訳），誠文堂新光社．*
大川　清（1995）：花卉園芸総論，養賢堂．*
松尾英輔（1998）：園芸療法を探る―癒しと人間らしさを求めて―，グリーン情報．*
樋口春三（1999）：観賞園芸―花きの生産と利用―，全国農業改良普及協会．*
今西英雄（2000）：花卉園芸学，川島書店．*
鶴島久雄（2000）：新編 花卉園芸ハンドブック，第7版，養賢堂．*
農業技術大系 花卉編（2002），農山漁村文化協会．

■鮮度保持関連
緒方邦安編（1977）：青果保蔵汎論，建帛社．
樽谷隆之・北川博敏（1982）：園芸食品の流通・貯蔵・加工，養賢堂．
伊庭慶昭ら（1985）：果実の成熟と貯蔵，養賢堂．
大久保増太郎（1988）：野菜の鮮度保持，養賢堂．
青果物予冷貯蔵施設協議会編（1991）：園芸農産物の鮮度保持，農林統計協会．
茶珍和雄ら（1992）：農産物の鮮度管理技術，農業電化協会．

■園芸学用語関連
作物学会編（1984）：作物学用語集，養賢堂．
日本育種学会編（1994）：新編育種用語集，養賢堂．
松本正雄・大垣智昭・大川　清（1996）：園芸事典，朝倉書店．
園芸学会編（2003）：園芸学用語集，養賢堂．

索　引

■ あ 行

青枯病（bacterial wilt）　108
青首ダイコン（green neck radish）　102
秋枝（fall shoot）　168
秋肥（fall fertilizing）　134
秋根（fall root）　122
秋播き性（autumn habit）　84
秋播き晩秋（冬）穫り栽培（autumn-sowing and late autumn to winter harvesting cultivation）　94
アグロバクテリウム感染（*Agrobacterium* infection）　26
アザミウマ（thrips）　194
亜主枝（secondary scaffold branch）　130
亜熱帯果樹（subtropical fruit tree）　8
亜表皮細胞（subepidermal cell）　144
アブシジン酸（abscisic acid：ABA）　90, 144
アブラムシ（類）（aphids）　194
雨よけハウス（rain shelter）　54
アリル（allele）　126
アルベド（albedo）　124, 168
暗期中断（night break (interruption), light break(ing)）　184
アントシアニン（anthocyanin）　138, 178
暗発芽種子（dark germinating seed）　190

育苗（raising of seedling）　96
育苗施設（苗床）（nursery）　38
維持系統（maintainer）　20
異質四倍体（allotetraploid）　24
移植（transplanting）　96
1代雑種（F_1 hybrid）　18, 34, 108
一年草（annual plant）　8, 176
萎ちょう病（fusarium wilt）　108
1回親（donor (nonrecurrent) parent）　20
一季成り（June bearing）　116
遺伝（inheritance, heredity）　26
遺伝子（gene）　26
遺伝子型（genotype）　108
遺伝子組換え（genetic recombination, genetic transformation）　24
遺伝子銃（particle gun）　26
いや地（sick soil）　134
いや地物質（sick soil substance）　134
インドール酪酸（indolebutyric acid：IBA）　182

インベルターゼ（invertase）　168
ウイルス病（virus disease）　44, 102
ウイルスフリー苗（株）（virus-free clone）　34
ウイロイド（viroid）　46
浮皮（peel puffing）　168
裏年（off year）　126
栄養・生殖成長周期型（vegetative reproductive (VR) growth periodicity）　184
栄養成長（vegetative growth）　84
栄養繁殖（vegetative propagation）　34
栄養診断（diagnosis of nutrient condition）　186
腋（側）芽（lateral bud (shoot)）　108
腋生花芽（flower bud lateral）　130
液肥（liquid fertilizer）　38, 60
液胞（vacuole）　168
S 遺伝子（座）（S-gene (locus)）　126
S字型成長曲線（sigmoid growth curve）　128, 168
S ハプロタイプ（S-haplotype）　126
エセフォン（エテホン）（ethephon）　184
枝変わり（bud mutation, bud sport）　22, 138, 184
枝接ぎ（scion grafting）　132
エチクロゼート（ethychlozate）　126
エチレン（ethylene）　36, 68, 90
F_1 品種（雑種）（hybrid cultivar）　18, 34, 108
MA 貯蔵（modified atmosphere storage）　140
MA 包装（modified atmosphere packaging：MAP）　76
塩化（ポリ）ビニル（polyvinylchloride：PVC）　52
園芸（horticulture）　2
園芸学（horticultural science）　2
園芸作物（garden crop, horticultural crop）　2
園芸統計（national horticultural statistical data）　8
園芸療法（horticultural therapy）　4
塩類集積土壌（saline soil）　58

オーキシン（auxin）　40, 90
晩生（late flowering）　178
晩生品種（late maturing cultivar）　96
表年（on year）　126
主な生産地（leading region of production）　10
親イモ（mother corm (tuber)）　104
温室（greenhouse）　52

温周性（thermoperiodicity） 186
温帯果樹（temperate fruit tree） 8
温度（temperature） 68

■ か 行

科（families） 6
外果皮（exocarp） 124
塊茎（tuber） 42, 186
塊根（root tuber, tuberous root） 42, 186
外被タンパク質（coat protein） 26
花芽（flower bud） 108, 132
花芽分化（flower bud differentiation） 56, 82
花き（flower and ornamental plant） 2
花き園芸（floriculture, flower gardening） 2
花き園芸学（floricultural science） 4
夏季せん定（summer pruning） 130
垣根仕立て（hedge-row training） 144
核（stone） 152
核果類（stone fruits） 152
隔年結果（alternate (biennial) bearing） 126, 156
隔年交互結実法（intentional alternate bearing method） 128, 170
がく片（sepal） 86, 112
がく割れ（calyx splitting） 186
花菜類（flower vegetable） 82
果菜類（fruit vegetable） 8, 82
仮軸性（sympodial） 196
果樹（fruit tree） 2
果樹園芸（fruit gardening, orcharding） 2
果樹園芸学（pomology, fruit science） 4
花熟相（phase of ripeness to flower） 176
花序（花房）（inflorescence） 86, 108
花床（花托）（receptacle） 88, 116, 124
芽条変異（bud mutation） 22
ガス環境（atmospheric composition） 68
ガス障害（gas injury） 72
花壇（flower bed） 176
花壇用苗もの類（seedling for flower garden） 8
活着（establishment） 38
ガーデニング（gardening） 12
果点（fruit dot） 142
果肉（flesh） 152
果皮（pericarp, rind, skin） 36, 124, 152
株分け（division） 34, 182
花粉稔性（pollen viability） 108
花粉媒介昆虫（polinating insects） 52
花粉培養（pollen culture） 24
花弁（petal） 86, 112
花房（flower cluster） 144
花木（ornamental tree and shrub） 8
CAM 植物（crassulacean acid metabolism（ベンケイソウ型有機酸代謝）plant） 196
可溶性固形物含量（糖度）（total soluble solids：TSS） 110
花らい（flower head, curd） 98
カラーグレーダ（color grader） 68
ガラス室（glass house） 52

カルス（callus） 40
カルバリル剤（carbaryl） 126
カロテノイド（carotenoid） 110, 170
換気（ventilation） 56
カンキツ地帯（citrus zone） 124
カンキツ類（citrus） 166
緩効性肥料（slow release fertilizer） 60
乾式輸送（dry transport） 74
観賞園芸（ornamental horticulture） 6
観賞植物（ornamental plant） 6
灌水同時施肥（液肥灌漑）（fertigation） 60
貫生花（proliferate flower） 184
灌木（shrub） 4
寒冷地（cold upland） 96

偽果（false fruit） 124
偽球茎（pseudobulb） 196
木子（bulblet, cormel, cormlet） 44, 186
気根（aerial root） 196
季咲き（season flowering） 182
キセニア（xenia） 118
擬頂芽（pseudoterminal bud） 132
キメラ（chimera） 24
球茎（corm） 42, 186
球根（bulb） 8, 42
球根植物（bulbous plant） 34
球根類（bulb and tuber, bulbs, tubers, bulbous plant） 8, 186
吸枝（sucker） 182
休眠（dormancy） 36, 88, 100, 154
休眠打破（breaking of dormancy） 90
旧葉（old leaf） 168
強制通風冷却（room cooling） 70
強せん定（heavy pruning） 130
共優性（co-dominant） 28
切返しせん定（cutting back pruning） 130
切接ぎ（veneer grafting） 132
切花（cut flower） 176
切花類（cut flower and foliage） 8
近交弱勢（inbreeding depression） 20, 34
菌根菌（mycorrhizal fungi） 196
近赤外線（near infrared rays） 154

クエン酸（citric acid） 158
組合わせ能力（combining ability） 20
曇り止め処理（anti-fogging treatment） 76
クライマクテリック型果実（climacteric fruit） 70
グリーンアスパラガス（green asparagus） 104
クルミ科（Juglandaceae） 160
クロロシス（chlorosis） 186
くん煙処理（smoking treatment） 186

茎菜類（stem vegetable） 82
茎頂（shoot apex） 24
茎頂培養（shoot tip (meristem) culture） 44
茎頂分裂組織（(shoot) apical meristem） 108
系統育種法（pedigree method） 18

結果（fruiting） 88
結果母枝（fruiting mother shoot） 130
結球（head formation） 96
限界日長（critical day-length） 84, 182
堅果類（nuts） 124, 152
原基（primordium（複数形，-a）） 112
原産地（provenance, place of origin） 2

子イモ（daughter corm（tuber）） 104
硬核期（stone hardening stage） 130, 154
後期落果（preharvest drop） 128
後継者不足（shortage of farm successor） 16
光合成有効光量子束密度（photosynthetic photon flux density：PPFD） 54
光合成有効放射（photosynthetically active radiation：PAR） 54
交雑（cross, crossing） 20
交雑不和合性（cross-incompatibility） 126
高山植物（alpine plant） 198
硬実（hard seed） 36
光周性（日長）反応（photoperiodic response） 84
高芯咲き（high-centred bloom） 194
高齢化（ageing of farmer） 16
子株（daughter plant） 116
呼吸（respiration） 68
黒斑病（black spot disease） 142
極早生（very early flowering） 178
固形アルコール（solid alcohol） 148
固形培地耕（substrate culture） 60
コーティング種子（coated seed） 36
コーリング（coring） 186
コールドチェーン（cold-chain） 70
根域制限（root restriction） 110
根茎（rhizome） 42, 186
根原体（基）（root primordium（複数形，-a）） 40
混合花芽（compound bud） 132
根菜類（root vegetable） 8, 82

■ さ 行

差圧通風冷却（static-pressure air-cooling） 70
サイトカイニン（cytokinin） 36, 90
栽培（culture） 2
栽培化（domestication） 82
栽培技術（cultivation technique, cultural practice） 12
再分化（regeneration） 46
細胞間物質（intercellular substance） 128
細胞融合（cell fusion） 24
在来品種（native（local）cultivar） 110
作型（cropping type） 82
作付け面積（planted area） 8
作物（crop） 2
挿木（挿芽，挿穂）（cutting） 34, 182
砂じょう（juice sac） 124, 168
雑カン類（minor citrus） 166
殺菌剤（bacteriocide, fungicide） 36, 74
雑種強勢（heterosis, hybrid vigour） 18, 34

莢（pod） 118
三倍体（triploid） 24
CA 貯蔵（controlled atmosphere storage） 70, 140
シェード栽培（shade culture） 182
C/N 率（C-N ratio） 126
雌花（pistillate（female）flower） 110, 146
紫外線（ultraviolet） 52
自家不和合性（self-incompatibility） 20, 34, 156
自家和合性（self compatibility） 152
四季咲き性（ever-flowering（blooming）, perpetual flowering） 184
四季成り（ever bearing） 116
シキミ経路（shikimic acid pathway） 144
自給率（self-supplied ratio） 10
子室（locule） 146
子実（grain） 118
雌ずい（pistil） 86, 112
施設栽培（protected cultivation） 52
自然交雑（interbreed freely） 6
自然突然変異（natural mutation） 18
自然分類（natural classification） 6
湿（乾）害（wet（drought）injury） 114
湿式輸送（wet transport） 74
質的短日植物（qualitative short-day plant） 182
湿度（humidity） 68
CTSD（constant temperature short duration） 148
自発休眠（endodormancy） 88, 122
CP（community pot） 196
ジベレリン（gibberellin） 36, 90
ジベレリン酸（gibberellic acid：GA） 144
子房（ovary） 88
子房下位（epigyny） 124
子房上位（hypogyny） 124
子房壁（ovary wall） 124
弱せん定（light pruning） 130
遮光（shading） 40, 56
種（species, 省略形 sp., 複数形 spp.） 6
雌雄異花（diclinism, monoecious（unsexual）flower） 110, 146, 160
雌雄異株（dioecism） 146
雌雄異熟現象（dichogamy） 162
臭化メチル（methyl bromide） 58
シュウ酸（oxalic acid） 94
集散花序（cyme） 86
集団育種法（bulk-population method） 18
雌雄同株（monoecism） 146
周年栽培（year-round cultivation（production）） 14, 82, 108
主芽（main bud） 142
主幹（trunk） 130
種間雑種（interspecific hybrid） 116
宿主交代（alternation of hosts） 142
主枝（primary scaffold branch） 130
種子春化（seed vernalization） 86
種子春化型植物（seed vernalization plant） 96
種子繁殖（seed propagation） 34

珠心胚（nucellar embryo） 170
珠心胚実生（nucellar seedling） 22
受精（fertilization） 34
受精胚（fertilized embryo） 170
樹体内貯蔵養分（reserve nutrient in tree） 122
宿根草（perenial） 8
シュート（苗条）（shoot） 46
主働遺伝子（major gene） 20
種内変異（intraspecific variation） 86
種皮（seed coat） 34
種苗法（The Seeds and Seedlings Law） 18
受粉（pollination） 34, 116
受粉樹（pollinizer） 146
春化（vernalization） 84
順化（acclimatization） 42
純系（固定）品種（pure breed cultivar） 108
純正花芽（pure flower bud） 132
ジューンドロップ（June drop） 128, 146, 154
子葉（cotyledon） 38
常温貯蔵（constant temperature storage） 72
硝化（硝酸化成）（nitrification） 80
硝酸（nitric acid） 94
蒸散（transpiration） 68
小植物体（plantlet） 44
照度（illuminance） 54
じょうのう（segment） 168
上胚軸（epicotyl） 36
上胚軸休眠（epicotyl dormancy） 188
蒸発散（evapotranspiration） 60
食虫植物（insectivorous plant） 198
植物成長調整剤（plant growth regulator） 38, 90
植物ホルモン（plant hormone） 90
除草剤（herbicide） 90
除雄（emasculation） 34
尻腐れ果（blossom end rot） 108
シロイヌナズナ（*Arabidopsis thaliana*） 86
人為分類（artificial classification） 6
真果（true fruit） 124
仁果類（pome fruit） 138
シンク（sink） 128
真空冷却（vacuum cooling） 70
シンク力（sink activity） 138
人工受粉（artificial (hand) pollination） 142, 152
迅速成長期（rapid growth stage） 130
芯止まり（self topping (determinate)） 108
唇弁（lip） 196
新葉（new leaf） 168

水耕（hydroponics） 60
水浸状（water-soaked） 188
水生植物（aquatic plant） 198
ずい柱（column） 196
す入り（pithy tissue） 102
スクーピング（scooping） 186
スクロース合成酵素（sucrose synthase） 130, 168
スクロースリン酸合成酵素（sucrose phosphate synthase） 130

スプレー（タイプ）（spray type） 182
スレンダースピンドル（slender spindle） 140

生育適温（ideal temperature for growing） 94
盛果期（high productive phase） 122
生殖成長（reproductive growth） 84
生殖成長期（reproductive growth phase） 122
精選種子（cleaned seed） 176
生物的防除（biological control） 160
西洋種（occidental variety） 94
生理障害（physiological disorder） 72, 128, 142
生理的落果（physiological fruit drop） 128, 154, 168
赤外線（infrared） 54
石細胞（stone cell） 142
積算温度（cumulative temperature） 114
石灰窒素（calcium cyanamide） 146
節間（internode） 108
接合子（zygote） 88
舌状花（ray floret） 184
施肥（fertilizer application） 104
セル成形（プラグ）トレイ（cell (plug) tray） 38
セル成形苗（セル苗）（tray (cell) plant） 38
選果（fruit grading, fruit sorting） 154
専業農家（full-time farm household） 8
センチュウ（ネマトーダ）（nematode） 108, 194
選別（grading） 68

痩果（achene） 88, 116
早期落果（early fruit drop） 128
総合的害虫管理（integrated pest management : IPM） 62
総穂花序（botrys） 86
層積法（stratification） 194
総農家数（total number of farm household） 8
総苞（involucre） 184
草本性植物（herbaceous plant） 4
属（genus, 複数形 genera） 6
側花（lateral flower） 138
側枝（lateral branch） 130
促成栽培（forcing culture） 52, 178
組織培養（tissue culture） 18, 46
ソース（source） 128

■ た 行

台勝ち（overgrowth of the rootstock） 132
耐乾（旱）性（drought resistance） 110
耐寒性（hardiness, cold resistance (tolerance)） 176
台木（rootstock） 40
堆厩肥（stable manure） 104
短日処理（short-day treatment） 182
耐暑（寒）性（heat (cold) tolerance） 110
堆肥（manure） 58
耐病性（disease resistance） 108
台負け（overgrowth of the scion） 132
太陽熱消毒（solarization） 58
多芽体（multiple shoot） 46
高接ぎ（top-grafting） 132

索　引

立枯病（ダンピングオフ）（damping-off）　180
脱渋（removal of astringency）　148
脱（離）春化（devernalization）　86, 102
棚仕立て（trellis training）　144
多肉植物（succulent plant）　196
種なし品種（seedless cultivar）　144
多胚現象（polyembryony）　170
他発休眠（ecodormancy）　88, 122
単為結果（parthenocarpy）　88, 110, 124, 168
タンゴール（tangor）　170
断根（root pruning）　192
担根体（rhizophore）　42
単軸性（monopodial）　196
短日植物（short-day plant）　84
短梢せん定（short pruning）　144
単棟（single-span）　52
暖房（加温）（heating）　56

チオ硫酸銀錯塩（silver thiosulfate anionic complex : STS）　72, 184
地下茎（subterranean stem）　42
地生ラン（terrestrial orchid）　196
チップバーン（tip-burn）　178
着色・成熟期（coloring (ripening) stage）　130
着色促進（coloring promotion）　138
着生ラン（epiphytic orchid）　196
着果負担（crop load）　128, 170
中果皮（mesocarp）　124, 142
中間台木（interstock）　140
中心花（central flower）　138
中性植物（day-neutral plant）　84
抽だい（bolting）　84, 94
虫媒（entomophily）　160
昼夜温較差（difference beween day and night temperature : DIF）　176
頂腋生花芽（flower bud terminal and lateral）　130
頂芽優性（apical dominance）　90, 108
長日植物（long-day plant）　84
長梢せん定（long pruning）　144
貯蔵（storage）　70
直花（leafless inflorescence）　132

追肥（top dressing）　104
接木（grafting）　34
接木不親和（graft incompatibility）　132
土寄せ（earthing up, soil hilling）　100
つる性果樹（climbing fruit tree）　142

DNA マーカー（DNA marker）　18
低温障害（chilling (low temperature) injury）　72, 156
低温貯蔵（cold storage）　70
低温要求（chilling (low temperature) requirement）　86, 116, 192
定植（planting, setting）　96
底面給水（subirrigation）　190
摘花（flower thinning）　126, 154
摘果（fruit thinning）　126, 154

摘芽（disbudding）　130
摘心（pinching）　130, 144
摘房（cluster thinning）　126
摘らい（disbudding）　126, 154
摘粒（berry thinning）　126
TCA 回路（tricarboxylic acid cycle）　130
電気穿孔（electroporation）　26
電気伝導度（electric conductivity : EC）　62
電照（lighting）　178
電照栽培（light (illuminated) culture）　182
天敵（natural enemy）　160
点滴灌水（drip irrigation）　60
転流糖（translocated sugar）　168

糖（sugar）　74
同化（assimilation）　80
凍（霜）害（freezing (frost) injury）　112
同化専用枝（assimilatory branch, bending shoot）　194
トウガラシ（辛味種/甘味種）（hot pepper/sweet pepper）　110
冬季せん定（winter pruning）　130
冬至芽（winter sucker）　182
頭状花序（capitulum, head）　182
糖組成（sugar composition）　168
東洋種（oriental variety）　94
独立仕立て（independent training）　144
土壌消毒（soil disinfection (sterilization)）　58, 178
土壌診断（soil diagnosis）　184
土壌伝染性病（虫）害（soil borne diseases）　40, 58
土壌微生物（soil microorganisms）　58
徒長（succulent growth）　180
徒長枝（water shoot）　130
突然変異育種（mutation breeding）　18
トリステザウイルス（tristeza virus）　166
トンネル（tunnel）　54

■　な　行

内果皮（endocarp）　124, 142
苗（seedling）　38
夏枝（summer shoot）　168
夏肥（summer fertilizing）　134
α-ナフタレン酢酸（α-naphthaleneacetic acid : NAA）　126
並木植え（hedge-row training）　140
ナリンギン（naringin）　170
軟白（blanching）　100

二期作栽培（double cropping）　146
二重 S 字型成長曲線（double sigmoid growth curve）　128
日長（photoperiod）　56
日長反応性（photoperiodic sensitivity）　108
二年草（biennial plant）　8, 86, 176
二鱗片挿し（twin-scaling, double scaling）　186

ネクタリン（nectarine）　152
熱帯果樹（tropical fruit tree）　8

熱中性子（thermal neutron） 22
根深ネギ（white leaf sheath type of welsh onion） 100
眠り症（病）（sleepiness, sleeping） 184
粘核（clingstone） 152
ねん（撚）枝（twisting） 130
稔性回復系統（restorer） 20

農業就業人口（population engaged in own farming） 8
農業総生産額（total production for the market） 8
ノッチング（notching） 188

■ は 行

胚（embryo） 34, 88
配偶体型自家不和合性（gametophytic self-incompatibility） 124
（下）胚軸（hypo-cotyl） 36, 102
倍数性育種（polyploidy breeding） 18
胚のう（embryosac） 144
ハイブッシュブルーベリー（high bush blueberry） 148
パイプハウス（large (walk-in) tunnel） 52
背面維管束（dorsal vascular bundle） 170
培養液（nutrient solution） 62
胚様体（embryoid） 46
培養変異（somaclonal variation） 24
ハウス栽培（greenhouse culture） 170
バーク（bark） 196
剥皮性（peeling） 160
葉組み（leaf arrangement） 190
ハダニ類（mites） 194
鉢物類（potted plant） 8, 176
発育枝（vegetative shoot） 130
発芽（種子）（germination） 34
発芽率（germination rate） 36
初成り（first crop） 122
葉つみ（defoliation） 138
花下がり（花）（gladiolus-like flower） 186
花飛び（flower bud blasting） 196
花振い（shatter） 128
葉ネギ（green leaf type of welsh onion） 100
バーミキュライト（vermiculite） 38, 178
パーライト（perlite） 38, 178
バラ科（Rosaceae） 152
腹接ぎ（side grafting） 132
春枝（spring shoot） 168
春ダイコン（spring radish） 102
春根（spring root） 122
春播き性（spring habit） 84
半促成栽培（semiforcing culture） 178
半耐寒性（half-hardy） 176
晩抽性（late bolting characteristic） 94
反復親（recurrent parent） 20

光形態形成（photomorphogenesis） 36
光呼吸（photorespiration） 56
光センサー（light sensor） 68

非クライマクテリック型果実（nonclimacteric fruit） 70
微細孔フィルム（micro-perforated film） 76
非耐寒性（tender, non-hardy） 176
必須元素（essential element） 62, 80
ピート（peat） 178
一重（咲き）（single flowered） 178
ピートモス（sphagnum peat (peat moss)） 38
非破壊評価（nondestructive evaluation） 68
肥料（fertilizer） 80
微量（多量）要素（micro (macro) elements） 62
品質年齢（quality age） 122
品種（cultivar, 省略形 cv., variety） 6, 18
——の育成（breeding） 12

フィトクロム（phytochrome） 36
フィロキセラ（phylloxera） 144
フィロキセラ抵抗性台木（phylloxera resistant rootstock） 132
風媒（anemophily） 160
フェニルプロパノイド経路（phenylpropanoid pathway） 144
副芽（lateral bud） 142
副梢（lateral shoot） 130, 144
複対立遺伝子（multiple alleles） 126
複二倍体（amphidiploid） 24
覆輪（marginal variegation） 178
袋かけ（bagging） 128, 154
房咲き（性）（cluster-flowering, multi-flowering） 182
不定芽（adventitious shoot (bud)） 38
不定根（adventitious root） 38
不定胚（adventitious embryo） 46
ブナ科（Fagaceae） 160
冬（夏）型一年生草本植物（winter (summer) annual plant） 86
冬肥（winter fertilizing） 134
プライミング（priming） 36
プライミング種子（priming seed） 176
ブラインド（blind） 178
ブラシノステロイド（brasinosteroid） 90
プラスチック（ビニル）ハウス（plastic house） 52
ブラスティング（blasting） 180
フラベド（flavedo） 168
フラボノイド（flavonoid） 170
フラボノイド経路（flavonoid pathway） 144
プルナシン（prunasin） 134
フレーム（frame） 176
ブロッチ（blotch） 178
プロトコーム（protocorm） 196
プロトコーム状（様）球体（protocorm like body : PLB） 46
プロトプラスト（protoplast） 24
フロリジン（phlorizin） 134
分球（splitting） 34
分離（separation） 34
分裂組織（meristem） 44

ベーサルシュート（basal shoot） 194
べたがけ（floating row cover） 54
ベラーメン（velamen） 196
ベレーゾン（veraison） 144
ベントネック（bent neck） 74
偏父性不和合（patroclinal cross-incompatibility） 126

包装（packaging） 74
防風ネット（windbreak net） 168
防風林（windbreak forest） 168
包葉（bract leaf） 184
穂木（scion） 42
補光（supplemental lighting） 56
穂軸（rachis） 144
ポストハーベスト（postharvest） 66
ポストハーベストテクノロジー（postharvest technology） 66
ポストハーベストロス（postharvest loss） 66
ホメオティック遺伝子（homeotic gene） 86
ポリエチレン（polyethylene：PE） 76
ポリ塩化ビニル（polyvinyl chloride：PVC） 76
ポリスチレン（polystyrene：PS） 76
ポリプロピレン（polypropylene：PP） 76
ホルクロルフェニュロン（forchlorfenuron） 144
ホワイトアスパラガス（white asparagus, etiolated asparagus） 104
本摘果（follow-up fruit thinning） 126

■ ま 行

マイクロプロパゲーション（micropropagation） 34
間引きせん定（thinning-out pruning） 130
マルチ（mulch） 54
マルチ栽培（mulch culture） 170

ミカン亜科（Aurantioideae） 166
ミズゴケ（sphagnum moss） 196
ミスト（mist） 40
みつ症（water core） 142

無核（seedless） 22
無菌発芽（non-symbiotic germination） 196
無限花序（indefinite inflorescence） 140
無性胚（asexual embryo） 170
無病苗（disease-free plant） 44

メタキセニア（metaxenia） 160
1-メチルシクロペン（1-methylcyclopropene） 148
芽接ぎ（budding） 132
メリクロン（mericlone） 46, 196

木本性植物（arbor plant） 4
元肥（basal dressing） 104
戻し交雑法（backcross method） 20
モヤシ（(bean) sprout） 118

■ や 行

八重咲き（double flower） 86, 178

葯培養（anther culture） 24
野菜（vegetable, vegetable crop） 2
野菜園芸（vegetable gardening, olericulture） 2
野菜園芸学（vegetable crop science） 4
柳芽（crown bud, premature budding） 184
山上げ（raising nursery plants in highlands） 190

誘引（training） 130
雄花（staminate (male) flower） 110, 146
有機酸（organic acid） 158
有機質肥料（organic fertilizer） 60
有機物（organic substances） 58
有限花序（definite inflorescence） 138
雄ずい（stamen） 86, 112
優性（dominant） 28
雄性不稔(性)（male sterility） 20, 34, 124, 168
有葉花（inflorescence with leaves） 132
油胞（oil gland） 170

養液栽培（soilless culture） 60
葉芽（leaf bud） 132
葉果比（leaf-fruit ratio） 126
葉茎菜類（leaf and stem vegetable） 8
幼根（radicle） 34
葉菜類（leaf vegetable） 82
幼若期（juvenile stage (period)） 178
幼若相(幼木期)（juvenile phase） 122, 176
葉鞘（leaf sheath） 98
葉身（lamina, leaf blade） 98
溶脱（leaching） 58
葉面散布（foliar spray） 134
予措（prestorage conditioning） 72
予備枝（preliminary shoot） 130
予備摘果（preliminary fruit thinning） 126
予冷（precooling） 70
四倍体（tetraploid） 24, 154

■ ら 行

ラビットアイブルーベリー（rabbit eye blueberry） 14
ランナー（runner） 116, 182

離層（abscission layer） 168
リモニン（limonin） 170
両性花（hermaphrodite (bisexual) flower） 110
量的長日植物（quantitative long-day plant） 184
緑黄色野菜（green and yellow vegetables） 94
緑色植物体春化（green plant vernalization） 176
緑色植物体春化型植物（green plant vernalization plant） 86, 96
リレー栽培（relay culture） 196
鱗茎（bulb, scaly bulb） 42, 100, 186
鱗茎形成（bulb formation） 100
リンゴ酸（malic acid） 158
リンゴ地帯（apple zone） 124
輪作（rotation） 58, 118
リン酸吸収係数（phosphate absorption coefficient） 80, 100, 132

鱗片(葉) (scale, bud scale)　44, 100, 132
鱗片挿し (scaling)　186

劣性 (recessive)　28
連鎖 (linkage)　28
連作 (successive cropping)　58, 104
連作障害 (replant failure)　58
連鎖群 (linkage group)　30
連鎖地図 (genetic linkage map)　28
連棟 (multi-span)　52

老化 (senescence)　68
老熟期 (senescent phase)　122

六倍体 (hexaploid)　24, 154
ロゼット (rosette)　88, 96, 178
ロックウール (rock wool：RW)　60
ローブッシュブルーベリー (low bush blueberry)　148

■ わ　行

わい化 (dwarfing)　116
わい化剤 (growth retardant)　90, 180
わい性 (dwarf)　114
わい性台木 (dwarf rootstock)　132, 138
早生品種 (early maturing cultivar)　96
割接ぎ (cleft grafting)　132

編著者略歴

荻原　勲（おぎわら　いさお）
1955年　群馬県に生まれる
1980年　東京農工大学大学院農学研究科修士課程修了
現　在　東京農工大学大学院共生科学技術研究部・教授
　　　　博士（農学）

図説園芸学　　　　　　　　　　　　定価はカバーに表示

2006年 3 月 20 日　初版第 1 刷
2018年 7 月 20 日　　　第 7 刷

　　　　　　　　　　　編著者　荻　原　　　勲
　　　　　　　　　　　発行者　朝　倉　誠　造
　　　　　　　　　　　発行所　株式会社　朝　倉　書　店
　　　　　　　　　　　東京都新宿区新小川町 6-29
　　　　　　　　　　　郵 便 番 号　162-8707
　　　　　　　　　　　電　話　03（3260）0141
　　　　　　　　　　　ＦＡＸ　03（3260）0180
〈検印省略〉　　　　　　http://www.asakura.co.jp

Ⓒ 2006〈無断複写・転載を禁ず〉　　　　Printed in Korea

ISBN 978-4-254-41027-3　C 3061

JCOPY　〈（社）出版者著作権管理機構　委託出版物〉

本書の無断複写は著作権法上での例外を除き禁じられています．複写される場合は，そのつど事前に，（社）出版者著作権管理機構（電話 03-3513-6969，FAX 03-3513-6979，e-mail: info@jcopy.or.jp）の許諾を得てください．

東大 森田茂紀・大阪府大 大門弘幸・東大 阿部 淳編著
栽　　培　　学
―環境と持続的農業―
41028-0　C3061　　　　B5判 240頁 本体4500円

人口増加が続く中で食糧問題や環境問題は地球規模で深刻度を増してきている。そのため問題解決型学問である農学，中でも総合科学としての栽培学に期待されるところが大きくなってきている。本書は栽培学の全てを詳述した学部学生向教科書

農工大 澁澤　栄編著
精　　密　　農　　業
40015-1　C3061　　　　B5判 208頁 本体4800円

環境保全，食の安全，生産性向上を同時に実現する高度情報化営農システム「精密農業」についての初の体系的解説書。〔内容〕情報付き圃場と情報付き農産物／小区画管理農法／リアルタイム土壌センシング／可変施肥管理／地球環境工場／他

京大 稲村達也編著
栽　培　シ　ス　テ　ム　学
40014-4　C3061　　　　A5判 208頁 本体3800円

農業の形態は，自然条件や生産技術，社会条件など多数の要因によって規定されている。本書はそうした複雑系である営農システムを幅広い視点から解説し，体系的理解へと導く。アジア各地の興味深い実例も数多く紹介

東大 宮崎　毅・北大 長谷川周一・山形大 粕渕辰昭著
土　　壌　　物　　理　　学
43092-9　C3061　　　　A5判 144頁 本体2900円

大学初年級より学べるよう，数式の使用を抑え，極力平易に解説した土壌物理学の標準的テキスト。〔内容〕土の役割／保水のメカニズム／不飽和浸透流の諸相／地表面の熱収支／土の中のガス成分／土中水のポテンシャルの測定原理／他

前東農大 長野敏英・東大 大政謙次編
新　農　業　気　象　・　環　境　学
44025-6　C3061　　　　A5判 224頁 本体4600円

学際的広がりをもち重要性を増々強めている農業気象・環境学の基礎テキスト。好評の86年版を全面改訂。〔内容〕気候と農業／地球環境問題と農林生態系／耕地の微気象／環境と植物反応／農業気象災害／施設の環境調節／グリーンアメニティ

桑野栄一・首藤義博・田村廣人編著　清水　進・
吉川博道・多和田真吉・高木正見・尾添嘉久他著
農　薬　の　科　学
―生物制御と植物保護―
43089-9　C3061　　　　A5判 248頁 本体4500円

農薬を正しく理解するために必要な基礎的知識を網羅し，環境面も含めながら解説した教科書。〔内容〕農薬の開発と安全性／殺虫剤／殺菌剤／除草剤／植物生長調整剤／農薬の代謝・分解／農薬製剤／遺伝子組換え作物／挙動制御剤／生物的防除

前京大 矢澤　進編著
図説　野　菜　新　書
41024-2　C3061　　　　B5判 272頁 本体9200円

食品としての野菜の形態，栽培から加工，流通，調理までを図や写真を多用し，わかりやすく解説。〔内容〕野菜の品質特性／野菜の形態と成分／生産技術／野菜のポストハーベスト／野菜の品種改良の新技術／主要野菜の分類と特性／他

北大 中村太士・北大 小池孝良編著
森　林　の　科　学
47038-3　C3061　　　　B5判 240頁 本体4300円

森林のもつ様々な機能を2ないし4ページの見開き形式でわかりやすくまとめた。〔内容〕森林生態系とは／生産機能／分布形態・構造／動態／食物（栄養）網／環境と環境指標／役割（バイオマス利用）／管理と利用／流域と景観

琉球大 新城明久著
新版　生　物　統　計　学　入　門
―計算マニュアル―
42016-6　C3061　　　　A5判 152頁 本体3200円

具体的に計算過程が理解できるようさらに配慮して改訂。〔内容〕確率／平均値の種類／分散，標準偏差および標準誤差／2群標本の平均値の比較／3群標本以上の平均値の比較／交互作用の分析／回帰と相関／カイ二乗検定／因果関係の分析／他

名城大 新居直祐著
果　実　の　成　長　と　発　育
41020-4　C3061　　　　B5判 144頁 本体4200円

果実の発育過程を理解するためにその形態形成のメカニズムを平易に解説。〔内容〕果実の発育過程の解析法／花器の構造と果実形成／果実の肥大成長（カキ，モモ，ウメ，スモモ，ブドウ，カンキツ類，ナシ，リンゴ，ビワ）／果実の成熟

共立女大 髙宮和彦編
シリーズ〈食品の科学〉
野　菜　の　科　学
43035-6　C3061　　　　A5判 232頁 本体4200円

ビタミン，ミネラル，食物繊維などの成分の栄養的価値が評価され，種類もふえ，栽培技術も向上しつつある野菜について平易に解説。〔内容〕野菜の現状と将来／成分と栄養／野菜と疾病／保蔵と加工／調理／(付)各種野菜の性状と利用一覧

前名古屋女大 村松敬一郎編
シリーズ〈食品の科学〉
茶　の　科　学
43031-8　C3061　　　　A5判 240頁 本体4500円

その成分の機能や効果が注目を集めている茶について，栽培学・食品学・化学・薬学・製茶など広い立場からアプローチ。〔内容〕茶の科学史／茶の栽培とバイテク／茶の加工科学／茶の化学／茶の機能／茶の生産・利用・需給／茶の科学の展望

V.H.ヘイウッド編　前東大 大澤雅彦監訳

ヘイウッド 花の大百科事典 （普及版）

17139-6　C3545　　　　　A 4 判　352頁　本体34000円

25万種にもおよぶ世界中の"花の咲く植物＝顕花植物／被子植物"の特徴を，約300の科別に美しいカラー図版と共に詳しく解説した情報満載の本。ガーデニング愛好家から植物学の研究者まで幅広い読者に向けたわかりやすい記載と科学的内容。〔内容〕【総論】顕花植物について／分類・体系／構造・形態／生態／利用／用語集【各科の解説内容】概要／分布（分布地図）／科の特徴／分類／経済的利用【収載した科の例】クルミ科／スイレン科／バラ科／ラフレシア科／アカネ科／ユリ科／他多数

前埼玉大 石原勝敏・前埼玉大 金井龍二・東大 河野重行・前埼玉大 能村哲郎編集代表

生物学データ大百科事典

〔上巻〕17111-2 C3045　　B 5 判 1536頁　本体100000円
〔下巻〕17112-9 C3045　　B 5 判 1196頁　本体100000円

動物，植物の細胞・組織・器官等の構造や機能，更には生体を構成する物質の構造や特性を網羅。また，生理・発生・成長・分化から進化・系統・遺伝，行動や生態にいたるまで幅広く学際領域を形成する生物科学全般のテーマを網羅し，専門外の研究者が座右に置き，有効利用できるよう編集したデータブック。〔内容〕生体構造（動物・植物・細胞）／生化学／植物の生理・発生・成長・分化／動物生理／動物の発生／遺伝学／動物行動／生態学（動物・植物）／進化・系統

本間保男・佐藤仁彦・宮田　正・岡崎正規編

植物保護の事典 （普及版）

42036-4　C3361　　　　　A 5 判　528頁　本体18000円

地球環境悪化の中でとくに植物保護は緊急テーマとなっている。本書は植物保護および関連分野でよく使われる術語を専門外の人たちにもすぐ理解できるよう平易に解説した便利な事典。〔内容〕（数字は項目数）植物病理(57)／雑草(23)／応用昆虫(57)／応用動物(23)／植物保護剤(52)／ポストハーベスト(35)／植物防疫(25)／植物生態(43)／森林保護(19)／生物環境調節(26)／水利，土地造成(32)／土壌，植物栄養(38)／環境保全，造園(29)／バイオテクノロジー(27)／国際協力(24)

根の事典編集委員会編

根 の 事 典 （新装版）

42037-1　C3561　　　　　B 5 判　456頁　本体18000円

研究の著しい進歩によって近年その生理作用やメカニズム等が解明され，興味ある知見も多い植物の「根」について，110名の気鋭の研究者がそのすべてを網羅し解説したハンドブック。〔内容〕根のライフサイクルと根系の形成（根の形態と発育，根の屈性と伸長方向，根系の形成，根の生育とコミュニケーション）／根の多様性と環境応答（根の遺伝的変異，根と土壌環境，根と栽培管理）／根圏と根の機能（根と根圏環境，根の生理作用と機能）／根の研究方法

前千葉大 本山直樹編

農 薬 学 事 典

43069-1　C3561　　　　　A 5 判　592頁　本体20000円

農薬学の最新研究成果を紹介するとともに，その作用機構，安全性，散布の実際などとくに環境という視点から専門研究者だけでなく周辺領域の人たちにも正しい理解が得られるよう解説したハンドブック。〔内容〕農薬とは／農薬の生産／農薬の研究開発／農薬のしくみ／農薬の作用機構／農薬抵抗性問題／化学農薬以外の農薬／遺伝子組換え作物／農薬の有益性／農薬の安全性／農薬中毒と治療方法／農薬と環境問題／農薬散布の実際／関連法規／わが国の主な農薬一覧／関係機関一覧

石川県立大 杉浦　明・近畿大 宇都宮直樹・香川大 片岡郁雄・岡山大 久保田尚浩・京大 米森敬三編

果 実 の 事 典

43095-0　C3561　　　　　A 5 判　636頁　本体20000円

果実（フルーツ，ナッツ）は，太古より生命の糧として人類の文明を支え，現代においても食生活に潤いを与える嗜好食品，あるいは機能性栄養成分の宝庫としての役割を広げている。本書は，そうした果実について来歴，形態，栽培から利用加工，栄養まで，総合的に解説した事典である。〔内容〕総論（果実の植物学／歴史／美味しさと栄養成分／利用加工／生産と消費）各論（リンゴ／カンキツ類／ブドウ／ナシ／モモ／イチゴ／メロン／バナナ／マンゴー／クリ／クルミ／他）

愛媛大 水谷房雄他著

最新 果 樹 園 芸 学

41025-9 C3061　　A5判 248頁 本体4700円

新知見を盛り込んでリニューアルした標準テキスト〔内容〕最新の動向／環境と生態／種類と品種／繁殖と育種／開園と栽培／水分生理と土壌管理／樹体栄養と施肥／整枝・せん定／開花と結実／発育と成熟／収穫後の取り扱い／生理障害・災害

鈴木芳夫・高野泰吉・八鍬利郎・中村俊一郎・斎藤　隆・藤重宣昭・岩田　隆著

新 蔬 菜 園 芸 学

41015-0 C3061　　A5判 228頁 本体4400円

蔬菜園芸全般を体系的に概観しつつ，最新の技術の現状や収穫後の取扱い等も解説したスタンダードな教科書・参考書〔内容〕序論／種類と生産／育種・採種とバイオテクノロジー／栄養と生育／生長と発育／栽培技術／収穫後の生理と品質保持

園芸学会監修

日 本 の 園 芸（普及版）

41030-3 C3061　　B5判 232頁 本体4200円

全体を総論と果樹・野菜・花きの三つの各論に分け，日本の園芸事情全般について網羅的に解説。〔内容〕日本の園芸の特徴／地理・気象条件／市場・流通システム／各種作物の歴史／主要品種／生産・消費・作型／日本の特徴的な栽培技術／他

元名城大 高野泰吉著
新農学シリーズ

園 芸 通 論

40504-0 C3361　　A5判 212頁 本体3200円

栽培技術の進歩の著しい園芸についてとくに生理学的な面に重点をおいた教科書。学生・初学者の入門書として最適。〔内容〕園芸と園芸学／園芸植物の分類／園芸植物の形態／栄養生理／成長と発育にかかわる共通事項／発育生理／園芸地理

吉田義雄・長井晃四郎・田中寛康・長谷嘉臣編

最新 果樹園芸技術ハンドブック（普及版）

41029-7 C3061　　A5判 904頁 本体28000円

各種果実について，その経営上の特性，栽培品種の伝搬，品種の解説，栽培管理，出荷，貯蔵，加工，災害防止と生理障害，病虫害の防除などについて詳しく解説。専門家だけでなく，園芸を学ぶ学生や一般園芸愛好家にもわかるよう解説。〔内容〕リンゴ／ニホンナシ／セイヨウナシ／マルメロ／カリン／モモ／スモモ／アンズ／ウメ／オウトウ／ブドウ／カキ／キウイフルーツ／クリ／クルミ／イチジク／小果類／アケビ／ハスカップ／温州ミカン／中晩生カンキツ類／ビワ／ヤマモモ

松本正雄・大垣智昭・大川　清編

園 芸 事 典（新装版）

41031-0 C3561　　B5判 408頁 本体16000円

果樹・野菜・花き・花木などの園芸用語のほか，周辺領域および日本古来の特有な用語なども含め約1500項目（見出し約2000項目）を，図・写真・表などを掲げて平易に解説した五十音配列の事典。各領域の専門研究者66名が的確な解説を行っているので信頼して利用できる。関連項目は必要に応じて見出し語として併記し相互理解を容易にした。慣用されている英語を可能な限り多く収録したので英和用語集としても使える。園芸の専門家だけでなく，一般の園芸愛好者・学生にも便利

阿部定夫・岡田正順・小西国義・樋口春三編

花 卉 園 芸 の 事 典（普及版）

41032-7 C3561　　A5判 832頁 本体19000円

日本で栽培されている花卉約470種を収め，それぞれの来歴，形態，品種，生態，栽培，病虫害，利用などを解説。現場技術者の手引書，園芸愛好家の座右の書，また農学系大学・高校での参考書として，さらに，データや文献も豊富に収載して，専門研究者の研究書としても役立つ。大学・試験場等第一線研究者63名による労作。〔内容〕花卉の分類と品質保護／一・二年草／宿根草／球根／花木／温室植物／観葉植物／ラン／サボテン・多肉植物／病虫害一覧／園芸資材一覧／用語解説

前東農大 斎藤　隆著

蔬 菜 園 芸 の 事 典（普及版）

41033-4 C3561　　A5判 336頁 本体5800円

作型の異なる多種類の蔬菜をうまく管理する技術や環境にも意を払わねばならない今日の状況をふまえ，各種蔬菜の概説，来歴，種類と品種，形態，生理生態，作型，栽培管理について，図や表を用いて初学者でも理解できるよう体系的に解説。〔内容〕トマト／ナス／ピーマン／キュウリ／メロン／スイカ／イチゴ／エンドウ／インゲンマメ／ハクサイ／キャベツ／レタス／カリフラワー／ネギ／タマネギ／ニンニク／ダイコン／ニンジン／ジャガイモ／サトイモ／ヤマイモ／サツマイモ

上記価格（税別）は2018年 6月現在